Bisexualité et différence des sexes

PUBLIÉ SOUS LA DIRECTION
DE J.-B. PONTALIS

Gallimard

Dans la même collection

NARCISSES, *n° 358*

Salmacis et Hermaphrodite

Apprenez pourquoi Salmacis est une source infâme, dont l'eau, par une vertu malfaisante, énerve et amollit les membres qu'elle touche. La cause en est cachée, mais l'influence de ces eaux est partout connue. Un enfant, né des amours d'Hermès et d'Aphrodite, fut nourri par les Naïades dans les antres du mont Ida. Il était facile de reconnaître à ses traits les auteurs de ses jours : aussi lui donnèrent-ils son nom. À peine avait-il atteint son troisième lustre, il abandonna les monts qui l'avaient vu naître. Loin de l'Ida où il fut élevé, il aimait à errer dans des lieux inconnus, à visiter des fleuves nouveaux, et sa curiosité allégeait les fatigues du voyage. Il parcourt aussi les villes de Lycie, et la Carie qui l'avoisine. Là ses yeux découvrent un lac dont le cristal laissait voir la terre au fond des eaux. Ni le roseau des marais, ni l'algue stérile, ni les joncs aux dards aigus, ne troublent leur transparente limpidité. Ce lac a pour ceinture un gazon toujours frais et des herbes toujours vertes. Une nymphe l'habite ; inhabile à la chasse, on ne la voit jamais ni tendre l'arc, ni lutter de vitesse avec les hôtes des forêts ; et c'est la seule des Naïades qui soit inconnue à l'agile Diane. On raconte que souvent ses sœurs lui disaient : « Salmacis, prends le javelot ou le carquois à couleurs variées, et mêle à tes loisirs les dures fatigues de la chasse. » Mais elle ne prend ni javelot ni carquois aux couleurs variées; elle ne mêle point à ses loisirs les dures fatigues de la chasse. Tantôt elle baigne dans l'onde pure ses membres gracieux; tantôt elle démêle ses cheveux avec le buis du Cytorus, et consulte pour se parer le miroir des eaux. Quelquefois couverte d'un voile diaphane, elle repose sur les feuilles légères ou sur le tendre gazon. Souvent elle cueille des fleurs; elle en cueillait même par hasard au moment où elle vit le jeune berger; en le voyant, elle désira de le posséder. Avant de l'aborder, malgré sa vive impatience, elle ajuste avec art sa parure, parcourt des yeux les plis de sa robe, et compose son visage; elle peut enfin paraître belle. Alors elle s'avance : « Enfant, lui dit-elle, tu mérites d'être pris pour un dieu. Si tu es un dieu, tu ne peux être que Cupidon; si tu es un mortel, heureux ceux qui t'ont donné le jour! heureux encore et ton frère et ta sœur, si tu as une sœur, et la nourrice qui t'a donné son sein! mais heureuse mille fois plus que tous les autres celle qui est ta compagne, ou pour qui tu daigneras allumer le flambeau de l'hymen! Si tu l'as déjà choisie, qu'un doux larcin soit le prix de ma tendresse; si ton choix n'est pas fait, puissé-je le fixer et partager avec toi la même couche! » À ces mots, la Naïade se tait : l'enfant rougit; il ignore ce que c'est que l'amour; mais sa rougeur l'embellit encore. Elle rappelle les couleurs des fruits qui pendent aux rameaux du pommier abrité, ou celles de l'ivoire quand il est teint, ou la rougeur blanchâtre de la lune, lorsque l'airain, appelant en vain des secours, retentit dans les airs. La Nymphe implore au moins ces baisers que la sœur reçoit du frère, et déjà elle étendait les mains vers le cou d'albâtre du berger. « Cesse, ou je fuis, lui dit-il, et je te laisse seule en ces lieux. » Salmacis a frémi. « Étranger, sois libre et maître de cet asile », répondit-elle. À ces mots, elle feint de s'éloigner, et, reportant ses regards vers lui, elle se cache sous d'épaisses broussailles, fléchit le genou et s'arrête. L'enfant, avec toute l'ingénuité de son âge, persuadé qu'aucun œil ne l'observe en ces lieux solitaires, va et revient sur le gazon, plonge dans l'onde riante la plante de ses pieds, et les baigne jusqu'au talon. Bientôt, saisi par la douce tiédeur des eaux, il dépouille les voiles légers qui couvrent ses membres délicats. Salmacis tombe en extase; la vue de tant de charmes allume dans son âme de brûlants désirs. Ses yeux étincellent, semblables aux rayons éclatants que reflète une glace exposée aux feux du soleil. À peine peut-elle se contenir, à peine peut-elle différer son bonheur; déjà elle brûle de voler dans ses bras, déjà elle ne maîtrise plus son délire. Le berger frappe légèrement son corps de ses mains, et s'élance dans les flots. Tandis que ses bras se déploient tour à tour, il apparaît à travers le cristal des eaux aussi brillant qu'une statue d'ivoire, ou que des lis d'une éclatante blancheur, placés sous le verre transparent. « Je triomphe, il est à moi », s'écrie la Naïade. Et, jetant au loin ses habits, elle s'élance au milieu des flots, saisit Hermaphrodite malgré sa résistance, lui ravit des baisers qu'il dispute, enlace ses bras dans les siens, presse sa poitrine rebelle, et peu à peu l'enveloppe tout entier de ses embrassements. Il lutte en vain pour se dérober à ses caresses; elle l'enchaîne comme le serpent qui, emporté vers les cieux dans les serres du roi des oiseaux, embarrasse de ses anneaux et la tête et les pieds de son ennemi, qu'on dirait suspendu dans les airs, et replie sa queue autour de ses ailes étendues ; tel on voit le lierre s'entrelacer au tronc des grands arbres ; tel encore le polype saisit la proie qu'il a surprise au fond des eaux, et déploie ses mille bras pour l'envelopper. Le petit-fils d'Atlas résiste et refuse à la Nymphe le bonheur qu'elle attend ; elle le presse de tous ses membres ; et, s'attachant à lui par la plus vive étreinte : « Tu te débats en vain, cruel, s'écrie-t-elle, tu ne m'échapperas pas. Dieux, ordonnez que jamais rien ne puisse le séparer de moi, ni me séparer de lui. » Les dieux ont exaucé sa prière : leurs deux corps réunis n'en forment plus qu'un seul : comme on voit deux rameaux attachés l'un à l'autre croître sous la même écorce et grandir ensemble, ainsi la Nymphe et le berger, étroitement unis par leurs embrassements, ne sont plus deux corps distincts : sous une double forme, ils ne sont ni homme ni femme : ils semblent n'avoir aucun sexe et les avoir tous les deux. Voyant qu'au sein des eaux, où il est descendu homme, il est devenu moitié femme, et que ses membres ont perdu leur vigueur, Hermaphrodite lève ses mains au ciel, et s'écrie d'une voix qui n'a plus rien de mâle : « Accordez une grâce à votre fils, qui tire son nom de vous, ô mon père ! ô ma mère ! Que tout homme, après s'être baigné dans ces ondes, n'ait, quand il en sortira, que la moitié de son sexe : puissent-elles, en le touchant, détruire soudain sa vigueur ! » Les auteurs de ses jours furent sensibles à ce vœu : ils l'exaucèrent pour consoler leur fils de sa disgrâce, et répandirent sur ces eaux une essence inconnue.

CÉNIS ET CÉNÉE

L'exploit dont ils parlent le plus, c'est la récente défaite de Cycnus. Tous s'étonnent que ce guerrier fût invulnérable et que le fer s'émoussât sur son corps : le petit-fils d'Éaque s'en étonne avec eux. Mais Nestor : « Cycnus, dit-il, est le seul guerrier de votre âge qui ait pu mépriser les atteintes du fer, et qu'aucune arme n'ait pu blesser; mais moi-même autrefois, j'ai vu, frappé de mille coups et le corps sans blessure, le Thessalien Cénée, Cénée, fameux par ses exploits, et qui vit le jour sur les sommets de l'Othrys; sa valeur fut d'autant plus merveilleuse qu'il était né femme. »

Tous sont émus au récit de ce prodige inouï jusqu'alors. Tous prient Nestor d'en raconter les détails, Achille surtout : « Parle, dit-il, car tous nous sommes également curieux de t'entendre; parle, éloquent vieillard, vivante sagesse de notre âge. Dis-nous quel fut ce Cénée, comment il eut deux sexes, dans quelle guerre, dans quel combat tu le connus, quel guerrier le vainquit, si quelqu'un put le vaincre. » [...]

« Cénis fut la plus belle des vierges de Thessalie, et sa beauté fut célèbre et dans la ville où tu reçus le jour, ô toi, fils de Pélée, et dans celles qui en sont voisines. Mille amants la recherchèrent en vain. Pélée, ton père, eût peut-être lui-même désiré cette alliance, mais déjà la main de Téthis lui était ou donnée ou promise. Cénis refusa tous ces amants : mais on dit que, sur le rivage désert, le dieu des eaux la surprit et lui fit violence. Neptune, charmé des plaisirs nouveaux qu'il vient de goûter : « Fais un vœu, dit-il à Cénis, et tu le verras accompli sur l'heure. » On dit encore que Cénis lui répondit : « L'outrage que tu m'as fait me dicte ma demande; que désormais je n'aie pas à en souffrir un semblable : accorde-moi de n'être plus femme, et tu auras comblé tous mes vœux. » Cénis a prononcé d'un son de voix plus grave ces dernières paroles. Cette voix semble être, ou plutôt est en effet celle d'un homme. Déjà le dieu des mers a exaucé le vœu de Cénis, et, en outre, a rendu son corps impénétrable au fer. Le nouveau guerrier se retire tout joyeux de ses dons : désormais il se livre aux belliqueux travaux des hommes, et parcourt les champs qu'arrose le Pénée.

[*Suit le récit du combat des Centaures et des Lapithes.*]

Cénée avait terrassé cinq guerriers, Stiphélus, Bromus, Antimaque, Hélimus et Pyracmon, armé d'une hache. Je me rappelle seulement le nombre et le nom de ses victimes; j'oublie quelles furent leurs blessures. Couvert des dépouilles du Thessalien Halésus, qu'il vient de mettre à mort, Latrée., l'immense Latrée, vole à la rencontre de Cénée. Latrée n'est plus jeune, mais n'est pas vieux encore; des cheveux blancs ombragent ses tempes, mais il conserve encore toute la vigueur de la jeunesse. Armé d'un glaive, d'un bouclier, d'une pique macédonienne, il se place au milieu des deux troupes ennemies, frappe ses armes, et, promenant ses regards sur l'un et l'autre côté, fait tourner son cheval dans un cercle rapide; puis il prononce ces paroles orgueilleuses : « Penses-tu donc que ma main ne punira pas ton audace, Cénis? car, pour moi, tu ne seras jamais que Cénis, tu ne seras jamais qu'une femme. As-tu donc oublié ta première origine? Ta mémoire ne te rappellerait-elle plus à quel prix tu obtins cette apparence mensongère d'un homme? Souviens-toi que tu naquis Cénis, souviens-toi de ton outrage, et va reprendre les fuseaux et le lin; laisse aux guerriers la guerre. » Il parlait; Cénée lui perce le flanc de son javelot à l'endroit où finit l'homme et commence le cheval. Furieux de douleur, le Centaure frappe de sa pique le visage sans défense de Cénée : l'arme rebondit comme la grêle qui tombe sur un toit, ou comme un léger caillou lancé sur la peau tendue d'un tambour. Latrée attaque de près son ennemi, cherche à lui plonger son épée dans les flancs ; mais en vain, son épée ne peut trouver un passage. « Ah ! tu n'échapperas pourtant pas à la mort ! s'écrie-t-il. Puisque sur toi la pointe de mon glaive s'émousse, le tranchant t'immolera peut-être. » Il dit, tourne son glaive, et mesure les flancs de Cénée de son large tranchant : le coup retentit comme si le glaive avait frappé du marbre, et la lame vole en éclats.

Après avoir ainsi quelque temps offert son corps invulnérable aux coups du Centaure étonné : « À mon tour maintenant, dit Cénée, je veux voir si ton corps est impénétrable à mon fer. » Il dit, et enfonce son glaive jusqu'à la garde dans les flancs du Centaure ; il le retourne, il l'agite dans ses entrailles, et fait des blessures nouvelles dans sa blessure. À cette vue les compagnons de Latrée poussent des cris de rage, s'élancent, dirigent tous leurs traits contre un seul guerrier. Leurs traits retombent émoussés : Cénée est sans blessure. Ce prodige les étonne. « Honte à nous ! s'écrie Monychus ; tout un peuple est vaincu par un seul homme ; et encore, si c'est un homme, il ne le doit qu'à son infamie. À quoi nous servent donc nos vastes corps et notre double force ? Que nous sert cette double nature qui réunit en nous la vigueur des deux êtres les plus vigoureux ? Non, nous ne sommes pas les fils d'une déesse ; nous ne sommes pas les fils d'Ixion, qui fut si grand qu'il put porter ses désirs jusque sur l'épouse du maître des dieux. Et voici que nous sommes vaincus par un ennemi qui n'est pas même un homme ! Compagnons, roulons sur lui des rochers, des arbres, des monts tout entiers ; ensevelissons-le tout vivant sous leur immense dépouille. Qu'une forêt l'étouffe, et que le poids lui serve de blessure. » Il dit, aperçoit un vieux tronc rompu par les efforts des vents : il le lance contre l'ennemi. Cet exemple est suivi : en un instant l'Othrys est dépouillé, le Pélion a perdu son ombrage. Enseveli sous ces vastes débris, Cénée, haletant, soutient l'énorme fardeau sur ses fortes épaules. Mais enfin les arbres s'entassent au-dessus de sa bouche, couvrent sa tête et ferment tout passage à la respiration. Tantôt il retombe accablé, tantôt il cherche en vain à se dégager et à soulever la forêt qui le presse : tel on voit l'Ida vaciller, ébranlé par de sourds tremblements. Ce que devint Cénée, on l'ignore. Les uns pensent qu'écrasé sous l'Othrys et le Pélion, il est descendu dans les abîmes du Tartare. Mais le fils d'Ampycus a vu du milieu des arbres amoncelés sortir un oiseau au sombre plumage, qui s'est élancé dans les plaines des airs ; moi-même j'ai vu cet oiseau merveilleux pour la première et la dernière fois. Mopsus le voit planant d'un vol léger au-dessus de notre troupe ; il l'entend pousser des cris éclatants, il le suit tout à la fois de la pensée et des yeux : « Salut à toi, s'écrie-t-il, gloire du nom lapithe ; salut à toi, Cénée, autrefois invincible guerrier, oiseau maintenant unique entre tous les oiseaux. » Ce prodige est cru sur la foi du devin.

OVIDE

Ces fragments des Métamorphoses *sont extraits, pour le premier (« Salmacis et Hermaphrodite »), du Livre IV, v. 285 à 388, pour le second (« Cénis et Cénée »), du Livre XII, v. 165 à 210 et v. 460 à 533.*

L'insaisissable entre-deux

1. TOUT OU RIEN ?

Kékséksa ?

Jean-Pierre Brisset.

« Contes de fées, contes de faits », a su voir, par jeu, le poète du *Cornet à dés*. Et reconnaissons que pour *ouvrir* un volume où il est question de cette série de coups de dés d'où résulte notre identité sexuelle, Ovide est un conteur plus limpide que le psychanalyste.

Peu de mythes aussi limpides, justement, du moins au premier regard, que celui de l'Androgyne. Dans son ambiguïté apparente, aucune figure ne livrerait aussi immédiatement ses traits que celle d'Hermaphrodite : en un premier temps, par privilège de naissance, enfant à part égale d'Hermès et d'Aphrodite, il représente en une seule forme leur couple, il unit, il combine les parents, dirait Melanie Klein, dans une harmonieuse proportion, il est la beauté[1] ; un second temps vient, par l'effet de la métamorphose, incarner sa double appartenance mais en en inversant la valeur : ce jeune homme — cet enfant [*puer*], dit Ovide, et l'indication est précieuse — et cette jeune femme enlacés jusqu'à se confondre en un seul, on y verra plutôt un être sexuellement indéterminé qu'un être double. Ovide avoue son embarras : ni l'un ni l'autre [*neutrumque*] ou l'un et l'autre [*utrumque*]. Après qu'Hermaphrodite s'est aventuré dans l'eau, royaume où la naïade est assurée de la victoire de son désir, il est devenu un hermaphrodite... Entré, en un sens, homme *et* femme, le voici, quand il sort, demi-homme et demi-femme (mais en sort-il, de cette eau féminine dont la transparence passe sous nos yeux au sombre de l'eau funèbre ?). Sa consolation sera de voir, à son tour, son vœu exaucé : condamner ses semblables, ceux qui se plongeront dans les mêmes eaux que lui, à une impuissance qui préfigure la mort. Il engendre, si l'on peut dire, ce demi-homme ou demi-dieu, une lignée du même. Narcisse qui, lui aussi, prétendait se suffire, n'est pas loin...

La grâce un peu morbide du conte nous donne la face négative du mythe : l'appropriation d'un double pouvoir (père-mère, garçon-fille) vire à l'impuissance ; l'union fusionnelle du couple conduit à la mort et à la stérilité. Le bisexuel est un asexué.

Si nous voulons maintenant en saisir la face positive, il suffit de remonter au grand mythe d'origine du *Banquet* : on y voit, là encore sans qu'une analyse paraisse s'imposer, s'affirmer avec une force extraordinaire la nostalgie d'un temps (où les hommes pouvaient « s'attaquer aux dieux ») et d'un espace (la sphère) antérieurs à la section — coupure, fragmentation, fissure ou plus tard, dans la tradition gnostique, *chute* — de l'être primordial. Quand on se réfère au mythe d'Aristophane, on dit le plus souvent : mythe de l'androgyne ; on oublie que Platon évoque trois genres et que l'androgyne n'est que l'un des trois : on se trouve alors autorisé à entendre section comme « sexion »[2]. Mais cet oubli renforce en fait l'intention majeure du mythe : tenir l'autre pour *complémentaire*, annuler sa *différence*. L'antagonisme s'efface. Antagonisme entre les humains et même avec les dieux : l'homme cesse d'être excessif, de s'affronter à eux, s'il est voué à rechercher sa propre « moitié ».

La différence sexuelle, une fois ramenée à une différenciation, peut être tenue pour un état secondaire, à la limite pour une illusion, simple *défaut d'être* réparable; et, s'il est vrai qu'elle opère comme prototype de toute différence, son effacement entraînerait, de proche en proche, une réduction de tout le champ de l'inéluctable : filiation, mort, séparation, limites d'un corps.

Tout dieu transcende la différence des sexes. Autogenèse et immortalité, toute-puissance : attributs divins. La bisexualité étant par excellence principe médiateur, union réalisée, c'est, en définitive, pour la pensée circulaire qu'elle suscite, tout l'écart entre l'ordre des dieux, l'ordre humain et l'ordre de la nature qui serait susceptible de se réduire à un jeu de correspondances, de changements d'état, de métamorphoses possibles. L'être est un œuf : les figurations imparfaites de l'être peuvent toujours se rejoindre en une belle totalité, unifiante et homogène, en cette forme pleine, close, qui contient déjà la loi de son propre devenir.

Mircea Eliade l'a noté : « La bisexualité universelle est une conséquence nécessaire de l'idée de la bisexualité divine [...] Tout ce qui est par excellence doit être total, comportant la *coincidentia oppositorum* à tous les niveaux[3]. » La bisexualité une fois reconnue est reconnue partout, de la biologie à la théogonie. Manifestation de la totalité, elle exige elle-même d'être totale. Dans la *coincidentia oppositorum*, les opposés s'estompent au profit de la coïncidence.

Pourtant, dans le nom même — Hermaphrodite, androgyne — la différence, niée dans l'alliance des termes, imprime sa marque : pour être niée, « dépassée », il faut bien qu'elle soit d'abord affirmée. Le « bord à bord » ne va pas sans cicatrice. C'est que l'aspiration bisexuelle est moins fantasme d'unité que de *réunion*, d'unification : qu'en un seul corps, deux corps, deux désirs se confondent, ne fassent plus qu'un ! Que ce soit là aussi la formule la plus courante, sinon la plus sûrement exaucée, de l'amour, n'empêche pas — au contraire ! — qu'on y regarde de plus près : est-ce vraiment la différence des sexes que tenterait d'atténuer, jusqu'à l'abolir, la représentation de la bisexualité originaire ? Ne viserait-elle pas plutôt, sous couvert d'un être total, sans fissure, moins à dépasser la différence qu'à se préserver de ses effets ?

L'assignation d'*un* sexe prive des organes et des pouvoirs de l'autre sexe, de celui qu'on n'a pas ; le bisexuel apparaît comme complet. C'est ce à quoi nous invite à croire le contenu manifeste du mythe ou de la théorie. On voit le désir qui s'accomplit là ; mais on entrevoit aussi ce qu'il garantit : si la « sexion » a *déjà* été opérée, l'individu monosexué est, lui, indivis et insécable. Ou encore : la privation, corrélative de la complétude, conjure la castration : tout mais pas ça !

Revenons à la seconde des fables ici reproduites. Que gagne Cénis à sa métamorphose de femme en homme ? D'abord le pouvoir d'être *invulnérable* : aucune lance ne le blesse[4] ; l'homme-femme tient en échec l'homme-animal (le Centaure). Puis, une fois moins vaincu par les hommes qu'accablé par le poids des troncs d'arbre, le pouvoir d'un renouvellement indéfini. Car, dans « cet oiseau au plumage de feu, tel qu'on n'en a jamais vu et qu'on n'en reverra plus », on doit reconnaître le Phénix. Il faut aussi suivre Marie Delcourt condensant ainsi la conclusion de la fable : « Le Phénix a simultanément les deux sexes que Kaineus [Cénée] a l'un après l'autre. Il meurt sur un bûcher, mais c'est pour renaître aussitôt, toujours pareil à lui-même sous ses renaissances successives[5]. »

Nous pouvons maintenant rapprocher les deux métamorphoses, dans la différence de leurs effets : celle qui aboutit à la fusion mortifère des deux sexes et celle où le changement de sexe procure l'avènement d'un phallus immortel — ceci, notons-le, à condition de ne jamais perpétuer que le même[6]. Les deux processus sont déclenchés de façon strictement symétrique : Hermaphrodite voit son vœu accompli après avoir été violé par Salmacis, Cénis le sien après avoir été violée par Neptune. Intolérable effraction pour un corps qui se voudrait sans faille et pourrait se combler lui-même. Tout corps étranger est alors menace, tout désir déjà corps étranger. Même la « parfaite » union sexuelle peut apparaître comme garant contre une perte irréparable, irréversible : personne n'a mieux mis en lumière que Ferenczi la fonction de réassurance quant à la castration que comporte l'union hétérosexuelle avec ce qu'elle implique, dans l'*identification mutuelle* des partenaires, de bisexualité[7].

On sait que, dans l'Antiquité, les enfants qui naissaient « hermaphrodites » étaient exposés, voués à la mort. Loin de voir en eux des approximations de dieux dignes d'un culte, on les traitait comme des monstres ; leur double nature les faisait considérer, en fait, comme des écarts, insupportables, de la nature. Le remarquable est que cet « envers » du mythe coexistait avec le mythe. C'est que la *réalité* de l'hermaphrodisme n'est pas tenue pour son actualisation, elle en est, tout au contraire, la négation : l'androgyne positif ne peut exister que dans le mythe. Incarné, *vu*, il évoque une double castration : il est effectivement et simultanément homme et femme châtrés[8].

On constate aussi, et généralement pour la déplorer, l'évolution de la représentation plastique du bisexuel : de l'archaïque Zeus barbu, avec ses six mamelles disposées en triangle, à l'adolescent gracile, efféminé, de l'alexandrinisme. Le dieu double, détenteur de toute la puissance sexuelle, se mue en un « être » équivoque, indéterminé, en même temps que le signe se dégrade en image ; on associe toujours la figuration visuelle de l'hermaphrodisme à la décadence. Mais cette évolution se borne à manifester ce qui est déjà inscrit dans la double polarité du mythe : sous sa forme positive, il vise à transcender l'opposition binaire des sexes (il est *transsexuel* au sens plein du terme) ; sous sa forme négative, il ne laisse sa place qu'à ce qui s'oppose au couple masculin/féminin : le neutre[9]. La fascination qu'exerce le mythe de l'Androgyne — qu'on retrouve dans des religions et des traditions très diverses — tiendrait à ce qu'il tente d'*inclure* le négatif. Je citerai ici Roland Barthes : « ... le neutre ne peut être pris directement dans une structure sexuelle ; dans les langues indo-européennes, l'opposition du masculin et du féminin est moins importante que celle de l'animé et de l'inanimé ; elle lui est d'ailleurs subséquente : *Animé (masculin/féminin)/Inanimé (neutre)*[10]. » Le mythe bisexuel renverse cette loi « linguistique » : en affirmant le primat de l'opposition masculin-féminin, en exaltant son dépassement pour y voir finalement une forme sublime, il rejette au-dehors l'inanimé. C'est un « mythe » exactement inverse que Freud construira avec *Au-delà du principe de plaisir*[11] : le négatif est dedans, ce qui est premier chez l'homme, ce n'est pas le bruyant Éros mais le travail silencieux d'une mort qui n'est plus définie comme accident ou fatalité organique mais comme pulsion. De l'infini au zéro...

Mais, cette possibilité-là, tout mythe de la bisexualité en est déjà porteur. Il contient en effet deux fantasmes fort différents, voire opposés, dont il tente l'impossible conciliation : un fantasme, tout positif, visant à assurer la pleine possession d'un phallus — paternel et maternel — dont l'excellence ne saurait être qu'imparfaitement incarnée, signifiée, dans l'un et l'autre sexe ; un fantasme, négatif, visant à se garantir contre toute séparation-castration-mort, qui conduit à un effacement toujours plus accentué du sujet désirant. Glorieuse métamorphose ou mortelle « amorphose » ? Sans doute ces deux visées se rejoignent-elles en ce que la psychanalyse a décrit, sur le modèle du fétichisme, comme déni ou désaveu de la castration[12]. Mais le paradoxe de la fantasmatique bisexuelle est que, même si sa *fonction* doit être rapprochée de celle qui est à l'œuvre dans la perversion fétichiste, l'*objet* support n'est pas objet « partiel ». On pourrait avancer que, dans la première visée indiquée, il s'agit d'un fétichisme de l'objet total, dans la seconde d'un fétichisme du rien.

II. L'AUTRE SEXE, L'AUTRE CÔTÉ ?

Le premier homme (Adam) était homme du côté droit et femme du côté gauche ; mais Dieu l'a fendu en deux moitiés.

Cité par Mircea Eliade.

Freud a aussi son mythe de référence ; mais ce n'est pas celui d'Aristophane, c'est le mythe d'Empédocle. Il retrouve dans l'opposition de φιλία et de νεῖχος la figuration de son propre dualisme où s'affrontent Éros, force de liaison et de cohésion, qui institue toujours plus d'unité, et une puissance destructrice qui vise, elle, à « dissoudre les assemblages ». On nous a dit et redit que l'exigence d'un dualisme fondamental est une constante de la pensée freudienne[13]. Rien de plus rabâché en effet mais, curieusement, rien aussi qui se laisse plus facilement méconnaître. Y revenir à propos de la bisexualité, penser conjointement le dualisme et la bisexualité, mettra peut-être l'une et l'autre dans une perspective nouvelle.

Car le dualisme a pu prendre dans la théorie de Freud bien des formes, faire jouer des couples d'opposés très différents. Quand l'un des couples pulsionnels paraît ne plus fonctionner comme opposition, le dualisme se déplace, se réaffirme comme plus originaire, donc, s'il le faut, sur le plan du mythe ; en ce sens, le dernier dualisme, celui des pulsions de vie et des pulsions de mort, n'est pas « nouveau » : il radicalise les précédents en inscrivant la mort (l'inanimé, l'inertie, le zéro) dans la psyché. La « discorde » n'est pas localisable en une instance psychique — elle habite en chacune d'elles — ou en principe un de fonctionnement — elle est « au-delà » de chacun d'eux : plaisir, constance, réalité — ni même en une pulsion : ce n'est qu'en forçant l'acception proprement psychanalytique du terme de *Trieb*, ce n'est qu'en en faisant des « êtres mythiques » que Freud peut invoquer des *Todestriebe* qui opèrent *partout* sans être jamais saisissables à l'état pur[14]. Ce qui se trouve là défini, c'est donc moins un pôle du conflit que le conflit, comme tel, dans ce qu'il a d'*irréductible*.

Pulsion de mort : discorde et discord, silencieusement efficace, dans le concert d'Éros. La synthèse, la belle totalité, est impossible, autrement que comme fantasme de désir. On peut soutenir, contrairement à ce que prétendent les tenants de l'*Egopsychology*, que, plus s'avancent la réflexion et l'expérience de Freud sur le moi, plus la fonction synthétique de celui-ci est tenue en suspicion : formation narcissique ; « compulsion à la synthèse » (et non fonction de synthèse) ; altérations, fixations dans le moi, comparées à de véritables institutions devenues anachroniques ; *Ichspaltung* enfin qui inscrit la structure psychotique en tout être humain. Nous sommes toujours plus éloignés de l'idée rassurante que quelque « province » en nous pourrait accueillir cet « être sans fissures », vœu profond du mythe bisexuel.

Quand Freud, proche du terme de sa vie, tente de déterminer, avec une saisissante honnêteté, les raisons des échecs thérapeutiques[15], quand il se demande au fond pourquoi l'homme ne veut pas guérir, c'est tout naturellement les *limites* du pouvoir de l'analyse qu'il rencontre : limites de sa théorie, limites de son action. Or, au-delà des différents motifs — force pulsionnelle ou résistance du ça, distorsion du moi, etc. — que fait apparaître cette recension méthodique, la démarche de Freud vient se heurter à deux points de *butée* : l'un théorique, qui lui fait invoquer en dernier recours l'idée d'une « inclination [*Neigung*] au conflit » comme facteur spécifique (manifestation de la pulsion de mort?); l'autre, auquel achoppe l'expérience : pourquoi l'homme a-t-il tellement peur d'*être* une femme (« refus [*Ablehnung*] de la féminité »[16])? pourquoi la femme renonce-t-elle si difficilement — voire ne renonce jamais — à son désir d'*avoir*, d'obtenir, le pénis? C'est le roc. Il existe une correspondance évidente, nous dit Freud, entre les deux thèmes, le refus chez l'homme, la revendication chez la femme : « Quelque chose, qui est commun aux deux sexes, a été modelé, du fait de la différence entre les sexes, en des formes différentes d'expression[17]. »

Il faut considérer ensemble le « roc » de l'expérience et le « roc » de la théorie qui, l'un comme l'autre, paraissent irréductibles à l'analyse : l'inclination au conflit et ce quelque chose de commun aux deux sexes. Freud, d'ailleurs, nous y engage en posant la question : pourquoi les tendances homosexuelles et hétérosexuelles, qui existent chez tout individu, ne parviennent-elles pas à se répartir en une solution équilibrée? pourquoi un « bon usage » de la bisexualité est-il si difficile[18]? Comment, autrement, pourrions-nous comprendre le point de vue freudien sur la bisexualité? Car il se laisse difficilement saisir si l'on s'en tient aux énoncés.

Le *fait* de la bisexualité humaine est affirmé très tôt par Freud dans des termes à la fois clairs et prudents. Le thème bisexuel était dans l'air à l'époque. L'originalité de Freud n'est pas d'adopter ce thème mais d'en limiter la portée, comme s'il voulait d'emblée le dégager de la fantasmatique qui le suscite

— sous couvert de données embryologiques et anatomiques — pour s'accomplir dans une théorie. Freud ne reconnaît pleinement le rôle de la bisexualité qu'une fois qu'il a réussi à l'insérer dans une structure dont les effets déterminants ne seront découverts et spécifiés que progressivement : Œdipe et castration. Mais, au départ, on le sent peu enclin à laisser trop de place à la bisexualité, on le voit se refuser à en faire un axe théorique[19].

On est en revanche frappé du rôle majeur qu'elle va jouer chez les dissidents ou marginaux de la psychanalyse. Fliess, d'abord bien sûr, sur lequel je n'insisterai pas, d'autres contributions à ce recueil lui étant réservées[20]. Adler, dont une communication à la Société psychanalytique de Vienne porte sur l'hermaphrodisme psychique : il y axe le conflit psychique sur l'opposition masculin-féminin et assigne à l'analyse la tâche « d'amener au jour la femme qui est dans l'homme névrosé et de montrer que tous ses traits pathologiques sont imprégnés de ces tendances féminines[21] ». Jung, dont on connaît l'intérêt qu'il a porté au mythe de l'androgyne : le couple *animus-anima* ne fonctionne-t-il pas, sur un mode spiritualisé, comme être bisexuel ? Groddeck, qui peut légitimement, en un sens, soutenir que la psychanalyse a « refoulé » la bisexualité : « il n'y a absolument pas d'homme séparé de la femme, l'être humain est femme-homme et homme-femme[22] ». Et même Ferenczi, avec son concept d'amphimixie, généralisé dans une bio-analyse[23]. L'hypothèse serait à vérifier et à nuancer par l'enquête approfondie — dans cette histoire psychanalytique de la psychanalyse que nous appelons de nos vœux ; elle a au moins l'intérêt de nous faire entrevoir l'enjeu. Au-delà du déni de castration que comporte toute théorie de la bisexualité, proclamée ou implicite, c'est la conception freudienne de l'inconscient qui est en cause.

Quand Freud, dans « Analyse finie », rencontre le roc sous les strates psychologiques, et, qui plus est, le définit comme « biologique[24] », il paraît se rapprocher des vues d'Adler, il paraît rejoindre, après une longue boucle, Wilhelm Fliess affirmant que « le sexe dominant dans la personne aurait refoulé dans l'inconscient la représentation psychique du sexe vaincu[25] ». Le refoulé, ce refoulé qui finit toujours par faire retour, ne serait-il pas en définitive l'autre sexe ? C'est précisément ce que prétendait Fliess ; mais de cet autre sexe il faisait aussi un autre côté, rejoignant aussi, sans doute à son insu, toute une tradition du mythe androgyne. Or ce que l'universalité et la permanence de l'angoisse de castration ont fait découvrir à Freud, c'est qu'elle trouve son origine et son efficacité *du côté* de son propre sexe[26]. La différence opère moins *entre* les sexes que *sur* le sexe, comme l'actualise la marque de la circoncision. L'envie et la crainte de l'autre sexe sont secondaires : elles viennent donner un nom et un support, un signe tangible à tout ce qui disjoint le désir de son objet, sépare le sujet d'un soi-*même*[27]. Tenir l'inconscient pour un autre côté, surtout s'il est inaccessible, et tenir l'autre sexe pour la part cachée de soi, surtout si elle demeure latente, c'est retrouver la possibilité d'une conjonction sans risque ; la séparation est alors incluse dans le tout[28].

III. LE JEU DOUBLE, LE DOUBLE SENS

On ne peut pas échapper à soi-même.

Freud.

Ce que nous entendons par masculinité et féminité est si vague et porte une charge si manifeste de significations biologiques et sociales intriquées que cela justifierait, à soi seul, la réticence de Freud à faire du couple masculin-féminin une opposition axiale, une polarité recevable en psychanalyse. Son affirmation, tant de fois réitérée, que c'est le couple d'opposés activité-passivité qui est premier, ne signifie pas seulement que ce soit là le seul qui définisse les modalités de la vie pulsionnelle : elle disjoint des termes abusivement confondus. Combien d'auteurs, en effet, même parmi les psychanalystes, ne font rien d'autre que de s'autoriser d'une différence « naturelle » — et pourquoi pas ? du comportement respectif des cellules sexuelles mâle et femelle — pour confirmer l'équivalence, posée au départ, de la masculinité et de l'activité, de la féminité et de la passivité ! Position qui doit être récusée par principe : « Ce qui appartient en propre à la psychanalyse, ce n'est pas de décrire ce qu'*est* la femme mais de rechercher comment elle le *devient*, comment elle se développe en femme à partir d'un enfant à dispositions bisexuelles[29]. » Jones, lui, conclura son fameux article sur la phase phallique en invoquant le *livre de sagesse* : « Au commencement... Dieu les créa mâle et femelle[30]. » Recours ultime à une bipartition originelle pour rendre compte de la différence dans l'évolution de la sexualité chez le garçon et chez la fille là où Freud fait dépendre cette différence (qu'il n'a pu alors que tarder à reconnaître dans son ampleur) des modalités d'efficace du complexe de castration. Phallocentrisme de Freud ? Mieux vaudrait dire phallo-excentrisme car les deux sexes sont également, mais non symétriquement, exclus du référent.

Le bisexuel ne l'ignore pas mais il tente d'en parer les effets : il fonctionne comme s'il y avait moyen de rejoindre le centre et d'en occuper la place en tenant, à la fois ou successivement, dans le fantasme conscient ou inconscient, les rôles de l'homme et de la femme que *toute* figuration œdipienne met à sa disposition[31]. Il pourrait ainsi ramener la différence à une dissemblance[32], à une complémentarité : chaque sexe devient le miroir de l'autre. Cette illusion lui est offerte non seulement dans des comportements mettant en acte la double identification (masturbation, par exemple ; voyeurisme qui fait passer la scène primitive, entendue, dans le vu) mais dans le jeu des pulsions partielles et des organes — en particulier, tous les orifices et la peau : leur bipolarité activité-passivité est, pour chacun d'eux, prise et muée dans la « complémentarité » masculin-féminin (voir Groddeck). Le pénis lui-même peut apparaître comme bisexuel. L'opposition phallique-castré est court-circuitée. Même les instances — singulièrement celles du moi, avec ce que sa structure implique de passivité (« ça m'arrive », « ça me fait ») — peuvent prendre alors signification d'être féminin. À la limite toute la scène psychique devient un théâtre érotisé, bisexuel : ça circule, ça se déplace, ça s'échange, ça se dévoile pour mieux se voiler, l'un passe à l'autre, l'un efface l'autre. Et comme le langage — l'analyse parfois — est complaisant : rien qui n'ait un double sens ! Aucun risque alors, aucune chance, de se heurter au « roc ». Il court, il court, l'insaisissable... Bien loin de nier le primat du phallus, le bisexuel le consacre.

En ce sens, Jones n'a pas tort de définir la phase phallique moins comme un stade que comme une *position* défensive de nature phobique. Un poste avancé en quelque sorte : s'il cède, tout le reste risque fort d'être détruit. Et tout le reste, c'est ce qui me permet, finalement, de dire je, d'avoir quelque chose comme une identité.

Lorsque l'enfant paraît, deux questions, inéluctables : fille ou garçon ? comment s'appelle-t-il (ou elle) ? Question double dans sa forme, mais unique dans sa visée car de la réponse donnée dépend notre identité. Qui verrait une grâce des dieux dans l'incapacité de réponse ? Aussi bien y répond-on généralement mais ce n'est pas trop pour nous d'une vie pour répondre *en personne* aux réponses déjà données.

Ne nous plaignons pas que la figure d'Hermaphrodite ne se perpétue que dans les contes et que son nom soit absent du calendrier. Il s'étiole dans l'imaginaire, mais il y renaît. La vie, elle, le tuerait sous le roc, l'abîme.

J.-B. PONTALIS

I

Bisexualité et médiation en Grèce ancienne

Le mythe d'Aristophane[1], auquel on pense tout de suite lorsqu'on parle de bisexualité en Grèce ancienne, est un texte très connu. D'ailleurs, Freud lui-même, dans *Au-delà du principe du plaisir*[2], en cite un extrait, et il y fait, en outre, allusion par deux fois, dans son *Abrégé de psychanalyse*[3] et dans ses *Trois essais sur la théorie de la sexualité*[4].

Toutefois, cette connaissance générale du mythe d'Aristophane s'accompagne d'une méconnaissance presque aussi générale, découlant d'un double processus d'abstraction, qui consiste, d'une part, à réduire ce mythe à sa dimension proprement sexuelle, et d'autre part à ne retenir, des trois genres de l'antique nature humaine, que celui de l'androgyne. Ce double processus d'abstraction s'expliquant, lui-même, par le fait qu'on considère le mythe d'Aristophane non pas comme un objet, mais comme un quasi-objet, dans lequel on reconnaît « la meilleure interprétation de la notion populaire de pulsion sexuelle[5] », ou qu'on utilise comme un élément pouvant faire progresser l'analyse d'Aristophane[6], et même celle de Platon[7].

Or, c'est précisément ce que nous avons voulu éviter dans cette étude du mythe d'Aristophane, auquel nous avons tenu à restituer sa richesse primitive[8]. En effet, une analyse non restrictive de ce mythe permet non seulement d'en déterminer l'aspect étiologique relatif aux différents comportements érotiques, mais aussi et surtout d'en exprimer une logique et, par conséquent, une éthique de la médiation inhérentes, à la bisexualité en Grèce antique[9].

Et c'est ce projet qui a guidé le développement de cette étude, en deux parties. Une première partie qui se présente comme une analyse structurale du mythe d'Aristophane ; et une seconde, où, après une brève synthèse des résultats obtenus, la position d'Aristophane sur la bisexualité est comparée à celle de Freud.

1. *Analyse structurale.*

Le mythe d'Aristophane se laisse décomposer en quatre séquences qui décrivent deux états de la nature humaine et deux crises, l'une réelle et l'autre possible, ayant affecté ou susceptibles de modifier cette nature humaine.

Aristophane commence son récit par une description de l'antique nature humaine et de ses rapports avec le macrocosme. Puis, s'amorce une crise ayant pour cause une transgression des êtres humains, à laquelle les dieux ripostent par une répression qui comprend deux procès : le premier, marqué par les interventions de Zeus et d'Apollon ; et le second, par les interventions de Zeus et d'Héphaïstos. Or cette crise, qui a des répercussions sur le plan cosmologique, s'apparente, par la logique et l'éthique implicites qui lui sont propres, aux cosmogonies orphique et hésiodique.

Par la suite, s'amorce une description de l'actuelle nature humaine, menacée par une crise possible du même type que la crise réelle qui inaugure l'état actuel.

1.1. *L'antique nature humaine.*

Le récit d'Aristophane s'ouvre sur une description de l'antique nature humaine et des rapports qu'elle entretient avec le reste de l'univers. Ce qui, en soi, est parfaitement compréhensible, pour peu qu'on admette une correspondance étroite entre le microcosme et le macrocosme, c'est-à-dire entre le domaine de l'anthropologie et celui de la cosmologie.

1.1.1. *Anthropologie.*

Aristophane dépeint ainsi l'antique nature humaine :

> Effectivement, autrefois, notre nature n'était pas celle que précisément elle est maintenant, mais différente. D'abord, en effet, les hommes se répartissaient en trois genres et non en deux comme c'est le cas maintenant : mâle et femelle, mais il y en avait encore un troisième, qui était une synthèse des deux autres, et dont maintenant le nom subsiste, mais qui lui-même a disparu. Par conséquent, existait alors un androgyne qui, pour la forme comme pour le nom, dérivait des deux autres, puisqu'il était une synthèse du mâle et de la femelle. Maintenant, il n'existe plus, mais il en reste un nom, tenu pour infamant[10].

Cette entrée en matière joue, d'un bout à l'autre, sur l'opposition alors/maintenant, appliquée à la nature humaine. L'antique nature humaine comprend trois genres : mâle, femelle et androgyne, l'androgyne se présentant, pour le nom comme pour la forme, comme une synthèse des deux autres, alors que l'actuelle nature humaine ne comprend que deux genres : mâle et femelle, l'androgyne ne subsistant plus qu'au niveau du nom, d'ailleurs tenu pour infamant.

Au premier abord donc, l'antique nature humaine se distingue de celle de maintenant par l'androgyne, dont l'existence est donnée d'entrée de jeu, et dont le statut s'avère particulièrement ambigu, puisque non seulement il a disparu au niveau de la forme, pour ne subsister qu'au niveau du nom, mais que, bien plus, ce nom, en grec ancien, désigne soit des hommes efféminés[11], soit des femmes masculines[12].

Toutefois, l'antique nature humaine diffère de celle de maintenant par l'existence du genre de l'androgyne, mais aussi par la forme des êtres humains en général, qui sont doubles. Ce qu'explique Aristophane :

> Ensuite, la forme de chacun de ces hommes était un tout circulaire, avec un dos et des flancs en cercle. Elle comportait quatre mains et des jambes en nombre égal aux mains, et sur un cou de forme circulaire, deux visages, semblables en tout, mais avec une seule tête pour ces deux visages en position opposée, et quatre oreilles, et deux sexes et tout le reste, comme on peut se le représenter à partir de ces données[13].

On comprend alors pourquoi l'existence du genre de l'androgyne est donnée d'entrée de jeu, et de quelle façon ce genre se distingue radicalement des deux autres. D'une part, en effet, d'un point de vue strictement mathématique, on peut constituer trois ensembles à partir de deux éléments (M et F), qu'on groupe par deux, sans tenir compte de leur ordre (M.M, M.F ou F.M, F.F). Par ailleurs, contrairement au mâle et à la femelle, l'androgyne est un ensemble non de mêmes, mais d'autres.

1.1.2. *Cosmologie.*

Or, cet état de la nature humaine correspond à un certain ordre cosmologique. En effet, ces trois genres présentent une forme circulaire [14] et se meuvent de deux façons : ou bien en ligne droite vers l'avant et vers l'arrière, comme le leur permettent leurs deux couples de jambes orientés l'un vers l'avant et l'autre vers l'arrière [15]; ou bien en tournant sur eux-mêmes, à la manière d'acrobates qui font la culbute [16].

Et si, de ce fait, ces trois genres s'apparentent par leur forme et par leur mouvement aux corps célestes, qui sont ronds et animés d'un mouvement qui leur permet de tourner sur eux-mêmes, et d'effectuer une progression ou une rétrogradation circulaires [17], c'est qu'à l'origine ils ont été engendrés, le mâle par le soleil, la femelle par la terre, et l'androgyne par la lune [18].

Cette génération est loin d'être arbitraire. En effet, dans la mythologie grecque, le soleil est toujours affecté d'un caractère mâle, et la terre, d'un caractère femelle. Or, dans le cas de la lune, dont Aristophane nous dit qu'elle participe à la fois de la terre et du soleil, les choses sont beaucoup plus compliquées. En effet, dans la tradition grecque, la lune apparaît comme un être bisexué [19]. Cette bisexualité étant indissociable de ses fonctions d'intermédiaire et de médiatrice.

En effet, sur le plan astronomique, comme le fait déjà remarquer Empédocle, la lune, se trouvant entre la terre et le soleil [20], reçoit la lumière du soleil [21], et, comme le soleil, éclaire la terre [22].

Cette situation particulière investit la lune d'une surdétermination diffuse. En effet, dans cette perspective, la lune devient, par extension, l'astre qui instaure un lien entre le monde des dieux et celui des hommes. Voilà pourquoi elle dispense la folie[23]. Or, c'est effectivement une folie divine qui possède et inspire ces médiateurs par excellence entre les dieux et les hommes, que sont les devins et les praticiens d'initiations[24], lesquels, par choc en retour, se voient affectés de ce caractère bisexuel, qui caractérise les intermédiaires et les médiateurs de tout ordre.

D'une part, en effet, Tirésias, le devin, apparaît comme le meilleur exemple de cette androgynie chamanique[25] dont sont aussi investis ces Énarées que mentionne Hérodote[26], et qui tiennent d'Aphrodite Ourania[27] leur don divinatoire, indissociable, semble-t-il, d'une androgynie dont les frappa la déesse, eux et leurs descendants, pour les punir du sacrilège qu'ils avaient commis contre l'un de ses temples en Syrie.

D'autre part, c'est à la lueur de la lune, dont on peut conjecturer, par là, l'influence déterminante, que se déroulent ces pratiques initiatiques propres au Dionysisme (Corybantes et Bacchantes), comme le décrit Platon dans l'*Ion*[28]. Bien plus, les représentants de l'orphisme, dont le rôle est effectivement de mettre en œuvre des initiations destinées à délivrer individus et cités de leur souillure passée se présentent, selon Platon, comme les fils des Muses et de la Lune[29]. Or les pratiques initiatiques font, par l'intermédiaire de déguisements intersexuels, référence à la bisexualité[30]. Cette référence à la bisexualité n'a d'ailleurs rien de surprenant, puisqu'elle apparaît dans le cadre de rites ayant pour point de référence Dionysos, dont les multiples aspects féminins, discernables dans la mythologie grecque, ont été longuement thématisés par l'orphisme[31].

Voilà donc quel est le sens profond de cette génération par la lune de l'androgyne, genre intermédiaire entre ceux du mâle et de la femelle, dans l'antique nature humaine.

1.2. *La crise réelle.*

Mais cet état de la nature humaine ne dure pas. En effet, une transgression de l'ordre établi entre les hommes et les dieux vient tout remettre en cause, et amorcer une répression aux péripéties multiples, et qui a des répercussions sur le plan cosmologique.

1.2.1. *Anthropologie.*

La transgression qui ouvre cette crise dérive directement de l'état ancien de la nature humaine. En effet Aristophane nous dit de ces êtres doubles, dont il poursuit la description : « Ils étaient terribles à cause de leur force et de leur robustesse, et grand était leur orgueil[32]. » On peut rendre compte de ce détail de deux façons. D'une part, il va de soi que la duplication de l'être humain augmente sa force et sa robustesse. Toutefois, une explication de ce type, convaincante en soi, demeure incomplète, puisqu'on ne peut oublier que la réalisation en un être humain de la synthèse des sexes peut s'accompagner d'une puissance physique assurant l'invulnérabilité.

Kaineus, dont M. Delcourt résume ainsi l'histoire, en est le meilleur exemple :

Fille du roi des Lapithes, Kainis est aimée de Posidon qui, pour prix de sa faveur, lui promet d'exaucer le souhait qu'elle formulera. Elle demande à devenir un homme invulnérable, ce qu'il lui accorde, et elle devient le tyran Kaineus, qui plante sa lance au milieu du marché, en ordonnant qu'on lui rende les honneurs divins et qu'on jure par elle. Zeus décide de punir cette impiété, et suscite contre Kaineus les Centaures qui l'accablent sous des troncs d'arbres. Kaineus vaincu, quoique invulnérable, est enseveli vivant. « Frappé de verts rameaux de sapins, dit Pindarie, Kaineus fendit le sol d'un coup de pied et disparut sous terre » (Fr. 167, Schroeder)[33].

Certes, un tel rapprochement semble ne faire référence qu'à l'androgyne. Mais il faut se rappeler que, dans l'état ancien de la nature humaine, le mâle et la femelle s'avèrent supérieurs à l'androgyne, puisqu'ils sont des synthèses non d'autres, mais de mêmes. Par conséquent, si, sur le plan sexuel, la synthèse d'éléments différents est indissociable d'une puissance physique incomparable, il semble évident que la synthèse d'éléments identiques aura des résultats, sinon supérieurs, du moins égaux. En outre, deux autres traits rapprochent Kaineus de ces êtres doubles : cette bisexualité successive, indissociable d'une invulnérabilité physique, s'accompagne d'une stérilité empêchant toute génération[34], et mène à la démesure et donc à l'injustice.

De façon similaire, la conjonction des éléments mâles et/ou femelles en ces êtres doubles qui ne s'engendrent pas mutuellement, s'avère tellement complète qu'elle se révèle excessive. Car, forts de la puissance corporelle qui en résulte, ces trois genres tentent, en quelque sorte, de rendre effective une conjonction complète entre la terre et le ciel, entre le monde humain et le monde divin, rompant ainsi l'ordre établi, point de référence ultime de toute justice :

Or, ils s'en prirent aux dieux, poursuit Aristophane. Et ce que dit Homère au sujet d'Éphialte et d'Otos, qu'ils entreprirent de faire l'escalade du ciel, on peut le dire de ces hommes-là, puisqu'ils s'attaquèrent aux dieux[35].

Dans ce contexte, la référence aux Géants Éphialte et Otos n'a rien d'arbitraire. Ces deux frères, alors qu'ils n'étaient encore que des adolescents, mais des adolescents dont l'apparence physique exprimait la démesure, entassèrent sur le mont Olympe le mont Ossa, et le mont Pélion par-dessus, pour escalader le ciel[36].

Toutefois, contrairement à ce qui se passe dans la Gigantomachie, parodiée par Aristophane dans les *Nuées*[37], les transgresseurs ne sont pas purement et simplement annihilés.

En effet, en réaction contre la transgression dont se sont rendus coupables les trois genres que comprend l'antique nature humaine, les dieux, sous la direction de Zeus, déclenchent une répression qui tient compte de deux facteurs. Il faut punir les hommes, certes, mais en ne modifiant pas fondamentalement l'équilibre antérieurement établi entre les dieux et les hommes. À cause de la puissance dérivant de leur conjonction excessive, les hommes se sont révoltés contre les dieux, et leur ont donc refusé honneurs et offrandes. Or, les anéantir annulerait certainement cette puissance dangereuse en révolte, mais ferait, du même coup, disparaître honneurs et offrandes. Par conséquent, Zeus doit s'employer à réduire la puissance des hommes, tout en augmentant leur rapport à l'égard des dieux. Voilà pourquoi il prend cette décision :

> Il me semble que j'ai un moyen de faire à la fois qu'il y ait des hommes et qu'étant devenus plus faibles, ils cessent d'être impudents. En effet, maintenant, je vais les couper chacun en deux, et ils seront à la fois plus faibles et plus avantageux pour nous, étant donné qu'ils augmenteront quant à leur nombre[38].

En outre, Zeus prolonge ce châtiment par une menace concernant l'avenir. Si une transgression du même genre se reproduit, une répression similaire s'abattra sur les hommes qui seront de nouveau coupés en deux[39].

En fait, la répression répond parfaitement à la transgression. Les hommes, conjoints de façon excessive, puisqu'ils apparaissent comme des êtres doubles comprenant deux éléments mâles et/ou femelles, sont portés à instaurer une conjonction complète entre le ciel et la terre, les dieux et les hommes. En réaction, Zeus les afflige d'une disjonction, qui ne peut être complète, puisque, dans ce cas, elle abolirait la race humaine, mais qui se veut normale, c'est-à-dire rendant impossible toute conjonction excessive du type de la précédente, et instituant un nouvel ordre des choses plus harmonieux que le précédent.

À la demande de Zeus, qui vient de couper en deux ces êtres doubles, Apollon prend la suite des opérations. D'abord, il retourne le visage et la moitié du cou de chacun des morceaux coupés par Zeus du côté de leur coupure, en vue de donner à l'homme le spectacle du châtiment qui s'est abattu sur lui. Et d'autre part, lui, le dieu guérisseur par excellence, ferme cette blessure béante faite par la bissection de Zeus, en ramenant la peau au milieu du ventre des hommes, et en l'attachant en cet endroit qu'on appelle le nombril, et qui, avec quelques plis, subsiste comme une trace de l'état ancien de la nature humaine[40]. En fait, ces deux opérations répondent au double objectif de Zeus. Le premier fait prendre à l'homme conscience de la répression divine, et la seconde assure sa survie.

Mais le second de ces objectifs se trouve rapidement compromis. En effet, poursuit Aristophane :

Quand donc sa nature était coupée en deux, chaque moitié, regrettant sa propre moitié, s'unissait à elle. Et elles se passaient les bras autour l'une de l'autre, et elles s'enlaçaient mutuellement, dans leur désir de se fondre en une seule nature. Elles mouraient de faim et de quelque autre inertie, parce qu'elles ne voulaient rien faire séparées l'une de l'autre. Et quand l'une des moitiés mourait, celle qui restait en recherchait une autre qui restait, et s'y enlaçait, aussi bien quand elle tombait sur la moitié d'un tout de femme — ce que nous appelons maintenant une femme — que quand elle tombait sur la moitié d'un tout d'homme[41].

Ainsi la disjonction mise en œuvre par Zeus est-elle excessive, car ne peut y répondre aucune espèce de conjonction.

Voilà pourquoi Zeus décide d'intervenir de nouveau en transportant sur le devant les sexes des êtres humains. Ce qu'Aristophane raconte ainsi :

Voilà donc qu'il les leur a transportés sur le devant. Et, par ce moyen, il a rendu possible la génération mutuelle, par l'action du mâle et de la femelle. Et cela, afin que, dans la copulation, si d'une part il se trouve que c'est un homme avec une femme, il y ait génération et que se perpétue le genre ; et que, si d'autre part il se trouve que c'est un homme avec un homme il y ait rassasiement, et qu'ils mettent un terme à leur union, et qu'ils se tournent vers l'action, et qu'ils se préoccupent d'autres choses dans la vie[42].

En définitive, ce transport du sexe sur le devant permet de consommer l'union sans cesse manquée et, par conséquent, sans cesse renouvelée, des moitiés dont auparavant le sexe se trouvait dans le dos. Toutefois, la consommation de cette union est essentiellement ponctuelle.

Grâce à cette union ponctuelle, le désir de l'autre moitié se trouve à la fois comblé et, en quelque sorte, oblitéré, au profit de la génération, de l'action politique, ou de toutes sortes d'autres occupations. Tout se passe, en effet, comme si ce désir s'investissait en un moment donné, et que, par cette ruse, il ne maintenait plus son exigence de permanence, libérant, par là, le reste du temps. L'union sexuelle réalise le désir de retour à l'antique nature humaine, mais tout en en laissant échapper la permanence.

Or, c'est précisément ce à quoi pourrait s'employer Héphaïstos, le dieu lieur[43]: assurer cette permanence. En effet, Aristophane poursuit en disant :

Quand donc il tombe sur cela même qui est sa moitié, et le pédéraste et tout autre amoureux sont, avec ravissement, frappés d'amitié, de parenté et d'amour, ne voulant pas, pour ainsi dire, être séparés l'un de l'autre, même pour un petit bout de temps. Et ceux-là qui passent leur vie ensemble, ce sont ceux-là qui ne sauraient même pas dire ce qu'ils voudraient qu'il leur arrivât mutuellement. En effet, à personne il ne semblerait que cela est l'union des sexes qui, en définitive, est le motif de la joie que l'un éprouve à s'unir à l'autre avec le plus grand empressement. Mais il est évident que c'est autre chose que veut l'âme de chacun, quelque chose qu'elle ne peut dire. Mais ce qu'elle veut, elle le conjecture à la manière d'un devin, et l'indique par énigmes.

Et si à eux, reposant sur la même couche, Héphaïstos, debout, ses outils à la main, demandait : « Qu'est-ce que vous voulez, êtres humains, qu'il vous arrive mutuellement? »; et si à eux, embarrassés, il demandait de nouveau : « Est-ce cela que vous désirez, être le plus possible mutuellement dans le même lieu, de façon à ne pas vous manquer l'un à l'autre, jour et nuit? Si, en effet, vous désirez cela, je veux vous fondre et vous unir dans la même nature, de sorte qu'étant deux vous deveniez un, et que, tant que vous vivrez, vous viviez l'un et l'autre ensemble comme si vous étiez un, et que, lorsque vous mourrez de nouveau, là, chez Hadès, au lieu d'être deux, vous soyez un, et que vous mourriez ensemble. Mais voyez si c'est là ce que vous convoitez, et s'il vous suffira que cela arrive. » Ayant entendu cela, nous savons que pas un ne refuserait la chose et, bien plus, ne semblerait vouloir quelque chose d'autre. Mais chacun penserait, bel et bien, que ce qu'il a entendu, c'est ce qu'effectivement il désirait depuis longtemps coïncider avec l'aimé et se fondre en lui, en devenant ainsi un à partir de deux êtres[44].

En citant ce texte, nous rompons l'ordre linéaire du récit d'Aristophane, car nous sautons la description de l'actuelle nature humaine. Mais, ce faisant, nous restaurons l'ordre des raisons qui veut que l'intervention d'Héphaïstos soit rattachée aux interventions de Zeus et à celle d'Apollon.

En effet, comme nous l'avons vu, au cours du premier procès, Zeus sectionne, en deux, les trois genres que comprend l'antique nature humaine et prescrit à Apollon de retourner, tout en refermant leur blessure, la tête et la moitié du cou des êtres humains qu'il vient de châtier. Par ailleurs, au cours du second procès, Zeus transporte sur le devant les sexes de ces êtres sectionnés qu'Héphaïstos pourrait réunir en un seul comme dans le passé.

Voilà donc les quatre points de repère qui délimitent le champ d'action d'Éros. Toutes conjonction et disjonction excessives excluent son intervention. Aussi est-il absent dans l'état ancien de la nature humaine, et ne tente-t-il pas de rendre effective l'union toujours manquée et, par conséquent, sans cesse renouvelée, des moitiés humaines qui viennent d'être sectionnées. Éros n'apparaît que lorsqu'une union sexuelle peut être consommée[45]. Mais il se trouve alors dans une situation paradoxale, puisqu'il réduit à union ponctuelle l'union permanente inscrite dans la nature humaine. Éros met donc en œuvre une conjonction normale qui se présente comme le pendant d'une disjonction normale. Voilà pourquoi, peut-être, en 193 *b* 1-2, il est qualifié de « commandant et [de] stratège », comme si, par là, était marqué le rapport d'opposition complémentaire qu'entretiennent l'amour et la guerre. En effet, l'union ponctuelle des sexes conjoint certes, mais disjoint aussi, puisque, par là, elle se présente comme le substitut d'une union permanente et que, de ce fait, elle instaure une disjonction qui rend possible l'action politique, la génération et l'éducation d'enfants, et toutes sortes d'autres d'occupations.

On comprend donc, dans cette perspective, pourquoi l'intervention d'Héphaïstos n'est que possible. Si, effectivement, elle se réalisait, la bonne distance établie par le nouvel état de choses entre les sexes, le ciel et la terre, les dieux et les hommes serait abolie au profit d'une relation excessive du genre de celle qui marquait l'état ancien de la nature humaine.

Et, dans cette bonne distance, qui résulte d'une conjonction et d'une disjonction normales, Éros joue le rôle de médiateur et d'intermédiaire par excellence : entre les sexes certes, mais aussi entre le ciel et la terre[46], entre les dieux et les hommes[47]. On ne doit donc pas s'étonner qu'il soit bisexué[48].

Avant d'aller plus loin, illustrons à l'aide d'un tableau les relations d'Éros avec les autres dieux qui interviennent lors de cette crise qui remet en cause l'état ancien de la nature humaine.

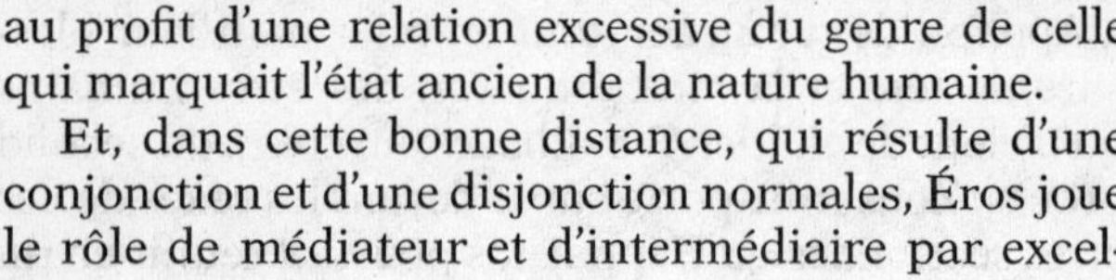

Voyons quelles relations et quelles oppositions traversent ce tableau.

Il va sans dire que le second procès inverse le premier. En effet, le premier avait pour but la section de ces êtres doubles, dont les trois genres constituaient l'antique nature humaine, alors que le second a pour but l'union de ces deux moitiés complémentaires.

Par ailleurs, ce renversement s'étend à la nature des opérations. En effet, dans le premier procès, l'opération qu'effectue Zeus est primaire, alors que celle qu'il prescrit à Apollon est secondaire. Mais, dans le second procès, l'opération qu'effectue Zeus est secondaire, alors que celle dont pourrait se charger Héphaïstos est primaire. Dans le premier procès, Zeus sectionne ces êtres doubles révoltés, alors qu'Apollon se borne à leur faire prendre conscience de ce châtiment et à soigner leur blessure. Mais, dans le second procès, l'intervention de Zeus se limite au transport sur le devant du sexe des êtres humains. Ce qui ne leur permet qu'une union ponctuelle, piètre substitut d'une union permanente que pourrait restaurer Héphaïstos.

En fait, si l'intervention d'Héphaïstos se réalisait, le châtiment infligé aux hommes par Zeus serait aboli[49]. Par conséquent, les opérations primaires s'opposent radicalement. Ce qui n'est pas le cas en ce qui concerne les opérations secondaires, qui sont largement complémentaires.

Jusqu'ici, nous avons analysé, dans cette séquence que représente la crise réelle, les relations affectant les dieux qui interviennent au cours de ces deux procès, et les rapports qu'entretiennent les quatre opérations qu'on peut y déceler. Maintenant, nous allons tenter de mettre en lumière le développement logique de cette crise réelle, qui fait référence à toute une série de conjonctions et de disjonctions précises.

Les trois genres que comprend l'antique nature humaine s'en prennent aux dieux, pour, en renversant ces derniers, réaliser une conjonction complète entre le monde humain et le monde divin, parce que effectivement ils sont marqués par une conjonction excessive, étant des êtres doubles unis de façon permanente. Or, c'est d'une disjonction complète, c'est-à-dire d'un anéantissement du genre humain que veut se garder Zeus, en sectionnant ces êtres doubles.

Mais, séparés de façon permanente, ces êtres humains, soumis à une disjonction excessive, excluant toute possibilité d'union, sont menacés de disparition. Aussi Zeus intervient-il de nouveau, pour mettre en œuvre entre eux une conjonction normale, impliquant, avant tout, une union sexuelle ponctuelle, teintée toutefois par cette nostalgie de l'union permanente qui caractérisait l'antique nature humaine. Par là, cette conjonction correspond à une disjonction normale, puisque le temps ainsi libéré par cette union ponctuelle est employé par l'être humain pour faire de l'action politique, pour engendrer et élever des enfants, et pour s'occuper d'une multitude d'autres choses. Ce qu'on peut illustrer ainsi dans le tableau ci-après où le premier niveau fait référence au plan religieux, et les deux autres au plan anthropologique.

caractère	*conjonction*	*disjonction*	*résultat*
complet	les hommes renversent les dieux	les hommes sont anéantis par les dieux	l'un des termes de l'opposition disparaît
excessif	les hommes sont des êtres doubles unis en permanence	les hommes sont sectionnés et séparés de façon permanente	les termes de l'opposition sont trop rapprochés ou trop éloignés l'un de l'autre
normal	union sexuelle ponctuelle et nostalgie d'une union permanente	temps libre : — action politique — génération et éducation — autres occupations	les termes de l'opposition sont à bonne distance l'un de l'autre

On voit affleurer, dans cette séquence, une logique et une éthique de la médiation qui n'apparaît que dans la bonne distance entre une conjonction et une disjonction considérées comme normales dans le cadre de l'ordre des choses effectif.

1.2.2. *Cosmologie.*

Ce qui nous amène à tourner notre attention vers le macrocosme. D'une part, en effet, le nouvel état du microscome modifie ses rapports avec l'ensemble de l'univers. En outre, cette logique et cette éthique de la médiation, dont nous venons de discerner l'importance au plan de l'anthropologie, se retrouvent dans le développement de différents types de cosmogonies élaborées en Grèce ancienne.

Certes, une fois coupés en deux, ces êtres doubles perdent les ressemblances que, sur le plan de la forme et du mouvement, ils entretenaient avec le soleil, la lune et la terre. Bien plus, ils ne sont plus engendrés comme à l'origine, par ces trois corps célestes[50], dans le sein de la terre[51]. Maintenant, ils s'engendrent mutuellement[52]. Ce qui s'explique assez facilement. La conjonction excessive qui caractérisait auparavant l'élément mâle et/ou l'élément femelle dans le microcosme ne laissait pas de place pour une éventuelle union sexuelle. Et, par ailleurs, la conjonction excessive du microcosme avec le macrocosme rendait inutile toute union sexuelle, en vue de la génération, puisque cette génération était directement et automatiquement assurée par et dans le macrocosme.

Mais il faut aller plus loin, en passant de la cosmologie à la cosmogonie. En effet, Aristophane raconte que Zeus coupe ainsi les trois genres d'êtres doubles que comprend l'antique nature humaine :

> En disant cela, il coupait les hommes en deux, comme ceux qui coupent les cormes en vue de les préserver de la pourriture, ou comme ceux qui coupent les œufs avec un fil[53].

Il semble que, dans cette phrase, les cormes ne soient mentionnées que par association phonétique[54], et qu'effectivement l'opération qui consiste à couper des œufs en deux soit la plus pertinente pour notre propos. En effet, cette opération n'est pas sans rappeler cette cosmogonie de type orphique qu'on trouve dans les *Oiseaux* d'Aristophane :

> Au commencement étaient le Vide et la Nuit et le noir Érèbe et le vaste Tartare, mais ni la terre, ni l'air ni le ciel

n'existaient. Dans le sein informe de l'Érèbe, tout d'abord, la Nuit aux ailes noires produisit un œuf sans germe, d'où, dans le cours des saisons, naquit Éros, le désiré au dos étincelant d'ailes d'or, Éros semblable aux rapides tourbillons du Vent. C'est lui qui, s'étant uni au Vide ailé dans le vaste Tartare, fit éclore notre race (celle des OISEAUX bien sûr), et la fit paraître la première au jour. Jusqu'alors, n'existait point la race des immortels, avant qu'Éros eût uni tous les éléments ; à mesure qu'ils se mêlaient les uns aux autres, naquirent le Ciel et l'Océan et la Terre, et toute la race impérissable des dieux bienheureux[55].

Cette cosmogonie se développe sur le même modèle que la crise réelle que nous venons de décrire. D'abord, une espèce de conjonction excessive, qui équivaut à une indistinction presque totale, et donc, en quelque sorte, à la stérilité : voilà pourquoi, semble-t-il, l'œuf primordial est sans germe. Puis, une disjonction qui se produit au moment où se brise la coquille de l'œuf dont sort Éros, être androgyne, aussi identifié à Phanès, Protogonos, Erikepaios, Mêtis et Dionysos[56]. Disjonction qui serait excessive, si Éros, intermédiaire et médiateur par excellence, ne s'employait aussitôt à réaliser une conjonction entre les divers contraires, en vue de faire apparaître la réalité, fruit d'une conjonction normale, complément d'une disjonction normale.

Certes, cette cosmogonie de type orphique diffère de celle d'Hésiode. Toutefois, les points de référence essentiels en sont les mêmes. Relisons Hésiode :

Donc, avant tout, fut Abîme ; puis Terre aux larges flancs, assise sûre à jamais offerte à tous les vivants, et Amour, le plus beau parmi les dieux immortels, celui qui rompt les membres et qui, dans la poitrine de tout dieu comme de tout homme, dompte, le cœur et le sage vouloir.

D'Abîme naquirent Érèbe et la noire Nuit. Et de Nuit, à

son tour, sortirent Éther et Lumière du Jour. Terre, d'abord, enfanta un être égal à elle-même, capable de la couvrir tout entière, Ciel étoilé, qui devait offrir aux dieux bienheureux une assise sûre à jamais. Elle mit aussi au monde les hautes Montagnes, plaisant séjour des déesses, les Nymphes habitantes des monts vallonnés. Elle enfanta aussi la Mer inféconde aux furieux gonflements, Flot — sans l'aide du tendre amour[57].

Par la suite, des embrassements du Ciel Étoilé, c'est-à-dire Ouranos, Terre enfante six Titans, six Titanides, trois Cyclopes et trois Héchatomchires[58]. Toutefois, Ciel conjoint de façon excessive à Terre, empêche ses rejetons d'en sortir :

À peine étaient-ils nés qu'au lieu de les laisser monter à la lumière, il les cachait tous dans le sein de Terre, et, tandis que Ciel se complaisait à cette œuvre mauvaise, l'énorme Terre en ses profondeurs gémissait, étouffant[59].

Voulant se soustraire à l'étreinte insupportable de Ciel, Terre demande l'aide de ses fils. Tous se récusent, sauf le dernier-né, Cronos, qui tranche les testicules de Ciel. Du sang qui tombe sur la terre naissent les Érinyes, les Géants et les Nymphes Méliennes. Et, de l'écume qu'exsudent les bourses de Ciel que Cronos a jetées dans la mer, surgit Aphrodite[60].

Analysons brièvement le développement de cette cosmogonie[61]. D'abord, une conjonction excessive du ciel et de la terre qui confine à l'indistinction, et à une génération asexuée : on remarquera, par ailleurs, que, pour le péripatéticien Eudème, qui résume une cosmogonie orphique du IVe siècle avant Jésus-Christ, les deux morceaux de la coquille brisée de l'œuf, qui constitue l'embryon de l'univers, deviennent le ciel et la terre[62]. Puis, une disjonction excessive que vient tempérer un principe relié à l'amour, Aphrodite, quelquefois bisexuée[63], qui naît au même moment que les Géants qui sortent tout armés de la terre éclaboussée par le sang giclant du sexe d'Ouranos, et dont les amours avec Arès sont célèbres : ce qui n'est pas sans rappeler l'apparition d'Éros, principe relié à l'amour, mais indissociable de la guerre, et qu'on ne peut séparer d'Aphrodite ; d'ailleurs vient renforcer ce rapprochement entre la naissance d'Éros et celle d'Aphrodite une représentation figurée qui, au lieu de faire sortir Éros d'un œuf, le fait surgir d'un coquillage, rappelant, dans l'ordre de la légende, la naissance marine d'Aphrodite[64]. À partir de là, s'établit une conjonction normale permettant aux êtres qui constituent la réalité de se déterminer tout en différant les uns des autres. Voyons maintenant ce qu'il en est sur le plan anthropologique.

1.3. *L'actuelle nature humaine.*

En effet, continue Aristophane :

Chacun de nous est le « symbolon » d'un être humain, puisque, comme les plies, il est le résultat d'un sectionnement qui d'un être en fait deux. Aussi chacune des parties de cet être cherche-t-elle son « symbolon ».

D'une part, certes, tous les hommes qui sont un morceau de cet ensemble qui, effectivement, était alors appelé androgyne aiment les femmes, et la plupart des époux adultères viennent de ce genre. Et toutes les femmes qui aiment les hommes, et celles qui sont des épouses adultères viennent de ce genre.

D'autre part, toutes les femmes qui sont un morceau de femme ne tournent pas du tout leur pensée vers les hommes, mais sont plutôt tournées vers des femmes ; et c'est de ce genre que viennent les tribades.

Par ailleurs, tous les mâles qui sont un morceau de mâle poursuivent des mâles. D'une part, lorsqu'ils sont enfants, puisqu'ils sont des morcillons de mâle, ils aiment les hommes, et se réjouissent de partager leur couche, et d'être étreints par eux. Et ce sont les meilleurs des enfants et des adolescents, puisque, par nature, ils sont les plus hommes. Certes, on dit qu'ils sont impudiques, mais c'est faux. En effet, ce n'est pas par impudeur qu'ils font cela, mais c'est par hardiesse, par virilité et par caractère mâle qu'ils s'attachent à ce qui leur ressemble. Et il en existe une preuve de taille. En effet, quand ils ont grandi, seuls les hommes qui sont tels se dirigent vers les affaires politiques. D'autre part, quand ils sont des hommes, ils sont pédérastes et ils ne tournent pas naturellement leur pensée vers le mariage et la procréation, mais ils y sont forcés par la loi. Pourtant, il leur suffit de passer leur vie ensemble, sans être mariés. Ainsi donc, d'une façon générale, celui qui est tel devient pédéraste ou aimé, puisqu'il s'attache toujours à ce qui lui est apparenté[65].

Ce passage est fondamental, puisqu'il nous livre la clé du récit d'Aristophane sur le plan anthropologique. En fait, il s'agit d'une part de rendre compte des divers comportements érotiques de l'être humain ; et d'autre part d'expliquer pourquoi l'union ponctuelle des sexes s'avère ultimement insatisfaisante, et fait toujours resurgir, dans son accomplissement même, la nostalgie d'une union permanente.

Ce passage nous permet, tout d'abord, de dresser le tableau des divers comportements érotiques de l'état actuel de la nature humaine.

Antique nature humaine	*Nature humaine actuelle*	
	bien	mal
Mâle (M. M.)	homme qui aime les hommes (M.→ M.)	(impudique)
Androgyne (M. F. ou F. M.)	homme qui aime les femmes (M. → F.)	époux adultère
	femme qui aime les hommes (F. → M.)	épouse adultère
Femelle (F. F.)	femme qui aime les femmes (F. → F.)	tribade

Ce tableau, si on l'étudie, révèle plusieurs détails intéressants.

Premièrement, il va sans dire, les comportements érotiques de l'actuelle nature humaine dérivent directement de l'antique nature humaine. Deuxièmement, chacun des comportements érotiques de l'actuelle nature humaine est susceptible de recevoir une connotation positive ou négative, selon qu'il est marqué par la tempérance ou par l'excès. Troisièmement, l'amour entre mâles échappe à cette règle générale. En effet, l'accusation d'impudeur lancée contre ce type d'amour n'est pas retenue par Aristophane, qui en dénonce l'inanité. Ce qui, en fait, révèle une hiérarchie entre les divers comportements érotiques, où l'amour entre mâles tient le premier rang.

Or, ce classement se voit assuré et renforcé d'un autre point de vue. En effet, le rassasiement qu'implique l'union ponctuelle des sexes libère un laps de temps considérable, mis à profit chez les hommes qui aiment des hommes, pour s'occuper d'affaires politiques ; chez les hommes qui aiment des femmes ou, inversement, chez les femmes qui aiment des hommes, pour procréer des enfants et les élever ; et chez les femmes qui aiment des femmes, pour vaquer à toutes sortes d'autres occupations. De ce point de vue encore, l'amour entre mâles l'emporte. L'amour entre êtres humains de sexe opposé tient le second rang. Et l'amour entre femmes vient en dernière position.

En définitive, nous retrouvons, dans ce nouvel ordre de choses instauré par la bissection de Zeus, cette logique et cette éthique de la médiation que nous avions décelées auparavant. En effet, les trois comportements érotiques que comporte l'actuelle nature humaine doivent mettre en œuvre une conjonction et une disjonction normales, où l'union ponctuelle des sexes est recherchée avec modération et laisse place à l'action politique, à la génération et à l'éducation d'enfants ou à d'autres espèces d'occupations. Tout excès se caractérisant par une conjonction excessive des sexes pourra être puni par une nouvelle disjonction.

1.4. *La crise possible.*

En effet, Aristophane ne considère pas que ce nouvel état de la nature humaine est assuré de pérennité, puisqu'il poursuit :

Auparavant, comme je l'affirme, nous étions un et maintenant, à cause de notre injuste conduite, nous avons été séparés par le dieu, comme les Arcadiens par les Lacédémoniens. Par conséquent, il est à craindre que, si nous ne sommes pas en bon rapport avec les dieux, nous ne soyons de nouveau coupés en deux et que nous allions, pareils aux figures qui, découpées de profil, apparaissent en relief sur les stèles, sciés en deux selon l'axe du nez et devenus pareils aux osselets qu'on coupe en deux. Eh bien ! voilà pourquoi il faut recommander à tout homme de témoigner aux dieux, en toute chose, un pieux respect, en vue, à la fois, d'éviter la seconde alternative, et de parvenir avec Éros, pour commandant et stratège, à réaliser la première[66].

Par conséquent, si, comme les hommes participant de l'antique nature humaine, ceux qui participent de l'actuelle nature humaine mettent en œuvre une transgression, consistant à commettre l'injustice et donc à rompre l'ordre établi entre le monde humain et le monde divin, une répression du même type que la précédente s'abattra sur eux, et inaugurera un nouvel état de la nature humaine.

En définitive, pour Aristophane, la nature humaine subsiste toujours, comme un invariant, à travers ses divers états, fixés et modifiés par les dieux, sans cesse guidés par l'instauration d'un ordre défini entre le monde humain et le monde divin. Dans cette perspective, on remarquera que l'identité et l'unité qui, par conséquent, impliquent la totalité et la communauté, sont gages de puissance. Plus elle réalise cette identité et cette unité, plus la nature humaine est forte. Plus aussi elle est susceptible de tomber dans la démesure et donc de commettre l'injustice. Voilà pourquoi la menace sans cesse brandie par Zeus consiste en une différenciation et en une division toujours plus poussées de cette nature humaine.

2. *Considérations critiques.*

L'analyse du mythe d'Aristophane ayant été menée à son terme, réunissons tous les éléments pertinents qui en ont été dégagés, pour en faire la synthèse et pour comparer cette synthèse au traitement de la bisexualité chez Freud.

2.1. *Synthèse des résultats obtenus.*

Le mythe d'Aristophane fait affleurer une logique et une éthique de la médiation aux niveaux religieux, cosmologique et anthropologique.

Certes, aucune médiation ne peut être instaurée entre les termes d'oppositions dont la conjonction et la disjonction sont ou bien complètes ou bien excessives. Toutes conjonction et disjonction complètes mènent à l'anéantissement ou à la disparition de conjonction l'un des termes des oppositions impliquées. Et toutes conjonction et disjonction excessives provoquent ou bien la stérilité ou bien une génération asexuée. Seule une conjonction normale faisant pendant à une disjonction normale rend possible l'existence d'un moyen terme qui institue un certain rapport entre deux extrêmes opposés, et qui permet, de ce fait, une certaine fécondité et une génération sexuée.

D'ailleurs, dans l'état actuel de la nature humaine, la conjonction normale qui résulte d'une union ponctuelle des sexes, substitut morcelé d'une union permanente, libère un laps de temps considérable pouvant être employé pour l'action politique, pour la génération et l'éducation d'enfants, et pour toutes sortes d'autres occupations, fruits d'une disjonction normale. Cependant, si cette conjonction s'exacerbe et devient excessive, alors une disjonction plus poussée inaugurera un nouvel état de la nature humaine et un nouvel ordre des choses. Ce n'est donc que dans cette bonne distance entre les extrêmes opposés qu'une médiation s'avère possible à tous les niveaux.

On comprend alors pourquoi dans l'état ancien de la nature humaine, l'androgyne, moyen terme entre le mâle et la femelle, est, à l'origine, engendré par la lune qui, elle-même, se présente comme un intermédiaire entre le monde des dieux et celui des hommes, entre le soleil et la terre, et qui, de ce fait, se voit investie de bisexualité.

Il n'y a donc rien de surprenant dans le fait que la lune dispense la folie aux devins et aux praticiens d'initiations qui ont essentiellement pour fonction d'établir un contact entre le monde des dieux et celui des hommes, et qui, par choc en retour, sont, eux aussi, affectés de bisexualité. En outre, Éros, le médiateur universel qui instaure des relations entre le mâle et/ou la femelle, entre le ciel et la terre, entre le monde des dieux et celui des hommes, ne peut qu'être bisexué, de même qu'Aphrodite qui en est, en quelque sorte, du moins sur ce plan, l'équivalent féminin.

Réduire la bisexualité à sa seule dimension sexuelle, non seulement en appauvrirait la substance, mais aussi et surtout en modifierait complètement le sens. Dans tous ces cas, la bisexualité, si l'on peut s'exprimer ainsi, fait figure non de signifié, mais de signifiant : le signifié étant la médiation.

En fait, sont investis de cette dualité simultanée ou successive dans l'ordre de la sexualité tous les intermédiaires jouant une fonction de médiation entre des extrêmes opposés se trouvant à bonne distance l'un de l'autre. Puisqu'ils mettent en œuvre une synthèse entre des extrêmes opposés, ces êtres doivent, eux-mêmes, être des synthèses de mâle et de femelle, les extrêmes opposés par excellence sur le plan anthropologique. À l'égard de la bisexualité en Grèce ancienne, il faut, avant tout, se demander ce qu'elle signifie. C'est la seule façon d'éviter une mise en valeur excessive de son aspect sexuel qui obnubile la logique et l'éthique de la médiation qu'elle véhicule.

Toutefois, une approche de ce genre ne doit pas faire perdre de vue l'aspect étiologique du mythe d'Aristophane. Car le projet ultime d'Aristophane est de rendre compte des divers comportements érotiques qui se manifestent dans l'état actuel de la nature humaine. Ce qu'exprime très bien P. Frutiger, qui estime que le mythe d'Aristophane se présente comme « la simple projection dans un devenir imaginaire des différents cas d'érotisme considérés comme un fait donné[67] ». Or, c'est précisément sur ce point que le projet d'Aristophane rejoint celui de Freud.

2.2. *Comparaison entre Aristophane et Freud sur le problème de la bisexualité*[68].

Mais l'explication d'Aristophane diffère radicalement de celle de Freud. Pourquoi ? Donner une réponse à cette question est loin d'être simple. Toutefois, on peut, pour y parvenir, s'en tenir à ces deux points. En fait, en rendant compte des différents comportements érotiques de l'être humain, Aristophane et Freud sont tributaires d'une certaine préconception implicite du temps, et subissent l'influence de leur milieu socioculturel.

Pour les Grecs, en effet, le temps actuel n'a pas en lui-même sa raison d'être. Il est l'image d'un temps mythique, que, dans une certaine mesure, il reproduit, même s'il en diffère fondamentalement. Au contraire, pour des hommes des XIXᵉ et XXᵉ siècles, dégagés de toute croyance religieuse et se voulant scientifiques, le temps constitue, avec l'espace, le point de référence ultime de toute expérience. Dans le premier cas, le sens du temps importe peu et tout le problème consiste à déterminer la nature et le degré du rapport entre l'image et son modèle. Dans le second cas, au contraire, le temps, soit qu'on le remonte pour en saisir la genèse, soit qu'on l'anticipe pour faire des prévisions, se détermine essentiellement par son sens.

On comprend alors pourquoi Aristophane projette dans un « alors » les trois types de comportements érotiques qu'il discerne dans le « maintenant ». Et pourquoi, par l'intermédiaire d'une crise qui se développe en suivant une logique rigoureuse, échappant à toute temporalité, il raconte comment ces êtres doubles, que comprend l'état ancien de la nature humaine, sont sectionnés et comment, de ce fait, est instauré l'actuel état de la nature humaine. Ainsi fournit-il une explication proprement mythologique de phénomènes, dont Freud propose une explication qu'il veut scientifique, puisqu'il tente de décrire la genèse des mêmes trois grands types de comportements érotiques en postulant qu'à l'origine tout être humain des deux sexes présente des dispositions sexuelles à la fois masculines et féminines, qui, sous l'influence de facteurs divers, aux incidences temporelles, arrivent à prédominer selon le cas.

Cette explication, proposée par Freud, des divers comportements érotiques se fonde, en quelque sorte, sur une bisexualité originaire de tendances sexuelles qui, ultérieurement, se différencient. Par là, Freud fait référence, tout en la contestant, à une représentation propre au contexte socioculturel occidental des XIXe et XXe siècles. En effet, on lit, dans les *Trois essais sur la théorie de la sexualité* :

> Nous trouvons la meilleure interprétation de la notion populaire de pulsion sexuelle dans la légende pleine de poésie selon laquelle l'être humain fut divisé en deux moitiés — l'homme et la femme — qui tendent depuis à s'unir par l'amour. C'est pourquoi l'on est fort étonné d'apprendre qu'il y a des hommes pour qui l'objet sexuel n'est pas la femme, mais l'homme, et que de même il y a des femmes pour qui la femme représente l'objet sexuel (p. 18).

Selon toute évidence, comme nous l'avons déjà dit, ce passage fait mention du mythe d'Aristophane.

Toutefois, et c'est là le trait le plus significatif, seul, des trois genres que comprend l'antique nature humaine décrite par Aristophane, celui de l'androgyne est retenu. Pourquoi ? Aristophane, nous l'avons vu, réactualise dans son récit toute une série de présupposés socioculturels concernant notamment l'androgyne qui, en relation avec la bisexualité, ne peut venir qu'au second rang entre ces êtres doubles que sont le mâle, à qui revient la première place, et la femelle, qui est reléguée au dernier rang. Par là, se trouve préservé le rapport fondamental en Grèce ancienne, entre bisexualité et médiation.

Certes, on comprend que, dans la société occidentale de la fin du XIXe siècle et du début du XXe, ce rapport n'ait pas subsisté. Mais il est pour le moins surprenant que les termes extrêmes de la triade des êtres doubles, que, selon Aristophane, comporte l'antique nature humaine, aient disparu comme par enchantement. Or, dans le passage cité plus haut, Freud semble proposer une explication de ce phénomène lorsqu'il fait état de l'étonnement qu'expriment ceux qui s'attachent à cette « légende pleine de poésie selon laquelle l'être humain fut divisé en deux moitiés — l'homme et la femme — qui tendent depuis à s'unir par l'amour », lorsqu'ils constatent l'existence de l'homosexualité masculine et féminine. Et cela est fondamental. En effet, pour Aristophane, les deux genres d'êtres doubles — mâle et femelle — qu'on trouve dans l'ancienne nature humaine ont précisément pour fonction de rendre compte de l'homosexualité masculine et féminine. On comprend alors pourquoi, dans un contexte socioculturel marqué par une certaine représentation judéo-chrétienne du couple primordial[69], et où l'homosexualité est, en quelque sorte, oblitérée et tenue, de ce fait, en marge de la conscience et du discours, ces deux genres d'êtres doubles — mâle et femelle — aient disparu, alors que subsistait celui de l'androgyne.

Or, même s'il proteste contre un tel état de choses, Freud fait fond sur cette donnée socioculturelle, puisqu'il fait dériver l'homosexualité masculine et féminine d'une bisexualité originaire des tendances sexuelles. Tout individu des deux sexes présentant des tendances sexuelles à la fois masculines et féminines, l'hétérosexualité s'explique par la prédominance d'une tendance sexuelle différente du sexe effectif, et l'homosexualité par la prédominance d'une tendance sexuelle identique au sexe effectif. Dans cette perspective donc, la bisexualité devient le point de référence ultime et omniprésent d'une explication des divers comportements érotiques qui apparaissent avec une différenciation des tendances sexuelles.

Une lecture attentive du mythe d'Aristophane est donc riche d'enseignements. D'une part, elle permet de faire affleurer la signification de la bisexualité en Grèce ancienne. Et, d'autre part, en rendant attentif aux transformations subies par ce mythe au cours des siècles, elle fait prendre conscience, par choc en retour, des différences essentielles qui distinguent cette signification de la bisexualité de celle qui a cours, en Occident, aux XIXᵉ et XXᵉ siècles, et à partir de laquelle Freud développe son explication des divers comportements érotiques.

LUC BRISSON

L'hybride

> *Ceste marris a deux chambrettes, la dextre en quoy le fils est conceu, et la senestre en quoy la fille est conceue, et si un enfant est conceu entre ces deux chambrettes, il a nature d'homme et de femme* [...]. *Ce qui est conceu a nature de filz et de fille est appelé des philosophes « hermaphrodite ».*
>
> Barthélemy l'Anglois, f. XLIII J.

La femme froide et humide, l'homme sec et chaud : la différence de sexe est une différence de cuisson, une différence de degré.

La femme à gauche, l'homme à droite, l'entre-deux est le domaine de l'hybride, de l'hermaphrodite, le lieu de la monstruosité, un « no man's land ». Côté féminin du corps (côté gauche, froid et humide), côté masculin du corps (côté droit, sec et chaud), la ligne qui partage l'univers des êtres vivants en deux sexes passe aussi par le corps humain. L'hybride menace de l'intérieur : il faut choisir, obligatoirement, un sexe, et le signifier clairement.

Des hommes, dispersés dans le temps, de l'Antiquité à la Renaissance, philosophes, théologiens, clercs, médecins, fournissent ici les pièces d'un même puzzle; l'unité de cette construction est garantie par l'enracinement de la culture du Moyen Âge et de la Renaissance dans l'Antiquité gréco-latine, un même cadre conceptuel continue à organiser l'idée que l'on se fait de la différence des sexes, Ambroise Paré renvoie à Pline l'Ancien et au « Philosophe » : Aristote[1].

Ce que l'on voit à l'œuvre ici, c'est une pensée qui essaye de réduire à une différence de degré (la femme est moins chaude que l'homme, elle a moins de dents, etc.) une opposition qui, par ailleurs, s'inscrit dans un système classificatoire de l'univers, et dont les termes sont dans une position équivalente et complémentaire. Ce passage constant, et l'équivoque, entre différence quantitative et opposition qualitative montrent assez le malaise suscité par l'existence du féminin.

Dans le même temps où, faisant de la différenciation sexuelle une question de degré, ils proposent une solution de continuité entre les sexes et montrent comme possible (au moins biologiquement) le passage d'un sexe à l'autre, ces auteurs proclament la nécessité d'établir entre le masculin et le féminin une barrière étanche, non franchissable sous peine de mort, à moins que le passage ne s'effectue dans des conditions bien précises : cette transformation est orientée, on ne peut aller que de la femme à l'homme, et dans ce cas il lui faut des rites qui l'officialisent, rites de passage précisément, pour la communauté tout entière, afin que soit levée toute équivoque : nouveau nom et nouveaux vêtements.

On doit d'autant plus manifester son appartenance à l'un des sexes (et c'est là que Jeanne d'Arc fait scandale, en ne portant rien sur elle qui puisse témoigner de sa féminité) que tout corps humain porte en lui une dualité maudite : le corps masculin renferme en lui du sang menstruel : c'est le sang qui a contribué à former la chair du fœtus, une partie des nerfs ; une portion de ce sang reste dans « les canaux des membres » du nouveau-né, et y demeure : on n'a jamais fini de l'évacuer, même en se faisant régulièrement saigner, deux fois l'an. Ce sang est porteur de maladie.

Ajouter à cela le grand axe de symétrie vertical qui divise le corps en deux moitiés, droite et gauche, masculin et féminin.

L'hybride, l'hermaphrodite est du côté des monstres, du chaos, du diabolique, mais il est peut-être aussi le seul à jouir d'une totale ambi-latéralité.

*

Je ne prétends pas que cette façon d'envisager la différence des sexes soit la seule qui ait eu cours en Occident.

Ce qu'il y a de troublant, c'est que ces représentations ne semblent pas avoir été l'apanage d'une culture de savants : un médecin de la fin du XVIe, Laurent Joubert, recueillant soigneusement les « erreurs populaires » de son temps, nous en donne un témoignage précieux quand il cite, parmi les « préjugés », l'opinion selon laquelle les garçons sont engendrés dans la partie droite de l'utérus et les filles dans la partie gauche : au XIIIe siècle, le clerc Barthélemy l'Anglois n'écrivait pas autre chose, et, bien longtemps auparavant, Aristote discutait de la question.

L'ORIGINE DE LA DIFFÉRENCE : UN ACCIDENT NÉCESSAIRE

La première déviation [de la Nature] c'est d'abord la production d'une femelle, au lieu de celle d'un mâle [...], mais cette déviation est indispensable à la nature [pour les nécessités de la reproduction][2].

[Chez] les plus parfaits des animaux[3], la cause qui donne le mouvement initial étant, de sa nature, meilleure et plus divine que la matière puisque c'est dans cette cause que se trouvent l'essence de l'être et son espèce, il vaut mieux aussi que le meilleur soit séparé du moins bon. Voilà comment, partout où la séparation est possible, et dans la proportion où elle est possible, le mâle est séparé de la femelle ; car le principe du mouvement, qui est le mâle dans tous les êtres qui naissent, est meilleur et plus divin ; la femelle n'est que le principe qui représente la matière[4].

Saint Thomas d'Aquin reprend :

Il fut nécessaire de faire la femme, comme le dit l'Écriture, pour aider l'homme; non pas certes, pour l'aider dans ses œuvres, comme certains l'ont dit, car dans ce cas, l'homme aurait été mieux aidé par un autre homme que par une femme, mais pour l'aider à se reproduire [...] Chez les animaux supérieurs la vertu active de la génération coïncide avec le sexe masculin, et la vertu passive avec le sexe féminin. Et c'est parce qu'il y a pour eux une œuvre plus noble à faire que de se reproduire, à laquelle leur vie est surtout destinée [...] L'homme a été fait pour la plus noble des activités, qui est la pensée[5].

Spontanément, la Nature tend à perpétuer l'espèce mâle; le sexe de l'enfant est déterminé par l'issue d'un combat entre principe féminin et principe masculin, car chaque principe « toujours tasche à faire son semblable[6] ».

Nature ne tend jamais à engendrer femelle ains tousjours un masle, comme le plus parfait[7].

Quand l'excrétion spermatique a reçu dans les menstrues la coction complète, le mouvement communiqué par le mâle produira l'embryon conforme au mâle lui-même[8]. Si c'est le mâle qui l'emporte, il fera un mâle et non une femelle, ressemblant à son père, et non à sa mère [...] Ce qui, dans la génération, n'est pas dominé par le mâle doit nécessairement sortir de sa nature spéciale et passer à son contraire dans l'espèce de puissance où le générateur et le moteur n'a pas pu l'emporter. En tant que l'être vaincu était mâle, il devient femelle[9].

Quand aucun des deux principes n'a pu l'emporter de façon décisive il se produit un hermaphrodite.

C'EST PAR UN DÉFAUT DE CHALEUR QU'ARRIVE L'ACCIDENT

Quand le principe formateur [le sperme masculin] ne l'emporte pas et qu'il ne peut opérer la coction, par défaut de chaleur, quand il ne peut amener l'être à sa propre espèce et qu'il est dominé par la chaleur, il doit nécessairement se changer en son contraire. Or le contraire du mâle, c'est la femelle[10]. Si le sperme masculin l'emporte, il attire l'embryon à lui et le fait à son image ; si à l'inverse il est vaincu et dominé, ou il se change en son contraire, ou il est détruit ; c'est la femelle qui est l'opposé du mâle ; et l'être n'est femelle que parce que la nourriture sanguine n'est pas digérée en lui et qu'elle reste froide[11].

LE PASSAGE D'UN SEXE À LAUTRE

Après la naissance, il arrive que des transformations se produisent, mais elles n'ont lieu naturellement qu'en sens unique : une femme peut se métamorphoser en homme, un homme ne peut devenir femme (au maximum il s'effémine, ou on le châtre).

La raison pourquoy les femmes peuvent dégénérer en hommes, c'est que les femmes ont autant de caché dedans le corps que les hommes découvrent au-dehors[12], reste seulement qu'elles n'ont pas tant de chaleur ny suffisance pour pousser dehors ce que par la froidure de leur température est tenu comme lié au-dedans, parquoy si avec le temps, l'humidité de l'enfance qui empeschoit la chaleur de faire son plein devoir estant pour la plus part exhalée, la chaleur est rendue plus robuste, acre et active, ce n'est chose incrédible qu'icelle, principalement aidée de quelque mouvement violent, ne puisse pousser dehors ce qui était caché dedans [...].

Nous ne trouvons jamais en histoire véritable que d'homme aucun soit devenu femme pour ce que Nature tend tousjours à ce qui est le plus parfait et non au contraire faire que ce qui est parfait devienne imparfait[13].

Par contre, en « histoire véritable », des femmes se sont transformées en hommes :

Il y eut en un bourg, nommé Esgucina, une fille appelée Maria Pateca, laquelle, étant sur le temps que les filles commencent à avoir leurs fleurs [leurs règles] au lieu desdites fleurs luy sortit un membre viril, lequel était caché auparavant, et ainsi de femelle devint masle ; parquoy elle fut vestue de robbe d'homme, et son nom de Marie fut changé en Emmanuel. Iceluy trafiqua longtemps ès Indes, où ayant acquis grand bruit et grandes richesses, à son retour se maria ; toutesfois cet auteur ne sçait s'il eut enfans ; vray est, dict-il, qu'il demeura tousjours sans barbe.

Antoine Loqueneux, [...], m'a affirmé avoir veu un homme au logis du Cygne, à Rheims, l'an 60, lequel semblablement on avait estimé être fille jusques en l'aage de quatorze ans ; mais se jouant et folastrant, estant couché avec une chambrière, ses parties génitales d'homme vinrent à se développer [...].

À Vitry-le-François, en Champagne, j'ai veu un certain

personnage nommé Germain Garnier — jeune homme de taille moyenne, trappe et bien amasse, portant barbe rousse assez espesse, lequel jusqu'au quinzième an de son aage avoit esté tenu pour fille attendu qu'en luy ne se monstroit aucune marque de virilité et mesmes qu'il se tenoit avec les filles en habit de femme. Or, ayant atteint l'aage susdit, comme il estoit aux champs et poursuyvoit assez vivement ses pourceaux qui allaient dedans un blé, trouvant un fossé, le voulut affranchir et l'ayant sauté, à l'instant se viennent à luy développer les genitoires et la verge virile, s'estans rompus les ligaments par lesquels auparavant estoyent tenus clos et enserrez (ce qui ne luy advint sans douleur), et s'en retourna larmoyant en la maison de sa mère, disant que ses tripes luy estoyent sorties hors du ventre, laquelle fut fort estonnée de ce spectacle. Et ayant assemblé des médecins et des chirurgiens, pour là-dessus avoir advis, on trouva qu'elle estoit homme, et non plus fille; et tantost après avoir rapporté à l'Evesque [...], par son autorité et assemblée du peuple, il receut le nom d'homme[14].

Il arrive que les transformations s'arrêtent en chemin : l'individu acquiert les caractères sexuels secondaires de l'autre sexe. À ce niveau les métamorphoses s'opèrent dans les deux sens, mais il est beaucoup plus parlé des « viragines » que des efféminés et si, dans le cas d'une transformation de femme en homme, le passage se fait dans le sens d'une addition, dans le cas inverse il s'effectue au prix d'une soustraction : les viragos sont des femmes trop chaudes, ce qui supprime leurs règles et les rend poilues[15] :

Tel deffaut de menstrues advient pour la force de la vertu qui est forte et digère bien, et convertit le nourrissement es membres si qu'il demeure pou de superfluitez, si comme il advient es fames fortes et hommaces que l'on appelle viragines [...]; car il est moult de fames colleriques et chaudes qui sont toutes barbues et pelues comme hommes[16].

Quant aux efféminés :

Il est moult de hommes meschans qui n'ont ne poil ne barbe, ne challeur, et sont tous effeminés, et sont comme une dame Jehanne[17].

Ou bien ceci leur est arrivé naturellement, ou bien ils sont passés entre les mains d'un « inciseur » :

Quand ces membres sont ostez à l'homme il perd sa force et sa vigueur et devient comme une femme, foible et sans hardiesse. Et pour ce, dit Aristote au Tiers livre des bestes, quand un homme est chastré avant que sa semence ysse de luy en dormant, il ne croistra jamais poil en son corps. Et s'il est chastré après ce, tout le poil lui chet, fors du chief et de la poictrine, et perdra sa force. De rechief il dit au Huictième livre que les hommes muent leur voix quand ils sont chastrés, et ont la voix ainsi comme une femme[18].

LA DIFFÉRENCE SEXUELLE TIENT MOINS À LA DIFFÉRENCE ANATOMIQUE APPARENTE QU'À UNE DIFFÉRENCE DE COMPLEXION

Le cueur est plus chaud au masle, à parler généralement, que en la femelle ; et par ce membre est proprement distingué le masle de la femelle, car s'il est distingué par le sexe d'aval, c'est plus par manière de signe ; maiz, quand le cueur est plus chaud, tout le corps est plus chaud[19].

LE COUPLE DU FÉMININ ET DU MASCULIN RECOUPE TOUTE UNE SÉRIE D'OPPOSITIONS FONDAMENTALES QUI ORGANISENT L'UNIVERS

La différence sexuelle n'est pas isolable du reste, elle a sa place dans un vaste ensemble classificatoire dont le tableau ci-dessous donnera une idée.

	CHAUD	FROID
SEC	bile soleil HOMME droite FEU	mélancolie MORT TERRE
HUMIDE	AIR VIE sang	EAU FEMME lune gauche phlegme

Tout corps terrestre est formé de la combinaison de quatre éléments de base : l'air, la terre, l'eau, le feu. À chaque élément correspond une humeur (dans l'ordre) : le sang, la mélancolie, le phlegme, la bile. Ces quatre humeurs coexistent dans tous les corps vivants, mais dans des proportions variables, d'où l'existence de quatre tempéraments, correspondant à la prédominance de l'une des humeurs. Tout élément, et toute humeur, sont définis par un couple de deux qualités (à choisir parmi les oppositions : chaud/froid, sec/humide) : la complexion d'un individu se caractérise par la prédominance de deux de ces qualités.

Dans ce système, l'homme et la femme, occupent des positions opposées et complémentaires : on remarque qu'ils détiennent chacun l'un des termes du principe de vie (chaud, humide) et l'un des termes du principe de mort (froid, sec). Ceci fait de leur union la condition *sine qua non* de la perpétuation de l'espèce.

Dans ce système l'homme et la femme sont placés dans une position de réciprocité et d'égalité, il n'est plus question d'une différence de degré de chaleur mais d'une opposition irréductible. Les alchimistes en ont fait l'un des principes de base du Grand Œuvre. La « conjuctio », bien souvent illustrée par le mariage du soleil et de la lune, du roi et de la reine, constitue l'une des étapes de l'Œuvre, dont il n'est pas indifférent de rappeler ici que l'accomplissement ultime est un hermaphrodite, « l'enfant de la Philosophie ».

Pour les auteurs dont il est question ici, il en va autrement ; en effet, comment justifier la prééminence du sexe masculin dans un tel cadre ? En contrepoint à la position réciproque que leur propre système de représentations ne pouvait manquer de leur suggérer, vient se superposer l'affirmation que la femme est à l'homme comme l'imparfait au parfait, le laid au beau, le manque à l'avoir :

> La nature des femmes est imparfaite, dont elles s'efforcent de suppléer et satisfaire au défaut de leur condition par tout moyen, nommément par bravetez et ornemens, car naturellement ce qui est laid désire et tend à beauté et honnesteté[20].

C'est bien là le nœud de la contradiction dans laquelle ils se trouvent pris. Ce qu'ils refusent c'est la dualité[21]. Or celle-ci les menace, et de l'intérieur.

BILATÉRALITÉ ET BISEXUALITÉ

Le corps humain est partagé verticalement en deux moitiés symétriques[22] et égales, droite et gauche ; à ce découpage se superpose l'opposition du masculin et du féminin :

> Le livre d'anatomie dit qu'il y a trois chambrettes en l'amarris [utérus] pour les fils, et trois pour les filles, et une au milieu, où ce qui est conceu a la nature de fils et de fille, et est appelé des philosophes « hermaphrodite » [...] Quand cette matière [formée de la semence du père et de celle de la mère] s'assemble à la dextre partie de l'amarris elle retourne à la nature du masle, et quand elle va à la partie senestre c'est une fille, et c'est pour la chaleur qui est plus forte à dextre qu'à senestre[23].

Une femme enceinte d'un garçon se lève spontanément du pied droit[24], son œil droit est plus mobile que le gauche, tout son côté droit est plus habile au mouvement, elle a bonne couleur[25].

Dans la partie droite du corps le sang est plus chaud et plus abondant que dans la gauche, et si le cœur a la pointe tournée vers la gauche c'est qu'il doit ainsi réchauffer le côté le plus froid[26].

Cette bilatéralité corporelle fournit un modèle de relations (entre les termes de l'opposition droite/gauche) qui aurait pu servir pour penser les relations entre les sexes : toute la thérapeutique du Moyen Âge tient compte de ce grand axe vertical qui divise le corps, elle joue sur l'équivalence et l'interdépendance des deux moitiés :

> Quand le malade se deult à dextre le fisicien ouvre à senestre[27].

Pour arrêter un écoulement de sang au bras droit, on fait diversion en saignant le bras gauche[28]. Quand le sang afflue dans le phlegmon dont un membre est atteint, on frictionne le membre opposé pour détourner les humeurs[29]. C'est le principe des vases communicants.

Les moitiés sont équivalentes; chacune peut jouer le rôle de l'autre, au cas où celle-ci se trouve endommagée : pour Mondeville c'est la raison de la bipartition du cerveau et des poumons.

Enfin, si un membre s'amaigrit c'est que le membre opposé s'hypertrophie et absorbe la nourriture destinée au premier, la cure consiste alors à ligaturer le membre vampire pour que l'autre puisse recevoir son dû[30].

Cependant, de même que l'opposition entre masculin et féminin a été réduite à une différence de degré, la bipolarité corporelle est hiérarchisée et la symétrie corporelle niée au profit du côté droit, dont on affirme la prééminence : voici écartée la dualité menaçante.

La gauche est définie par rapport à la droite : la main gauche « est autant à dire comme sans dextre[31] ».

La droite prévaut socialement :

> La main dextre est dite de donner [...]. Elle est donnée en gage de foy et en tesmoing de pleige et d'amytié [...]. De

plus grande chaleur et seicheur que la gauche, et pour ce plus légère et plus apte à ouvrer [...][32].

De même que le côté gauche est le côté de la maladie (les médecins doivent avoir deux yeux : « Le droit surveillant la force vitale, et le gauche, la maladie »[33]), la main gauche, c'est la main malade :

La main senestre souffre moult de maladies, car elle est aucune fois contraicte, ou seiche, ou rongeuse, ou grevée, ou rongée de vers, ou de semoingne, ou elle a les jointures hors de son lieu, ou elle a une maladie que l'on appelle tiragre[34].

On aurait pu imaginer que dans un tel système de correspondances, ce soit le côté gauche qui domine chez les femmes et le côté droit chez les hommes. Il n'en est rien, et non seulement les femmes sont droitières, mais elles ne peuvent guère être ambi-*dextres* :

La femme ne peut ouvrer des deux mains ainsi de l'une comme de l'autre, comme font aucuns hommes qui usent de la senestre comme de la dextre, et sur cette amphorisme dit Galien que moult de mâles ouvrent également des deux mains : mais nous ne le vismes oncques faire à femme, ne vismes que femme le fist oncques, la cause est, car l'homme est de plus chaude nature que n'est la femme et a les nerfs plus forts et les membres, si ce n'est pas merveille s'il use de ses deux mains et ouvre que la femme, qui, pour la faiblesse de sa complexion, ne peult pas bien parfaitement ouvrer de la dextre, ne par plus forte raison de la senestre[35].

Seuls les hermaphrodites sont en fait susceptibles d'une réelle bilatéralité : issus en proportions égales du père et de la mère, engendrés sur la ligne de partage verticale, dans un entre-deux fictif, ces monstres hybrides ont, rapporte Pline en citant Aristote, inscrite dans leur corps tout entier, leur bisexualité :

chez tous le sein droit est celui de l'homme et le sein gauche celui de la femme[36].

L'HYBRIDE INTERDIT

Loin d'être un idéal, sauf pour les alchimistes, l'androgynie apparaît sous les couleurs du cauchemar. Le danger guette, dans la confusion des limites, l'équivoque menace l'univers de chaos et d'effondrement.

Dans le cas des « faux androgynes », qui n'ont pas les deux sexes également développés, le scalpel du chirurgien fait disparaître l'équivoque, après qu'on a cherché à savoir de quel côté penche la balance :

> Les Médecins et Chirurgiens bien experts et advisez peuvent cognoistre si les hermaphrodites sont plus aptes à tenir et user de l'un que de l'autre sexe, ou des deux, ou du tout rien. Et telle chose se cognoistra aux parties génitales, à sçavoir si le sexe féminin est propre en ses dimensions pour recevoir la verge virile, et si par iceluy fluent les menstrues ; pareillement par le visage ; et si les cheveux sont déliez ou gros ; si la parole est virile ou gresle ; si les tétins sont semblables à ceux des hommes ou à ceux des femmes ; semblablement si toute l'habitude du corps est robuste ou efféminée, s'ils sont hardis ou craintifs, et autres actions semblables aux masles et aux femelles[37].

Le chirurgien est là pour rendre conformes à leurs normes respectives sexe masculin et sexe féminin, et cela va plus loin que le souci explicite de réduire l'ambiguïté entre les sexes :

> D'abondant au commencement du col de la matrice est l'entrée et fente de la nature de la femme [...] et les bords qui sont revestus de poils, en Grec, se nomment « pterigomata », comme si nous disions aisles, ou lebres du couronnement de la femme, et entre icelles sont deux excroissances de chair musculeuse, une de chacun côté, qui couvrent l'issue du conduit de l'urine, et se serrent après que la femme a pissé : les Grecs les appelent nymphes, qui pendent et sortent à aucunes femmes hors le col de leur matrice, et s'alongent et acourcissent, comme faict la creste d'un coq d'inde, principalement lorsqu'elles désirent le coït, et que leurs maris les veulent approcher, se dressent comme la verge virile, tellement qu'elles s'en jouent avec les autres femmes : aussy les rendent fort honteuses et difformes estant veües nues, et à telles femmes on leur doibt lier, et couper ce qui est superflu, parce qu'elles en peuvent abuser, se donnant le chirurgien garde de n inciser trop profondément de peur d'un grand flux de sang, ou de coupper le col de la vessie, car après ne pourroient tenir leur urine, mais découlerait goutte à goutte[38].

Quand les deux sexes existent simultanément chez un même individu, celui-ci n'a pas le droit de franchir comme il le veut la barrière qui les sépare :

> Les hermaphrodites masles et femelles, ce sont ceux qui ont les deux sexes bien formez et s'en peuvent aider et servir à la génération : et à ceux-cy les loix anciennes et modernes ont fait et font encore eslire du quel sexe ils veulent user, avec défense, sur peine de perdre la vie, de ne se servir que de celuy duquel ils auront fait élection, pour les inconvénients qui pourroyent advenir. Car aucuns en ont abusé de telle sorte que, par un usage mutuel et réciproque paillardoyent de l'un et l'autre sexe, tantost d'homme, tantost de femme, proportionnée à tel acte, voire, comme descript Aristote, leur tétin droit est ainsi comme celui d'un homme et le gauche comme celui d'une femme[39].

Il faut savoir, il faut pouvoir repérer sexuellement l'individu à qui l'on parle, dans lequel on se regarde, il n'est pas permis de jouer sur les deux tableaux, de passer sans transition d'un côté à l'autre, il n'est pas permis non plus de se travestir. On se représente difficilement aujourd'hui le scandale provoqué par Jeanne d'Arc et son habit masculin. Le port du vêtement réservé aux hommes fait d'elle, non seulement une fille diabolique, mais encore une fille indigne :

Et disait [...] que environ l'aage de 14 ans elle s'estoit ainsi maintenue en guise d'homme, et que son pere et sa mere l'eussent voulentiers faicte dès lors mourir s'ilz eussent peu sans blecer conscience, et pour ce se departy de eulx acompaignée de l'enemy d'enfer[40] [le Diable].

Ce bourgeois de Paris n'en revient pas :

Item, plusieurs fois a prins le precieux sacrement de l'autel toute armée, vestue en guise de homme, les cheveulx rondis, chapperon deschicqueté, gippon, chausses vermeilles atachées à foison d'aguillettes, dont aucuns grans seigneurs et dames lui disoient en la reprenant de la derision de sa vesture, que ce estoit pou priser Notre-Seigneur de le recevoir en tel habit, femme qu'elle estoit[41].

« Femme qu'elle estoit » ce n'était pas tellement certain :

L'âge ne développa point dans Jeanne les infirmités périodiques qui caractérisent la faiblesse de son sexe, elle ne les connut jamais, et cette disposition de ses organes mérite d'être remarquée.

Brûlée, on fit voir son corps au peuple :

Elle [...] fut liée à une estache [...] et là fut bientôst estainte et sa robbe toute arse, et puis fut le feu tiré arrière et fut veue de tout le peuple toute nue, ET TOUS LES SECREZ QUI PEUVENT ESTRE OU DOIVENT [ESTRE] EN FEMME, POUR OSTER LES DOUBTES DU PEUPLE[42].

Elle était sacrilège, son travestissement constitue l'un des douze chefs d'accusation qui la menèrent au bûcher :

Tu as dict que du commandement de Dieu, tu as porté continuellement l'habit d'homme [...], SANS LAISSER SUR TOI AUCUNE CHOSE QUI DEMONSTRAT QUE TU ESTOYS FEMME, et que plusieurs fois tu as receu le corps de Notre-Seigneur en cet habit, combien que plusieurs fois tu as esté admonestée de le laisser [...]. Quant à ces points, les clercs disent que tu blasmes Dieu, et le contempnes en ses sacrements ; tu transgresse la loi divine, la saincte escriture et les ordonnances canoniques ; tu odores et sens mal en la foi [...] et te condamnes toi-mêmes de ne vouloir porter l'habit selon ton sexe, et en suivant la coutume des Gentils et des Sarrasins[43].

Pour une époque[44] obsédée par le bon ordre des choses et les classifications, l'ambiguïté sexuelle, parce que inscrite dans le corps (et elle est bien, du moins ici, mise en forme, figurée, par la bilatéralité), est une menace perpétuelle. « Gentils et Sarrasins », païens, « infidèles », « enemys d'enfer » : il appartient aux diables, aux monstres et aux hérétiques de se jouer des limites, de brouiller les cartes, et de mettre en œuvre les forces obscures du chaos.

MARIE-CHRISTINE POUCHELLE

BIBLIOGRAPHIE

Les auteurs sont classés chronologiquement.

— IVe siècle avant J.-C. ARISTOTE, *Traité de la génération des animaux* ; trad. franç. de Barthélemy de Saint-Hilaire, Paris, 1887.

— Ier siècle après J.-C. PLINE L'ANCIEN, *Histoire naturelle*, C. L. F., Panckoucke, Paris, 1829.

— XIIIe siècle SAINT THOMAS D'AQUIN, *Somme théologique* (première partie « Somme naturelle »).
BARTHÉLEMY L'ANGLOIS (ou B. de GLANVILLE), *Le Grand propriétaire de toutes choses* ; trad. franç. de Jean Corbechon, Paris, 1556.

— XIVe siècle MONDEVILLE, Henri de, *Chirurgie*, Nicaise, Paris, 1893.
CHAULIAC, Guy de, *La Grande Chirurgie*, Nicaise, Paris, 1890.
SAINT-GILLES, Martin de, *Commentaires de Martin de Saint-Gilles sur les Amphorismes Ypocras*, Droz, Gevève, 1971.

— XVe siècle *Le Journal d'un bourgeois de Paris*, Tuetey, Paris, Champion, 1881.

— XVIe siècle PARÉ Ambroise, *Des monstres et des prodiges*, Droz, Genève, 1971.
JOUBERT Laurent, *La première et seconde partie des erreurs populaires touchant la médecine et le régime de santé*, Paris, 1587.

Les documents sur le procès de Jeanne d'Arc figurent dans la *Nouvelle collection pour servir à l'Histoire de France* publiée par Michaud et Poujoulat (1837) au tome III : « Indication analytique des documents pour servir à l'Histoire de Jeanne d'Arc. »

Monsieur Vénus et l'ange de Sodome

L'androgyne au temps de Gustave Moreau

Bien qu'il n'en existe pas une image type, comme dans l'art hellénistique, le mythe de l'Androgyne baigne tout particulièrement l'imagination littéraire et artistique de la fin du siècle dernier, thème-reflet de fantasmes divers, dont toute l'imagerie fuyante imprègne le temps d'*Albertine disparue* et des premières plongées dans l'inconscient. Bien sûr, on ne le trouve pas chez les écrivains et les peintres du réel — naturalistes et impressionnistes — mais dans toute l'iconographie des mouvements symbolistes européens. Cette peinture et cette littérature « de rêve et d'idéal » sont parfois bien médiocres, mais ses constantes en font un excellent miroir de la sensibilité du temps de la jeunesse de Freud et de Proust.

Dans ces années 70-90, les êtres de sexualité « normale » sont présentés sous une forme caricaturale : l'Éros 1900 est égrillard. Les images féminines sont la goule obscène des gravures de Félicien Rops, l'illustrateur des *Diaboliques,* les matrones déchaînées de William Bouguereau ou les femmes pâmées de Gervex : « Femina super bestiam », dans la bonne tradition de Baudelaire, pour qui « la femme est naturelle, c'est-à-dire abominable ». Quant à l'homme, c'est Pan ou le faune. Que de pied-fourchus batifolant à Munich et à Paris dans les revues poétiques et les Salons officiels, alternant avec les portraits les plus guindés ! Sculptés, peints, chantés, ils incarnent la virilité agressive, faite pour « perpétuer les nymphes » de garçonnières. Mallarmé, seul, sauve du ridicule cette obsession panique[1].

Dans cette iconographie, la femme provocante est généralement seule ou en gynécée : la présence de l'homme est allusive — le cochon que tient en laisse la dame de *Pornocratos* de Félicien Rops — et le faune monologue : des nymphes s'égaillent toujours très loin au dernier plan, même chez Mallarmé. Le rapprochement des sexes ne se fait au contraire, et d'une manière obsédante, que dans des images de cruauté, de castration et de mort : un recensement des Salons — officiels et symbolistes —, dans toute l'Europe de 1870 à 1900 environ, serait éloquent. Pour ne citer que les plus connus : à Vienne, Gustave Klimt, à Paris, Regnault, le jeune prix de Rome ami de Mallarmé, Gustave Moreau dont c'est le cœur de la mythologie intime, à Londres Oscar Wilde et Aubrey Beardsley, en Allemagne von Stuck, en Belgique Delville, Toorop, Mellery ou Ferdinand Knopff : tous ont été obsédés par le thème de la femme destructrice[2].

Ce ne sont qu'Hérodiades, Salomés et Judiths, que femmes thraces déchirant le corps d'Orphée ou contemplant rêveusement sa tête coupée[3]. On retrouve, en costumes 1900, les mêmes redoutables et sataniques amazones dans les romans de l'époque : chez D'Annunzio (*Il triomfo della morte*), chez Pierre Louÿs (*La Femme et le pantin*) ou Octave Mirbeau (*Le Jardin des supplices*[4]). L'homme — ou ce qu'il en reste : la tête, belle, douloureuse et asexuée

— est donc chaque fois la victime d'une femme, et comme prédestiné à l'être par ses aspirations célestes et sa nature ambiguë. On sait que saint Jean-Baptiste avait la grâce d'un éphèbe et avait suscité une particulière affection chez le Christ et chez Hérode ; sa représentation tout au long de l'histoire de l'art — en particulier à la Renaissance avec Léonard — est celle d'un être éminemment indécis. Le caractère androgyne du *Saint Jean* de Léonard, comme d'ailleurs de la plupart de ses figures, était particulièrement ressenti vers 1900, « Léonard a trouvé le canon de Polyclète, qui s'appelle l'androgyne. [...] sexe artistique par excellence, il confond les deux principes, le féminin et le masculin, et s'équilibre l'un par l'autre [...] le *Saint Jean* du Louvre manifeste ce procédé dans sa plénitude, mais au lieu d'un clair-obscur physique, extérieur, d'un jeu de lumière et d'ombre, Léonard découvrit le *clair-obscur animique* », dit un des écrivains les plus prolifiques du symbolisme sinon le meilleur, Joséphin Péladan[5]. On sait la fascination orientée qu'exercera sur Freud la peinture de Léonard. Quant à Orphée, il est, d'une part, le poète — élans vers le sublime, que la femme, incarnation de la nature et du mal, ne peut que détruire[6] —, d'autre part l'homme dont la femme est en enfer, éternellement absente, et aussi celui qui, selon la tradition, avait enseigné en même temps que l'art de la lyre celui de l'amour aux jeunes hommes de Thrace, ce qui avait déchaîné contre lui les ménades inspirées par la jalouse Aphrodite : il était clairement interprété à la Renaissance comme « l'inventeur de l'homosexualité[7] ».

*

Seuls les Grecs ont réussi à créer l'image d'un androgyne véritablement bisexué, que ce soit le fameux *Hermaphrodite endormi*, dit Borghèse, dont il y a un exemplaire au Louvre, ou celui qui soulève une tunique gonflée de seins pour montrer ses avantages virils (Louvre, réserves). Ils sont troublants car vraisemblables, tant le sculpteur a été adroit dans la fusion des qualités physiques diverses autres que purement sexuelles ; les jambes, les hanches, ou la nuque de l'*Hermaphrodite Borghèse* sont à la fois d'un tout jeune homme et d'une femme, l'artiste a su rendre imaginable l'idée d'une accumulation d'être, d'un couple si uni qu'il en est positivement confondu comme le veut le mythe de la création du dieu Hermaphrodite. Derrière l'incarnation du rêve platonicien d'unité primordiale, le sculpteur a su donner l'image non d'un monstre, mais d'un objet sexuel, désirable pour tout être hétérosexuel.

Il y aurait une passionnante étude « panofskienne » à faire sur l'iconographie de l'androgyne à la Renaissance, où l'on s'efforce à faire coïncider l'interprétation platonicienne et la tradition biblique[8]. Ne citons que l'étrange *Métamorphose d'Hermaphrodite* de Mabuse du musée Van Beuningen, montrant au fond l'être en cours de « fabrication » avec un seul corps et deux têtes, et au premier plan le couple originel, sorte d'Adam et Ève agités, la femme tournée vers l'homme et celui-ci vers le ciel. Au XVIIe siècle, on en voit plutôt le caractère monstrueux et clinique, comme en témoigne ce curieux tableau de Ribera au musée Poldo Pezzoli de Milan : *Femme barbue des Abruzzes* (1631). L'idée mythique s'est semble-t-il perdue au XVIIIe siècle et n'est plus qu'un prétexte à déguisements érotiques — pour renaître fortement avec le romantisme allemand[9], Swedenborg et les peintres nazaréens. Le romantisme français a été fasciné par le travestissement et l'inversion — *Mademoiselle de Maupin*, de Gautier, *Sarrazine* et *La Fille aux yeux d'or* de Balzac. Avec *Seraphitus-Seraphita* celui-ci reprend le thème swedenborgien de l'androgyne comme image de l'être parfait, de l'être angélique.

*

Sur le renouveau du thème à la période qui nous intéresse ici, en historien des religions et des mythes, Mircea Eliade décèle « un hermaphroditisme morbide, voire satanique [...]. Comme dans toutes les grandes crises spirituelles de l'Europe, ici encore, on se trouve en présence d'une *dégradation de symbole* [...] chez les écrivains décadents [...] il s'agit, non plus d'une plénitude due à la fusion des sexes, mais d'une surabondance de possibilités érotiques[10] ». Sur la pureté du mythe métaphysique pureté qui resterait d'ailleurs à analyser —, Eliade a certainement raison, mais le rêve androgyne « fin du siècle » paraît ressortir plus de la négation du sexe que de ses ressources de redoublement.

Entrons, par exemple, dans ce musée Gustave Moreau, pour retrouver le monde de celui qui fut, avant le peintre « voyant » des surréalistes, le peintre symboliste par excellence. Univers étrange, hanté, surpeuplé d'êtres équivoques où reviennent avec une régularité exemplaire les mêmes thèmes. D'abord celui d'*Œdipe et le Sphinx*, dans d'innombrables études ou variantes du grand tableau aujourd'hui au

Metropolitan Museum de New York. À la poitrine d'un Œdipe éphébique et songeur est agrippée une sphinge ailée, mammue, ornée sur sa croupe de lionne d'un collier de perles rouges : plus qu'une « page antique », comme l'était le même tableau peint par Ingres au début du siècle, cette toile a été voulue par l'artiste et ressentie à l'époque comme une illustration de la guerre des sexes. L'aquarelle reproduite ici, le « sphinx » en est la conclusion sinistre : triomphe de la femme dominant un carnage de victimes masculines. Les héroïnes de Moreau sont toutes fatales : les Érinnyes, Hélène de Troie, Salomé, inlassablement repeinte, Dalila, Circé, Lucrèce, Messaline, Lady Macbeth. Quant aux jeunes hommes, toujours plus efféminés, plus ambigus, plus pathétiques, ce sont : Hamlet, Œdipe, Diomède dévoré par ses chevaux, ou encore ceux du *Massacre des prétendants*, immense « machine » à laquelle Moreau travaillait encore à sa mort en 1898.

Plutôt que les *Romains de la décadence* de Thomas Couture (Louvre), tableau dont la composition aurait inspiré Moreau, il évoque le *Sardanapale* de Delacroix, par la délectation morbide sensuelle avec laquelle il peint la foule des éphèbes gracieusement frappés à mort par les mâles flèches d'Ulysse.

Par Ulysse ou le cheval (image mythique traditionnelle de la puissance virile), par Salomé ou les ménades, les hommes sont toujours victimes de la fatalité du sexe. Mais l'incarnation du Mal est bien la femme, selon les propres mots de Moreau : « Cette femme ennuyée, fantasque, se donnant le plaisir très peu vif pour elle de voir son ennemi à terre, tant elle est dégoûtée de toute satisfaction de ses désirs[11]. »

Un des livres à succès au cours de ces années — dû en grande partie au fait qu'il était écrit par une toute jeune femme, Rachilde — s'intitule *Monsieur Vénus* (1889). C'est l'histoire de la domination frigide d'une certaine demoiselle Raoule sur une Albertine mâle — un jeune ouvrier fleuriste — qu'elle séquestre et humilie au nom de la spiritualité : « l'amour véritable ne se devrait composer que d'amitié chaude. Sacrifions les sens, la bête ». Plus tard, Colette avec *Chéri* usera du thème de l'homme objet, dans un esprit bien différent, mais elle a été nourrie dans sa jeunesse de toute cette littérature. Barrès, dans son compte rendu de *Monsieur Vénus*, évoque la « maladie du siècle » : « on verrait, avec effroi, quelques-uns arriver au dégoût de la grâce féminine, en même temps que Monsieur Vénus proclame la haine de la force mâle. [...] voici que certains cerveaux rêvent d'un être insexué. Ces imaginations sentent la mort ».

Cet être insexué trouve son chantre suprême en celui qui se faisait appeler « mage », l'« initié » ésotérique et *Maître de la Rose-Croix*, Joséphin Péladan, dans *Curieuse* (1886) et surtout dans un roman, *L'Androgyne* (1891). Il s'agit d'amitiés particulières avec pour héros un adolescent beau, efféminé, chaste et théosophe, livre dont le prologue est un cantique à l'androgyne : « l'androgyne n'existe qu'à l'état vierge, à la première affirmation du sexe, il se résout en mâle et au féminin » (...) l'androgyne signifie virginité (...) « la femme c'est le sphinx qui barre la route, il faut deviner ou tomber » et de s'exalter sur « l'éphèbe aux petits os, au peu de chair, mélange de force qui viendra et de grâce qui fuit. [...] jeune fille aux courts cheveux et presque jouvenceau [...] ô moment indécis de corps comme de l'âme, sexe suprême, mode troisième, los à toi ! ».

En effet — avec ce que cela comporte d'homosexualité latente, chez Huysmans, chez Péladan, chez Rachilde et chez Gustave Moreau (auquel on ne connaît aucune aventure féminine et qui vécut cloîtré entre sa peinture et sa vieille mère) — l'image de l'androgyne fin de siècle prend avant tout la forme d'une sorte de premier communiant, produit des rêves du modèle de Charlus : « les anges ont baissé leurs yeux sur les prairies / les hommes ont levé les yeux vers les azurs / et l'échange s'est vu des blanches confréries [12] ».

Tous ces êtres vaporeux, tutélaires et indéterminés — anges, fées, muses — sont des modèles de non-désir, ou de désirs homosexuels sublimés, plus fades qu'équivoques ; et ressemblent plus à des images-écrans qu'à l'incarnation d'un mythe.

Cette résurgence du thème de l'androgyne à la fin du siècle est peut-être le revers de l'obsession de la femme fatale. Ne répond-elle pas à la peur inconsciente devant l'apparition, ou la multiplication d'une femme nouvelle, celle qui justement à cette époque commence à revendiquer un rôle économique, intellectuel et social [13] ? Nous sommes à l'époque des *Bostoniennes* d'Henry James, des suffragettes, des Rachilde, des héroïnes d'Ibsen, et des Lou Andreas-Salomé.

D'autre part, ces années voient pour la première fois l'homosexualité s'afficher, se chanter, avec Montesquiou, Jean Lorrain, Renée Vivien, Wilde et bientôt Gide. Femme fatale dépouillée de l'instrument de sa fatalité, de son sexe, jeune homme désirable camouflé en ange sulpicien, ce sont bien là d'abord les éléments de base de l'androgyne symboliste.

On écrit souvent que le rêve hermaphrodite apparaît dans les périodes de transition des sociétés [14]. Il est certain que ce sentiment de « décadence » était à tort ou à raison profondément vécu comme tel et proclamé par les symbolistes. Pour échapper à ce qui était ressenti comme un monde en déroute, tiré vers le bas par le positivisme, toute fuite hors du réel — dans le temps (recours aux mythes et aux édens), dans l'espace (le « fuir là-bas » vécu de Rimbaud et Gauguin) — pouvait être aussi une fuite vers l'imaginaire, hors des contingences de l'espèce ; le rite androgyne et la négation du sexe doivent être vus également sous cet angle. L'aile de l'hermaphrodite a touché les habitantes anémiques des *bois sacrés* de Puvis de Chavannes et de Maurice Denis, et les jeunes hommes en prière du mystique de l'école de Pont-Aven, Filiger. Elle a même frôlé Gauguin qui, dans l'enthousiasme primitiviste de son arrivée à Tahiti, a cru entrevoir une qualité sensuelle panthéiste édénique et asexuée dans les nus maoris, femmes musclées aux larges épaules et jeunes hommes imberbes aux corps parfaits.

Dans l'édition non remaniée de *Noa-Noa*, il décrit une marche dans la montagne avec un jeune Maori, « nous étions bien deux amis, lui tout jeune homme et moi presque un vieillard, de corps et d'âme, de vices de civilisation : d'illusions perdues. Son corps souple d'animal avait de gracieuses formes, il marchait devant moi sans sexe. De toute cette jeunesse, de cette parfaite harmonie avec la nature qui nous entourait, il se dégageait une beauté, un parfum (*noa-noa*) qui enchantaient mon âme d'artiste [15] » et d'ajouter en note : « le côté androgyne du sauvage, le peu de différence de sexe chez les animaux ».

L'idée d'une unité défaite, d'un paradis perdu est toujours sous-jacente dans le mythe en 1890, comme chez Platon. La séparation des sexes est associée en cette fin du siècle si marquée de religiosité romantique, à une déchéance de plus par rapport à l'être idéal, au divin primordial. L'androgyne est l'image de la fusion paisible, stérile et solitaire, de la perfection dont le poète — Orphée — ou l'artiste sont les intercesseurs. La fuite vers les « ailleurs » du Harrar et de Tahiti répondait « en clair » à celle que Des Esseintes, du roman de Huysmans, modèle de l'esthète décadent, organisait à l'intérieur de sa propre vie parisienne, et à celle de Gustave Moreau. Ici, elle prend la forme frileuse d'une réclusion, productive de chimères et d'êtres montrant soit l'horreur du sexe destructeur, soit la douceur de son absence, dans l'atelier-caverne baigné d'autorité maternelle de la rue de La Rochefoucauld. Tout se passe comme si, à défaut de ne pas naître dans le monde vulgaire, la chasteté et son expression picturale symbolique était une forme de résistance au réel et aux troubles. Chez lui, les seuls couples paisibles et harmonieux sont des androgynes angéliques, fraternels, aux traits interchangeables = le poète et sa muse, Hésiode et sa muse, Jason et Médée. Dans *Le Poète et la sirène*, un Orphée, féminisé, repose comme un almée chaste aux pieds d'une sirène au regard de feu. Ces couples ambigus, associés par une affinité incestueuse trouvent leur parfaite représentation dans *Les anges de Sodome*, Seraphitus-Seraphita flottant comme le héros de Balzac au-dessus des gouffres du mal et des contingences terrestres, images d'un couple enfin réuni par le flanc, dans une désincarnation crépusculaire.

FRANÇOISE CACHIN

L'acteur, médian sexuel

Il faut bien comprendre qu'on a toujours fait porter à l'acteur — de théâtre plus particulièrement — tout le poids de responsabilité de la chaîne sexuelle. Les « dieux » devaient être immortels, au-delà de toute responsabilité, inatteignables en leur essence, disposant à leur gré de la sexualité des « mortels », et partant, les mortifiant.

Si Dionysos est au cœur du théâtre chez les Grecs, ce n'est pas uniquement du fait de son pouvoir de métamorphose incessante au compte d'un printemps irruptif, ni du fait de son pouvoir de destruction-résurrection, de membrement-démembrement (*diasparagmos*), au compte de sa naissance mythique (Zeus-Sémélé), c'est d'abord et surtout qu'il est « bisexué ». Eschyle disait déjà, dans une de ses tragédies perdues : « Il est l'homme-femme. »

Entendons-nous : la représentation du Dionysos barbu de l'archaïsme grec est l'hypervirilité dans tous ses stigmates. Les Grecs, pourtant peu chiches en anthropomorphisme, n'ont jamais eu l'idée de représenter leur Dionysos avec des organes à la fois mâles et femelles, ce n'est pas l'hermaphrodite... non ; simplement la grande robe des bacchantes, la robe des femmes... Alors, le début du travestissement ? du travestissement religieux, sacré et sacrilège, social et antisocial, de quoi assurer et rassurer Jean Genet ?

L'acteur, tout de suite objet de marchandage, en Grèce même, aux débuts de la tragédie attique, est donc devenu un prêtre, un initiateur, un interprète. Magie, récurrence, démiurgie vont être son lot, de pouvoirs, d'aberrations, et le lieu futur de ses persécutions.

L'« homme-femme » dionysien, vecteur de l'érection phallique pour le compte des deux sexes, ne niant pas la différence des sexes mais l'unifiant dans l'universel besoin d'une transgression en marche, une fois les régressions assumées et dissoutes, n'est ni un homme ni une femme, ni un homme *ou* une femme, mais en étant un homme et/ou une femme, il demeurait un enfant ; un enfant-phallus rassemblant dans l'incarnation des signes tout ce que la sexualité peut détenir, de masculin comme de féminin.

Avec ce qui s'est appelé « acteur » en Occident, on a été, et on est encore, bon an mal an, dans ce registre du total rassemblement : si on « joue », alors on est capable de tout jouer, l'homme, la femme, la vie, la mort. Il ne s'agit plus que de trouver des points de repère, des références, des signes convenus. La mégalomanie du ludisme infantile délivre l'univers de tout son poids d'inerte, à condition de rester dans le jeu et de ne pas provoquer le monde là où seules les choses légifèrent sur les choses.

Il n'est pas sûr que le lieu de rassemblement du théâtre autour de la « geste » démiurgique ait été le creuset prophétique des révolutions ou des contestations. Il n'est pas sûr qu'il ne l'ait pas été non plus. L'ordre acquis de l'univers tente toujours d'harmoniser la paix à la guerre — c'est-à-dire de justifier celle-ci —, le salut au meurtre, à la faute, l'ordre de la filiation du passé, de l'antérieur, à l'éventualité des transgressions œdipiennes ou à l'énoncé des grandes cosmogonies titanesques quand l'homme bafoue les dieux.

Le ludisme infantile repris par l'adolescent et par l'adulte est une zone d'activité, de pensée, de signification et d'affect au sujet de laquelle la psychanalyse s'est peu interrogée — même Melanie Klein.

Freud pense le ludisme sous la forme d'une antinomie d'avec le rêve : le jeu est une acquisition de plaisir, le rêve une fuite du déplaisir. Pourtant, les processus primaires (condensation, déplacement) concernent les deux zones d'activité de la psyché (voir *Le mot d'esprit* [*witz*] *et ses rapports avec l'inconscient*).

Or, le théâtre, dans ses effets de représentation — devant et avec un public — de fête commémorative est un événement localisé d'où rêve et jeu ne sont pas aussi dissociables que Freud au premier abord semble les présenter. Acquisition de plaisir dans et par la commensalité, l'œuvre théâtrale qui réunit et unifie, mais aussi, comme en se « jouant » (et cela Ferenczi l'a bien vu) la communauté, tente de surmonter la difficulté des difficultés qui est toujours celle de la mort, grand « rêve » du masochisme primaire pour créer encore des « images » — vivantes, actives, taillées — au moment où dans l'entropie se résorbent et s'annulent les tensions.

Les hommes « rêvent » au théâtre dans la mesure où ils « jouent ».

Le *deus ex machina* vient habituellement signifier l'ordre d'un monde qui se dit éclairer les noirceurs, les incongruités, les démesurés des fictions représentées… contre l'autarcie narcissique des humains qui se veulent immortels. Dans l'ordre et l'harmonie des identités sexuelles, un homme ne peut être qu'un homme, une femme, qu'une femme. Il y a là une transparence qui n'est pas qu'une lapalissade mais qui, à travers les obstacles ou les médiations, va être livrée à tous les clairs-obscurs.

Tout le monde a souligné qu'au départ — la tragédie grecque — en Occident, les rôles de femmes étaient joués par des hommes. On ne sait pas très bien comment interpréter ce fait de culture où religieux et politique se recoupent. On apporte des preuves, historiques, culturelles, etc., dont les probations fatiguent. S'est-il agi, en fait, de clivage homme-femme, d'accouplement, de division, de travestissement, etc. ?

Freud, dans la description du cheminement libidinal des pulsions et des complexes qui les organisent, fait valoir justement la juxtaposition et la non-similitude des couples « actif-passif », « phallique-châtré», « masculin-féminin ». Ces « couples » sont liés et déliés par l'appariement contrasté des destins pulsionnels (retournement en son contraire, refoulement, etc.).

La signification déterminante de la pensée de Freud demeure (et en cela Freud appartient totalement au destin de l'Occident) le déploiement actif, masculin, phallique de la libido. Même quand la libido court vers un but passif, elle demeure active ; sinon, comment expliquer le principe de répétition et la pulsion de mort ?

Il s'agirait donc au départ, en Occident, du rôle (religieux et politique, rituel et culturel) de l'érection phallique — érection pour tous et pour l'espèce et non plus pour l'individu. Si le phallus venait à ne pas ériger, quelle catastrophe pour l'espèce : la folie de la possession maniaque, se déversant en mélancolie de la race! Dionysos serait donc absolument présent.

Dans la comédie attique, on montre et on circonscrit les pouvoirs phalliques (châtrés-non-châtrés). Le phallus en cuir bouilli dont s'armaient les acteurs de comédie était le vrai sujet de la réunion. On châtrait le phallus, on le lutinait aussi, on se moquait de l'érection, on la travestissait (cf. Aristophane) pour conjurer ses pouvoirs apotropaïques. La tragédie se réservait de « voiler » le phallus — sous le signe du « père mort »; le phallus doit ressusciter dans la lignée : phallus d'outre-tombe. Il ne faut pas que la race (humaine) meure! Conjurons inceste, cannibalisme, parricide.

Les sociologues ont cette détestable manie de parler de la tragédie grecque comme de la résultante de causes et d'effets religieux, politiques ou culturels. Même si les psychanalystes en parlent moins bien qu'eux et commettent des « bourdes » d'interprétation, ils ont cependant raison sur toute sociologie donnée car ils s'attachent à l'« événement » — répétitif pour Freud en venant délivrer le spectateur du poids de sa propre mort, et ceci par un effet démiurgique de l'acteur. L'acteur « simule » une mort pour que le spectateur économise la sienne.

*

L'« événement » est toujours chargé de promesse et de menace. Il arrive! Il arrive! et l'effet tragique est toujours celui du châtiment, car une épiphanie d'un monde non interdit, possible, réalisable immédiatement est totalement promise comme fin dernière. L'homme s'exhausse jusqu'à son pouvoir de rêve et de domination sur la mort, sur le sexe et sur l'identité.

Il y a un geste ou un « acte » — un acteur — qui produit une action, absolument désintéressée (et en cela Aristote, Kant et Artaud ont dit la même chose) et l'arrière-plan d'un acte ; arrière-plan qui efface l'acteur derrière le spectateur, le public derrière le privé, l'exhibition derrière l'inhibition ; arrière-plan apparemment négatif mais qui peut se transformer en inventions, en fantasmes, en sublimations.

Il y a du « pervers » dans l'acte, dans l'action, qui agrandit démesurément les limites du corps, qui fait sortir du rêve celui qui est agi mais qui plonge dans le « rêve », celui qui « subit » l'acte (le spectateur) et pendant cette sortie hors du rêve, contemporaine de la rentrée de l'autre dans le rêve (le même ?), ceci s'étant accompagné d'un arrière-temps, de coulisse, de souterrain, d'enfer, de travail élaboratif, d'essais, de retouches, où ne s'exerce plus que la « pensée ». « Acte » et « pensée » exorcisent la mort chacun à leur manière : la sublimation n'intéresse que la « pensée » (le temps du fantasme rétro-agi). L'acte de l'acteur (mais nous sommes tous des acteurs) mime la mort sous la forme de la vie. L'« acte » n'est pas de la sublimation mais de « mimique ». Il lui faut cependant une latence longue et préparée.

La « perversion » d'exhibition se dédouble en ses deux faces, l'une de « montrer » le pouvoir de vie et de mort du phallus, sa *décence* ; l'autre de « sublimer » le temps de recul, le délai, celui où le moment négatif se déjoue ; les inhibitions, les terreurs des castrations indécentes.

Tout au théâtre, dans sa régulation architectonique — et en cela il n'a pas varié depuis ses assises fondatrices —, tend à conjurer l'archaïsme fondamental et universel du désir du Rien. Il n'est pas pensable, digne de la pensée humaine, que le monde joue son jeu sans que la plante, la bête, la pierre humaine n'y soient incluses. Si le jeu est le symbole du monde, il faut jouer le jeu du rêve, de la sortie du rêve, de l'entrée dans le rêve, etc.

L'erreur d'interprétation que les psychanalystes ont souvent commise est que n'ayant pas suffisamment vu que représentation et castration étaient la même chose (une lame-miroir), ils n'ont entendu l'« effet-théâtre » que comme « causé » par l'effet-castration, une réponse, ou une formation réactionnelle : l'homme s'exhibe pour lutter contre la castration, alors que la castration est un *effet de théâtre* — le plus important, le plus primordial certes, le plus porteur d'angoisse, mais non le seul. L'Orient obéit à d'autres conjugaisons de pensée : anecdotiquement, il existe en Chine des théâtres uniquement composés d'actrices, les rôles masculins étant joués par des femmes. Cela n'est pas pensable en Occident ; du moins pas encore.

*

La mimique, le mimodrame, premier rituel théâtral, mime l'unité perdue et à recouvrer — l'unité coïtante — mais non l'objet partiel perdu qui métonymise tout le processus individuel du désir.

Je ne saurais pas dire exactement ce qui a été décisif dans l'affrontement d'exhibition du théâtre en Occident : une surdétermination de facteurs certainement. Le rituel funéraire, le mythe dionysiaque, l'architecture du théâtre grec, solaire, hémicyclaire, tout cela ensemble et d'autres valeurs encore ! Incontestablement, le plus déterminant, la vision de front, l'affrontement du public, où l'acteur devenait le dernier terme d'un cercle que le regard seul du public n'arrivait pas à fermer.

Je crois, avec Nietzsche, mais aussi contrairement à lui, que le monde de la philosophie, avec Platon, figuré par la caverne de la République, a pris en fait le relais de la tragédie grecque, quand Dionysos en fut évacué (amer et dérisoire triomphe des Bacchantes d'Euripide !).

Au départ, en Occident, rien n'était cercle ; il n'y avait pas d'équidistance, mais une *terrifiante présence* de l'homme sans nudité, de l'homme public et politique ; l'homme de discours, l'homme de la parole phallique sans autre recours que sa force de « pénétration »... Ça a donné, d'abord, cette absence de traditions écrites dans l'histoire du théâtre, puis une vulnérabilité redoutable aux enjeux. L'acteur est vite devenu une « valeur », une surenchère, un histrion. C'était là le prix de la vulnérabilité mais aussi le signe absolu et indéracinable de cet être « faible » (châtrable) qu'est l'homme. Il lui suffisait de monter sur une scène, d'enchanter par des mots, pour devenir tout-puissant ou bafoué, ridiculisé (Hitler ou... le candidat malheureux des joutes politiques).

L'admirable du théâtre occidental est sa faiblesse, bien sûr ; l'homme s'est donné le pouvoir de fermer le cercle par sa présence, son affrontement au regard par le regard. Combattre le dieu par l'œil et par la voix (autre œil, celui de la tombe). Rien de tel en Orient, le divin est équidistant à l'homme. La proportion divine dans l'homme est ajustée au cercle. Les rayons de l'*être* sont partout. Nul besoin d'emphase, de raidissement, d'érection à tout prix, de gloire et de démonstration phallique !

Le terrifiant de la castration s'est aggravé de jour en jour et n'importe quel acteur connaît bien toutes les affres délicieuses des fantasmes d'exhibition : « Si je pouvais me casser une jambe... Si le théâtre pouvait brûler, si la trappe pouvait s'ouvrir... Est-ce que ma braguette est bien fermée ? », etc. Fantasmes magiques de toute-puissance, positive comme négative. Thèmes d'apocalypse, de vision de fin du monde, où la donnée enchanteresse de la présence se mue en radeau de la méduse, aérolithe noyé dans la pestilence des perditions. L'acteur semble assumer toute la paternité du texte à dire, à « faire ».

Rimbaud a définitivement montré la direction que devait prendre l'homme qui joue son va-tout, l'« opéra fabuleux ». Mieux qu'Artaud qui reste encore prisonnier de la signification linguistique et de l'anarchie. Mais les deux, au plus haut sommet de la pensée « métaphysique » du théâtre au théâtre.

*

Alors est-ce l'homme, le masculin, le phallique, l'actif qui a débuté au théâtre en Occident ? De quelle « puissance » s'est-il agi au départ ? Fut-ce un signe non séparé de la force ? N'avons-nous pas assisté depuis à cette lente séparation — féroce — du signe et de la force ?

Une seule identité sexuelle (désignée comme telle) peut en effet tout détenir des signes et des puissances — masculinité comme féminité — à condition que les signes et leur sens obviables ne soient pas séparés des forces en puissance d'acte. Sinon c'est l'histrionisme, le fétichisme, caricature des dévotions. Idolâtrie du signe comme certains courants modernes voudraient le donner à penser et à exister. Théâtromachie — théâtrocratie — des signifiants : positivisme dérisoire !

On croit avoir tout dit quand on déclare que les rôles féminins shakespeariens étaient joués par des jeunes gens. La belle affaire ! Non seulement le piquant des « travestis » relevait le choix même culturel d'époque, mais encore on ne veut pas lire Shakespeare.

Je donnerai comme exemple fameux les dernières paroles de Cléopâtre, avant sa mort, dans l'*Antoine et Cléopâtre* :

Non, rien n'est plus certain, Iras ; il y aura bien
quelque soldat impudent
Qui nous attrapera comme on attrape des putains ;
Quelque rimailleur qui fera grincer sa musique
Ou quelque comédien futé qui, au pied levé,
Nous singera dans nos splendeurs alexandrines,
Antoine sera montré complètement saoul et
Moi, je me verrai, travestie en garçon, qui en
Piaillant, prostituera ma grandeur[1]*...*

Alors, dans cette amertume, au bord de la mort délibérément choisie, devant l'incompréhension fondamentale d'un public, de tout public, Shakespeare dénonce tout travestissement possible. Un garçon jouait Cléopâtre ; il la « jouait » ou il la travestissait. Nous ne savons pas, nous ne saurons jamais. On peut prostituer Cléopâtre, ses signes sublimes d'une féminité bien à elle, luxuriante et déchaînée ; des garçons phalliquement pourvus peuvent s'y employer : ils n'ont pas à passer par l'incarnation des signes ; ils en restent au fétichisme ou à quelque figure de femme phallique : des travestis peuvent prostituer la figure de Cléopâtre mais elle, cette figure, demeure inaliénable, inatteignable. On peut alors la « jouer » par des filles ou des garçons, recouvrer tout le sens de sa chair féminine en la jouant ; on peut toujours risquer de perdre tout le sens subtil de cette incarnation de la figure de la femme en la travestissant « phalliquement ». Mais elle, elle demeure toujours disponible à l'incarnation du « jeu », luxe des humains. Comme l'hystérie est la caricature de l'art, selon ce que pensait Freud, le fétichisme n'est que la caricature de la « dévotion ». Pour qu'il y ait fétichisme, il faut qu'il y ait « clivage », séparation de la force et du signe. La castration réduite à son signifiant, quelle blague et quel fétichisme !

Shakespeare, celui qui a pensé le plus profond la douleur de l'Occident, ses gloires aussi, a tout dit à ce sujet. Qu'importe que Cléopâtre soit jouée par un homme ou par une femme, si les signes s'incarnent et deviennent cette part de l'être — et non de l'apparence —, terrestre inquiétude d'où la figure avait pris naissance.

Les achoppements sexuels de l'acteur, nous les connaissons, on peut facilement les répertorier : exhibitionnisme, narcissisme, etc., tous modes de l'histrionisme. Ce sont, en effet, des achoppements.

La femme est apparue sur le théâtre à des moments précis dans notre culture. Son apparition avec les signes de la séduction (phallique) a livré l'homme aux craintes de l'homosexualité ; il s'est senti, acteur, comme une prostituée... il se récupéra quelque peu en s'identifiant à la passion du Christ (cf. Grotowski) : l'acteur-passion. Dernière mouture de l'acteur suprême, Dionysos ?

En tout cas, à notre époque où tout est possible et où plus rien ne risque d'être vrai — ni vrai ni faux — les hommes peuvent jouer les rôles de femme et réciproquement. Personne n'y trouvera à redire. Fallacieuse libération ! Les femmes n'auraient plus à jouer sur la sublimation de l'envie phallique, les hommes sur leur peur de l'homosexualité, etc., mais rien ne sera *dit*, rien ne sera *joué*, rien ne sera acte *et* pensée !

Il faudrait ne pas oublier les mesures prophétiques de Rimbaud et d'Artaud, pour que du *sexuel*, et non seulement du sexe, il soit encore parlé. Les signes incarnés du féminin et du masculin délivrés du phallique et du châtré, du passif et de l'actif; ces derniers « surmontés », non désavoués, non oubliés, rendus à leur source originaire : l'acteur-enfant, seul médian sexuel.

JEAN GILLIBERT

P.S. — J'ai toujours rêvé de voir *Œdipe roi* joué par de très jeunes enfants,. même dans une zone dégingandée de banlieue, pour ameuter davantage la chair sensitive (pas dans un théâtre « brechtien » de banlieue, bien entendu). Mais voilà, les jeunes enfants sont « interdits » au théâtre. Censure. Immoral ! Il paraît que le complexe d'Œdipe ne serait plus de notre monde.

II

Les facteurs neuro-hormonaux de la sexualité chez les mammifères

I. INTRODUCTION

Le cadre même où s'inscrit cet article impose à son auteur un choix parmi les innombrables thèmes de réflexion que peut suggérer au biologiste le phénomène de la sexualité. Certes, celui-ci ne constitue pas le mode exclusif de reproduction inventé par la nature pour assurer la perpétuation des espèces. Certaines formes peuvent se multiplier, sans le concours de cellules reproductrices, par bourgeonnement ou gemmiparité, ou par division ou scissiparité. Il peut aussi prendre des formes particulières lorsque l'œuf accomplit son développement parthénogénétique sans le secours d'un gamète mâle. Il revêt, eu égard au déterminisme hormonal des caractères propres à chaque sexe, une allure différente chez les Invertébrés et chez les Vertébrés. Il n'est cependant pas dans notre propos d'aborder tous ces aspects du problème de la sexualité, quel que puisse en être l'intérêt biologique général. Nous pensons que l'on attend plutôt de nous des éclaircissements sur les interactions neuro-endocriniennes qui vont aboutir à la mise en place, à partir d'un embryon toujours ambivalent, des structures anatomiques, physiologiques et psychologiques caractéristiques de l'un et l'autre sexe. Il s'agit d'ailleurs d'un long chemin à parcourir, depuis le stade où la constitution génétique de l'œuf fécondé fixe le devenir sexuel de l'individu jusqu'à celui où s'épanouissent les caractères sexuels secondaires de chacun des deux sexes. Nous ne traiterons donc ni du déterminisme génétique du sexe, ni de ses anomalies, afin de donner la place qu'elle mérite aux aspects nerveux et hormonaux de la différenciation sexuelle. Encore faudra-t-il nous limiter en ce domaine.

Certes, nous ne négligerons pas les Vertébrés inférieurs lorsque nous étudierons la différenciation sexuelle embryonnaire car les observations qui y ont été faites éclairent singulièrement les mécanismes généraux de cette différenciation. Mais nous pensons qu'en ce qui concerne la différenciation sexuelle postnatale le psychanalyste songe avant tout aux Mammifères et plus singulièrement encore à l'Homme. Nous nous référerons donc exclusivement aux Vertébrés supérieurs, puisant, lorsque faire se pourra, dans les résultats de dosages biologiques et d'investigations cliniques, des connaissances relatives à l'espèce humaine et, dans ceux de l'expérimentation animale, des informations à travers lesquelles, on s'en persuadera, l'extrapolation à l'Homme n'apparaîtra pas illégitime.

II. LA DIFFÉRENCIATION SEXUELLE CHEZ L'EMBRYON

A. La différenciation des gonades et des caractères sexuels.

Quelques notions d'embryologie se rapportant à la mise en place des ébauches gonadiques et des conduits sexuels nous semblent indispensables à la compréhension des mécanismes de la différenciation sexuelle.

Les glandes génitales ont pour origine, aussi bien chez le mâle que chez la femelle, un épaississement, au niveau du corps de Wolff, de l'épithélium mésodermique de la cavité générale ou cœlome. Cet épaississement apparaît, sous forme d'une crête génitale, au 28ᵉ jour de la gestation chez la vache, au 26ᵉ jour chez la truie, au 24ᵉ jour chez la chienne et à la 5ᵉ semaine chez la Femme. Bientôt, des cordons cellulaires vont proliférer dans le mésenchyme ambiant à partir de la crête génitale. Ces cordons de première poussée ont la signification de cordons mâles. Ils donneront naissance aux tubes séminifères du testicule. Cependant, dans une ébauche destinée à évoluer en ovaire, une deuxième poussée de cordons, dits de Valentin-Pflüger, va se produire qui refoulera la première dans la future région médullaire de la glande génitale femelle. À ce stade la gonade est ambivalente. Elle comporte une région corticale de signification femelle et une région médullaire, faite de cordons à caractère mâle. Des cellules germinales, issues de l'entoblaste extra-embryonnaire antérieur chez les oiseaux et postérieur chez les Mammifères, coloniseront l'ébauche gonadique et envahiront les cordons de première et de deuxième poussée pour s'y transformer respectivement en spermatogonies et en ovogonies, cellules souches des deux lignées mâle et femelle des cellules sexuelles.

Une fois la gonade différenciée, vers la 8e semaine de la vie intra-utérine chez la Femme, dans le sens de l'un ou de l'autre sexe, les conduits génitaux, les organes copulateurs ainsi que leurs annexes subiront une différenciation propre à chacun des deux sexes. Au départ, l'hermaphrodisme de l'embryon porte aussi bien sur ces conduits, organes ou annexes que sur la glande génitale. Le futur mâle a en commun avec la femelle potentielle des canaux de Wolff et des canaux de Müller dont les seconds vont régresser chez le mâle et les premiers chez la femelle. On peut donc considérer, comme des caractères sexuels primitifs, selon la terminologie de M. Aron (1923), les ébauches gonadiques, et comme des caractères sexuels primaires, les conduits et organes génitaux dont elles contrôlent la différenciation. Ce sont ces caractères sexuels primaires qui, lors de l'avènement de la maturité génitale, vont présenter leur plein épanouissement pour donner naissance aux caractères sexuels secondaires propres à chacun des deux sexes.

Toujours est-il que tout organisme embryonnaire possède à un stade précoce de son développement tous les éléments nécessaires à la réalisation d'une morphogenèse mâle ou femelle. Le problème se pose donc de savoir si le passage, de la bisexualité à la monosexualité, de l'ébauche gonadique est un phénomène qui se déroule automatiquement ou s'il met en jeu, au contraire, des interactions entre ses éléments corticaux et médullaires. Il faut rappeler ici que la détermination de la glande génitale résulte chez les Vertébrés de la constitution chromosomique par le truchement des hétérochromosomes et que les aberrations de la formule chromosomique aboutissent à des anomalies de la détermination du sexe telles que l'hermaphrodisme ou les états d'intersexualité. Nous nous interrogerons donc sur les moyens d'expression des gènes dans la détermination sexuelle des éléments somatiques et germinaux de la gonade et la même question se posera à propos de la différenciation du tractus génital.

B. Facteurs de la différenciation sexuelle de la gonade.

Une observation déjà ancienne due à Lillie (1916) et à Keller et Tandler (1916) a fait apparaître le rôle joué par les facteurs hormonaux dans le déterminisme du sexe de la gonade. Il arrive, chez les Bovidés, que des jumeaux de sexe opposé soient unis l'un à l'autre par des connexions vasculaires entre leurs placentas. En ces cas, dits de « free martinisme », l'ovaire de l'embryon femelle apparaît masculinisé et présente une région corticale atrophiée et une zone médullaire hypertrophiée.

De nombreuses attestations expérimentales sont venues confirmer par la suite l'existence d'interactions entre les ébauches gonadiques des deux sexes. Parmi elles, l'expérience de Humphrey (1929) nous semble tout particulièrement démonstrative. Excisant, chez l'embryon d'un batracien Urodèle, l'Axolotl, au stade du bourgeon caudal, la région du mésoderme où se forme la gonade, cet auteur la remplace par un fragment de cette même région prélevée chez un autre embryon du même stade, le sexe du donneur étant reconnu *a posteriori*. Il constate alors, chaque fois que les gonades sont de sexe opposé, que le testicule inhibe le développement de la région corticale de l'ovaire. Bien plus, les gonocytes venus habiter les deux gonades se transforment, en spermatogonies dans le testicule, et en ovogonies dans l'ovaire. Les expériences de parabioses effectuées chez les Amphibiens par Witschi (1929-1942), et consistant à unir entre elles des larves d'Ambystomes, ont montré également l'action masculinisante exercée, en certaines conditions, par la gonade génétiquement mâle sur la gonade femelle. Il en va de même chez les Mammifères où une greffe d'ébauche testiculaire, telle que l'a réalisée Jost (1946) au voisinage de l'ovaire, inhibe le développement de ce dernier.

Chez les Oiseaux, par contre, c'est la gonade femelle qui domine la glande génitale mâle. Les belles observations d'E. Wolff (1946) en font foi. En effet la transplantation, dans le cœlome d'embryons de poulet de 50 heures, de gonades prélevées chez d'autres embryons à des stades variés de l'incubation, révèle une féminisation du mâle lorsqu'un greffon ovarien est transplanté chez un donneur génétiquement mâle. Même après la croissance, de telles influences peuvent encore se faire sentir. Vient-on à extirper l'ovaire, comme l'a fait Benoit chez la poule (1932), la gonade droite, qui représente un testicule atrophique, reprend son développement et acquiert les caractères d'un testicule typique. À l'inverse, chez le crapaud mâle du genre Bufo, l'ovaire rudimentaire qui, sous forme d'organe de Bidder, coiffe l'un des testicules, se développe pleinement lorsqu'on castre l'animal. Il ne peut donc faire de doute que, chez les animaux où le sexe mâle est hétérozygote et répond à une formule XY des chromosomes sexuels, l'ébauche gonadique mâle exerce une action dominante sur l'ébauche femelle et qu'au contraire une dominance femelle se manifeste lorsque le sexe femelle, comme cela est le cas chez les oiseaux, comporte des allosomes XY. Il est clair également que cette action emprunte la voie humorale. Cette voie, on va le noter, est aussi celle qui mène à la différenciation des caractères sexuels primaires.

C. Facteurs de la différenciation des caractères sexuels primaires.

La parabiose naturelle réalisée chez les « Free Martins » ne démontre pas seulement l'influence inhibitrice exercée par le testicule sur le cortex ovarien. Elle révèle son pouvoir masculinisant sur le tractus génital. On assiste, en effet, chez la femelle masculinisée, à une disparition des canaux de Müller, au développement des conduits sexuels mâles à partir des canaux de Wolff et à celui des vésicules séminales.

La castration de l'embryon de lapin, à l'âge de 19 jours (Jost, 1946, 1947), 4 à 5 jours après que s'est différenciée la gonade, empêche, elle, la différenciation des canaux de Wolff tandis que le canal de Müller s'accroît, que les organes génitaux externes conservent leurs caractères femelles et que le bourgeon prostatique manque de se développer. Le rôle joué par le testicule embryonnaire dans la différenciation du tractus génital des Mammifères est encore éclairé par des expériences d'explantation où les ébauches des conduits sexuels sont cultivées en présence ou non de gonades embryonnaires. Il apparaît alors que le maintien et le développement des canaux de Wolff impliquent la présence du testicule fœtal à un stade critique bien défini de la vie embryonnaire du rat (Pannabecker et Price, 1960; Brewer, 1962) et que les canaux de Muller prélevés chez un embryon mâle au 13 ½-14 ½ jour de la gestation régressent en culture en présence d'un testicule mais peuvent maintenir leur développement si l'embryon a été castré avant l'explantation.

Les conduits génitaux des oiseaux n'échappent pas, eux non plus, au contrôle des gonades embryonnaires : l'embryon de canard castré conserve des caractères sexuels primaires de type mâle parce que, chez les oiseaux, le type neutre apparaît masculin en raison de l'influence dominante inhibitrice exercée par la gonade femelle sur la gonade mâle (Wolff et Wolff, 1951). C'est ce qui explique d'ailleurs la masculinisation totale que Benoit a observée chez la poule, après ablation de l'ovaire gauche, en raison du développement d'un testicule fonctionnel à partir du rudiment gonadique droit inhibé jusque-là par la glande génitale femelle.

D. Nature et source des facteurs embryonnaires de la différenciation sexuelle.

Les résultats des expériences de parabiose, de transplantation ou d'explantation eurent tôt fait d'imposer l'idée que des facteurs hormonaux intervenaient dans l'action qu'exerçaient les gonades sur les phénomènes de la différenciation sexuelle. Encore fallait-il prouver que les glandes génitales embryonnaires étaient le siège d'une activité hormonogène et, dans l'affirmative, déterminer la nature de ces hormones. S'agissait-il de principes propres à l'embryon ? Ou encore d'hormones semblables, hormones mâles ou androgènes, et femelles ou œstrogènes, à celles élaborées par les gonades de l'adulte ? Le problème, on va le constater, est loin d'être tranché.

On ne peut douter de la sécrétion de facteurs hormonaux par les gonades embryonnaires. Lorsque l'on greffe, comme l'a réalisé Jost (1949), un testicule fœtal dans la vésicule séminale d'un rat adulte, on observe une stimulation de cet organe semblable à celle que susciterait un androgène. D'ailleurs, la gonade mâle embryonnaire humaine peut convertir la prégnénolone en testostérone ou en androstenedione, lorsqu'elle est prélevée chez un fœtus de 11 à 13 cm (Bloch, Tissenbaum et Benirschke, 1962 ; Acevedo, Axelrod, Ishikawa et Takaki, 1963 ; Bloch, 1964), ou chez un fœtus de souris de 18 jours (Pointis, Cédard, Guichard et Lombard, 1972). Chez l'oiseau, la gonade droite, essentiellement médullaire par son origine, féminise le testicule quand elle lui est associée *in vitro* (Wolff et Haffen, 1952). Ce serait bien la medulla qui secrète l'hormone femelle de l'embryon d'oiseau, car la transplantation intracœlomique d'une medulla femelle provoque le développement du cortex chez un embryon génétiquement mâle (Mintz et Wolff, 1941). Des substances de type œstrogénique ont pu même être isolées par Weniger (1964) du milieu de culture de gonades prélevées chez le poussin au 7-10ᵉ jour de l'incubation. On serait donc tenté d'assimiler la production hormonale de l'embryon à celle de l'adulte d'autant plus que les hormones mâles ou femelles se sont montrées capables de masculiniser ou de féminiser les embryons du sexe génétique opposé.

Gallien (1937, 1940) a masculinisé ainsi des têtards de grenouille (*Rana temporaria*) en leur injectant, du 10e jour après l'éclosion jusqu'à la métamorphose, du propionate de testostérone. Wolff et Ginglinger (1935) ont provoqué, chez les oiseaux, grâce à la testostérone ou à l'androstérone, une hypertrophie des canaux de Wolff, une atrophie des canaux de Müller et un ralentissement de l'involution de la medulla de l'ovaire gauche qui se serait produite en l'absence de traitement. Chez la souris, l'action des androgènes a été plus discrète et limitée à une hypertrophie des canaux de Wolff sans que l'ovaire soit affecté par les injections (Raynaud, 1937-1942). L'action féminisante des œstrogènes chez les mâles génétiques a été clairement démontrée en 1935 par Wolff et Ginglinger, Willier, Dantchakoff, Gallagher et Koch. Déposée sur la membrane chorio-allantoïdienne de l'embryon de poulet, du 3e au 5e jour de l'incubation, la folliculine induit, chez le mâle génétique, le développement d'un ovaire gauche typique et l'atrophie du testicule droit. Chez les Mammifères tels que le rat et la souris, les testicules ne sont pas touchés par les œstrogènes, du 13e au 17e jour de la gestation, mais les canaux de Wolff sont atrophiés alors que se développent les dérivés des canaux de Müller (Greene, Burrill et Ivy, 1938 ; Raynaud, 1939). Cependant, les effets des hormones sexuelles adultes ne sont pas totalement assimilables à ceux des substances élaborées par les glandes génitales de l'embryon. D'abord parce que leurs effets sont souvent fugaces, l'intersexué recouvrant les caractères propres à son sexe génétique après l'éclosion, comme cela se produit chez le poussin traité par la testostérone pendant la vie embryonnaire. De même la féminisation du testicule, même lorsqu'elle est entretenue après l'éclosion par des doses massives d'œstradiol, n'aboutit jamais à la constitution d'un ovaire normal. Enfin, le partenaire mâle, féminisé, d'un couple d'Ambystomes parabiontiques peut, après la maturité, faire retour à son sexe primitif alors que l'intersexualité a été produite, en ce cas, par des facteurs embryonnaires (Witschi, 1931). Plus probants encore sont les arguments avancés par Jost, Chodkiewicz et Mauléon (1963) en faveur d'une dualité des hormones fœtales et adultes. En effet, la testostérone s'avère incapable, lorsqu'elle est administrée à des vaches gestantes, de provoquer une masculinisation aussi totale que celle que l'on observe chez des « Free Martins » naturels où l'ovaire et les canaux de Müller sont totalement inhibés. Dans les conditions expérimentales où Jost et coll. se sont placés, cette régression ovarienne ne s'est pas produite. Seul, le tractus génital et les organes génitaux ont été masculinisés. De même, un testicule de fœtus de 19-20 jours, implanté près de l'ovaire d'un fœtus de lapine génétiquement femelle, inhibe le développement du canal de Müller et stimule celui du canal de Wolff. Un cristal de testostérone, par contre, n'induit que le second de ces deux effets.

Nous discuterons bientôt l'interprétation que l'on peut donner de ces expériences. Toujours est-il qu'une fois établie la fonction endocrinienne de gonades embryonnaires, il convient de détecter la source de leur activité hormonogène. C'est là chose faite chez le fœtus de certains Mammifères et surtout chez le mâle. Il faut savoir tout d'abord que la glande endocrine du testicule, dite glande interstitielle de Bouin et Ancel, est repérable dans le testicule fœtal de nombreuses espèces. Sa différenciation se situe par exemple au 16-17e jour chez le rat (Roosen-Runge et Anderson, 1959) et au stade de 4,5 à 5,4 cm chez l'Homme (Gillman, 1948). D'autre part, l'activité Δ 53 β hydroxystéroïde déshydrogénasique, qui témoigne de l'aptitude du testicule à synthétiser les androgènes, a été décelée chez la souris, dans les cellules interstitielles du testicule (Hitzemann, 1962), et même, au 12e jour ½, quelque 24 heures avant que ne se manifeste la différenciation morphologique des cellules interstitielles (Lombard, 1970; Scheib et Lombard, 1971). Chez le Cobaye, cette activité enzymatique est apparente au 29e jour ½, mais le testicule sécrète déjà des androgènes depuis le 22e jour, dès le stade d'apparition de la crête génitale, si l'on en croit les expériences de culture combinée d'ébauche génitale mâle fœtale et de prostate ventrale (Price, Ortiz et Zaaijer, 1963). Selon Lipsett et Tullner (1964), le tissu interstitiel sécrète des androgènes avant la différenciation des conduits sexuels. Chez le fœtus humain de 12 semaines, la Δ 53 β hydroxystéroïde déshydrogénase a été localisée dans les cellules interstitielles (Acevedo, Axelrod, Ishikawa et Takaki, 1963). Chez les oiseaux, enfin, l'enzyme peut être mis en évidence après la différenciation des gonades (Chieffi, Manelli, Botte et Mastrolia, 1964). Les cellules somatiques des cordons sexuels sont positives au 8e jour de l'incubation mais le stroma intertubulaire est négatif à ce stade.

À ces données concluantes sur l'activité endocrinienne du testicule fœtal s'opposent celles, beaucoup plus pauvres, dont on dispose actuellement sur l'ovaire dont l'activité Δ 53 β hydroxystéroïde déshydrogénasique impliquée dans la synthèse des stéroïdes se manifesterait bien plus tard, d'après de récents travaux, au cours de la gestation de la souris (Lombard, 1970).

Toujours est-il que l'activité endocrinienne des gonades est soumise chez l'adulte au contrôle du lobe antérieur de l'hypophyse et qu'on peut se demander s'il en va de même chez le fœtus. Le problème n'est pas résolu chez le Rat ou chez la Souris où le testicule d'un fœtus décapité (Jost, 1953) ou irradié ne semble pas modifié. Mais peut-être reste-t-il conditionné par les hormones gonadostimulantes placentaires ? Chez le Lapin, au contraire, une déficience testiculaire s'installe après la suppression d'un éventuel contrôle préhypophysaire par la décapitation du fœtus (Jost, 1951). Quant à l'embryon humain, il reconnaîtrait un double mécanisme de contrôle de son activité endocrine testiculaire, d'abord maternel puis fœtal (Gillman, 1948) jusqu'à un stade où, nous y reviendrons, l'interstitielle, comme chez les autres animaux d'ailleurs, s'atrophie. Mais il nous appartient maintenant, et avant d'aborder cette époque de la vie sexuelle, de tenter brièvement une interprétation des mécanismes mis en jeu dans la différenciation sexuelle de l'embryon.

E. Les mécanismes de la différenciation sexuelle. Hormones ou inducteurs ?

Quelle que soit l'opinion que l'on adopte à propos de la nature des facteurs qui sont impliqués dans la différenciation sexuelle de l'embryon, on peut logiquement retracer, à la lumière des multiples expériences qui ont suscité, aussi bien chez les Batraciens que chez les Mammifères et les Oiseaux, des phénomènes d'intersexualité, la séquence des événements qui conduisent à la mise en place des caractères primitifs et primaires propres à chacun des deux sexes.

La première étape consiste en la différenciation de la gonade dans le sexe mâle ou femelle sous l'influence des gènes. Cette différenciation se traduit par l'apparition d'un tissu endocrinien dont l'action se ferait sentir, positive sur les gonocytes dont elle régirait l'évolution dans un sens conforme au sexe génétique, et inhibitrice sur la composante hétérosexuelle de la gonade. Une fois cette fonction endocrine installée, elle s'exercerait également sur les ébauches des conduits génitaux et sur celles des organes génitaux externes, stimulant le développement de celles qui correspondent au sexe génétique et provoquant la régression de celles de l'autre sexe.

Pour Witschi (1931, 1937, 1967), ces effets antagonistes, de régression et de stimulation, seraient liés à l'action d'inducteurs différents des hormones sexuelles de l'adulte et élaborés respectivement par les composantes corticale et médullaire de la gonade embryonnaire. Chez le mâle, la production d'une médullarine, par l'ébauche médullaire d'une gonade génétiquement mâle, inhiberait le développement du cortex ; chez la femelle, celui-ci serait la source d'une cortexine, inhibitrice, chez la femelle génétique, de la composante médullaire de la gonade. Ces inducteurs, selon Witschi, induiraient également la différenciation des gonocytes dans le sens de leur génome. Une fois différenciées, les gonades élaboreraient des hormones qui induiraient la différenciation du tractus génital. La question s'est posée cependant de savoir, à la suite des travaux d'E. Wolff, si les agents de la différenciation sexuelle embryonnaire n'étaient pas représentés par des hormones sexuelles du type de celles sécrétées chez l'adulte. Cette conception se heurte actuellement à des objections dont nous avons fait état ci-dessus et, chez l'Homme, en tout cas, les stades où se différencie la glande interstitielle et où se manifestent les aptitudes biosynthétiques du testicule sont nettement postérieurs à celui de la différenciation de la gonade. Aussi Jost (1965) adopte-t-il à ce propos une autre manière de voir. Il se demande si le testicule fœtal n'élabore pas deux principes chez les Mammifères, l'un stimulant les ébauches des conduits mâles et l'autre inhibant à la fois le cortex de la gonade et les canaux de Muller. Il imagine même, tout en insistant sur le caractère spéculatif de cette hypothèse, que les inducteurs puissent n'intervenir que dans la différenciation de l'un des deux sexes, en se fondant sur les résultats enregistrés chez les Mammifères et les Oiseaux. Dans le premier cas, la différenciation du mâle serait liée à une substance d'origine médullaire inhibant l'ébauche corticale de la gonade ; dans le second, la différenciation de la femelle dépendrait d'une substance d'origine médullaire stimulant le développement du cortex gonadique. Dans une telle perspective l'un des deux sexes, femelle, chez les Mammifères, et mâle, chez les Oiseaux, se développerait en l'absence d'une induction hormonale.

Le problème, on le voit, est loin d'être tranché. Mais d'autres questions se posent lorsque l'embryon, après avoir franchi le cap de la différenciation sexuelle embryonnaire, inaugure son développement postnatal. Nous allons tenter de les résoudre.

III. LA DIFFÉRENCIATION SEXUELLE POSTNATALE

La mise en place, au cours de la vie intra-utérine, des structures caractéristiques de l'un ou l'autre des deux sexes ne constitue en fait que la première étape de la différenciation sexuelle des Mammifères.

À la naissance, le testicule des Mammifères offre un aspect embryonnaire. Il comporte des cordons sexuels formés de gonocytes et de cellules végétatives. La glande interstitielle, qui s'était différenciée pendant la vie intra-utérine, va rapidement involuer. Quant à l'ovaire, il renferme le plus souvent des follicules primordiaux centrés par un ovocyte de premier ordre dont le noyau a subi les transformations caractéristiques de la mitose réductionnelle ou méiose. Les gonades vont conserver cette structure pendant une période dite d'immaturité, brève chez des espèces telles que les Rongeurs, de longue durée, chez les Primates. Par la suite, et au cours de la période de prématurité, les tubes séminifères s'édifient dans le testicule, en même temps que se différencie à nouveau la glande interstitielle. Dans l'ovaire, les follicules entament leur développement et manifestent une activité hormonogène. Cependant les éléments de la lignée séminale ne dépasseront pas le stade de spermatide et les follicules ovariques n'atteignent pas celui de leur rupture. Il faudra attendre l'avènement de la maturité génitale pour que les spermatozoïdes apparaissent dans les tubes séminifères et pour que se déclenche le fonctionnement cyclique de l'ovaire et de la ponte ovulaire.

Il n'est pas question, dans les limites qui m'ont été assignées, d'envisager ici, même succinctement, les différents aspects de la morphogenèse et du fonctionnement endocrinien de l'appareil génital au cours de la période de prématurité sexuelle. Il s'agit, certes, d'une phase importante de la vie sexuelle, notamment dans l'espèce humaine, d'abord parce qu'on y a découvert récemment des manifestations précoces de maturation ovarienne (Klein, 1972) mais aussi parce qu'on y enregistre une certaine ambiguïté endocrinienne. En effet, le taux de la lutéostimuline préhypophysaire (LH), dont on analysera plus loin l'action sur le testicule et l'ovaire adultes, est peu différent chez les garçons et chez les filles jusqu'à l'âge de 10 ans (Lee, Midgley et Jaffé, 1970). De même, le taux des androgènes ne diffère pas chez celles-ci et chez ceux-là avant la puberté (Grossman et Ozoa, 1971). Ce n'est pas là d'ailleurs un phénomène général car le « dimorphisme hormonal » est d'emblée plus tranché chez les Mammifères inférieurs aux Primates tels que le Rat.

Toujours est-il que les caractères sexuels propres à chaque sexe ne s'exprimeront pleinement qu'au moment de la maturité génitale. Nous confronterons donc les facteurs neuro-endocriniens du fonctionnement des glandes génitales chez le mâle et la femelle adultes et nous serons conduits ainsi logiquement à l'analyse des mécanismes qui, durant la vie pré- ou périnatale, ont abouti à la différenciation sexuelle des structures nerveuses impliquées dans le contrôle de la fonction gonadotrope préhypophysaire.

A. Le contrôle neuro-hormonal de l'activité des gonades chez l'animal mûr.

1° *Contrôle hormonal.*

On sait depuis les expériences princeps d'hypophysectomie effectuées par Crowe, Cushing et Homans (1909), Camus et Roussy (1913) chez le Chien, et par Smith (1927) chez le Rat, que deux hormones pituitaires, la folliculostimuline ou FSH (*follicle stimulating hormone*) et la lutéostimuline ou LH (*luteinizing hormone*) ou ICSH (*interstitial cell stimulating hormone*) président au contrôle du fonctionnement des gonades. Qu'il s'agisse du mâle ou de la femelle, et selon des modalités fort complexes qu'il ne nous paraît pas opportun de développer ici, les hormones gonadotropes pituitaires FSH et LH ainsi que la prolactine sont à même de restaurer l'activité des glandes génitales. Indiquons pour simplifier que, dans le sexe mâle, chez le Rat, l'étape qui conduit des spermatogonies A au stade pachytène de la prophase méiotique serait hormono-indépendante, que la transformation des spermatocytes I pachyténiques en spermatides du stade 15 dépendrait de l'action de la testostérone, elle-même contrôlée par LH et qu'enfin FSH assurerait l'évolution des spermatides du stade 15 en spermatozoïdes (Steinberger et Duckett, 1965, 1967). Quant à la prolactine, elle agirait en synergie avec LH pour contrôler la production de testostérone (Hafiez, Lloyd et Bartke, 1972). Chez la Femme, Hisaw a montré, dès 1947, que la restauration complète de la fonction ovarienne exigeait l'action simultanée de FSH et LH. Des travaux récents menés en culture d'organe ont permis à Ryle (1971) de préciser qu'une croissance folliculaire totale impliquait, d'abord l'action de FSH, qui stimule la croissance des petits follicules, puis de LH qui, en synergie avec FSH, agit sur la croissance des follicules cavitaires sans doute en activant leur activité œstrogénique. Certes, on a établi (Petrusz, Robyn et Diczfalusy, 1970) que, contrairement à ce que pensait Hisaw (1947), FSH seule est capable de stimuler la production œstrogénique de l'ovaire. Il n'empêche que, conformément aux données classiques, on peut assigner à FSH et à LH, un rôle bien défini dans le contrôle de l'activité des gonades. Chez la femelle, FSH régit la croissance des ovisacs en synergie avec les œstrogènes dont la production par la thèque interne et le tissu interstitiel cortical de l'ovaire est stimulée par LH. Car cette dernière hormone tient sous sa dépendance aussi bien la rupture du follicule ovarique et sa transformation en corps jaune que le fonctionnement endocrinien de la gonade, de conserve d'ailleurs avec la prolactine en ce qui concerne l'activité hormonogène du corps jaune. Chez le mâle l'action de FSH s'exerce spécifiquement sur la lignée séminale tandis que, comme chez la femelle, LH est responsable de l'activité hormonogène de la glande interstitielle et, par ce biais, intervient dans le contrôle de la spermatogenèse.

Mais n'y a-t-il pas, en dépit de ces similitudes, des traits propres au fonctionnement de la préhypophyse du mâle ou de la femelle qui concernent soit le taux, soit le rythme de production des gonadostimulines ?

Un point mérite à ce propos d'être mentionné. C'est en 1966 que paraît la première revue générale que Davidson consacre au contrôle de la fonction gonadotrope de la préhypophyse chez le mâle. On n'ignorait pas à l'époque le caractère cyclique de l'activité pituitaire de la femelle. Mais on s'intéressait fort peu, chez le mâle, à un rythme de fonctionnement dont on admettait *a priori* qu'il n'existait pas.

Et pourtant, il existe chez les Mammifères mâles des variations dans la production de LH par la glande pituitaire qui se traduisent par des modifications, d'un moment à l'autre, de l'activité de la prostate, chez le Rat (Gunn, Gould et Anderson, 1960), de l'urètre chez le Lapin (Kihlström et Hornstein, 1964) ou de la glande interstitielle du testicule chez la Souris (Kovacs, 1959). D'après Brown (1959), il n'y aurait pas de variations journalières du taux des gonadostimulines urinaires. Il n'empêche que Faiman et Winter (1971) ont observé un rythme circadien de production de FSH dans le plasma humain, chez le mâle, avec un maximum matinal à 8 heures et un minimum entre 24 heures et 4 heures. Chez le rat mâle, où Lawton et Smith (1970) n'ont pas détecté de rythme circadien de l'excrétion de LH, Dunn, Arimura et Scheving (1972) ont observé des pics plasmatiques de cette hormone, différents de ceux de la femelle, à 17, 20 et 23 heures. Un type pulsatile de la décharge de LH, durant le nychtémère, a été noté chez le rat mâle castré par Gay et Sheth (1972). Mais les taux de LH, quoique supérieurs chez le mâle castré à ceux du mâle intact, ont toujours été inférieurs à ceux de la femelle au stade préovulatoire du cycle.

Évidemment, les femelles offrent des fluctuations de la production des gonadostimulines beaucoup plus amples que celles du mâle. D'une abondante littérature, nous extrairons quelques données qui, chez les Primates et le Rat, illustreront ce phénomène. Le milieu du cycle de la Femme est marqué par un pic préovulatoire plasmatique de l'excrétion de LH (Franchimont, 1968; Ross Odell et Rayford, 1967; Abraham, Odell, Swerdloff et Hopper, 1972). Ce pic a été observé chez le Chimpanzé (Graham, Guilloud et Mc Arthur, 1969), chez le Macaque (Kirton, Niswender, Midgey, Jaffé et Forbes, 1970), chez le singe Rhesus (Hotchkiss, Atkinson et Knobil, 1971), chez le Babouin (Stevens, Sparks et Powell, 1970). Pour certains, il y aurait un pic préovulatoire unique de FSH, contemporain de celui de LH (Faiman et Ryan,

1967 ; Franchimont, 1968 ; Midgley et Jaffé, 1968). Pour d'autres, ce pic serait précédé par un ou deux pics, au début de la période de croissance folliculaire (Faiman et Ryan, 1967 ; Midgley et Jaffé, 1968 ; Stevens, 1969). Chez le Chimpanzé, une seule décharge de FSH se produirait au début du cycle (Mc Arthur et Perley, 1969). Elle serait suivie, au milieu du cycle, lors de la période préovulatoire, par une seconde phase d'excrétion (Howland, Faiman et Butler, 1971).

Les phénomènes sont tout à fait comparables chez les Mammifères inférieurs aux Primates. Au cours des heures précédant la ponte chez la ratte, on assiste à une déplétion pituitaire en FSH (Caligaris, Astrada et Taleisnik, 1967 ; Goldman et Mahesh, 1968 ; Roos, 1969 ; Roos, Roos et Cl. Aron, 1970) et en LH (Kobayashi, Hara et Shionogi, 1968 ; Naftolin, Brown-Grant et Corker, 1972) pendant que le taux de ces hormones s'accroît dans le plasma sanguin (Goldman et Mabesh, 1968 ; Ramirez et Mc Cann, 1964 ; Neill, Freeman et Tillson, 1971 ; Watson, 1972, etc.). La décharge de LH, en synergie sans doute avec celle de FSH, va provoquer, durant la nuit du proœstrus à l'œstrus, la rupture folliculaire. Vient-on, en effet, à extirper l'hypophyse entre 14 heures et 15 heures, l'après-midi du proœstrus, et l'on supprime tout phénomène ovulatoire chez la ratte (Everett, 1956). L'hypophysectomie agit de même, lorsqu'elle est pratiquée aussitôt après le coït chez la lapine (Fee et Parkes, 1929). Ces rythmes de l'excrétion des hormones gonadotropes, dont on a démontré qu'ils sont liés au jeu des hormones sexuelles, et notamment des œstrogènes, sont de longue durée, si l'on considère que l'ovulation se produit tous les 4 ou 5 jours chez la ratte, tous les 28 jours chez la Femme ou le Macaque et tous les 36 jours chez le Chimpanzé. Des rythmes plus courts, indépendants de la production hormonogène de l'ovaire, puisqu'ils se manifestent chez la femelle castrée, se traduisent par un type pulsatile de l'excrétion de FSH et de LH aussi bien chez la Femme (Midgley et Jaffé, 1971 ; Yen, Tsai, Naftolin, Vandenberg et Ajabor, 1972) que chez la ratte (Lawton et Smith, 1970).

Ce court aperçu sur l'activité cyclique de la préhypophyse des Mammifères fait ressortir une profonde différence entre le mâle, où elle est peu apparente, et la femelle, où elle se traduit par des variations temporelles importantes du taux d'excrétion des gonadostimulines. Cette différence n'est pas intrinsèque au fonctionnement pituitaire. Elle est liée aux modalités, différentes d'un sexe à l'autre, du contrôle qu'exerce le système nerveux central sur l'activité pituitaire.

2° *Contrôle nerveux.*

Au cours de ces trente dernières années, des connaissances innombrables se sont accumulées qui ont apporté la preuve d'un contrôle nerveux de la fonction gonadotrope, chez la femelle. Elles sont le fruit d'un cheminement de la pensée qui a conduit, à partir de considérations anatomo-cliniques, à la synthèse d'un facteur hypothalamique, le LHRF ou LRF (*luteinizing hormone releasing factor*) contrôlant la fonction gonadotrope pituitaire. Nous retracerons brièvement cette histoire sans oublier de répondre à la question, qui, tel un « leitmotiv », a jalonné cet essai de synthèse, de ce qui rapproche et de ce qui sépare l'un et l'autre des deux sexes dans le contrôle nerveux de leur activité gonadique.

a) *Contrôle nerveux de l'activité ovarienne.*

Camus et Roussy (1913, 1920) font figure de précurseurs en la matière pour avoir démontré, à la suite de la description par Babinsky (1900) et Fröhlich (1901), du syndrome adiposo-génital, que l'obésité observée par ces auteurs était d'origine hypothalamique alors que les troubles du fonctionnement génital, dont ils avaient noté l'existence, pouvaient résulter aussi bien de lésions pituitaires que de lésions hypothalamiques.

Depuis les années 1935-1940, les attestations en faveur du déterminisme nerveux de l'activité ovarienne chez les femelles des Mammifères sont devenues légion. Elles ont été administrées aussi bien chez la lapine, femelle à ponte provoquée, où l'ovulation est déclenchée par le rapprochement sexuel, que chez la ratte ou d'autres espèces dites à ponte spontanée, où la rupture folliculaire se produit en l'absence de tout contact avec le mâle.

L'analyse de réflexe de ponte chez la lapine a permis de démonter les rouages d'un phénomène qui met en jeu des stimuli sensoriels de multiple origine (Brooks, 1937) et l'activation, par ces stimuli, de structures hypothalamiques tubéro-basales dont la destruction supprime les effets du coït (Sawyer et Robison, 1956). D'ailleurs, la stimulation électrique, soit de l'hypothalamus antérieur, soit de l'hypothalamus moyen, au niveau du tuber, provoque, comme le fait l'acte copulatoire, une décharge ovulatoire de LH (Marshall et Verney, 1936 ; Harris, 1937 ; Markee, Sawyer et Hollinshead, 1946). Le lien entre l'hypothalamus et la glande pituitaire est assuré par un réseau vasculaire, le système porte hypophysaire courant le long de la tige pituitaire, dont la section empêche la ponte de se produire sous l'effet du coït (Brooks, 1938). Le phénobarbital ou l'atropine, qui dépriment l'activité de la substance réticulée mésencéphalique et de l'hypothalamus, bloquent l'ovulation chez la lapine (Sawyer, Markee et Townsend, 1949). Ce blocage est aussi réalisé avec la dibénamine qui est une substance antiadrénergique (Sawyer, Markee et Hollinshead, 1947). Cependant, on est en droit de suspecter encore une action sensibilisatrice des hormones sexuelles, œstrogène et progestérone, sur les structures nerveuses impliquées dans l'ovulation de la lapine car, en certaines conditions d'administration, ces hormones peuvent déclencher des phénomènes ovulatoires (Sawyer, 1959 ; Sawyer et Everett, 1959).

C'est à Everett et à ses collaborateurs que l'on doit d'avoir pensé, dès l'année 1949, d'une manière complètement originale les mécanismes impliqués dans le déterminisme du cycle ovarien chez les femelles à ponte spontanée. On savait certes que des lésions de l'hypothalamus antérieur supprimaient ce rythme chez le Cobaye en suscitant un état de croissance folliculaire exclusif de toute rupture folliculaire et dit d'« œstrus » permanent (Dey, 1940). Cependant la question se posait de savoir si des mécanismes similaires à ceux qui avaient été élucidés chez la lapine intervenaient dans le contrôle de l'activité ovarienne des femelles à ponte spontanée. Everett, Sawyer et Markee (1949), Everett et Sawyer (1950), utilisant l'atropine, la dibénamine ou des barbituriques, à des stades bien définis du cycle ovarien de la ratte, ont réussi à bloquer la ponte ovulaire et en ont déduit qu'il existait au cours du cycle œstral une « période critique » durant laquelle des structures nerveuses localisées dans l'hypothalamus passaient par un stade d'activité maximale et provoquaient la décharge ovulatoire de LH. Cette activation des structures nerveuses peut être précipitée par le coït chez la ratte. Comme chez la lapine, celui-ci y apparaît capable de déclencher la ponte ovulaire (Cl. Aron, G. Asch et L. Asch, 1961 ; G. Asch, J. Roos et Cl. Aron, 1964).

Encore fallait-il localiser dans l'hypothalamus les structures responsables de ce contrôle de l'activité pituitaire. On eut tôt fait de constater, grâce à la mise en œuvre, chez la ratte, de lésions antérieures (Hillarp, 1949 ; Alloiteau, 1954 ; Flerko, 1954) ou tubéro-basales (d'Angelo, 1959 ; Flerko et Szentagothai, 1957 ; Flerko et Bardos, 1959) que l'intégrité des structures hypothalamiques était indispensable au déroulement normal du cycle ovarien. Il apparut également que la stimulation électrique, appliquée en des conditions chronologiques et quantitatives adéquates, soit de l'aire préoptique (Hillarp, 1949 ; Greer, 1953 ; Gorski et Barraclough, 1963 ; Everett, 1961, 1964, 1965), soit de la zone basale du tuber (Critchlow, 1958 ; Barraclough et Gorski, 1961, 1963), était susceptible de provoquer la ponte ovulaire.

Cependant, le tuber n'est pas à même d'assurer, à lui seul, le maintien d'une activité cyclique de l'ovaire. Isolé du reste de l'hypothalamus, par la technique de déafférentation de Halasz et Pupp (1965) effectuée à l'aide d'un couteau spécial permettant de sectionner le tissu nerveux, la région comprenant le noyau arqué, le noyau ventromédian et la région parvicellulaire de l'aire rétrochiasmatique ne peut que maintenir le fonctionnement de base de la glande pituitaire. La ponte est supprimée mais l'ovaire continue de présenter des phénomènes de croissance folliculaire, soit du type diœstral, soit de celui de l'œstrus permanent (Halasz et Gorski, 1967). Une section rétrochiasmatique ou suprachiasmatique isolant le tuber de ses connexions antérieures a la même action antiovulatoire (Halasz et Gorski, 1967 ; Tejasen et Everett, 1967). Par contre, des sections frontales au niveau de la commissure blanche antérieure, interrompant les connexions dorsales de l'aire préoptique avec le système limbique, sont compatibles avec l'exercice normal de la fonction ovarienne alors que la séparation de cette aire, des zones hypothalamiques plus caudales, par des sections effectuées au niveau du chiasma optique, produit un œstrus permanent et supprime la ponte ovulaire (Taleisnik, Velasco et Astrada, 1970 ; Köves et Halasz, 1970). La zone préoptique doit donc être considérée comme le siège du contrôle des phénomènes ovulatoires. Quant à la zone tubérienne, elle régirait l'activité « tonique » de l'ovaire (Barraclough et Gorski, 1961). Des fibres nerveuses convergeant de l'aire préoptique vers l'aire tubérale assureraient la transmission des influx nerveux qui entraînent rythmiquement la décharge ovulatoire de LH (Tejasen et Everett, 1967 ; Everett, 1969).

Mais l'hypothalamus ne constitue pas un système clos. Il n'échappe pas à l'influence d'afférences diverses, en provenance, soit de l'hippocampe ou des noyaux amygdaliens (Velasco et Taleisnik, 1969, 1971), soit du mésencéphale (Carrer et Taleisnik, 1970) et dont les unes viennent freiner, les autres stimuler l'activité des structures nerveuses impliquées dans le contrôle de la fonction gonadotrope. Il subit également l'action des stimulus externes photiques (Fiske, 1941 ; Everett, 1942) ou olfactifs (Cl. Aron, Roos et Asch, 1970 ; Cl. Aron et Chateau, 1972 ;

Cl. Aron, Roos, Chateau et Roos, 1972) qui viennent moduler son fonctionnement. Il est enfin la cible des hormones sexuelles qui y exercent des rétroactions à la fois positives et négatives de telle sorte que, selon les conditions quantitatives et temporelles de leur action, les œstrogènes ou la progestérone sont à même, soit de déclencher (Everett, 1947, 1948 ; Döcke et Dörner, 1965 ; Weick et Davidson, 1970), soit d'inhiber les phénomènes ovulatoires (Everett, 1948 ; Krähenbuhl, 1965 ; Zeilmaker, 1966 ; Brown-Grant, 1969). On s'est évidemment interrogé sur les mécanismes sous-tendant ce fonctionnement cyclique du système hypothalamo-pituitaire. On peut admettre, sur la base des données physiologiques et bien que des travaux biochimiques récents aient révélé l'action ambivalente du LRF (Schally, Baba, Redding, Matsuo, et Arimura, 1971), que les neurones hypothalamiques élaborent deux *releasing factors*, le FSH RF et le LH RF, dont l'existence a été révélée par les travaux respectifs de Mitler et Meites (1964), Igarashi et Mc Cann (1964) et de Mc Cann, Taleisnik et Friedman (1960) et Harris (1961) et qui contrôleraient, l'un l'activité folliculostimulante, l'autre l'activité ovulatoire et lutéinisante de la préhypophyse. On est malheureusement loin d'être fixé sur leur origine. Le FSH RF serait sécrété au niveau du noyau arqué et de la région éminentielle (Watanabe et Mc Cann, 1968 ; Mess, Fraschini, Motta et Martini, 1968) ou dans l'hypothalamus antérieur (Kalra, Velasco et Sawyer, 1970) et le LH RF par les neurones à la fois de l'hypothalamus antérieur et de la zone basale du tuber (Schneider, Crighton et Mc Cann, 1969 ; Crighton, Schneider et Mc Cann, 1970).

Toujours est-il que la production de ces facteurs de décharge est elle-même soumise au contrôle des amines biogènes et des hormones sexuelles. Ce sont les interactions entre celles-ci et celles-là qui, en définitive, fourniraient un schéma explicatif des mécanismes régulateurs de la décharge rythmique des hormones gonadostimulantes. On peut, en schématisant, considérer que la dopamine synthétisée dans des neurones du noyau arqué facilite la décharge de LH RF dans les capillaires du système porte, que les œstrogènes inhibent cette action (Schneider et Mc Cann, 1970) et que la sérotonine exerce une action inhibitrice sur les phénomènes ovulatoires, sans doute en bloquant l'activité des neurones préoptiques impliqués dans la production du LH RF. La progestérone interférerait avec le métabolisme de la sérotonine à ce niveau et serait donc ovulatoire. Mais au niveau arqué et éminentiel elle serait antiovulatoire (Kordon, 1970; Pliedkalus et Kordon, 1971).

On nous pardonnera le caractère à la fois abstrait et panoramique d'une analyse qui visait à apporter les informations nécessaires à une comparaison du mâle et de la femelle. Allons-nous retrouver chez celui-là, en dépit du caractère continu du fonctionnement testiculaire, le schéma de l'organisation endocrinienne qui sert de support à l'activité, elle cyclique, de l'ovaire? Tel est le problème qui va être envisagé.

b) *Contrôle nerveux de l'activité testiculaire.*

Les lésions du système nerveux central ne sont pas sans influencer le fonctionnement testiculaire. Déjà Aschner (1922) et Camus et Roussy (1920) avaient noté, chez le Chien, le Chat, le Lapin, une atrophie testiculaire à la suite de lésions hypothalamiques. Le contenu de la préhypophyse en gonadostimulines totales est diminué chez les rats lésés (Bogdanove,

Spirtos et Halmi, 1955; Marescotti, Luisi et Carnicelli, 1961) et il en est de même de LH et de FSH chez le chien porteur de telles lésions (Davidson, Contopoulos et Ganong, 1960). Mais le problème de la localisation des structures impliquées dans le contrôle de la fonction gonadotrope est loin d'être résolu. Car certaines lésions atteignent électivement la fonction spermatogénétique chez le Chien (Davidson et Ganong, 1960) et chez le Rat (Bogdanove et Halmi, 1953) et rien ne les distingue de celles qui touchent à la fois l'activité endocrine et gamétogène du testicule. S'agit-il du noyau arqué et de l'éminence médiane comme le pensent Mc Cann (1953), Bogdanove (1957), Corbin (1963)? Ou de la partie postérieure de cette zone seulement, d'après Hume (1958), Davidson et Ganong (1960), Halasz, Pupp et Uhlarik (1963)? Les noyaux mamillaires ne seraient pas étrangers à ce contrôle d'après Soulairac et Soulairac (1956, 1959). En tout cas, le noyau ventromédian ne serait pas impliqué dans la régulation gonadotrope car sa destruction n'entraîne pas de trouble de l'activité du testicule (Davidson et Ganong, 1960; Szentagothaï, Flerko, Mess et Halasz, 1962). Aucune lésion testiculaire non plus n'a résulté d'atteinte de la région suprachiasmatique chez le Rat (Ruedi, 1969). Très récemment, pourtant, une précision a été apportée sur le rôle joué par l'hypothalamus médiobasal chez le Rat dans le contrôle de l'activité gonadostimulante pituitaire. Alors que des sections antérieures par rapport à cette zone laissent inchangée la sécrétion de FSH, de LH et de la testostérone, des déafférentations totales dépriment cette sécrétion. Donc des afférences n'empruntant pas la voie antérieure régiraient cette sécrétion de FSH et de LH en agissant sur la zone tubérale de l'hypothalamus.

D'ailleurs des implants de testostérone dans la région postérieure de l'éminence médiane du Chien (Davidson et Sawyer, 1961) ou dans le noyau arqué du Rat (Lisk, 1962) inhibent le testicule.

Les expériences de stimulation viennent corroborer ces faits favorables à l'existence d'un contrôle nerveux de la fonction pituitaire chez le mâle. En effet, la stimulation électrique de l'aire préoptique chez un rat castré porteur d'un greffon ovarien suscite la lutéinisation des follicules ovariques et entraîne, par conséquent, une décharge de LH (Quinn, 1966; Moll et Zeilmaker, 1965). Que la glande pituitaire du mâle soit sensible à des *releasing factors* semble d'ailleurs bien établi. Des extraits hypothalamiques correspondant à la zone de l'éminence médiane et du noyau arqué ou à la région préoptique stimulent la sécrétion de LH par la préhypophyse en culture (Crighton, Schneider et Mc Cann, 1970). L'infusion d'extraits de tissu hypothalamique ventral dans les vaisseaux porte de rats mâles provoquent en 30 minutes l'excrétion de FSH et de LH (Kamberi, Mical et Porter, 1971). Mais, comme chez la femelle, des structures situées en dehors de l'hypothalamus participent à la régulation de la fonction gonadotrope du mâle. L'épiphyse freine l'activité folliculostimulante pituitaire car la mélatonine infusée chez le rat mâle freine en 30 minutes la production de FSH. Les stimuli lumineux, sans doute par le frein qu'ils impriment à cette glande, à l'instar de ce qui se passe chez la femelle, stimulent l'activité testiculaire en augmentant l'activité pituitaire chez le Rat (Fiske, 1941), le Bélier (Ortavant, Mauléon et Thibault, 1964) et le Furet (Bissonnette et Bailey, 1936). Inversement, l'obscurité suscite l'atrophie des organes génitaux du Rat ou du Hamster (Reiter, 1968, 1969;

Sorrentino et Reiter, 1971). Des lésions amygdaliennes étendues entraîneraient une dégénérescence spermatique chez le Chat (Kling, Orbach, Schwartz et Towne, 1960 ; Yamada et Greer, 1960). Le néocortex même, selon Soulairac et Soulairac (1958), interviendrait dans ces mécanismes régulateurs, si l'on en juge par l'atrophie testiculaire qui résulte des lésions de la région antérieure du néocortex. Bien plus de véritables réflexes neuro-endocriniens liés au coït et d'ordre émotionnel se manifesteraient chez le mâle. Sous l'effet du coït, il se produirait une décharge de LH chez le Hamster (Donoso et Santolaya, 1969), et de testostérone chez le Lapin (Endröczi et Lissak, 1962 ; Eik-Nes, 1969) et chez le Rat (Herz, Folman et Droro, 1969).

Ainsi des structures neuro-endocriniennes, communes aux deux sexes, régissent l'activité de l'appareil génital chez la femelle comme chez le mâle. L'ambivalence sexuelle originelle de l'embryon se perpétue donc à travers toute la vie sexuelle. Qu'est-ce donc qui imprime aux structures nerveuses hypothalamiques et à la glande pituitaire le rythme d'activité qu'elles manifestent chez l'adulte ? À quel stade de l'existence s'effectue la différenciation sexuelle du système nerveux qui va aboutir à l'instauration, propre à la femelle, d'un rythme de fonctionnement de l'ovaire ? Lorsqu'en 1936 ce problème fut posé pour la première fois l'attention n'était guère fixée encore sur le système nerveux central en tant qu'agent régulateur du cycle ovarien. Nous allons bientôt nous en rendre compte.

B. Mécanismes de la différenciation sexuelle post-natale.

C'est au cours des 10 jours qui suivent la naissance chez le Rat (Barraclough, 1961) et durant la gestation même chez le Cobaye (Goy, Bridson et Young, 1964; Brown-Grant et Sherwood, 1971) et chez le singe Rhésus (Young, Goy et Phoenix, 1964) que s'opèrent les mécanismes qui conduisent à la différenciation sexuelle du système nerveux. Cette découverte a une histoire qu'il convient de retracer pour montrer comment les physiologistes et les comportementalistes ont été conduits à déplacer, de la glande pituitaire vers le système nerveux central, l'origine de la cyclicité caractéristique de l'activité sexuelle de la femelle.

Cette histoire remonte aux observations de Pfeiffer (1936) qui avait castré, à la naissance, des rats mâles ou femelles et avait pratiqué chez certains d'entre eux une greffe testiculaire au niveau du cou. Une fois adultes, tous ces animaux avaient reçu, dans la chambre antérieure de l'œil, un transplant ovarien. Chez les castrats mâles ou femelles indemnes de greffe testiculaire, l'ovaire avait offert un fonctionnement cyclique attesté par la présence de corps jaunes. Chez les mâles et les femelles castrés porteurs d'un greffon testiculaire, l'ovaire ne contenait pas de corps jaune. Pfeiffer en déduit que la glande pituitaire était indifférenciée à la naissance et que son futur mode de fonctionnement était déterminé par la présence d'un ovaire ou d'un testicule à ce stade de la vie génitale. Les premières indications sur les limites de la période durant laquelle le testicule exerçait cette action différenciatrice furent fournies par Bradbury (1941) et par Wilson, Hamilton et Young (1941) qui administrèrent de la testostérone à des rattes pendant les premières semaines de la vie postnatale et créèrent une stérilisation de l'ovaire se traduisant, chez des femelles ainsi traitées, par l'absence de phénomènes ovulatoires. Par la suite, de nombreuses observations confirmèrent les propriétés stérilisantes de l'hormone mâle qui, administrée en une seule fois, à des doses allant de 10 µg à 1,25 mg, suscitait, une fois atteinte la maturité sexuelle, un état d'œstrus permanent (Takasugi, 1952 ; Barraclough et Leathem, 1954 ; Barraclough, 1961 ; Takewaki, 1962 ; Mayer, Thevenot-Duluc et Burin, 1965 ; etc.). Mais il apparut aussi que le pouvoir stérilisant de l'androgène était lié à la fois à la quantité injectée et à ses conditions temporelles d'administration, la période critique postnatale durant laquelle cet effet se manifestait étant de 10 jours lorsqu'on utilisait une dose de 1,25 mg et n'excédant pas 96 heures avec une dose de 10 µg (Barraclough, 1961 ; Swanson et Van der Werff Ten Bosch, 1964).

Si le « type mâle » de fonctionnement gonadotrope ne peut être créé qu'en des limites chronologiques très strictes d'administration de l'hormone mâle chez la femelle, le « type femelle » résultant d'une castration précoce chez le mâle obéit à des impératifs temporels tout aussi précis. Pour qu'un ovaire greffé chez un mâle castré à la naissance puisse offrir une activité cyclique, il faut que la castration intervienne dans les 4 jours qui suivent la naissance (Takewaki, 1962 ; Harris, 1964 ; Gorski et Wagner, 1965).

Il est certain que les travaux de Pfeiffer, s'ils ne l'ont pas conduite à une interprétation correcte des phénomènes qu'elle avait observés, ont été le ferment de tout le processus conceptuel qui a mené à la découverte de la différenciation fonctionnelle de l'hypothalamus par les hormones sexuelles. En effet, on se convainquit aisément, avant même que n'ait été définie la période critique d'action des androgènes, que le point d'impact de ces hormones n'était pas la glande pituitaire même. Transplantant la glande pituitaire d'un mâle dans l'éminence médiane d'une femelle hypophysectomisée ou celle d'une femelle en ces mêmes conditions topographiques, chez un mâle privé d'hypophyse, Greep (1936) puis Harris et Jacobsohn (1952) et Martinez et Bittner (1956) constatèrent que, dans le premier cas, le cycle ovarien se déroulait normalement alors que, dans le second, un ovaire greffé n'acquérait pas d'activité cyclique. Bien plus, la transplantation d'une hypophyse de femelle, rendue stérile par une injection postnatale d'androgène, chez une femelle normale hypophysectomisée, permettait le déroulement cyclique du fonctionnement de l'ovaire (Segal et Johnson, 1959).

Encore fallait-il prouver que la testostérone n'agissait pas chez la femelle directement sur l'ovaire en le rendant réfractaire à une action ultérieure des gonadostimulines. Pfeiffer (1936) avait déjà répondu à cette question en greffant des ovaires de ratte stérile chez une ratte normale castrée et des ovaires de ratte normale chez une ratte stérile castrée. Au fonctionnement cyclique de l'ovaire greffé chez celle-là s'opposait l'état d'œstrus permanent de l'ovaire précédemment normal greffé chez celle-ci. Par la suite, des expériences de parabiose entre rattes normales et stérilisées ont confirmé cette manière de voir, l'ovaire des femelles stériles recouvrant alors une activité cyclique (Noumura, 1958; Takevaki, 1962).

Il restait évidemment à prouver que la masculinisation postnatale de l'animal dépendait bien de l'action exercée à la naissance, par la testostérone, sur le système nerveux central et à localiser le ou les sites de cette action. Cette démonstration a été apportée une première fois par Barraclough et Gorski (1961), Gorski et Barraclough (1962, 1963) lorsque ces auteurs eurent montré que la stérilisation de la ratte par les androgènes modifiait électivement la réactivité, à une stimulation électrique, des différentes structures hypothalamiques impliquées dans le contrôle de la fonction gonadotrope pituitaire. La stimulation de la zone tubérale restait capable de provoquer l'ovulation chez des rattes traitées par 10 μg de testostérone, elle n'exerçait plus cette action, chez des femelles stérilisées par 1,25 mg de cette hormone, qu'en présence de progestérone. Quant à la zone préoptique et suprachiasmatique elle restait insensible à toute stimulation, même chez des femelles injectées de progestérone, lorsque la stérilisation avait été déclenchée par 1,25 mg d'androgène. Par contre elle pouvait encore répondre à une stimulation électrique, en ces conditions d'imprégnation hormonale, par le déclenchement de phénomènes ovulatoires, lorsque la dose stérilisante d'androgène n'avait pas dépassé 10 μg. On était donc en droit d'admettre que la testostérone avait modifié, à la naissance, la différenciation de ces deux régions de l'hypothalamus dont l'une devait ultérieurement fonctionner comme centre « clonique » et l'autre comme centre « tonique » du contrôle de l'activité pituitaire. Chez la femelle stérilisée à la naissance, seule se maintenait cette fonction tonique, ce qu'atteste le niveau stable et relativement bas, de l'ordre de celui de l'œstrus, de la LH pituitaire (Labhsetwar, 1970).

Est-ce à dire que chez une femelle, cette organisation pouvait se réaliser en l'absence de toute influence hormonale postnatale ? Oui, si l'on en croit Gorski et Wagner (1965), selon qui des ovaires greffés chez des rattes castrées à 2 ou 3 jours sont le siège d'une activité cyclique. Non, d'après Ladosky, Noronaa et Gaziri (1969), pour qui les œstrogènes seraient impliqués dans la différenciation sexuelle de l'hypothalamus puisqu'un ovaire greffé chez une ratte castrée à la naissance a, bien qu'étant le siège de phénomènes ovulatoires, une rythmicité anormale.

Toujours est-il que l'on a pu localiser les récepteurs hypothalamiques de la testostérone chez le rat nouveau-né. Ils seraient localisés à la base du tuber selon Lisk (1962), en des points divers s'étalant de la région préoptique à la zone tubérale, d'après Wagner, Erwin et Critchlow (1966) et au niveau du complexe ventromédian arqué pour Nadler (1972).

Mais ces récepteurs ne sont pas les seuls à subir à une époque précoce de la vie l'action modulatrice des hormones sexuelles. D'autres y sont sensibles que ces hormones vont différencier en vue de l'organisation du type comportemental propre à chaque sexe. Ce sera maintenant l'objet de nos préoccupations.

IV. MÉCANISMES NEURO-ENDOCRINIENS DE LA DIFFÉRENCIATION COMPORTEMENTALE

A. Différenciation des structures nerveuses impliquées dans le contrôle du comportement sexuel.

Le problème auquel nous avons été confrontés, à propos de la régulation de la fonction gonadotrope pituitaire, concerne également celle des activités comportementales. On peut se demander, en effet, s'il existe, à un stade précoce du développement, un schéma, commun aux deux sexes, de l'organisation neuromusculaire du comportement sexuel ? En d'autres termes, doit-on penser qu'avant de subir l'imprégnation hormonale qui orientera leur fonctionnement dans le sens mâle ou femelle, les structures nerveuses impliquées dans le contrôle de ce comportement sont, comme celles qui interviennent dans celui du fonctionnement des gonades, bipotentielles ? Nous allons le démontrer.

1° *Développement du système contrôlant le comportement femelle.*

Pour comprendre ce qui va suivre, il faut préciser qu'une ratte ou une femelle de cobaye castrée à l'âge adulte accepte normalement le mâle lorsqu'elle est soumise, à une séquence adéquate, du point de vue quantitatif et chronologique, d'œstrogène et de progestérone. Or une ratte ovariectomisée à la naissance offre des réactions comportementales copulatoires identiques, une fois adulte, à celles de femelles ovariectomisées plus tardivement, lorsqu'elle subit le traitement précité (Whalen et Edwards, 1967). L'ovaire postnatal n'apparaît donc pas nécessaire à la différenciation des structures nerveuses comportementales. Bien plus, un rat mâle, castré au cours de la période postnatale, acquiert l'aptitude de répondre, par l'attitude posturale de lordose caractéristique de la femelle réceptive, à un traitement œstro-progestéronique (Feder et Whalen, 1965 ; Grady, Phoenix et Young, 1965), alors qu'un mâle normal présente exceptionnellement cette attitude de lordose (Beach, 1945 ; Feder et Whalen, 1965). L'œstrogène injecté à la naissance, non seulement n'accentue pas, mais inhibe plutôt le développement de cette réaction comportementale (Feder et Whalen, 1965).

La castration, pour être efficace, doit être précoce. Pratiquée après le 10e jour postnatal, elle reste alors sans effets (Grady, Phoenix et Young, 1965). Ce phénomène ne semble pas propre au rat puisque le chat castré à la naissance offre un comportement femelle de réceptivité (Whalen et Hardy, inédit).

Tout se passe donc comme si le système comportemental femelle se développait sans conditionnement hormonal précoce et comme si le mâle possédait une organisation neuromusculaire compatible avec l'expression du comportement copulatoire du type femelle. Qu'est-ce donc qui, chez ce dernier, détermine le fonctionnement des structures du comportement dans un sens conforme à celui du sexe génétique ? Des expériences menées chez la femelle et chez le mâle vont nous renseigner sur ce point.

2° *Développement du système contrôlant le comportement mâle.*

Le fait qu'un rat mâle castré à la naissance se comporte, du point de vue copulatoire, comme une femelle, inciterait à admettre que la testostérone, dont on connaît la présence dans le milieu intérieur à la naissance (Resko, Feder et Goy, 1968), inhibe les structures responsables de ce comportement et, peut-être même, stimule celles qui conditionnent les réactions copulatoires neuromusculaires de ce sexe.

En fait, seule la première de ces propositions a pu être vérifiée. On a constaté que l'injection de testostérone, postnatale, chez la ratte, ou prénatale, chez le cobaye, supprime chez la femelle, une fois adulte, la réaction copulatoire de lordose que les œstrogènes et la progestérone déclenchent chez l'animal castré après l'avènement de la maturité génitale. La période critique d'action de la testostérone s'étend du 1er au 10e jour postnatal. Chez le cobaye, elle est beaucoup plus précoce et présente son maximum d'efficacité du 30 au 35e jour de la gestation (Goy, Phoenix et Young, 1962). Les limites de cette période critique sont très strictes car une ratte injectée avant la naissance ou après le 10e jour n'offre ultérieurement aucun trouble comportemental (Revesz, Kernaghan et Bindra, 1963).

Si la testostérone inhibe précocement le système du comportement femelle, elle ne constitue pas une condition indispensable de l'organisation du système comportemental mâle. Castrons un rat mâle à la naissance et comparons-le ultérieurement à un mâle castré à l'âge adulte. Le comportement de « monte » suscité par la testostérone ne différerait pas chez le premier de celui offert par le second (Beach et Holz, 1946; Whalen et Edwards, 1966, 1967). Certes l'intromission et l'éjaculation sont réalisées moins facilement chez le mâle castré à la naissance que chez le castrat tardif. Mais on doit faire intervenir là le trouble du développement des organes génitaux, et notamment du pénis, causé par la carence en testostérone depuis la naissance, car l'organe copulateur mâle est le point de départ de stimuli qui interviennent dans l'expression du comportement copulatoire mâle (Grady, Phoenix et Young, 1965).

Il ne semble pas cependant que les structures qui servent de support au comportement copulatoire de type mâle soient équivalentes à la naissance chez un mâle et chez une femelle. En effet, si le traitement, par les androgènes, de mâles et de femelles castrés à la naissance ne facilite pas leur comportement de monte lorsque adultes ils sont traités à nouveau par la testostérone, ce comportement apparaît supérieur chez le mâle non traité castré à la naissance, à celui de la femelle, non traitée, intacte ou castrée à la naissance quand on les soumet plus tard à l'action de l'androgène (Whalen et Edwards, 1967). Y aurait-il donc une action prénatale des androgènes sur les structures comportementales mâles ? On ne peut rejeter cette idée car des cobayes femelles (Phoenix, Goy, Gerall, et Young, 1959) traités par les androgènes avant la naissance répondront à l'âge adulte aux androgènes par un comportement de monte supérieur à celui de femelles non injectées. Et, contrairement aux résultats rappelés ci-dessus, il en est de même chez la ratte (Harris et Levine, 1965).

Il est donc clairement établi que les structures dont dépendent les réactions comportementales copulatoires propres à chaque sexe sont présentes chez le mâle et chez la femelle et que le comportement femelle ne peut s'exprimer que lorsque ces structures échappent à l'action répressive de l'hormone mâle. Cette ambivalence a-t-elle un support anatomique ? Nous voici donc conduits à la recherche, au niveau du système nerveux central, d'éventuels centres du contrôle du comportement mâle et femelle.

B. Localisation des structures nerveuses du comportement sexuel.

1° *Structures périphériques et médullaires.*

Nous n'insisterons pas sur le rôle joué par les mécanismes périphériques et spinaux dans la réalisation du coït chez le mâle et la femelle. Chez celui-là, il est certain que l'innervation sympathique est impliquée dans le déterminisme de l'érection et de l'éjaculation. Il n'est pas douteux non plus que les stimuli perçus par le pénis interviennent dans l'accomplissement du coït et qu'une diminution de la sensibilité pénienne chez le rat diminue la probabilité de l'intromission et de l'éjaculation (Carlsson et Larsson, 1964 ; Adler et Bermant, 1966). Des modifications du coït résultent certes de l'extirpation de l'os pénien chez le rat (Beach, 1952). Mais aucun trouble de la motivation ne se manifeste en ces conditions où l'animal tente toujours de copuler. L'animal spinal qu'il s'agisse de l'Homme, du Singe, du Rat ou du Chat peut entrer en érection et l'éjaculation se produit après manipulation des organes génitaux (Fulton, 1939 ; Hart, 1967, 1968).

Pas plus que chez le mâle, les réflexes sensoriels à point de départ utéro-vaginal ne semblent influencer la réceptivité de la femelle si l'on en juge par la réponse de lordose offerte au mâle, par la lapine (Brooks, 1937), après anesthésie vaginale, ou, par la ratte, après extirpation de l'utérus et du vagin (Ball, 1934) ou après occlusion de l'orifice vaginal par une ligature (Cl. Aron, J. Roos et G. Asch, 1968). Il en est de même chez la chatte (Bard, 1939) dont le comportement est normal après extirpation de la moelle sacrée et des nerfs sympathiques abdominaux.

Tout autre est l'importance des structures centrales où l'on a pu localiser, grâce à la mise en œuvre de techniques de destruction, de stimulation ou d'implantations hormonales, les sites de contrôle du comportement sexuel.

2° *Structures centrales.*

a) *Chez le mâle.*

Si l'intégrité de la totalité du néocortex n'apparaît pas indispensable au maintien du comportement sexuel du mâle chez le Rat, le Chat et le Lapin (Beach, 1940; Larsson, 1962, 1964; Beach, Zitrin et Jaynes, 1955; Brooks, 1937), il semble que l'exécution de ce comportement dépende de celle de l'aire sensorio-motrice du cortex frontal alors que la destruction des aires occipito-pariéto-temporales n'interférerait pas avec lui. Bien au contraire l'ablation des lobes temporaux, chez le Singe (Klüver et Bucy, 1937), et chez le Chat et le Lynx (Schreiner et Kling, 1953, 1954, 1956), provoquerait des manifestations d'hypersexualité. Il s'agirait donc là de centres inhibiteurs que l'on a dépistés également au niveau du rhinencéphale car l'extirpation de l'amygdale ou du cortex pyriforme peut en certaines conditions susciter ce phénomène chez le Chat (Green, Clemente et De Groot, 1957) en présence de testostérone.

Mais c'est au niveau de l'hypothalamus que se situent les structures les plus directement impliquées dans le contrôle comportemental du mâle. La destruction de l'hypothalamus antérieur chez le Rat (Lisk, 1967) ou chez le Cobaye (Brookhart et Dey, 1941) supprime le comportement sexuel. Celui-ci est également troublé, chez le Rat, par des lésions de l'aire préoptique moyenne (Larsson et Heimer, 1964). L'intérêt du mâle pour la femelle s'en trouverait affecté (Soulairac et Soulairac, 1963). Le comportement copulatoire du mâle n'échappe pas non plus à une régulation d'origine tubérale car des lésions du noyau ventromédian entraînent un déficit comportemental chez le Cobaye (Phoenix, 1961). Le rôle même de la région mamillaire est débattu. Positif pour Soulairac et Soulairac (1963) et impliqué dans la réalisation du schéma moteur nécessaire à la copulation, il est rejeté par Reimer et Larsson (1964).

On pourrait s'étonner de l'apparente absence de spécificité topographique des centres mis en jeu dans la régulation du comportement mâle. Mais ce dernier offre un haut degré de complexité et peut-être chacune des structures hypothalamiques dont nous avons fait apparaître l'action régulatrice sur le comportement sexuel mâle n'intervient-elle que sur l'un ou l'autre de ses éléments. Cette hypothèse n'est pas gratuite. L'implantation de testostérone, telle que l'a réalisée Lisk (1967) dans la zone préoptique n'agit pas sur le comportement copulatoire lui-même mais sur les activités de poursuite et de léchage de la femelle par le mâle ainsi que sur l'excitation sexuelle de ce dernier. L'éjaculation dépendrait aussi de centres spécifiques car une stimulation électrique d'une partie bien définie du faisceau médian du télencéphale provoque une décharge séminale sans érection ni signes de comportement sexuel. Enfin, les structures contrôlant l'érection seraient situées, chez le Chat et le Rat (Mc Lean, 1957) et chez le Sagouin (Mc Lean et Ploog, 1962), dans le thalamus, dans la zone d'articulation entre l'hippocampe et le septum et, au niveau de l'hypothalamus, dans le noyau dorsomédian, la région septo-préoptique médiale et le corps mamillaire.

b) *Chez la femelle.*

Le néocortex, de même que le thalamus, le striatum, et la plus grande partie du rhinencéphale apparaissent dispensables à l'accomplissement du coït chez la chatte (Bard, 1939, 1952). Ni la lapine (Brooks, 1937), ni la ratte (Davis, 1939) ne sont, elles non plus, inféodées au néocortex pour la réalisation de l'acte copulatoire. Chez toutes ces femelles le rhinencéphale aurait même un rôle inhibiteur. On note une tendance à l'hypersexualisme après section du fornix chez la chatte (Sawyer, 1959) et l'acceptation s'y produit en anœstrus, après lésions rhinencéphaliques (Sawyer 1959). Le même phénomène se manifeste en diœstrus, chez la ratte dont l'amygdale, la strie terminale ou les noyaux habénulaires ont été lésés (De Groot, 1962).

En fait, et comme chez le mâle, l'hypothalamus constitue le centre essentiel du comportement sexuel femelle et, ici encore, différentes structures apparaissent impliquées dans le contrôle de ce comportement. Des lésions de l'hypothalamus antérieur suppriment l'activité sexuelle de la chatte (Fisher, Magoun et Ranson, 1938 ; Sawyer et Robison, 1956), de la femelle du Cobaye (Dey, Leininger et Ranson, 1942), de la ratte (Clark, 1942 ; Averill et Purves, 1963) et de la brebis (Clegg, Santolucito, Smith et

Ganong, 1958). On pourrait évidemment objecter que ces lésions troublent le fonctionnement des gonades et par là même le comportement sexuel puisque celui-ci résulte en dernière analyse de l'action des hormones ovariennes sur le système nerveux central. Mais l'implantation d'œstradiol dans l'hypothalamus antérieur et l'aire préoptique de rattes castrées provoque la lordose chez ces femelles (Lisk, 1967 ; Chambers et Howe, 1968 ; Ross, Claybaugh, Clemens et Gorski, 1971) et une semblable implantation antérieure induit l'œstrus chez la chatte (Sawyer, 1963). Enfin, des lésions hypothalamiques antérieures suppriment la réponse aux œstrogènes de rattes intactes (Kennedy, 1964 ; Singer, 1968) ou ovariectomisées (Kennedy, 1964 ; Law et Meagher, 1964).

Toutefois, Rodgers et Schwartz (1972) n'ont pas suscité de troubles comportementaux par des lésions rétrochiasmatiques et les interventions effectuées au niveau du noyau ventromédian ne laissent aucun doute sur la participation de ce noyau à la régulation comportementale femelle. Après destruction du complexe fourni par le noyau ventromédian et le noyau arqué, le cobaye ne présente pas de lordose après castration et traitement œstrogénique (Goy et Phoenix, 1963). Chez la ratte, la réceptivité est abolie après lésion du noyau ventromédian (Kennedy et Mitra, 1963) et les œstrogènes ne restaurent pas le comportement femelle chez la ratte castrée, lésée et traitée aux œstrogènes (Kennedy, 1963). Inversement, l'implantation d'œstrogènes dans la région du noyau ventromédian restaure la réceptivité de la ratte castrée (Dörner, Döcke et Moustaffa, 1968). Enfin, des lésions très localisées touchant partiellement ce noyau diminuent notablement la réceptivité de cette femelle (Carrer, Asch et Cl. Aron, 1972) alors que des lésions totales la suppriment complètement (Carrer, Asch et Cl. Aron, obs. inédites). On ne peut pourtant négliger les différences interspécifiques en ce domaine car l'intégrité du corps mamillaire est nécessaire à la réalisation du coït chez la lapine (Sawyer, 1959) et, comme chez la ratte, cette structure aurait, sur le comportement sexuel, d'après Soulairac et Soulairac (1956) et Law et Meagher (1958), une action inhibitrice.

3° *Stimuli externes.*

Nous avons fait allusion, ci-dessus, à l'action modulatrice des stimuli externes sur le fonctionnement des structures nerveuses qui contrôlent l'activité des gonades. Elle a fait l'objet d'études approfondies chez la souris où l'odeur du mâle est à même de précipiter l'avènement de l'œstrus. Cet effet, observé par Whitten (1956), est aboli par la bulbectomie olfactive. Quant aux stimuli olfactifs émanant des femelles, ils sont capables de bloquer le cycle ovarien. Il s'agit là de l'effet décrit par Lee-Boot (1955) et par Whitten (1959). Il est clair que, dans le premier cas, l'état œstral où se trouve la femelle s'accompagne de manifestations comportementales de réceptivité. Mais celles-ci ne sont que la conséquence de l'activation par les stimuli olfactifs du système hypothalamopituitaire et, par là même, de la fonction hormonogène de l'ovaire. Chez la ratte, l'odeur du mâle et, contrairement à ce qui se passe chez la souris, même celle de la femelle peuvent déclencher précocement l'œstrus au cours de cycles de 5 jours (Cl. Aron et Chateau 1971, 1972) avec son cortège de manifestations comportementales. Cependant celles-ci sont, ici encore, secondaires à une activation de la fonction gonadotrope pituitaire suscitée par les stimuli olfactifs. On peut donc se demander si la perte de la réceptivité que J. Roos, G. Asch et moi-même (1970) avons observée chez des rattes Wistar, privées de leurs bulbes olfactifs, lorsqu'on les mettait précocement en présence de mâles au cours de cycles de 5 jours, n'était pas due, par rapport à des femelles intactes qui, dans cette souche et en ces conditions acceptent le mâle dans 40 à 50 % des cas (Cl. Aron, J. Roos et G. Asch, 1964, 1966, 1970), à une modification de l'équilibre hormonal créée, au cours du cycle, par la bulbectomie olfactive.

La question se pose donc de savoir si les stimuli olfactifs ont ou non un impact direct sur les structures qui régissent le comportement sexuel. L'étude des réactions d'attirance réciproque des mâles et des femelles vont nous renseigner sur ce point.

Je m'en tiendrai à quelques exemples. Une chatte anœstrale accepte le mâle quand on la soumet à l'odeur des sécrétions vaginales d'une chatte œstrale ou à celle de l'acide valérique (Lissak, 1962). L'application sur la peau sexuelle d'une femelle de Rhésus d'un extrait, dans l'éther, des sécrétions vaginales de femelles castrées et traitées par les œstrogènes stimule l'attirance du mâle par cette femelle (Keverne et Michaely 1971). Un chien mâle montre de l'intérêt pour l'odeur d'un tampon préalablement placé dans le vagin d'une chienne (Beach et Merari, 1970). Chez le Rat, on a constaté que les mâles étaient plus attirés par l'odeur d'une femelle œstrale et même gestante que par celle d'une ratte en anœstrus et que l'odeur de l'urine de femelle castrée était moins efficace que celle d'une ratte œstrale ou non œstrale (Davies et Bellamy, 1972). Le mâle est d'ailleurs à même, chez le Rat (Le Magnen, 1952) comme chez le Bélier (Lindsay, 1965), de discriminer l'odeur d'une femelle en œstrus ou en anœstrus, ce phénomène était hormono-dépendant (Carr et Caul, 1962). Il est donc bien évident que des signaux olfactifs émanant de la femelle interviennent puissamment dans la réalisation du coït. Un mâle de Rhésus anosmique n'a plus d'intérêt pour la femelle (Michael et Keverne, 1968). Mais le mâle n'exerce-t-il pas, lui aussi, par le jeu des mêmes stimuli, une attraction sur la femelle et également une stimulation de son comportement de réceptivité ? Cette attraction existe chez la truie qui, dans un labyrinthe, part à la recherche du mâle (Signoret, 1967), ainsi que chez la ratte (Le Magnen. 1952 ; Carr, Loeb et Dissinger, 1965, etc.), et chez la brebis (Inskter, 1952 ; Banks, 1964, etc.).

En somme, il existerait chez les Mammifères, selon la terminologie de Bronson (1971), des substances de déclenchement, du type de celles qui provoquent l'apparition de l'œstrus, et des substances de signalisation, telles que celles qui régissent le rapprochement, en vue du coït, des animaux des deux sexes. À ces substances, on a donné l'appellation de phéromones et, paradoxalement et eu égard aux innombrables informations dont on dispose sur leurs effets, on ne sait guère de chose sur leur origine et sur leur nature. Elles se trouveraient dans l'urine vésicale du mâle, chez la souris, d'après Bronson et Whitten (1968). Cependant la sécrétion des glandes préputiales, chez les mâles de cette espèce, attireraient les femelles (Caroon, 1971 ; Bronson et Caroon, 1971), la femelle préférant l'odeur de l'entier à celle du castrat (Scott et Pfaff, 1968). Il en va de même chez le Rat, où le mâle préfère l'odeur de femelles réceptives à celle de rattes non réceptives ou ovariectomisées et où la femelle a plus d'attirance pour le mâle entier que pour le castrat (Carr, Loeb et Dissinger, 1965 ; Stern, 1970), phénomène que Orsulak et Gawienowski (1972) attribuent à la sécrétion, pour une part au moins, des glandes préputiales.

Les seules données que l'on possède sur la structure chimique des phéromones concernent le cerf, où le léchage et le reniflage de la femelle seraient induits par la lactone de l'acide cis-4-hydroxydec-6-enoïque (Brownlee, Silverstein, Muller-Schwarze et Singer, 1969), et le bélier, où l'on a extrait des glandes préputiales de l'androst-16 en 3-ol, ressemblant à la civetone et à la muskone, substances odoriférantes qu'élaborent respectivement la Civette et le Rat musqué. Aucune information n'a été apportée jusqu'alors sur les caractères chimiques des phéromones émises par la Souris ou par le Rat. C'est sur ce constat d'ignorance que nous allons abandonner ce domaine pour envisager à présent certains aspects du contrôle hormonal du comportement sexuel.

C. *Le contrôle hormonal du comportement sexuel.*

1° *Chez le mâle.*

Une fois les phénomènes de masculinisation établis, tant ceux qui concernent la différenciation des structures nerveuses comportementales, que le développement et l'entrée en fonction de l'appareil génital, l'hormone mâle n'est plus totalement indispensable à l'expression du comportement sexuel. Il n'y a pas que les Primates qui échappent ainsi, en partie au moins, à l'influence de l'hormone mâle. 40 % des cobayes castrés copulent encore 31 semaines après l'ablation des gonades (Grunt et Young, 1953) ; le comportement copulatoire du chat castré se maintient 2 à 3 ans ; le singe Rhésus, castré à 3 mois, offre des réactions copulatoires durant 4 ans (Goy, 1964). D'après Resko et Phoenix (1972), 30 % des singes Rhésus qu'ils ont observés offrent un comportement copulatoire, avec éjaculation, 1 an après la castration. Dans l'espèce humaine où la castration remonte au temps les plus lointains, qu'elle ait été pratiquée pour des motifs punitifs ou religieux ou encore pour des raisons thérapeutiques, on sait que ses effets sont extrêmement variables d'un individu à l'autre (Bremer, 1959) et qu'un comportement copulatoire peut persister des années. À la longue certes le comportement sexuel peut totalement disparaître après la castration ; il est alors totalement rétabli par une thérapeutique substitutive androgénique et, en ces cas, l'effet bénéfique de la testostérone sur l'incidence de l'érection spontanée est incontestable (Miller, Hubert et Hamilton, 1938 ; Lloyd, 1968).

Mais, même lorsqu'il persiste, le comportement apparaît troublé et susceptible d'être restauré dans son intégrité par la testostérone. En l'absence de cette hormone et immédiatement après la castration, on note une diminution de la motivation et de l'excitation de l'animal pendant le coït et une modification de ce que Beach (1958) a dénommé le mécanisme de consommation. Le nombre des intromissions précédant l'éjaculation et le temps écoulé jusqu'à l'éjaculation diminuent (Davidson, 1966). Ultérieurement la monte persiste chez le Rat, le Cobaye, le Chat et le Chien en l'absence d'éjaculation (Beach et Holz-Tucker, 1949 ; Davidson, 1966 ; Grunt et Young, 1953 ; Rosenblatt et Aronson, 1958 ;

Hart, 1968; Le Bœuf, 1969). Le mécanisme de consommation est donc plus dépendant des androgènes que celui d'excitation.

D'ailleurs on n'était *a priori* aucunement en droit d'exclure une activité androgénique compensatrice du cortex surrénal pour expliquer ce maintien de l'activité sexuelle chez le castrat. Il a été prouvé qu'il n'en était rien, qu'il s'agisse du Rat (Bloch et Davidson, 1968) ou du Cobaye (Warren et Aronson, 1956). Chez le singe Rhésus où l'on a pu détecter, par dosage radio-immunologique, de la testostérone plasmatique chez le castrat, il n'y a pas de corrélation entre la quantité d'androgène dosée et le degré du comportement copulatoire (Resko et Phoenix, 1972). L'expérience de l'animal semble jouer un rôle chez le Chat (Rosenblatt et Aronson, 1958) mais pas chez le Rat (Bloch et Davidson, 1968) ou le Chien (Hart, 1968). Un mécanisme « en mouvement » persiste donc, même partiel, en l'absence d'androgènes. Qu'en est-il chez la femelle ?

2° *Chez la femelle.*

Contrairement à ce qui se passe chez le mâle, l'ovariectomie bilatérale entraîne, chez toutes les femelles de Mammifères inférieurs aux Primates, une perte rapide et complète de la réceptivité sexuelle. C'est ce que, par exemple, Beach (1947) a montré chez la ratte et chez la femelle du Cobaye. L'œstrogène restaure rapidement ce comportement mais on doit distinguer ici les femelles telles que la lapine et la chatte dont le comportement copulatoire est placé sous le contrôle unique des œstrogènes, et celles où il dépend, dans les conditions physiologiques, de l'action successive de l'œstradiol et de la progestérone bien que l'œstrogène seul puisse le rétablir dans toute son intégrité à la suite de la castration (Davidson, Rodgers, Smith et Bloch, 1968). Cet effet facilitateur de la progestérone s'exerce chez la ratte (Boling et Blandau, 1939 ; Feder, Goy et Resko, 1967), chez le Cobaye (Feder, Resko et Goy, 1966) et chez le Hamster (Frank et Fraps, 1945 ; Ciaccio et Lisk, 1971).

En fait, l'action de la progestérone apparaît complexe, tantôt stimulatrice, tantôt inhibitrice des effets des œstrogènes selon les conditions chronologiques et quantitatives de cette action. Notre propos n'est pas d'ouvrir une discussion sur ce problème qui sortirait du cadre que nous nous sommes assigné d'une confrontation des mécanismes comportementaux dans les deux sexes. Nous voudrions plutôt situer à présent la Femme et les Primates parmi les autres Mammifères, eu égard aux réactions comportementales qu'ils offrent à la suite de la castration ou de la ménopause chez la Femme.

Le premier trait caractéristique des Primates, et qui les oppose aux Mammifères qui leur sont inférieurs, est leur aptitude à accepter le mâle à toutes les phases du cycle ovarien. Ceci ne concerne pas seulement la Femme. Le singe *Macaca nemestrina* est réceptif tout le long du cycle ovarien (Bullock, Paris et Goy, 1972). *Macaca mulatta* se comporte de façon identique tout en présentant un pic d'acceptation lors de la phase ovulatoire (Michael, Saayman et Zumpe, 1967 ; Bullock, Paris, Resko et Goy, 1972) et une diminution de l'activité sexuelle pendant la phase lutéale (Michael et Welegalla, 1968). Chez le Chimpanzé, qui est réceptif à tout stade de son cycle, l'activité copulatrice est également moins intense au cours de la période lutéinique (Young et Orbison,

1964). Sans doute l'attraction du mâle par la femelle est-elle amoindrie pendant la détumescence de la peau sexuelle, car le taux d'intromission et celui des poussées pelviennes est diminué, ce qui entraîne une réduction de l'éjaculation.

Cependant la suppression des sécrétions ovariennes semble avoir un retentissement plus marqué sur le comportement copulatoire chez les Primates inférieurs à l'Homme que chez la Femme. Alors que des femelles castrées ou ménopausiques peuvent maintenir complètement leur activité sexuelle, les femelles de Singe semblent perdre totalement leur réceptivité après l'extirpation des ovaires même si quelques observations à leur sujet font état d'effets variables de la castration (Michael, 1969).

Doit-on conclure que la Femme échappe au jeu des hormones pour l'expression de son comportement sexuel ? Rien actuellement ne permet de l'affirmer. Certes les enquêtes psychologiques n'ont pas encore permis d'établir, sur des bases parfaitement objectives, des corrélations entre le degré des pulsions sexuelles et les différentes étapes du cycle ovarien. Cependant, on a fait état de pics de l'activité copulatrice. Immédiatement avant et après la menstruation (Kinsey, Pomery, Martin et Gebhard, 1953) ; une fréquence accrue de coïts et d'orgasmes a été signalée au milieu du cycle (Udry et Morris, 1968). La diminution de l'appétit sexuel correspondant à la phase lutéinique du cycle (Udry et Morris, 1968) et l'attitude introvertie de la femme manifestée pendant cette phase, par opposition à son comportement extroverti et actif sexuellement pendant la période œstrogénique du cycle (Benedek, 1952), s'expliqueraient par une influence inhibitrice de la progestérone semblable à celle que l'on a mise en évidence, en certaines conditions, chez les Mammifères inférieurs aux Primates et, on l'a vu ci-dessus, également chez les Singes. D'ailleurs la libido semblerait diminuée par l'usage des contraceptifs (Grant et Mears, 1967). L'avenir est donc à des recherches psychophysiologiques approfondies en ce domaine. Mais quand bien même les hormones sexuelles seraient douées d'une action modulatrice sur l'activité des structures nerveuses comportementales, on ne saurait exclure que les facteurs d'ordre social, religieux, culturel jouent un rôle dominant dans l'expression de la sexualité de l'espèce humaine. Est-ce donc l'expérience acquise ou la persistance d'un mécanisme précédemment soumis à l'action des hormones sexuelles qui explique le maintien de la libido en l'absence d'ovaire ? Certains ont invoqué l'intervention, après la castration ou la ménopause, du cortex surrénal, les androgènes surrénaliens constituant les hormones de la libido chez la Femme (Money, 1965). Mais les expériences d'injection hormonale, qui ont provoqué une hypertrophie clitoridienne (Carter, Cohen et Shorr, 1947), et donc un effet périphérique susceptible d'expliquer un accroissement de cette libido, et celles résultant de l'ablation de l'hypophyse ou des surrénales chez des sujets cancéreux, où l'état psychique et physique des patients apparaît peu favorable à l'étude du comportement sexuel, n'autorisent pas à attribuer à une éventuelle sécrétion de testostérone surrénalienne le maintien de la libido après cessation de l'activité ovarienne. Seraient-ce les œstrogènes cortico-surrénaliens qui rempliraient cette fonction ? Car on en trouve de notables quantités dans l'urine de la Femme castrée (Bulbrook et Greenwood, 1957).

Le problème reste donc posé. Mais les observations relatives à l'activité homosexuelle des animaux vont nous persuader de la prévalence des mécanismes nerveux sur les mécanismes hormonaux, même chez les Mammifères inférieurs aux Primates, dans l'élaboration des conduites sexuelles.

D. Homosexualité chez l'animal.

1° *Les manifestations de l'homosexualité.*

a) *Chez le mâle.*

Le comportement homosexuel du mâle, qui se manifeste par l'attitude posturale de lordose prise par la femelle réceptive, est plus marqué chez les Primates, où le singe Rhesus montre fréquemment ce comportement, qu'il soit d'ailleurs intact ou castré (Phoenix, Goy et Young, 1967), que chez les Rongeurs, où le rat mâle entier ne présente que rarement cette réponse alors que, comme nous l'avons vu ci-dessus, le rat castré à la naissance et traité à l'âge adulte par les œstrogènes et la progestérone réagit par une lordose à ces hormones. Le type complet de comportement femelle n'est cependant plus suscité par les hormones sexuelles femelles lorsque la castration est effectuée chez l'adulte (Ball, 1939; Goy, Bridson et Young, 1964). Bien entendu la testostérone provoque un comportement de type mâle chez le castrat, avec les nuances que nous avons décrites plus haut chez le rat castré à la naissance ou plus tardivement, mais elle n'abolit plus le comportement femelle de ces animaux (Whalen et Edwards, 1966).

b) *Chez la femelle.*

On a observé un comportement homosexuel chez 13 espèces appartenant à 5 ordres de Mammifères

(Beach, 1968). En voici quelques exemples. Il se produit chez la truie, la vache, la chienne, la chatte, la lionne et les femelles du singe Rhesus et du Chimpanzé. Il se traduit par la monte d'une femelle par une autre femelle. Cependant on doit établir ici une distinction entre les femelles qui présentent ce comportement lorsqu'elles sont en œstrus et celles qui le manifestent quand elles sont en anœstrus ou même après la castration. La femelle du Cobaye, la chatte, la vache, la truie, la femelle du Chimpanzé appartiennent à la première catégorie. La lionne, la chienne et la ratte font partie de la seconde. Cependant on ne peut tracer de limites tranchées entre ces deux groupes de femelles car la vache (Weber, 1911 ; Hammond, 1927, etc.) et la truie anœstrale (Burger, 1952) peuvent monter une autre femelle. Il en est de même de la femelle du singe Rhesus. Mais en ce cas, comme en d'autres d'ailleurs, la partenaire montée est en état d'œstrus (Carpenter, 1942).

2° *Facteurs hormonaux de l'homosexualité.*

a) *Chez le mâle.*

Les conditions dans lesquelles se manifeste un comportement femelle chez le mâle ne nous renseignent guère sur le déterminisme hormonal de ce phénomène puisqu'il est déclenché par les hormones sexuelles femelles chez le rat castré alors qu'un singe intact et non traité se montre réceptif par rapport à d'autres mâles. En fait, l'hormone mâle est douée, à elle seule, d'une action ambivalente sur le comportement sexuel. Injectée à un rat mâle que l'on a castré à la naissance, elle peut susciter un comportement femelle. Si ce mâle castré précocement a été également soumis à l'action de la testostérone, c'est un comportement de type mâle qu'induit l'androgène (Dörner, 1966 ; Dörner et Hinz, 1968). Il est possible, et ceci permettrait de comprendre les effets des œstrogènes et de la progestérone chez le rat mâle castré, que la testostérone soit métabolisée en œstrogènes, car la déhydrotestostérone qui, elle, ne peut subir cette transformation, est dépourvue de propriétés aphrodisiaques (Beyer, McDonald et Vidal, 1970).

b) *Chez la femelle.*

Androgènes et œstrogènes partagent, ici encore, le pouvoir de déclencher un comportement de monte, chez la femelle. Les premiers agissent ainsi chez la femelle de cobaye castrée (Phoenix, Gerall et Young, 1959), et chez la ratte intacte ou castrée (Ball, 1937, 1946). Mais ils sont moins efficaces chez la femelle de cobaye castrée que les seconds associés à la progestérone. Alors que l'on obtient 4,2 montes, par test, avec ceux-là, on en observe 20,5 par test, avec ceux-ci. Une intervention des hormones sexuelles n'est pas toujours nécessaire puisque la ratte castrée non injectée est capable de monter une autre femelle tandis que l'association œstrogéno-progestéronique suscite, chez un tel animal, un comportement de réceptivité. Nous verrons plus loin le rôle que peuvent jouer certains stimuli dans l'induction de la monte d'une femelle par une autre femelle. Mais ceux-ci ne font que s'inscrire dans le cadre des mécanismes nerveux du comportement sexuel. Nous allons, à présent, les analyser.

3° *Mécanismes nerveux de l'homosexualité.*

De même qu'une imprégnation précoce de l'organisme par la testostérone détermine le mode de fonctionnement des structures nerveuses impliquées dans le contrôle de la fonction gonadostimulante, le comportement homosexuel de la femelle est infléchi par une telle imprégnation. C'est ce qui ressort des observations de Phoenix, Goy, Gerall et Young (1959) qui ont constaté qu'une femelle de cobaye castrée à la naissance et dont la mère avait été injectée de testostérone présentait, une fois adulte, une activité de monte, sous l'action de cette même hormone, supérieure à celle d'une femelle castrée et traitée dans les mêmes conditions mais indemne d'injection à la mère. Au contraire, le comportement de monte déclenché par les œstrogènes et la progestérone a été moins marqué dans la première que dans la seconde de ces deux catégories d'animaux. Quant aux rattes castrées à la naissance, elles offrent un comportement mâle plus marqué, lorsqu'elles reçoivent de la testostérone immédiatement après la naissance que lorsqu'elles ne sont pas soumises à l'action précoce de l'androgène (*loc. cit.*).

Tout ceci a évoqué l'intervention de structures nerveuses dans le déterminisme de l'homosexualité et conduit à admettre, chez le rat et chez le cobaye, que l'expression d'un comportement de type « mâle » chez l'adulte dépendrait d'une action précoce chez le mâle, comme chez la femelle, de la testostérone sur le système nerveux central. Mais le problème se complique lorsqu'on considère les modalités d'action, chez l'adulte, castré, des hormones sexuelles sur ces structures comportementales. Chez la ratte, le comportement de monte n'implique pas l'action des androgènes. Bien plus, ils sont à même de stimuler un comportement d'acceptation précoce au cours du cycle de la ratte (Cl. Aron et G. Asch, 1963). Chez le Cobaye, ce sont les œstrogènes et la progestérone qui le provoquent. Il faut se rallier, dans ces conditions, à l'opinion de Young et Rundlett de l'existence, aussi bien chez la femelle que chez le mâle, de deux ordres de structures comportementales, l'une de réceptivité, l'autre de « monte » qui seraient sensibles à l'action des mêmes hormones. Car on ne comprendrait guère qu'une même hormone sexuelle puisse susciter l'un ou l'autre des deux types de comportement, en agissant sur une même structure nerveuse. Il existe des faits en faveur de cette dualité structurale. La destruction de la région ventromédiane de l'hypothalamus entraîne une perte de réceptivité de la femelle du cobaye malgré l'injection d'œstradiol et de progestérone. Or, ces femelles continuent de « monter » avec la même fréquence qu'avant l'opération (Goy et Phoenix, 1963). Bien plus, l'implantation de propionate de testostérone dans l'aire préoptique moyenne de rattes castrées après la puberté déclenche un comportement « mâle », tandis que l'implantation dans l'aire moyenne de l'hypothalamus suscite un comportement « femelle » (Dörner, Döcke et Moustaffa, 1968).

Nous nous sommes déjà interrogé sur l'interprétation que l'on peut donner de l'action ambivalente de la testostérone. Il n'empêche que chez une ratte castrée, les œstrogènes, en association ou non avec la progestérone, sont les agents déterminants du comportement femelle alors que le comportement mâle se manifeste quasiment sans support hormonal et qu'on ne dispose pas d'éléments satisfaisants pour expliquer le déterminisme du comportement de monte par les hormones sexuelles femelles chez le Cobaye.

Aussi important qu'il soit, le rôle des hormones ne doit pas faire négliger celui des stimuli externes dans la genèse des phénomènes que nous analysons. Une chienne anœstrale ne monte qu'une chienne anœstrale ou œstrale et la chienne œstrale n'est attirée que par un animal au même stade de son cycle ovarien (Beach, Rogers et Le Bœuf, 1968). Et beaucoup parmi les femelles qui se montrent capables, en anœstrus, de monter une autre femelle ne le font que si celle-ci est en état d'œstrus. Nous l'avons signalé chez le singe Rhesus, la ratte et la lionne. Sans doute ces stimuli empruntent-ils, en partie au moins, la voie olfactive et s'exercent-ils sur les structures comportementales mêmes pour les activer, en dépit de la carence en hormones sexuelles chez la femelle anœstrale. Il ne faut pas oublier que le comportement hétérosexuel du mâle peut s'accomplir en l'absence de sécrétion hormonale testiculaire. Peut-être même ces signaux olfactifs, et d'ailleurs aussi des stimuli photiques ou ceux d'ordre tactile en rapport avec des comportements de séduction, sont-ils à même d'activer le fonctionnement des structures « mâles » de la femelle qui, en l'absence de conditionnement hormonal, deviennent plus sensibles à leur action. Ceci n'exclut d'ailleurs aucunement des actions cumulatives, sur une structure nerveuse, de stimuli externes et endogènes tels qu'on a pu les mettre en évidence dans le comportement d'acceptation précoce de la ratte où des stimuli olfactifs et œstrogéniques conditionnent ce comportement (Cl. Aron, J. Roos et G. Asch, 1970). Le rôle joué par l'expérience sexuelle de la femelle ne doit pas non plus être négligé (Beach et Rasquin, 1942; Goy et Young, 1957). On n'expliquerait ainsi, chez le Cobaye, qu'une interaction entre des signaux d'origine différente, émanant de mâles ou de femelles, et une même hormone sexuelle, l'œstradiol, aboutisse à l'activation de l'une ou l'autre des structures comportementales présente chez la femelle et induise un comportement de réceptivité dans un cas, et de monte dans l'autre cas. Ce ne sont là que des hypothèses. Peut-être ouvriront-elles la voie à de nouvelles recherches en ce domaine.

V. CONCLUSIONS

Nul ne peut douter à l'heure présente de l'existence, chez les Mammifères inférieurs aux Primates et aussi chez les Singes, d'une organisation commune aux deux sexes des structures neuro-endocriniennes présidant au contrôle de l'activité des gonades et à celui du comportement sexuel.

Une fois organisées dans un sens conforme à leur sexe génétique, les glandes génitales vont induire par le jeu de leurs sécrétions hormonales, non seulement la différenciation de leurs annexes mais encore celle du système nerveux central. Cette dernière intervient précocement au cours de la vie prénatale ou périnatale. La question fondamentale qui se pose donc à nous au terme de cet article est celle de l'extrapolation à l'Homme de données que seule l'expérimentation animale pouvait rendre accessibles. En fait, il n'y a aucune raison de penser que les mécanismes de la différenciation du système nerveux diffèrent, chez l'Homme, de ceux qui ont été mis en évidence chez les autres Mammifères. On peut y suspecter, bien au contraire, une influence des hormones sexuelles sur les structures nerveuses, à la lumière des modifications psychosomatiques observées chez les enfants qui, durant leur vie fœtale, ont été soumis à une surcharge androgénique, comme cela se produit dans le syndrome adrénogénital, ou se sont montrés réfractaires à l'action des androgènes lorsqu'ils étaient porteurs de testicules féminisants (Money, 1972).

Mais l'intervention, à l'aube de l'existence, de mécanismes endrocriniens dans la détermination du schéma comportemental de l'Homme, ne préjuge évidemment en rien du rôle que joueront tous les facteurs éducatifs et sociaux dans l'épanouissement et l'expression du comportement sexuel. On comprend dans ces conditions que certains hésitent à adopter un point de vue aussi tranché que celui de Dörner, Rohde et Krell (1972), lorsqu'ils attribuent l'homosexualité masculine à une déficience androgénique prénatale pendant la période de différenciation sexuelle de l'hypothalamus. Sans doute l'Homme et la Femme n'échappent-ils pas au jeu complexe des interactions entre facteurs externes et endogènes qui président au contrôle de la sexualité chez les Mammifères qui leur sont inférieurs. Nous en sommes malheureusement réduits à des spéculations en ce domaine.

Mais j'espère avoir réussi à montrer que de telles spéculations ne se justifient que par une continuelle et totale référence aux connaissances objectives tirées de l'expérimentation animale.

CLAUDE ARON

BIBLIOGRAPHIE

Afin de ne pas alourdir ce texte, nous renvoyons le lecteur à un certain nombre d'ouvrages et articles généraux où il trouvera des compléments d'information sur la plupart des références que nous avons citées et que nous avons voulu assez nombreuses pour qu'apparaisse la chronologie des progrès accomplis dans le domaine de la biologie sexuelle et comportementale au cours de ces soixante dernières années.

ARON, Cl. : La ponte ovulaire chez les Mammifères, in *Entretiens sur la Sexualité*, 349-392, Plon, Paris (1969).

BEACH, F. A. : A review of physiological and psychological studies of sexual Behavior in Mammals, *Physiol. Rev.*, 27, 240-307 (1947).

BEACH, F. A. : Factors involved in the control of Mounting Behavior by female Mammals, in *Perspectives in Reproduction and Sexual Behavior*, éd. par M. Diamond, 83-131 Indiana Univ. Press, Bloomington et London (1968).

BRONSON, F. H. : Rodent pheromones, *Biol. Reprod.*, *4*, 344-357 (1971).

CHIEFFI, G. : Onset of steroidogenesis in the vertebrate embryonic gonads, in *Organogenesis*, 653-671, éd. par De Haan et Ursprung, Holt, Rinehart et Winston, N. Y. (1965).

DAVIDSON, J. M. : Control of gonadotropin secretion in the Male, in *Neuroendocrinology*, éd. par L. Martini et W. F. Ganong, vol. 1, 565-611, Acad. Press, N. Y. (1966).

DAVIDSON, J. M. : Hormones and reproductive Behavior, in *Reproductive Biology*, éd. par H. Balin et S. Glasser, 877-918, Exc. Med., Amsterdam (1972).

DAVIDSON, J. M. et LEVINE, S. : Endocrine regulation of Behavior, *Ann. Rev. Physiol.*, *34*, 375-403 (1972).

EVERETT, J. W. : The Mammalian reproductive cycle and its controlling mechanisms, in *Sex and Internal Secretion*, éd. par W. C. Young and G. W. Corner, vol. 2, 497-555, Williams and Wilkins, Baltimore (1961).

EVERETT, J. W. : Neuroendocrine aspects of Marmmalian reproduction, *Ann. Rev. Physiol.*, *31*, 383-416 (1969).

EVERETT, J. W. : Central neural control of reproductive functions of the adenohypophysis, *Physiol. Rev.*, *44*, 373-431 (1964).

FLERKO, B. : Control of gonadotrophin secretion in the female, in *Neuroendocrinology*, éd. par L. Martini et W. F. Ganong, vol. 1, 613-668, Acad. Press, N. Y. (1966).

GALLIEN, L. : Recherches expérimentales sur l'organogenèse sexuelle chez les Batraciens Anoures, *Bull. Biol.* 78, 257-359 (1944).

HARRIS, G. W. : Hormonal differentiation of the developing central nervous system with respect to patterns of endocrine function, *Phil. Trans. Roy. Soc.*, London, B., *259*, 165-177 (1970).

HUMPHREY, R. R. : Sex inversion in the Amphibia, *Biol. Symp.* 9, Sex Hormones, 81-104, J. Cattell Press, Lancaster, Pennsylvania (1942).

JOHNSON, A. D., GOMES, W. R. et VANDEMARK, N. L. : *The Testis*, vol. 1, 684 p., Acad. Press, N. Y. (1970).

JOST, A. : Le contrôle hormonal de la différenciation du sexe, *Biol. Rev.*, *23*, 204-236 (1948).

JOST, A. : Hormonal factors in the sex differentiation of the mammalian fœtus, *Phil. Trans. Royal Soc.*, London B., *259*, 119-130 (1970).

LISK, R. D. : Sexual behavior hormonal control, in *Neuroendocrinology*, éd. par L. Martini et W. F. Ganong, vol. 2, 197-239, Acad. Press, N. Y. (1967).

MARSHALL'S : *Physiology of Reproduction*, éd. par Parkes, vol. 3, 1168 p., Longmans (1966).

MONEY, J. Clinical aspects of prenatal steroidal action on sexually dimorphic behavior, in *Steroid hormones and Brain function*, éd. par C. H. Sawyer. et R. A. Gorski, 325-338, Univ. Calif. Press, Los Angeles (1971).

PRICE, D. : In vitro studies on differentiation of the reproductive tract., *Phil. Trans. Royal Soc.*, London B., 259, 133-139 (1970).

PRICE, D et ORTIZ, E. : The role of fetal androgen in sex differentiation in Mammals, in *Organogenesis*, 629-652, éd. par De Haan et Ursprung. Holt, Rinehart et Winston, N. Y. (1965).

SCHALLY, A. V., KASTIN, A. S. et ARIMURA, A. : *The Hypothalamus and Reproduction*, Am. J. Obstet. Gynecol., *114*, 423-442 (1972).

SCHWARTZ N. B. et MC CORMACK, C. E. : Reproduction : gonadal function and its regulation, *Ann. Rev. Physiol.*, *34*, 425-472 (1972).

STEINBERGER, E. et STEINBERGER, A. : Testis : basic and clinical aspects, in *Reproductive Biology*, éd. par H. Balin et S. Glasser, 144-267, Exc. Med., Amsterdam (1972).

WHALEN, R. E. : Differentiation of the neural mechanisms which control gonadotrophin secretion and sexual behavior, in *Perspective in Reproduction and Sexual Behavior*, éd. par M. Diamond, 303- 340, Indiana Univ. Press, Bloomington et London (1968).

WHITTEN, W. K. : Pheromones and mammalian reproduction, in *Advances in Reproductive Physiology*, vol. 1, 155-177, Acad. Press, N. Y. (1966).

WOLFF, E. : *Les Changements de sexe,* 306 p., Gallimard, Paris (1946).

WOLFF, E. : Experimental modification of ovarian development, in *The Ovary*, vol. 2, 81-129, éd. par S. Zuckerman, Acad. N. Y. (1962).

WOLFF, E. : La différenciation sexuelle, in *Entretiens sur la Sexualité*, 267-303, Plon éd., Paris (1969).

YOUNG, W. C. : The hormones and mating behavior, in *Sex and Internal Secretion*, éd. par W. C. Young et G. W. Corner, vol. 2, 1173-1239, Williams and Wilkins, Baltimore (1961).

L'enfant et l'adolescent de sexe ambigu ou l'envers du mythe

> *Lorsque le merveilleux adolescent, fils d'Hermès et d'Aphrodite, fut assailli par la nymphe brusquement enflammée à sa vue, enlacé puis fondu en elle, ils cessèrent d'être deux pour devenir à la fois fille et garçon et le lac de Salmacis, lieu aquatique de la métamorphose, prit le pouvoir de faire un être double de tout homme qui se risquait à y plonger.*
>
> Selon Ovide.

D'une étude psychopédiatrique sur l'intersexualité somatique[1], nous voulons extraire quelques faits susceptibles d'être versés au débat sur la bisexualité. Cette relation qui s'inscrit dans la méthodologie de l'observation directe se tiendra à l'écart de toute théorisation, même si la théorie peut, comme nous le croyons, y trouver son compte.

L'intersexualité avec ambiguïté génitale n'est pas fréquente et c'est au privilège de nos conditions de travail en liaison avec deux équipes d'endocrinologie infantile[2] que nous devons l'expérience d'une quarantaine de cas. C'est dans une situation pratique que se déroule cette expérience, souvent sous le poids d'une décision, elle sans ambiguïté, de l'engagement d'un destin, garçon ou fille.

Si l'intersexuel peut contribuer à éclairer certains aspects de la psychosexualité par une condition somatique étrange, ce n'est pas celle de l'hermaphrodite : l'ambiguïté ne réside pas dans une bisexualité physique, mais dans la différence entre un sexe véritable et l'apparence des organes génitaux externes qui est, soit contraire au sexe, soit incertaine.

*

La cause de l'intersexualité ambiguë est une déviation du sexe au cours de la vie embryonnaire, pour des raisons pathologiques diverses.

L'embryogenèse de la différenciation sexuelle a été notablement précisée au cours de ces dernières années.

Le phénomène premier qui conditionne le sexe se situe à l'instant même de la fécondation. On sait que chaque cellule humaine, à l'exception de la cellule reproductrice, porte 23 paires de chromosomes, dont 22 paires d'autosomes et une paire de chromosomes sexuels. Le sexe chromosomique est caractérisé par la présence du couple XY pour le sexe masculin, XX pour le sexe féminin. La formule chromosomique est donc 44 XY chez l'homme, 44 XX chez la femme. La cellule reproductrice a un équipement réduit de moitié. La formule chromosomique de l'ovule est univoque, toujours 23 X, celle des spermatozoïdes 23 X pour certains, 23 Y pour d'autres. L'enfant sera mâle ou femelle selon le sexe chromosomique du spermatozoïde qui gagne dans la compétition. Dans le choix premier l'initiative, si l'on peut dire, ne peut venir que du mâle.

Les gonades primitives apparaissent chez l'embryon de vingt-huit jours ; elles sont indifférenciées au départ. La différenciation masculine va dépendre de la présence du chromosome Y, qui donne l'impulsion à l'orientation de la gonade primitive vers le testicule. En l'absence du chromosome Y, la gonade devient un ovaire même s'il manque un deuxième chromosome. La différenciation de la gonade primitive constitue le phénomène essentiel de la différenciation sexuelle. Elle déclenche une chaîne de réactions qui modèlent les organes génitaux internes et externes.

L'ébauche génitale interne, qui est double, est mise en place à la sixième semaine. Elle est formée de deux systèmes de canaux pairs et symétriques, les canaux de Wolff et les canaux de Muller. La différenciation sexuelle interne masculine (canal déférent et épididyme, à partir du canal de Wolff) se fait sous l'influence de la sécrétion des hormones virilisantes du testicule fœtal qui en même temps fait disparaître le canal de Muller. En cas d'absence du testicule ou d'insuffisance testiculaire, le développement génital interne, trompes et utérus, se fait dans le sens féminin, même si le sexe chromosomique est masculin. Il en est de même de la différenciation des organes génitaux externes qui se produit entre la onzième semaine et le quatrième mois chez le garçon et seulement au cours du troisième mois chez la fille.

L'embryogenèse sexuelle apparaît donc comme une différenciation à partir d'une bisexualité potentielle initiale.

La masculinisation est un phénomène actif qui nécessite la présence d'un testicule fonctionnel. La féminisation est un phénomène passif qui ne nécessite pas la présence d'un ovaire fonctionnel. Les expériences de castration précoce de l'embryon mâle (Jost) aboutissent à une morphologie interne féminine.

Le sexe somatique est caractérisé par la réunion d'un certain nombre de composantes qui, dans les conditions habituelles, concordent : *sexe chromosomique* ; *sexe gonadique* qui se définit par la présence soit de testicules, soit d'ovaires — leur activité hormonale intervenant à la puberté et détermine l'apparition des caractères sexuels secondaires ; *sexe génital interne*, caractérisé dans le sexe féminin par la présence de trompes et du vagin, dans le sexe masculin par l'épididyme et le déférent ; *sexe génital, externe*, enfin.

Ce qui caractérise l'intersexualité ambiguë est avant tout l'anomalie des organes génitaux externes.

Les états intersexuels avec ambiguïté se répartissent en deux catégories principales, le pseudo-hermaphrodisme masculin et le pseudo-hermaphrodisme féminin, l'hermaphrodisme véritable étant très exceptionnel et ne réalisant d'ailleurs pas une morphologie double.

Le pseudo-hermaphrodite féminin est constitutionnellement une fille et le pseudo-hermaphrodite masculin un mâle. Dans l'un et l'autre cas, l'anomalie porte principalement sur les organes génitaux externes, dont l'apparence est soit opposée au sexe réel, soit ambiguë. *La pathologie ne réalise donc pas l'hermaphrodite idéalement bisexué des représentations plastiques ou littéraires.*

La variété d'intersexuels la plus répandue est le pseudo-hermaphrodisme féminin par hyperplasie surrénale congénitale. Il s'agit de filles porteuses d'ovaires, de trompes, d'un utérus et dont les organes génitaux externes sont d'apparence virile. La cause de cette apparente virilisation est diverse ; elle est due le plus souvent à un défaut congénital d'où résulte, dès la vie embryonnaire, une surproduction d'hormones virilisantes par les glandes surrénales. Leur action commence à s'exercer quand les gonades et les voies génitales internes sont déjà instituées, mais avant la différenciation génitale externe qui est plus tardive. Une autre cause peut être l'administration d'une médication à effet virilisant en début de gestation. L'anomalie génitale externe revêt des degrés divers jusqu'à la présence d'un bourgeon génital qui a l'apparence d'un pénis. À la naissance, ces enfants peuvent être pris pour des garçons. Laissés à leur sort, ils évoluent vers une morphologie corporelle franchement masculine, avec un bourgeon péniforme de dimension variable, de forme anormale, avec souvent une fente à sa base. À l'âge adulte, ils ont l'aspect de garçons porteurs d'une anomalie génitale invalidante. Détectés précocement, ils sont justiciables d'un traitement hormonal complété, le moment venu, par des interventions correctrices qui permettent le retour à la condition physique féminine, avec la possibilité d'une fonction sexuelle normale y compris la procréation.

Le pseudo-hermaphrodisme masculin occupe dans l'intersexualité la seconde place en fréquence. Il existe des testicules, habituellement en position ectopique, un épididyme, des canaux déférents, un bourgeon génital réduit, d'aspect clitoridien, une fente vulviforme et éventuellement une cavité vaginale. Il n'existe pas de troubles endocriniens évolutifs, de sorte que, pris pour une fille et élevé comme telle, un tel sujet serait à la puberté dans la situation d'une fille qui assisterait à l'éclosion des caractères secondaires masculins : la voix, le système pileux, la morphologie corporelle… En présence d'un jeune enfant pseudo-hermaphrodite mâle avec configuration génitale externe féminine, le médecin se trouve dans une situation d'engagement parmi les plus embarrassantes : accepter l'évolution spontanée vers l'état d'un homme privé de verge et pourvu d'une vulve, parfois d'un vagin, ou bien à partir de cet enfant qui n'a de fille que l'apparence génitale externe, faire un être pourvu d'attributs féminins entièrement fabriqués par l'ablation des testicules, la plastie du bourgeon génital, la féminisation artificielle des caractères sexuels secondaires à la puberté par l'administration permanente d'hormones, la création d'un néo-vagin qui, pour des raisons techniques, ne peut se faire que peu avant le début de l'exercice de la sexualité.

*

Ce rappel très schématisé était destiné à situer l'évolution psychosexuelle[3] en face de la génitalité somatique de l'intersexuel.

Notre expérience a confirmé que l'orientation psychosexuelle du sujet ambigu peut être en contradiction avec le sexe biologique, rejoignant ainsi de nombreuses constatations antérieures (Marañon, A. Ellis, J. Money, J. G. et J. L. Hampson, R. Stoller, CI. Launay, G. Meer, etc.).

Le pseudo-hermaphrodite féminin, lorsqu'il a été élevé, à la suite d'une erreur, en garçon, est doté d'une psychosexualité masculine en dépit de sa conformation somato-biologique féminine.

C. fut adressé, à l'âge de dix-sept ans et demi, au docteur Petit pour correction chirurgicale d'un hypospade vulviforme. Les examens devaient montrer qu'il s'agissait en réalité d'un pseudo-hermaphrodisme féminin méconnu, et ainsi se posait la question de l'opportunité de modifier son sexe. Une longue discussion préliminaire à l'information des parents nous réunit avec le docteur Petit et le docteur Canlorbe. Les éléments somatiques étaient les suivants. C. se présentait comme un garçon d'une taille de 10 % inférieure à la moyenne (il mesurait moins de 1 mètre 60), râblé, très musclé, avec une charpente osseuse et massive. Il était pourvu d'un système pileux développé. Ses organes génitaux externes avaient un aspect ambigu ; le bourgeon génital de deux à trois centimètres de long, était terminé par une apparence de gland incomplètement recouvert par un capuchon maintenu par deux freins latéraux. En soulevant le bourgeon génital, on découvrit une fente par laquelle se faisait l'émission des urines, bordée par une apparence de grandes lèvres. Les examens avaient montré qu'il était pourvu d'un utérus et d'ovaires et qu'il s'agissait d'une fille virilisée par hyperplasie surrénale congénitale La poussée pubertaire avait commencé vers cinq ans pour atteindre son acmé vers huit ans. C. n'avait plus grandi depuis l'âge de onze ans et les cartilages de conjugaison étaient soudés depuis lors.

L'après-midi même de cette discussion, le docteur Petit vit le père et fut immédiatement soulagé quand il s'aperçut qu'il était beaucoup plus au fait de la situation que nous ne le supposions. Il ne fut pas surpris des résultats de l'examen, et se montra au contraire très satisfait d'être éclairé. Immédiatement, il déclarait qu'il lui semblait impensable que le sexe de son fils puisse être modifié, mais qu'il allait discuter de cette question avec lui ; ce qu'il fit dès les jours suivants, en lui expliquant que sa constitution interne n'était pas normale, qu'il avait en lui des organes de fille. Tous deux tombèrent d'accord sur la nécessité de l'intervention pour supprimer tout ce qui était en lui féminin et pour réparer les organes génitaux externes.

C'est dans ces conditions que nous vîmes la famille avec le docteur Françoise Bouchard. C. et ses parents purent être examinés longuement et à plusieurs reprises et nous pûmes reconstituer son histoire.

La grossesse arrivée en pleine guerre était, de l'aveu de la mère, malvenue. Elle relata une anecdote significative de son désarroi. Elle avait consulté une diseuse de bonne aventure qui s'en était tirée en annonçant : « C'est un garçon, mais je vois une fille. » Bien qu'elle appartînt à un milieu évolué et qu'elle fût croyante, elle avoue avoir été très impressionnée par cette prédiction. Lorsque l'enfant naquit, le père était prisonnier. Dès la naissance on annonça une fille, mais au bout de deux jours les médecins se ravisèrent et il fut déclaré garçon à l'état civil. Elle en fut contente pour son mari qui désirait un fils. Elle l'éleva, dit-elle, tout à fait comme un garçon. Le développement se fit normalement ; il marcha à quatorze mois, parla dans des délais normaux ; il a toujours bien dormi, et n'a jamais eu de difficultés alimentaires. Il avait deux ans et demi lorsque son père rentra de captivité. Parfaitement conscient de l'ambiguïté du sexe de son enfant, il l'observa, dit-il, très attentivement dès ce moment, et tout au long de son enfance, ce qui nous a permis d'avoir des renseignements assez précis. Il se comportait en garçon avec la référence que leur permettait la fille aînée. Entre trois et six ans il se montra tendre avec sa mère et un peu difficile avec son père. Ses jeux étaient ceux d'un garçon, ses compagnons de jeux étaient des garçons ; il n'a jamais joué à se travestir. Dès l'âge de huit ans, et pendant une longue période, il déclarait qu'il serait chirurgien. Il ne se montrait pas inquiet, travaillait bien à l'école, et à aucun moment ne fit de réelles difficultés. Son adolescence se déroula normalement ; il traversa une période d'opposition qui se cristallisa sur la question religieuse. En face de la tradition catholique de sa famille il affichait des idées de libre penseur. Il a poursuivi des études secondaires honorables jusqu'en quatrième et il fréquentait une école de beaux-arts.

Le père, âgé de cinquante ans, chef d'entreprise, se présentait comme un homme calme, énergique, très fort, dominant la situation, ayant toujours refusé qu'on se lamente pour son fils. Percevant à la fois l'ambiguïté sexuelle et les caractères masculins de sa personnalité, il avait toujours tout fait pour accentuer sa virilité, très secondé en cela par sa femme. Il avait toujours eu avec son fils des contacts très proches.

La mère était une femme douce et calme, très chaleureuse, certainement moins intelligente que son mari.

C. était parfaitement informé de sa condition lorsque nous le vîmes. Tout au cours de l'entretien il apparut comme un garçon intelligent, sensible, s'expliquant avec précision et finesse. Abordé sur sa situation et son avenir il dit qu'il se destinait à être dessinateur publicitaire. Ses études à l'école des beaux-arts lui plaisaient beaucoup et il réussissait bien. Il décrivait avec chaleur ses relations familiales ; ses parents étaient proches et larges d'esprit ; il avait de bonnes relations avec sa sœur aînée de dix ans plus âgée que lui, et un frère de deux ans plus jeune. Il avait des amis et aimait sortir. Il dit alors que la consultation à Paris avait été sollicitée par lui-même. Il était tombé amoureux d'une jeune fille de son âge. Il éprouvait pour elle un désir physique. Cet événement l'avait incité à penser à son avenir et avait augmenté ses soucis au sujet de sa taille et de sa malformation, à laquelle il pensait depuis toujours, mais qui était devenue véritablement obsédante. Depuis ces quelques mois il était devenu triste et se repliait sur lui-même. Il n'avait confié ses craintes à personne.

Ce récit se situait dans une tonalité d'affliction très authentique sans caractère pathologique. Il se montrait heureux de faire part de ses soucis et espérait beaucoup en ce qu'on allait faire pour lui. Avec tact et sans réticence il nous informait de ses fantaisies sexuelles. Dès l'âge de quatorze ou quinze ans il s'était mis à penser aux femmes, imaginant avec elles des rapprochements ; ils étaient accompagnés d'érections. Il avait des rêves de réalisation hétérosexuelle ; il rêvait aussi souvent qu'il était un aviateur. Plusieurs fois il avait recherché des photographies de femmes nues ; sa chambre était décorée de vedettes féminines. Il n'avait jamais été sollicité ni tenté par des jeux homosexuels. Du point de vue physique, il se considérait comme un garçon ; la présence d'organes féminins internes dont il venait d'être averti l'avait beaucoup troublé, sans pour autant entamer sa conviction d'être mâle. Il concevait cette particularité comme une infirmité supplémentaire lésant son intégrité corporelle et compromettant l'exercice de la sexualité et sa vie sexuelle ultérieure. Au terme de cette investigation ainsi que d'autres qui furent conduites par le docteur Bouchard, apparaissait une personnalité masculine dont l'équilibre était acquis sur un mode très adulte, avec l'anxiété et les craintes que l'on pouvait attendre devant une telle infirmité. Il n'existait pas de structure pathologique ; ses pulsions sexuelles étaient comparables à celles d'un adolescent de cet âge.

Il devait subir quatre interventions successives qui s'échelonnèrent sur les dix-huit mois suivants. On pratiqua d'abord l'hysterectomie et l'ablation des ovaires avec la fermeture du vagin et l'allongement et le redressement du clitoris. Les trois interventions suivantes étaient destinées à reconstituer un urètre avec une continuité permettant la miction par la verge. L'organe ainsi obtenu avait la longueur d'un gland. Ces prouesses techniques n'aboutirent, comme il était prévu, qu'à un résultat qui ne pouvait être que très partiel.

Il retourna chez lui et depuis lors il ne nous fut pas possible d'avoir de ses nouvelles.

Cette observation est significative du devenir d'une évolution psycho-sexuelle qui se fit en accord avec le sexe d'assignation et d'éducation et à l'encontre du sexe biologique et anatomique. Accepté d'emblée comme un garçon et traité comme tel par sa mère, par la suite il se comporta toujours comme tel. Le père joua certainement un rôle déterminant. Conscient de l'ambiguïté de son fils, il était à l'affût des traits de caractère masculin qu'il favorisait et affirmait par tous les moyens. À la fois chaleureux et lui-même très viril, il offrait une forte image d'identification masculine. Il n'a pas été possible de percevoir comment la mère se comportait pendant les premiers mois de la vie de son enfant, mais il est probable qu'elle l'infléchit d'emblée vers une psychosexualité masculine. En effet, vers l'âge de deux ans et demi à trois ans, il s'affirmait en garçon et au travers de l'évolution on perçoit une structure œdipienne masculine.

La malformation était à l'origine d'inquiétudes qui, contrairement à l'assertion des parents, remontaient loin dans l'enfance. À l'adolescence, au moment où il fut mis en présence de la réalisation de la sexualité, ses inquiétudes prirent un tour aigu et quasi dépressif. Cet événement survint de façon relativement tardive, au moment de la confrontation directe à l'exercice de la sexualité et la proximité du devenir adulte. La connaissance qu'il eut alors d'une conformation génitale interne féminine n'entraîna pas de décompensation. Elle n'altéra pas son identité masculine.

Par la suite, il subit avec courage une série d'interventions dont les trois dernières furent très éprouvantes.

Le devenir ultérieur nous échappa. Comme il est très habituel pour ce genre de patients, il ne répondit ni aux convocations ni aux demandes de nouvelles. Ce point très général mérite réflexion ; il pourrait être considéré véritablement comme un symptôme. Dans le cas présent, cette rupture, en regard de l'attachement qu'il manifestait aux médecins dans la mesure où il espérait beaucoup d'eux et l'acharnement quasi stoïque qu'il offrit à collaborer à l'amélioration de sa condition physique, donne à penser que le cours ultérieur ne fut pas favorable.

Reconnu précocement, ce pseudo-hermaphrodisme eût pu être traité et établi dans la morphologie et le destin d'une fille normale. Il s'inscrit dans la liste des erreurs de diagnostic particulièrement affligeantes. Acculés à la nécessité de garder ce sujet dans le sexe où il s'était établi, les médecins ne pouvaient qu'ajuster au moins mal la conformation génitale, aux aléas d'une grave malformation.

De cette observation nous ne retenons qu'une de ses données : la différenciation psycho-sexuelle s'est faite dans la masculinité malgré une constitution somatique féminine complète, sauf la conformation des organes génitaux externes qui étaient d'apparence ambiguë. La virilisation due aux androgènes surrénaux provoqua le développement des caractères secondaires masculins. Mais elle se fit tardivement, alors que l'enfant était déjà établi en garçon. Certes ces caractères secondaires ont dû jouer un rôle important pour le confirmer dans cet état, mais la sécrétion endocrinienne ne peut être invoquée comme facteur causal.

Des faits symétriques ont pu être observés dans le pseudo-hermaphrodisme masculin. Nous avons déjà relaté[4] l'observation détaillée de J., considérée comme fille à la naissance et élevée en fille malgré un bourgeon génital volumineux, interprété comme un gros clitoris. Ce n'est qu'à l'âge de treize ans et demi que sa constitution masculine fut reconnue (testicules en position ectopique, caryotype XY), juste avant la puberté dont les premières esquisses surgissaient dans le sens masculin. Il n'était pas possible de douter de son orientation psycho-sexuelle dont les particularités purent être précisées au cours des entretiens avec la psychanalyste qui l'a suivie (docteur Janine Noël). Elle a subi la série des transformations chirurgicales destinées à lui donner une conformation génitale externe de fille, complétée par un traitement œstrogénique continu. Cette observation nous a permis des notations importantes dans la qualité de l'évolution libidinale par rapport à l'expérience d'organes génitaux anormaux, mais nous nous bornons ici à consigner l'évidence d'une structure psychologique féminine à l'encontre de la constitution physique.

Ces faits permettent de constater que l'évolution psycho-sexuelle de l'intersexuel ambigu se fait selon le sexe qui a été vu et reçu. On ne peut certes minimiser le rôle des facteurs biologiques, mais il est flagrant qu'ils peuvent être submergés par l'ensemble des comportements et des conduites déclenchés chez la mère dès la naissance de son enfant à l'annonce du sexe et à la vue des organes génitaux, puis organisés dans la relation primitive. Dans l'évolution ultérieure de l'organisation progressive de la libido dans le sens masculin ou féminin depuis le stade phallique jusqu'à l'adolescence, le rôle de l'environnement familial et social continue à prévaloir sur tout autre facteur, y compris l'expérience directe de la conformation génitale, si importante soit-elle. Quel que soit le type de l'ambiguïté, l'évolution psycho-sexuelle peut être franchement déterminée. Cette notion de psycho-sexualité franche, comparable à celle du sujet somatiquement normal, est bien entendu comprise non pas comme une bipartition tranchée, mais comme une dominance de répartition de l'économie libidinale car chez l'intersexuel comme en tout autre, apparaît la bisexualité psychologique. Cette notion a une importance très grande dans la décision de l'assignation de l'intersexuel dans un sexe déterminé.

C'est le mérite de Money et Hampson d'avoir montré que des échecs parfois dramatiques sur le plan psychologique peuvent être imputés au changement de sexe, dans les cas où le sujet était établi dans un « gender role » contraire à celui que le traitement a voulu redresser. Nous avons relaté l'observation[5] d'un garçon jusqu'à l'âge de cinq ans et demi, qui, à la suite d'une modification inopportune du sexe somatique, versa dans une décompensation psychotique. Les auteurs précités avaient déduit une conduite pratique : proscrire toute modification du sexe après l'âge de deux ans et demi, date à laquelle ils estiment que le « gender role » est établi et inscrit de façon définitive.

*

C'est principalement autour de l'intersexualité que fut soulevé le problème d'un type de psychosexualité, à l'origine d'une réflexion d'autant plus attentive que ces sujets peuvent se prêter tardivement à une rectification de leur sexe. Dans cinq cas de notre série, nous nous sommes trouvés en présence de grands enfants ou d'adolescents qui ne se sentaient pas assurés d'être garçon ou fille. Cette psycho-sexualité, que nous qualifions d'ambiguë et que d'autres ont dénommée incertaine (Cl. Launay) ou ambivalente, est rattachée par R. Stoller à ce qu'il appelle l'identité hermaphrodite [*hermaphrodic identity*]. Pour cet auteur, la condition d'ambiguïté est solidement établie dans leur personnalité. Ils sont convaincus d'appartenir à un sexe douteux, à la fois masculin et féminin, ou ni à l'un ni à l'autre. Le réajustement de leur anomalie physique en fonction de leur conformation est accepté sans grande difficulté. Mais en dépit de leur nouvel aspect ils gardent, dit-il, l'identité hermaphrodite, avec une capacité d'interchanger le partenaire sexuel. Ils sont différents de ces catégories d'homosexuels qui, en dépit de l'inversion ou de l'interversion de leur objet sexuel, n'ont pas de doute sur leur propre identité sexuelle. En référence à la notion de l'identité sexuelle qui est au centre de ses préoccupations, Stoller fait de l'identité hermaphrodite une caractéristique inscrite définitivement. Cette opinion pose beaucoup de questions. Les unes sont théoriques et renvoient à la notion de l'identité sexuelle ; les autres d'ordre pratique. Notre expérience n'a pas confirmé l'apparente facilité que peut donner la description de cette caractéristique.

M., pseudo-hermaphrodite féminine, a vécu sous lé prénom de Jean-Louis jusqu'à l'âge de onze ans, date de son intervention. Doté d'une constitution génitale interne féminine, ses organes génitaux externes étaient anormaux par la présence d'un bourgeon génital ayant la dimension d'une verge. Examiné attentivement à l'âge de cinq ans et demi par plusieurs pédo-psychiatres et psychanalystes, sa différenciation psycho-sexuelle fut suffisamment imprécise pour que les avis aient été partagés. Vu par nous à l'âge de dix ans, puis objet d'investigations psychanalytiques par Janine Noël, il s'avérait tout à fait incertain dans son orientation, avec des traces d'identification à la fois masculine et féminine, mais ce, dans des particularités notables. L'homme était ressenti comme un être inconsistant et rabougri et l'image de la femme était brouillée avec de fortes composantes masculines. Il dégageait l'impression d'une personnalité de grande pauvreté, avec un contact difficile. Il était anxieux, inhibé, parlant peu, déclarait ne pas rêver. Les productions graphiques étaient mal élaborées et rudimentaires. Un de ses dessins représentait un cheval monté par un homme petit et étriqué qu'il déclara être un jockey. Un autre montrait une femme de profil, hachurée de noir et réduite à une silhouette de prestance assez forte. Il n'avait pratiquement pas de camarades ; ses activités ludiques étaient réduites et très pauvres. Il vivait très effacé, sa scolarité était médiocre ; l'impression générale était celle d'une apathie, d'une grande passivité et d'une vie en appendice de la mère.

Sans vouloir entrer dans le détail de cette riche

observation, disons, de façon un peu simplifiée, que l'essentiel de la constitution d'une identité sexuelle ambiguë résidait dans une série de tiraillements et de contradictions. Pourvu d'un sexe d'état civil, d'un prénom masculin, porteur d'un pénis qui pouvait servir de support à un investissement masculin; considéré par son père comme un garçon, avant la séparation du couple qui eut lieu alors que l'enfant avait un peu plus d'un an, il fut par la suite l'objet d'une pression constante de la part de sa mère, atteinte d'une sérieuse névrose de caractère, où dominait l'hostilité du mâle. Celle-ci comportait un caractère phobique comme si la castration était assimilée à la mort. Elle avait antérieurement perdu un enfant, décédé en bas âge et porteur d'une anomalie génitale. Elle avait, pour la grossesse de M., fait une tentative d'avortement sous la forme singulière de l'absorption d'hormones mâles (qui selon toute vraisemblance avait provoqué la malformation). Derrière sa ténacité durant des années et finalement couronnée de succès, à exiger la transformation, transparaissait la conception fantasmatique agie qu'une femme est un mâle qui a subi la castration.

Dans un autre cas, l'enfant D., âgée de huit ans et demi, était également un pseudo-hermaphrodite féminin[6]. Il était élevé en garçon. Sa psycho-sexualité était incertaine. Des confusions dans les sexes pour lui-même et pour les autres apparaissaient dans le langage, l'usage des pronoms, les concepts, les représentations graphiques. Les parents le décrivaient comme un petit débile, neutre, triste, avec une vie en retrait. Cet enfant, qui n'était pas un psychotique, souffrait d'une inhibition massive avec des blocages dans le secteur cognitif Il existait une très grande anxiété. Dans sa famille il était tenu à distance en objet redouté, comme atteint d'une sorte de mal sacré. Cette situation était due au père qui niait l'anomalie, pourtant évidente. La mère était complice, sentant que cette condition était nécessaire à la sauvegarde du couple. Lorsque le sexe de l'enfant fut mis en question, le père se décompensa et la famille faillit se rompre. Ils fuirent les médecins et toute action fut impossible. Ce qui est navrant car les conditions physiques et psychologiques étaient réunies pour permettre la modification du sexe.

Ces constatations concordent avec celles de madame le docteur Daymas dans l'expérience du service du professeur Launay. L'inhibition profonde, le rétrécissement des affects, la pauvreté fantasmatique suggèrent pour elle ces obtusions névrotiques graves que l'on retrouve chez les enfants vivant des filiations mal élucidées où la réalité ou le nom d'un des parents est censuré. Le doute fondamental du niveau de la première identité qu'est l'identité sexuelle pourrait au premier abord évoquer la psychose.

Ainsi la réalité d'une psycho-sexualité ambiguë ne nous paraît pas douteuse chez certains intersexuels. Elle est la conséquence non pas d'une condition somatique double, mais de l'incertitude et des contradictions qui ont touché l'enfant autour de son sexe. Dans notre expérience, cette caractéristique se situait toujours dans le contexte de perturbations de la personnalité sous des modalités et avec des degrés divers. L'efficicience intellectuelle même pouvait en être affectée et de surprenantes récupérations objectivées par la psychométrie ont pu être constatées à la suite de la réorientation dans un sexe précis, reçu et accepté. Le terme d'identité sexuelle ambiguë, proposé en place de celui d'identité hermaphrodite, veut éviter le risque d'illusion de l'hermaphrodisme mythique qui sommeille au cœur de tout homme, fût-il médecin ! Hors de toute attribution conceptuelle, notre seul souci est celui d'une précision descriptive clinique, qui est de connaissance essentielle pour le praticien appelé à donner son avis dans une décision de réorientation qui peut être faite ici tardivement, contrairement à l'opinion initiale de Money et Hampson.

*

La notion de l'appartenance au sexe est désignée de plus en plus couramment sous la dénomination de l'« identité sexuelle[7] ». Sans vouloir en aborder l'aspect théorique très discuté, elle apparaît d'une grande importance pratique pour l'intersexualité et s'exprime par l'unanimité des médecins à reconnaître que l'assignation du sexe doit être effectuée au plus tôt, par le souci de déterminer l'âge au-delà duquel le changement de sexe peut être aléatoire ou même dangereux, et aussi par l'intérêt porté à la psycho-sexualité dite ambiguë. L'expérience quotidienne de l'investigation psychologique et psychanalytique démontre que dès l'âge de deux ans et sans doute plus tôt, l'enfant a des comportements caractéristiques de son sexe, sait distinguer le sexe des autres, offre des conduites électives selon le sexe de ses partenaires.

Nos observations sur les intersexuels s'ajoutent à la liste des travaux qui ont démontré que ni la constitution somatique ni les forces biologiques endocriniennes ne suffisent à déterminer l'identité sexuelle. Tout se passe comme si la psycho-sexualité originelle était à double potentiel, à l'image de l'embryon qui porte en lui un double devenir. À l'encontre de ce que nous pouvons assurer pour l'embryogenèse, nul ne sait si la première différenciation est un phénomène actif ou passif Mais tout nous incite à penser que dans ces phénomènes interviennent de façon prévalente les facteurs de l'environnement. Il n'est certes pas question de contester le rôle des éléments d'ordre biologique mais il est clair qu'ils peuvent être submergés par l'ensemble des comportements et des attitudes conscientes et inconscientes déclenchés dès l'annonce du sexe puis à la vue des organes génitaux, et aussitôt organisés dans les phénomènes interrelationnels archaïques de telle manière que l'enfant se perçoit garçon ou fille dès la deuxième année de la vie. Cette empreinte initiale que les parents gravent dans leur enfant semble s'inscrire avant que l'enfant puisse prendre connaissance de ses singularités corporelles. Dans l'évolution ultérieure pour l'organisation et la répartition libidinale dans le sens masculin ou féminin depuis le stade phallique jusqu'à l'adolescence, le rôle de l'environnement familial et social continue à prévaloir sur tout autre facteur chez l'intersexuel, y compris l'expérience directe de la conformation propre au sexe, si importante soit-elle.

La comparaison avec les déviations de la psycho-sexualité pour les sujets dont la constitution physique est normale, et notamment le transsexualisme, peut éclairer la compréhension de l'évolution sexuelle de l'intersexuel ambigu. Une observation récente est venue matérialiser ce qui pourrait passer dans cette comparaison pour une spéculation.

Il s'agissait d'un enfant de cinq ans, de constitution féminine avec des organes génitaux externes ambigus qui avaient suscité chez l'accoucheur une attitude dubitative, assortie du singulier conseil de temporiser en l'élevant et en l'habillant en garçon. Il se présentait à nous, au cours des séances d'investigation en jardin d'observation, tout à fait comme un petit transsexuel, par ses gestes, sa démarche, ses inflexions de voix, un intérêt passionné pour les vêtements de femme, les parures, la sensualité à manipuler les étoffes, les cheveux, le goût à s'admirer dans les miroirs. Chez les parents, on repérait une attitude, observée autour de l'intersexualité, d'un surinvestissement du sexe vers lequel ils se sentent profondément orientés pour leur bébé, en l'espèce le sexe féminin, avec une surveillance constante de tout ce qui corroborait la féminité et une interdiction de ce qui aurait pu paraître masculin. Il ne nous a pas été malheureusement possible de préciser la qualité de la relation primaire, car l'enfant avait été élevée les premiers mois par une tante que nous n'avons pu voir.

Ce cas nous donne l'occasion de préciser que parmi les jeunes garçons efféminés, ceux qui appartiennent au transsexualisme ne peuvent être réduits à une inversion de l'identité sexuelle. Sur le seul plan du comportement, nous avons toujours été frappés chez eux par une sorte de caricature de la féminité, un peu à la manière de l'homosexuel du théâtre de boulevard.

L'intersexualité nous incite à réfléchir sur les phénomènes interrelationnels archaïques qui se jouent dans la dyade pour les processus d'identification primitive et qui débouchent sur la constitution d'une identité sexuelle avant même que l'âge du nourrisson ne soit achevé[8].

*

L'état d'ambiguïté entraîne constamment des réactions profondes chez les parents. Toutes les gammes peuvent en être observées, depuis des nuances à peine perceptibles jusqu'aux conséquences les plus graves. Certains trouvent en eux-mêmes suffisamment d'équilibre et de souplesse pour s'adapter à la situation et permettre à l'enfant une évolution convenable. On peut aussi assister à des comportements et à des décompensations sous les formes les plus variées : rupture avec les médecins, conduites agressives vis-à-vis de l'enfant, son rejet ou même son exclusion, décompensations névrotiques, tensions familiales, pouvant aller jusqu'à la rupture du couple. Chacune de ces éventualités correspond à des exemples de notre expérience.

C'est ainsi qu'une mère bascula dans un comportement qui devait mettre plusieurs fois la vie de sa fillette en grave danger. Déclarée garçon à la naissance, l'erreur fut rapidement reconnue. Elle était atteinte d'un pseudo-hermaphrodisme féminin par hyperplasie surrénale avec troubles électrolytiques (syndrome de Debré-Fibiger) qui nécessitait un traitement extrêmement précis et surveillé. À l'occasion d'accidents d'insuffisance surrénale aiguë qui l'amenèrent au bord de la catastrophe, on s'aperçut que la mère donnait irrégulièrement le médicament. Animée par la crainte obsédante que l'anomalie ne soit connue, elle avait établi tout un système de protection qui s'étendait jusqu'au pharmacien, et elle se trouvait parfois démunie de médicaments. Derrière d'autres excuses et prétextes, que masquait une sollicitude apparente, se faisait jour un jeu dangereux de mort pour l'enfant. Celle-ci fut finalement placée en maison sanitaire où elle se trouve toujours à l'âge de douze ans, car la famille refuse de la reprendre. Lorsque nous vîmes cette femme pour la première fois, elle était volubile, excitée et dès les premiers instants racontait sa vie. Jusqu'à la naissance de l'enfant elle exerçait sa profession avec une très bonne réussite et le couple était sans histoire. La grossesse était, disait-elle, désirée et son souhait était d'avoir une fille. L'anomalie génitale fut ressentie comme un « choc épouvantable ». Elle cessa de travailler, de dormir, souffrait de partout, vomissait et elle se mit à organiser toute sa conduite en fonction de la protection du « secret ». Orpheline de bonne heure, elle avait été élevée jusqu'à vingt et un ans par une nourrice à laquelle elle était très attachée. Depuis quelque temps elle avait construit à son égard un système interprétatif de détournement de son pécule. Elle avait fait des scandales, s'était rendue chez elle en passant par la fenêtre. Dès l'instant où la fillette fut placée, elle retrouva son équilibre.

Cette observation donne l'exemple d'une des réactions les plus graves autour de l'ambiguïté qui déclencha, chez la mère, une grave décompensation, une conduite mortifère et finalement un rejet effectif Elle eut entre-temps un petit garçon à propos duquel nous n'avons pas décelé d'attitude pathologique. Ce cas illustre la réflexion de Janine Chasseguet-Smirgel[9] : « S'éveillent alors en elle toutes les craintes archaïques inconscientes concernant ses désirs de la période œdipienne et l'activité masturbatoire concomitante. L'anomalie de l'enfant lui apparaît comme le signe de sa propre incapacité de mettre au monde un enfant intact et complet et comme la preuve du caractère mauvais et coupable de son Moi, de sa destruction interne due à la punition par l'image maternelle de ses désirs œdipiens interdits et, en particulier, de son désir, présent dans l'inconscient de toutes les petites filles, d'avoir un enfant du père. L'anomalie sexuelle de l'enfant va sans doute être vécue plus que pour toute autre comme une vengeance de l'image maternelle qui s'exerce au niveau même des organes sexuels (on est puni par où l'on pèche), le sexe de l'enfant subissant à retardement ce que le sexe de la mère coupable n'a pas subi au moment du complexe d'Œdipe. L'ire de l'image maternelle ainsi ajournée et ayant tout de même réussi à se manifester ne doit pas manquer d'éveiller des craintes persécutrices importantes, comme s'il s'avérait qu'il est impossible d'échapper aux sanctions maternelles et de se débarrasser du mauvais objet. D'autres phantasmes peuvent entrer en jeu, la présence d'un pénis sur un sexe apparemment féminin peut mettre la mère, les parents en fait, en présence d'une représentation de la mère phallique terrifiante, l'enfant jouant alors en soi le rôle d'un objet persécutif. »

Cette dynamique apparaît d'autant plus clairement dans notre observation que la décompensation psychotique laissait libre cours au passage à l'acte dans son double aspect persécutoire de sa propre mère, en la personne de la nourrice, et de son enfant même.

Comme l'indique M. Fain[10], « toute malformation d'un enfant peut conditionner chez les parents un certain comportement qui ne correspond pas à leur personnalité profonde, créant ainsi un décalage entre ce qu'aurait été leur comportement naturel si leur enfant avait été normal et les effets que peut avoir sur eux l'existence d'un trouble touchant une fonction affectivement investie ». Dans le cas de l'ambiguïté, les parents touchés dans leur problématique de la castration, dans leur personnalité individuelle et sociale, ne manquent jamais de se désorganiser à un moment donné. La qualité de la récupération dépend de multiples facteurs où leur souplesse adaptative tient la place majeure, mais où interviennent aussi les attitudes de leurs proches parents, de la famille entière, de l'entourage social. Ces réactions de l'entourage sont constantes, tantôt larvées, tantôt franches, voire brutales : réflexions et comportement des amis de la famille, des condisciples de l'enfant, attitude des instances administratives, longueur de la régularisation de l'état civil[11], exclusion de l'école et parfois même la publication dans les journaux sous une forme à sensation. Les autres enfants de la fratrie peuvent être sérieusement éprouvés, soit par l'attitude des parents, soit dans le contact direct avec l'intersexuel. Ainsi les voit-on parfois participer à la dissimulation de la malformation et cacher dans la cour de récréation un frère obligé d'uriner accroupi. Dans un cas, un aîné fut gravement perturbé à l'occasion de l'assignation dans le sexe féminin d'un cadet, pseudo-hermaphrodite féminin jusque-là élevé en garçon. Il s'agissait d'un hémophile grave, obligé à une vie restreinte et protégée, qui avait fortement investi, en tant qu'image de la virilité, celui qui était jusque-là son frère.

Il ne peut être question de discuter ici les nombreuses données somatiques et psychologiques qui interviennent dans la décision d'assignation du sexe de l'intersexuel ambigu, mais seulement de relever l'importance de la famille pour la décision. Il faut savoir que même dans les meilleures conditions, par exemple celle d'un pseudo-hermaphrodisme féminin détecté précocement, les réactions de la famille peuvent faire échec aux médecins et le patient échapper au traitement.

Dans la situation difficile du pseudo-hermaphrodisme masculin, où les deux voies sont ouvertes, un des éléments les plus précieux de la décision est tiré de l'évaluation des parents. Pour les intersexuels qui peuvent être orientés tardivement dans un sexe opposé au sexe d'éducation, décision toujours difficile et périlleuse où entrent en jeu de nombreux éléments, un des critères les plus importants est ici encore l'appréciation de la personnalité des parents et de la dynamique familiale entière, y compris la fratrie.

Cette description susceptible d'avoir donné une impression de grande complexité, qui est réelle d'ailleurs, se doit d'être atténuée par nombre d'observations beaucoup plus simples que celles qui ont servi de matériel à notre exposé, matériel dû pour une bonne part à l'erreur initiale que l'on peut espérer voir décroître dans l'avenir.

*

Ces notations seraient incomplètes s'il n'était fait allusion aux réactions des observateurs en face de l'intersexuel et ce serait négliger un des aspects les plus singuliers que de les omettre. Le médecin, qu'il soit somaticien, psychiatre ou même psychanalyste, n'est pas à l'abri d'influences chargées du sens de sa propre personnalité et il importe qu'il le sache pour contrôler ses contre-attitudes. L'historique même de l'intersexualité porte la marque de cette subjectivité dans l'alternance de positions inverses, chaque fois aussi tranchées, à l'appui de la décision fondamentale. Dans près d'un tiers de nos observations, l'anomalie génitale avait été à la naissance omise, minimisée ou remise dans un projet thérapeutique ultérieur. Certes, l'erreur est plus rare à mesure que la connaissance de ce type de malformations se répand et avec elle l'importance des sanctions immédiates, avant la déclaration du sexe à l'état civil. Mais dans l'erreur initiale, aux conséquences dramatiques, interviennent encore actuellement des motifs qui dépassent l'ignorance technique. Non moins frappantes sont les divergences qui peuvent apparaître jusque dans la décision de l'assignation du sexe, en particulier lorsqu'il s'agit d'un pseudo-hermaphrodisme masculin. Nous avons relaté[12] la discussion, au sujet d'un petit intersexuel d'un an, de huit médecins de disciplines différentes, réunis autour d'un sujet dont ils avaient une parfaite connaissance, où furent abordées les raisons non seulement d'ordre somatique, mais éthiques, religieuses, ontologiques, juridiques, empiriques. Tous avaient une claire conscience que, derrière leur position, planait cet impondérable qui peut donner à l'opinion le masque de la rationalisation scientifique. On pourrait multiplier les exemples où l'orientation de l'enfant, la position des parents, la qualité de la récupération sont l'objet d'appréciations divergentes et changeantes. Le psychanalyste n'échappe pas à cette subjectivité. Maints « indices révèlent sa réticence, voire son recul, devant le fait de la castration effective. L'un des plus significatifs est la relative rareté de son intervention directe et de ses écrits dans ce type d'anomalies, dont l'intérêt avait pourtant été pressenti par Freud lui-même. Nombre de psychiatres et d'analystes ne se sentent pas à même d'aborder les patients affligés d'anomalies physiques qui mettent en cause l'intégrité corporelle, comme si la réalité du corps mutilé était pour eux insupportable. « Les questions que soulèvent les ambiguïtés sexuelles, a noté J. Chasseguet-Smirgel, nous font, par définition, sortir de notre rôle et de notre attitude habituelle. En effet, la réponse au problème qui se pose viendra s'inscrire non seulement dans le destin des sujets — ce qui, somme toute, n'est pas très différent de ce qui se passe dans la cure classique — mais dans la chair vive et ceci de manière irréversible. Pour qui aurait tendance à utiliser son rôle d'analyste comme défense devant la prise de ses responsabilités ou comme écran devant la réalité charnelle la plus palpitante, il n'est plus d'échappatoire possible[13]. » L'abord du patient et de sa famille nécessite la connaissance précise de la nature de l'anomalie. Il est suggestif de constater avec quelle facilité on « oublie » les conditions physiques et l'on se perd dans la nomenclature de l'ambiguïté somatique. Cette connaissance est pourtant indispensable pour apprécier la distance entre le possible et la demande, entre le besoin et le désir.

Une autre singularité se trouve dans la nécessité du travail en équipe, condition qui n'est pas due seulement aux impératifs techniques, car dans tous les cas, même d'apparence simple, il est trop d'incidences pour que la décision soit prise par un seul et pour que le sujet soit laissé à son sort, les choses une fois dites ou faites.

Dans le dialogue avec le somaticien, le psychiatre est porte-parole d'un avis mûri dans son équipe. Dans celle-ci, la présence du psychanalyste est indispensable, qu'il s'agisse de l'aspect théorique ou de l'abord pratique de l'intersexualité.

LÉON KREISLER

Faits et hypothèses
Un examen du concept freudien de bisexualité

Dès que Freud commença à édifier la théorie psychanalytique, il donna à la bisexualité une place centrale[1], place qu'elle n'a cessé de garder : la bisexualité est effectivement l'un des rares concepts freudiens à n'avoir subi aucune modification importante. En fait, la thèse centrale — à savoir que la bisexualité est au cœur de toute psychopathologie, discrète ou patente — n'a jamais varié. Si elle a gardé sa forme première, c'est que, pendant les cinquante ou soixante ans où Freud l'a construite, nulle donnée décisive n'est sortie des laboratoires et aussi parce que ce concept est si fécond pour la compréhension du développement et du comportement normaux et anormaux que son pouvoir explicatif a dû confirmer pour lui sa solidité. Nul besoin de passer en revue les écrits freudiens pour démontrer ce qui précède[2]; toutefois, il pourra nous être utile de rappeler les contours de ce vaste concept.

Freud tenait la bisexualité pour une loi biologique naturelle : « La psychanalyse a une base commune avec la biologie en ce qu'elle présuppose une bisexualité originelle chez l'être, humain » [*1*, p 171]. Elle existait, du moins à l'état potentiel, dans toutes les cellules et, par conséquent, dans tous les tissus, organes et organismes. Freud affirmait que la bisexualité étant un fait biologique universel, elle exerçait nécessairement son influence sur le psychologique qui, dans son fond, est un réfléchissement du biologique. La « bisexualité » était ainsi un référent pour : l'homosexualité patente ; le plaisir éprouvé à la fois lors du coït homosexuel et hétérosexuel ; l'identification avec certains aspects du sexe opposé ; le comportement non érotique de genre croisé, tel le caractère efféminé ; l'amitié ; la capacité qu'ont certaines cellules et certains tissus de changer d'apparence ou de fonction, ou des deux à la fois, en passant de ce qui est caractéristique d'un sexe à ce qui est caractéristique de l'autre ; l'indifférenciation embryologique ; les tissus du sexe opposé persistant à l'état rudimentaire chez l'adulte ; une « force » innée qui peut influencer le comportement de l'individu envers celui du sexe opposé [2]. Les dispositions de la bisexualité sont le « roc » [3] du comportement, et sa manifestation psychologique — l'homosexualité — le nid où va éclore la psychopathologie. Freud se sentait plus qu'à l'aise dans une utilisation aussi globale du concept. Il était persuadé d'être dans le vrai. Ne pas voir que tous ces facteurs relevaient d'une seule et même famille, c'était rejeter un concept d'une grande force.

Cet article a un double propos. Le premier — qui peut paraître très démodé — est de maintenir aujourd'hui encore que la bisexualité doit toujours être utilisée comme thème central pour la compréhension de la psychologie humaine. Le second est de proposer des modifications et de relever quelques divergences avec certaines idées freudiennes sur ce sujet. Pour ce faire, je démantèlerai les deux aspects du concept freudien de « bisexualité » ; le biologique et le psychologique, et j'examinerai chacun en partant de données récentes et de concepts acquis grâce à l'étude d'intersexuels (patients dotés d'une bisexualité biologique) et celle des transsexuels (patients qui, quoique biologiquement intacts, sont convaincus d'appartenir au sexe opposé). Ces « expérimentations naturelles » nous aident à discerner dans quelle mesure le biologique ou le psychologique (l'expérience postnatale) contribuent à la structure et au développement psychiques. Peut-être parviendrons-nous alors à mieux comprendre pourquoi la bisexualité, sous la forme que Freud appelait « homosexualité », constitue une menace pour l'équilibre psychique. De plus, certaines faiblesses dans l'utilisation que fait Freud du concept pourront nous apparaître plus clairement.

Je voudrais maintenant examiner de plus près, dans un contexte biologique, l'utilisation freudienne de la « bisexualité » pour voir si elle ne peut être enrichie par les découvertes de ces vingt dernières années.

Bisexualité et intersexualité.

Dans les mots « bisexualité » et « intersexualité » on retrouve le mot « sexe » défini par la nature des chromosomes, des gonades, de l'appareil génital extérieur, des appareils sexuels internes (prostate, utérus), de l'état hormonal et des caractères sexuels secondaires. Chacun de ces facteurs[3] peut révéler, chez l'homme, une potentialité pour les qualités du sexe opposé. Les animaux inférieurs ont même une capacité plus grande de se développer dans le sens du sexe opposé. En gros, ceux qui se situent le plus bas dans l'échelle de l'évolution sont les plus susceptibles de se développer dans ce sens (par exemple, il y a des poissons adultes et des amphibies, fertiles, dans un sexe, comme dans l'autre).

De toute manière, même les cellules, les tissus et les organes humains conservent la propriété de changer de sexe. Notre vision des potentialités des tissus a évolué depuis la mort de Freud. Nous savons que chez les mammifères, y compris les humains, lors de la vie fœtale, le tissu commence par être femelle sans tenir compte du sexe chromosomique [cf. *2*, *5*]. Puis, après des semaines de développement embryonnaire, apparemment le résultat d'un message communiqué par la voie du chromosome Y, certaines cellules, dans ce qui deviendra le sillon génital, se mettent à produire des androgènes[4]. Une fois que ces premières cellules commencent à fabriquer cette hormone masculinisante, les cellules contiguës en subissent l'influence ; on suppose qu'elles métabolisent cette substance jusqu'à ce que la zone tout entière soit organisée, de par l'action des androgènes, en un proto-organe mâle et masculinisant. Puis, si le processus n'est pas interrompu, il continue à créer la masculinité en progressant à l'allure qui lui est impartie, le résultat étant un mâle biologiquement normal. Mais nous rappelons que, si les androgènes font défaut au début, la masculinisation ne se produit pas[5]. Contrairement à ce que Freud avait découvert sur le plan psychologique et avait extrapolé par la suite comme s'il s'agissait d'un fait biologique, le clitoris n'est pas un petit pénis ; anatomiquement, le pénis serait plutôt un clitoris androgénisé [7]. *Dans les deux sexes*, une quantité suffisante d'androgènes au moment propice produit un pénis normal anatomiquement et physiologiquement. *Dans les deux sexes*, l'absence d'androgènes au moment adéquat produit un clitoris anatomiquement et physiologiquement normal. Ainsi en va-t-il des autres tissus (qui, à l'exception du cerveau, ne nous intéressent pas). Dans le cas du cerveau existe la preuve, très nette chez l'animal, plus discrète chez l'homme [*2*, *5*], que cet organe répond également aux conditions exposées ci-dessus. Le cerveau est femelle en ce sens que si, *dans les deux sexes*, il n'y a pas apport d'hormones mâles, le comportement sera féminin. Si, au moment critique de la période périnatale, la quantité d'androgènes est insuffisante, l'organisation de la physiologie cérébrale nécessaire à un comportement masculin ne se produit pas alors que l'apport d'androgènes à la période critique entraîne un comportement masculin chez l'adulte — *sans considération du sexe de l'animal*. Ce qui rend cette règle moins claire chez les êtres humains tient à ce que ceux-ci sont beaucoup plus sensibles, à l'origine de leur comportement, aux forces non biologiques que ne le sont les animaux inférieurs.

Freud avait donc vraisemblablement tort de penser que le sexe « naturel » est le sexe mâle, cette conviction étant devenue la « preuve » biologique de sa thèse selon laquelle les femmes sont inférieure [*8*]. Mais l'idée que biologiquement chacun des sexes porte en lui des aspects ou témoigne de certaines potentialités pour le sexe opposé n'a pas été réfutée ; au contraire, cette découverte n'a cessé d'être confirmée[6] [*2*, *5*].

L'« intersexualité » est le terme que nous utilisons aujourd'hui pour définir un changement d'un ou de plusieurs des critères de détermination du sexe dans la direction du sexe opposé. Ainsi, il peut y avoir trop de chromosomes sexuels (par exemple, XXY : le syndrome de Klinefelter) ou trop peu (par exemple, XO : le syndrome de Turner); il est également d'innombrables formes anatomiques et physiologiques d'intersexualité : les dysfonctions des gonades; l'apparition hermaphrodite d'organes génitaux externes; des appareils sexuels internes déficients ou absents; l'interruption de la production sexuelle hormonale normale ou les conséquences qu'elle entraîne. Nous n'avons pas ici besoin de connaître les détails de ces diverses formes mais nous désirons savoir — comme Freud — quels effets ces désordres somatiques exercent sur la fonction psychologique. Freud a eu le sentiment que l'intersexualité (la bisexualité biologique) était une partie nécessaire de l'homosexualité patente (bisexualité psychologique) et aussi de l'« homosexualité latente » des hétérosexuels, qui se manifeste dans les deux sexes comme une « protestation masculine » [*3*].

Aujourd'hui, nulle preuve ne vient confirmer la croyance de Freud, celle que l'intersexualité altère considérablement le comportement. Mais, à l'inverse, une de ses grandes découvertes se trouve confirmée : l'importance cruciale des forces psychologiques pour la formation du comportement humain du genre. En fait, presque toujours, de telles forces peuvent l'emporter sur les forces biologiques[7]. Les exemples qui suivent illustrent cette thèse.

1. *Le diagnostic du sexe n'a pas été correctement établi à la naissance et ne le sera qu'à la période de latence :* deux enfants, chromosiquement mâles, dotés d'appareils sexuels mâles internes normaux et de testicules normaux étaient nés avec des testicules cryptorchides; le pénis avait la dimension d'un clitoris, le méat urétral était situé ainsi que chez une fille et le scrotum, bifide, avait l'apparence des lèvres. Les organes génitaux externes se présentant comme

normalement féminins, on assigna aux deux enfants le sexe féminin ; ils furent élevés comme des filles. Puis le diagnostic de masculinité fut établi pour chacun d'eux (des soupçons ayant été éveillés par les « tumeurs inguinales » — en réalité, il s'agissait des testicules cryptorchides) ; les deux enfants ne mettaient pas en question leur appartenance au sexe femelle, ni leur féminité. Le diagnostic fut communiqué aux parents et l'on décida que les enfants continueraient à être considérés comme des filles. Le traitement chirurgical et hormonal destiné à créer une anatomie féminine fut entrepris. Le diagnostic a été fait il y a six ans ; aucun problème psychologique ne s'est posé depuis.

2. *Le diagnostic du sexe a été correctement posé à la naissance, mais en dépit de l'impossibilité de créer un pénis fonctionnel, l'enfant est élevé comme un garçon :* ce petit enfant qui présentait à peu près le même hermaphrodisme que le cas précédent fut, néanmoins, dès la naissance, considéré à juste titre comme un garçon. Les parents en furent informés, et l'on assigna à l'enfant le sexe mâle ; il fut élevé comme tel par la suite, sans équivoque aucune. Adulte, il ne présente aucun problème d'identité de genre, bien qu'il ait des problèmes réels et incessants provoqués par ce pénis totalement inadéquat.

3. *En raison d'un pénis hypertrophié, le diagnostic, à la naissance, est le suivant : « Ce n'est ni un garçon, ni une fille, mais ça a plutôt l'air d'une fille ; il faut l'élever comme si c'était une fille. »* Cet enfant, pendant sa vie fœtale, avait souffert d'hyperadrénalisme, avec une hyperandrogénie surrénalienne, si bien que les organes génitaux externes furent masculinisés. À tous autres égards, l'enfant était constitué comme une fille normale : les chromosomes, les ovaires, l'utérus, le vagin, etc. Adulte, la patiente, psychotique chronique, avec d'incessantes ruminations à propos de ses organes génitaux et des symboles génitaux, essaie de vivre comme une femme, mais croit qu'elle est un monstre, différent de tous les autres êtres humains [*12*].

4. *Le diagnostic de l'appartenance au sexe mâle est fait à la naissance, l'enfant est élevé comme un garçon, tout en étant d'autre part biologiquement femelle, car il présente*

un hyperadrénalisme : les organes génitaux de cet enfant n'étaient pas simplement masculinisés dans le sens de l'hermaphrodisme comme dans le cas 3, mais le clitoris était un pénis normal avec un urètre pénien, des lèvres externes fusionnées comme dans un scrotum mâle ; l'induration était telle que les lèvres avaient l'apparence d'un scrotum avec des testicules non descendus. C'est pourquoi en pensa que l'enfant était un garçon. Malheureusement, à l'âge de six ans, une puberté précoce (caractéristique de ces cas) provoqua le début de la menstruation. L'orifice vaginal étant bloqué par le pénis et le scrotum, une crise abdominale aiguë (péritonite) se produisit, provoquée par l'amas du sang menstruel dans la cavité abdominale. On fit alors enfin le diagnostic correct du sexe. Le pédiatre conseilla aux parents de faire changer le sexe et le genre de l'enfant, leur dit de lui acheter des vêtements de fille et de lui faire couper les cheveux comme à une fille. Les consultations ultérieures de contrôle révélèrent que cet enfant était incapable de progresser à l'école ; il avait un défaut de prononciation important, n'avait pas d'amis. Il était gauche et ridicule dans ses vêtements de fille.

5. *Jumeaux identiques, normalement féminins biologiquement parlant :* l'une des jumelles fut élevée par des parents qui favorisèrent tout un comportement féminin, alors que l'autre fut fortement encouragée à adopter un comportement masculin. La jumelle élevée comme un garçon est, à l'âge adulte, une transsexuelle. Quant à l'autre, élevée comme une fille, elle est fiancée et va se marier [*13*].

En d'autres termes la clinique ne va guère dans le sens de Freud pour qui le biologique crée la bisexualité psychologique. Des conditions « bisexuelles » telles que le transvestisme (l'échange de vêtements fétichiste) et l'homosexualité ne sont pas, même partiellement, comme Freud l'affirmait, le résultat d'une bisexualité constitutionnelle. (Il convient cependant de souligner qu'il estimait que ces conditions cliniques étaient le produit d'expériences postnatales.)

Il se pourrait cependant que l'exemple le plus marquant de cette règle qui veut que l'environnement exerce sa domination sur le biologique soit le transsexuel mâle chez lequel se produit un renversement presque total de la masculinité et de la féminité, résultat d'une relation aberrante mère-nourrisson : relation excessivement proche, sans frustration, symbiose prolongée, et absence de tout défaut biologique démontrable.

Bisexualité et transsexualisme.

Freud, nous le savons, a conceptualisé (bien que sans le préciser nommément) une bisexualité biologique et une bisexualité psychologique, la première étant le « roc » de la seconde. Il avait le sentiment qu'elles étaient toutes deux présentes à des degrés variables chez tout être humain, et dépendaient des variations constitutionnelles et des expériences de vie. Il disait que, dans certains cas, le biologique était le facteur le plus important et que dans d'autres, le psychologique l'emportait, mais que, la plupart du temps, il s'agissait d'un mélange inextricable des deux. Si Freud n'avait pas de terme pour définir la bisexualité biologique[8], il en avait un pour la bisexualité psychologique; il la nommait homosexualité. Encore une fois, nous sommes gênés par le vocabulaire et la définition en raison de l'inclination de Freud pour les concepts globaux. Certes, une telle capacité peut servir à révéler un dénominateur commun jusque-là caché, mais il risque de nous faire perdre notre sens de la discrimination; le mot — le concept et la théorie qui s'y rattachent — l'emporte sur la réalité, l'observation. Au-delà des traits partagés, il y a réellement des différences essentielles entre la perversion homosexuelle et l'affection pour un ami, entre la douceur tendre d'un homme qui aime les corps féminins et le comportement absurdement doucereux d'un homosexuel efféminé, entre l'échange de vêtements suscitant une érection et celui du transsexuel qui, n'étant jamais excité par les vêtements féminins, manifeste toujours le désir d'en porter, car ils sont les seuls qui lui puissent convenir. Pour moi, le bénéfice que l'on retire en désignant tous ces traits sous le nom d'« homosexualité » n'est pas compensé par la perte du pouvoir d'établir des différences dans le tableau clinique, la psychodynamique, l'étiologie et le traitement.

Knight [*14*] a fait la remarque suivante, alors qu'il utilisait le terme d'homosexualité pour expliquer la psychose de Schreber :

> Nombre de psychanalystes se sont, depuis longtemps, rendu compte que la théorie freudienne n'était pas entièrement satisfaisante. Il s'agit, au début, d'un désir homosexuel totalement développé, le premier stade étant la formule « je l'aime » qui se poursuit selon les diverses manières dont ce désir refoulé est dénié et projeté. Cela n'explique pas pourquoi le paranoïaque développe un fantasme de désir homosexuel d'une telle intensité, ni pourquoi il doit le nier si désespérément. D'autres hommes développent également de violents désirs homosexuels qui sont refoulés sur un mode non psychotique ou mis en acte par une homosexualité manifeste, peut-être même avec un minimum de conflit psychique. Pourquoi le futur paranoïaque réagit-il avec tant de frénésie à la pulsion homosexuelle obscurément perçue en lui-même ? Le désir homosexuel est-il donc chez lui plus intense que chez les hommes qui parviennent à le refouler sans éluder l'épreuve de réalité ou serait-ce que le besoin de nier l'homosexualité est chez eux plus vif ? Si cette dernière hypothèse est vraie, pourquoi le désir de dénégation est-il si violent ? Pourquoi la pensée

d'un contact homosexuel avec un autre homme est-elle si parfaitement intolérable ? [...] Le thérapeute peut imaginer que, s'il est capable par la réassurance, la rééducation et l'interprétation, de rendre plus tolérables au paranoïaque ses désirs homosexuels, celui-ci pourrait abandonner ses formations délirantes qui sont le déni de ces désirs. Ainsi, le thérapeute tente avec prudence et tact de faire remonter à la surface le conflit homosexuel, soutenant ainsi le moi du malade en lui montrant, qu'après tout, l'homosexualité, ce n'est pas si terrible, que tout homme est d'abord bisexuel et que chacun porte en soi une certaine quantité d'homosexualité latente. Mais, il faut bien le constater, ce style d'approche thérapeutique n'apporte nul soulagement au patient et peut même le rendre plus paranoïaque encore [...].

Examinons à nouveau les divers aspects de ce que Freud appelle « homosexualité ». Nous pourrons ainsi approfondir notre compréhension de sa signification et de sa pathogénie potentielle.

Je suis d'accord, une fois encore, avec la majeure partie de la thèse freudienne, mais en désaccord sur d'autres points. Ce qui me convainc le plus, c'est que les qualités soulignées par Freud sont inhérentes au développement et à la fonction psychiques : la masculinité et la féminité sont toutes deux présentes à la fois chez l'homme et chez la femme. Les enfants vivent un amour œdipien inversé dont ils garderont le souvenir et les effets leur vie durant. Généralement, les hommes redoutent d'être féminins et élèvent une protestation masculine alors que les femmes souffrent de l'envie du pénis. La crainte d'être homosexuel se rencontre communément chez les hétérosexuels. Je suis en désaccord sur deux points moins importants. En premier lieu, Freud a découvert que le choix d'objet, zone de fixation libidinale, et le conflit œdipien ne sont pas des éléments capables de rendre compte véritablement du facteur pathogénique — à savoir la crainte de l'homosexualité — s'il n'y ajoute son *deus ex machina*, ses ruminations sur la biologie. Plutôt que d'invoquer des forces biologiques pour combler les lacunes de l'explication, nous trouverons dans le transsexualisme des données qui nous apporteront une aide concluante pour l'étude de l'influence pathogénique de la bisexualité (homosexualité). Deuxièmement, cette influence peut se révéler plus décisive pour les hommes que pour les femmes.

Premier point de désaccord : la crainte de l'homosexualité.

Penser en termes de mécanisme transsexuel — le désir d'appartenir au sexe opposé — déplace, dans l'intention d'expliquer le danger de l'homosexualité, l'accent de l'objet choisi à la visée plus importante qui consiste, pour l'individu, au maintien de son propre sens de l'existence, de son identité. Je crois que les êtres qui redoutent les pulsions homosexuelles les redoutent en partie parce qu'ils craignent que ces désirs ne révèlent leur faiblesse (affaiblissement du sentiment d'être véritablement ancré dans son propre sexe). Peut-être une plus grande contribution à cette crainte résiderait-elle dans les accès de rage omnipotents-impuissants, que provoquent, sans les moduler, certaines mères chez leurs nourrissons. En raison du point de vue envisagé dans cet article, je n'aborderai pas le rôle du traumatisme, de la frustration, de l'hostilité anale et orale, ni le résultat que peuvent avoir ces divers facteurs dans l'homosexualité [*15* et *16*] ou même dans la psychose. De plus, je ne mentionnerai que brièvement un important facteur que j'estime aller de soi : le fait que la crainte de l'homosexualité soit induite culturellement. En d'autres temps et d'autres lieux, contrairement à ce qui se passe dans notre société occidentale, un acte homosexuel *peut* être une affirmation importante de l'identité masculine de l'individu, chargée du sentiment d'une altière virilité. Vangaard [*18*, voir également Karen, *19*] recense les cas où l'acte homosexuel était utilisé formellement, publiquement, religieusement, pour que la virilité soit transmise d'un homme à un garçon et pour établir entre des amants adultes le lien d'une virilité honorable. Ces constatations confirment de nouveau que ce n'est pas l'homosexualité *per se* qui constitue une menace, mais l'affaiblissement du sentiment de l'identité. Dans les cultures semblables à celle dont je viens de parler, où l'idéal est d'être un mâle viril, le pénis en érection est non seulement l'organe du plaisir, mais, beaucoup plus, un symbole — le phallus — du pouvoir et de l'honneur. Le toucher, en recueillir la semence, c'est recevoir sa *mana*. Dans semblables cultures, ce qui est méprisable, c'est d'être incapable d'aimer une femme comme il convient, car c'est cet amour-là, et non l'acte homosexuel anatomique, qui prouve le manque de virilité.

Il s'agira, maintenant, d'élaborer l'idée que la peur de l'homosexualité repose plutôt sur la peur d'une perte du self. C'est là ce qui donne sa véritable importance à l'étude du transsexualisme.

Le transsexualisme est, par définition, la distorsion la plus grande de la masculinité et de la féminité. Toutefois, nous examinerons seulement le transsexualisme masculin[9] qui, pour moi, est *la clé permettant de comprendre le développement de la masculinité et de la féminité chez tout être humain*. Il en allait de même pour Freud, bien que cela ne soit pas manifeste dans son œuvre (le terme, à l'époque, n'était pas disponible et il n'y avait pas non plus de forme clinique pour l'expliciter). Freud y fait allusion quand il décrit l'angoisse de castration, cet élément décisif du développement œdipien [*21-23*]. Je voudrais rendre évidente la qualité transsexuelle suggérée par les découvertes freudiennes en ajoutant que la perte du pénis ne constitue pas la totalité de la menace de castration. Le pénis n'est que l'insigne, le dépositaire de ce fondement de l'identité, à savoir le sentiment que l'on a d'être un mâle. Le danger dans la castration, ce n'est pas la perte de l'organe, mais celle, beaucoup plus profonde, du sentiment que l'on a de son existence propre[10]. Freud s'est rapproché de cette conclusion en s'exprimant avec plus de subtilité, quand il a modifié le concept de l'angoisse [*25*] pour lui conférer son rôle existentiel — l'angoisse de séparation, le sevrage ou l'expérience prototypique de la naissance.

Si l'on considère l'un des grands cas cliniques qui ont mis à l'épreuve la théorie de Freud selon laquelle l'homosexualité (la bisexualité) est au centre du comportement humain — le cas Schreber [*26*] — nous constatons que l'homosexualité dont il parle n'est pas véritablement celle que nous reconnaissons généralement comme une homosexualité génitale érotique, mais comporte quelque chose de plus primitif — le changement de sexe[11].

Quand, dans la théorie analytique, on dit que quelqu'un redoute l'homosexualité, cela implique qu'il craint de succomber à des pulsions qui conduiraient à des relations sexuelles avec un individu du même sexe. Ces relations sont redoutées, car elles impliqueraient une fuite devant les pulsions hétérosexuelles les plus désirées, la fixation sur des parties du corps interdites (par exemple, l'anus), et l'inceste avec le parent de même sexe; c'est ainsi que Freud voit l'homosexualité de Schreber. Mais au centre du tableau clinique se trouve le désir transsexuel : le sexe de Schreber est en train de changer. Il en vient progressivement à sentir, d'abord saisi d'une frayeur paranoïde, puis avec un plaisir mégalomaniaque voluptueux, qu'il a subi des influences surnaturelles, que son corps va être transformé en un corps de femme et qu'il pourra alors procréer une race nouvelle. Ces fantasmes ne sont pas qu'une question de choix d'objet, de zone libidinale ou de conflit œdipien.

Après Freud, les commentateurs ont eu le sentiment que son explication de l'homosexualité était incomplète. Nous avons déjà cité Knight. M. Klein [*27]* et Rosenfeld [*28*] voient dans le choix d'un objet du même sexe une défense plutôt qu'une source pathogène fondamentale. Ayant fréquemment constaté la présence d'une mère dangereuse et toute-puissante chez les homosexuels efféminés, on n'est guère surpris que ces hommes soient terrifiés par le corps féminin, qu'ils se tournent, pour se défendre, vers l'homosexualité, et s'appuient sur ce qui leur reste de masculinité pour se railler de la féminité [*30*].

Le moment vint où la vision de la psychose de Schreber a évolué du père à la mère cachée derrière lui. Fairbairn [*31*] affirme que Schreber a horreur de la scène primitive, qui provoque sa rage devant l'infidélité maternelle. MacAlpine et Hunter [*32*] vont plus loin dans la voie de la relation avec la mère, estimant que Schreber désirait être femme car, comme sa mère, il voulait procréer. Ils ont fait les commentaires suivants auxquels je souscris :

Le comportement de Schreber ne peut être compris en termes phalliques et génitaux, ni en se référant aux pulsions libidinales dirigées vers autrui. Il est très différent de l'homosexualité où un homme en tant qu'homme désire avoir des relations sexuelles avec quelqu'un du même sexe que lui. Les besoins homosexuels franchement passifs, conscients ou inconscients, doivent être nettement distingués de la confusion que l'on trouve immanquablement chez les schizophrènes quant à leur propre sexe. Il est indiscutable que dans le fantasme primaire de changement de sexe ou d'appartenance à l'autre sexe, l'homosexualité jouera, plus ou moins vite, un rôle secondaire. Pourtant, bien que l'importance accordée aux pulsions libidinales homosexuelles dans la maladie de Schreber soit très grande, ces pulsions n'ont, en définitive, qu'un rôle secondaire. Le comportement homosexuel, les désirs homosexuels, ainsi que l'anxiété qu'ils suscitent, peuvent être entièrement dus à une incertitude primaire et à une confusion quant à l'identité du sexe ; ils pourront ne jamais apparaître dans le tableau clinique. On pourrait aller jusqu'à dire que plus le comportement homosexuel ou le transvestisme est manifeste, moins franchement psychotique est le patient. C'est là une thèse qu'étaie le développement de la maladie de Schreber.

L'idée délirante primaire d'un changement de sexe qui peut apparaître chez les patients sous divers masques est souvent l'unique symptôme : plainte à propos d'une pilosité excessive chez les femmes, d'une absence de pilosité chez les hommes, de symptômes associés à un « changement de vie » chez les femmes et même chez les hommes, après une hystérectomie, plaintes à propos de la voix devenue trop haute ou trop grave, des seins trop petits ou trop plats, des différences entre les parties gauche et droite du corps, etc. Ces exemples pourraient être multipliés à l'infini. Il n'est pas rare d'entendre des patientes se plaindre d'avoir un cerveau mâle dans un corps féminin, et des patients, d'avoir un cerveau féminin : ils demandent alors que leur corps soit transformé dans ce sens par la chirurgie et les hormones. S'ils reçoivent l'appui des médecins, particulièrement des endocrinologues et des chirurgiens, on a alors affaire aux cas de changements de sexe relatés dans les journaux. Ces deux types d'homosexualité totalement différente ont été uniformément confondus dans la théorie psychanalytique. S'ils n'ont jamais été différenciés, c'est en raison de l'adhésion à la doctrine de l'accomplissement libidinal du désir considéré comme la base de la formation du symptôme psychiatrique (p. 404-405).

Searles [*33*] a souligné la menace constituée par les tendances cannibaliques de la mère de Schreber, et que le fils avait déplacées sur un père plein de brutalité.

White [*17*], selon moi, a énoncé la thèse la plus correcte : « Les pulsions primitives — orales, destructrices, dépendantes — envers la mère étaient d'une importance décisive dans le cas de Schreber » (p. 57). Parallèlement à mon désir de ne pas discuter les pulsions destructrices inconscientes dans l'homosexualité, et plus particulièrement les pulsions les plus violentes propres à la paranoïa, j'aurai encore recours à White pour montrer avec quelle insistance il souligne la lutte de Schreber contre sa profonde identification à sa mère :

Forcé d'abandonner la mère — ayant été, en un sens, délaissé et écarté par elle — Schreber s'est défendu contre cette perte et les tensions orales infantiles non résolues qui étaient en lui par une identification primitive et précoce à la mère contre laquelle il se définit par la suite par une identification affirmée au père (p. 62) [...]. Derrière cette identification masculine compulsive, Schreber restait secrètement un petit enfant qui désirait être l'unique possesseur de la mère — possession rendue possible uniquement par son identification à elle, primitive et magique — une fusion symbolique et magique (p. 63).

Pour Freud et la plupart des auteurs, la conviction d'appartenir au sexe opposé équivaut aux dangers psychiques représentés par la perte du pénis et des testicules : « [...] l'idée d'être transformé en femme, c'est-à-dire d'être émasculé [...] » [*25*, p. 18]. Le mot « émasculé », éclairé par différentes données, peut nous aider. Il n'en demeure pas moins qu'un homme émasculé n'est pas une femme, c'est un homme désespéré.

Je souscrirai à cette affirmation en n'y apportant pratiquement aucune exception. Tous les hommes que nous voyons, dans notre pratique ou ailleurs, redoutent la castration. Cette crainte, additionnée de la menace sous-jacente qu'elle comporte quant à notre identité propre en tant qu'être masculin, cette crainte suscite une grande partie de ce que nous estimons être la masculinité chez les hommes, et, quand elle est très vive, elle contribue à favoriser le détour, que nous nommons perversion [*34*], sur la route qui conduit à la masculinité. Mais combien d'analystes ont vu cette exception : un homme qui n'a jamais connu de période de masculinité depuis son enfance et tout au long de sa vie, et qui, dès le début, n'a jamais prisé l'appartenance au sexe mâle, ni la masculinité. Et pourtant, c'est là l'histoire du véritable transsexuel, qu'il ne faut pas confondre avec l'homosexuel, le transvesti, le psychotique paranoïde et d'autres encore qui réclament également une « transformation de sexe », ensemble de cas de tout temps familiers aux analystes.

On pourrait nous objecter que le transsexuel valorise la masculinité tout en la cachant. Comment pourra-t-on jamais démontrer le contraire ? Tout ce que je peux répondre, c'est que, même s'il en est ainsi, on ne connaît pas d'autre[12] situation où une masculinité patente n'ait jamais été observée à un moment quelconque de la vie, et ce, dès la petite enfance.

J'ai tenté de disséquer le tableau clinique du transsexuel et d'en donner une idée claire en partant des états plus compliqués — le normal et le pervers — où l'idée du changement de sexe apparaît comme un phénomène régressif [*30*]. Si nous n'isolons pas la forme plus pure de féminité que l'on voit chez le transsexuel, nous ne parviendrons pas à appréhender — comme Freud le fit — chez tous les hommes la pleine signification de la symbiose avec la mère, son rythme de flux et de reflux, qui n'est pas simple régression au « bon sein » mais *consiste à être le même que la mère*, ce qui serait la destruction de la masculinité.

Je suis d'accord avec Fairbairn, MacAlpine et Hunter et surtout avec Searles et White qui ont réussi à s'approcher de ce que je crois être l'essence de cette régression conduisant à la fusion avec une mère primitive. Mais j'envisagerai le processus de l'identification à la mère à un niveau plus primitif encore. Pour tous ces auteurs, l'identification à la mère était un dispositif inventé à des fins défensives[13]; c'est aussi ma conviction, mais j'ajouterai que l'état d'union [*oneness*] avec elle qui se retrouve chez tout être humain, psychotique ou non, est encore plus primitif et qu'il s'établit avant que la structure du moi soit suffisante pour accomplir ce travail compliqué que nous appelons l'identification. Cet état d'union n'est pas, selon moi, uniquement le fait du souvenir que le petit enfant garde d'une gratification orale intense, mais aussi des processus primordiaux non mentaux (suscités par le monde extérieur ou par l'activité physiologique interne) tels que l'empreinte et le conditionnement classique, viscéral, agissant directement sur le cerveau avant que ne se soit constitué un appareil psychique mental ou vers la fin de la petite enfance, quand s'ébauche le moi naissant.

Je me trouve ici aux prises avec une spéculation, à savoir que lors de la régression vers un état d'union avec la mère, on se trouve aller vers deux formes différentes où celle-ci a une représentation primitive. La première est le vague souvenir d'un état de félicité (que résume incomplètement l'expression de « bon-sein ») et devient partie de ce que nous nommons l'esprit [*mind*]. La seconde (pour laquelle nous ne disposons actuellement pour ainsi dire pas de théorie ou de terminologie), quelle que soit la forme — il ne s'agit pas d'identification — prise par l'effet de l'empreinte ou du conditionnement, est silencieuse ; elle ne fait pas partie de l'esprit mais elle l'influence comme, pourrait-on dire, le fait l'activité adrénalique ou thyroïdale. Les mots « incorporation », « introjection » et « identification » connotent une activité motivée dirigée vers un objet ressenti comme n'étant pas soi. Cela signifie qu'il doit y avoir une psyché (esprit) suffisamment développée pour appréhender l'objet (objet partiel) et pour désirer le prendre au-dedans de soi ; le corollaire étant que la représentation de l'objet peut être expulsée (projection). Mais notre théorie doit aussi faire une place à d'autres mécanismes non mentaux (c'est-à-dire non motivés par l'individu) grâce auxquels la réalité extérieure aussi trouve sa place à l'intérieur.

Freud nous a enseigné ce que nous découvrons maintenant dans la clinique, à savoir que les fantasmes transsexuels (l'une des significations de ce qu'il dénommait homosexualité) se rencontrent partout, minimes chez le normal, plus envahissants chez l'homme efféminé ou la femme masculinisée et marqués alors par des perturbations du genre, enfin extrêmes chez le transsexuel. D'où proviennent-ils ? Pourquoi est-il aussi dangereux pour la plupart des gens de leur faire face et pourquoi, chez le transsexuel, n'y a-t-il aucune crainte du changement de sexe ? Qu'on me permette de revenir un instant sur ma thèse du tout premier stade du développement de la masculinité et de la féminité, du noyau de l'identité de genre : le sentiment d'appartenir au sexe masculin ou au sexe féminin. Ce détour nous permet de constater que le changement de sexe constitue une menace pour tout mâle dont la masculinité est accomplie, mais non pour le transsexuel. (J'insiste plus particulièrement sur les hommes car, comme on le verra plus loin, ces facteurs causent moins de troubles chez la plupart des femmes.)

Quels que soient les attributs biologiques pouvant contribuer à la masculinité et à la féminité, qu'apporte l'enfant à sa naissance, ceux-ci ne jouent pas un rôle majeur, même lors des tout premiers stades de la formation de l'identité de genre[14]; en revanche, ce rôle majeur est joué par les effets parentaux. Quand l'influence des parents, celle de la mère étant de loin la plus importante lors des premiers mois de la vie, encourage un comportement mâle que la mère considère comme masculin, les attributs biologiques renforceront alors les effets de la façon dont il est élevé [*rearing*]. Mais la mère qui créera un garçon féminin pourra agir de la sorte en dépit d'une masculinité biologiquement normale. Étant donné ces facteurs biologiques, tels que l'empreinte du cerveau masculin par des androgènes ou des niveaux variables d'agressivité physiologique, qu'est-ce qui peut bien influencer le premier stade du développement de l'identité de genre ?

L'aspect de l'appareil génital du petit enfant à la naissance marque le début du processus ; l'assignation du sexe inaugure le processus de création de l'identité de genre. Si le petit enfant se présente comme un mâle anatomiquement normal, la mère qui le sait dès le moment de la naissance va déclencher, chez elle et chez le père, un processus compliqué, idiosyncrasique pour chacun des deux parents tout en présentant des traits communs, propres à la société en cause. L'enfant est nommé, habillé, porté ; on s'occupe de lui au cours d'innombrables échanges, à la fois subtils et évidents, qui tous expriment, par l'empiétement du corps de la mère sur les perceptions de son nourrisson, ses attitudes et ses désirs relatifs à *ce* mâle-ci ou à *cette* femelle-ci. Alors la répétition infinie, non conflictuelle, qui marque l'acceptation de cette assignation d'abord par les parents, puis par le reste du monde, renforce chez l'enfant son sentiment croissant d'appartenance à ce sexe déterminé. Ce sentiment qui n'est rien d'autre que « je suis un garçon » ou « je suis une fille » est fortement accru par l'aspect de l'appareil génital externe et par ses sensations, premiers insignes de l'assignation du sexe. Progressivement, comme le travail de Freud sur le développement œdipien nous l'a appris, cette certitude d'appartenir à un sexe se complique, car cette appartenance implique des privilèges, des responsabilités, des identifications et des dangers, ainsi que des mécanismes de défense pour protéger le sentiment qu'a l'individu de son propre sexe, les formes de comportement et les fantasmes montrant combien peut être compliqué et ambigu ce processus de développement de la masculinité et de la féminité. Ces structures et processus psychiques nouveaux recouvrent le noyau de l'identité de genre et rendent encore plus complexes la masculinité et la féminité.

Ces derniers développements se font une fois que le premier sentiment est fixé, inaltérable, dès les premières années de la vie [*24*]. Mais ceci est moins dû à son propre *sexe* qu'à sa propre *apparence* [*appearance*] — ou plus précisément, à la manière dont les parents y répondent en tant que membre de ce sexe (autrement dit le facteur décisif est psychologique, non biologique), ce que montre le cas des hermaphrodites [*35*, *24*]. Chez ces individus, la règle générale est que ce sont les attitudes parentales et le comportement des parents qui déterminent ce que l'enfant croit, ainsi que nous le montrent les exemples rapportés plus haut[15].

En résumé, le noyau de l'identité de genre est le produit, chez l'être normal, d'une combinaison, d'une part de facteurs biologiques cachés (jusqu'ici non mesurables) qui n'ont qu'un effet modéré et aisément réversible et, d'autre part, d'attitudes et d'influences parentales plus puissantes et qui, elles, peuvent être évaluées, opérant sur l'enfant. Alors que la solidité de la masculinité et de la féminité peut être ébranlée par les circonstances, ce sentiment d'être un mâle ou une femelle, une fois établi, ne subira pas d'altération tout au long de la vie. Il résiste aux effets qui peuvent se faire sentir ultérieurement, dus à des lésions cérébrales, à la psychose, aux troubles caractériels et à toute autre influence extérieure ou intérieure, s'il est fermement établi dès le départ.

Notre théorie psychanalytique n'a pas encore tenu compte de ces découvertes. L'étude des perturbations survenant dans le développement et dans le maintien de la masculinité et de la féminité s'est attachée, selon moi, plus particulièrement aux effets de la frustration, du traumatisme, du conflit et des tentatives de résolution du conflit aux divers stades de la situation œdipienne. La pratique psychanalytique voit dans l'angoisse la force première qui crée et modifie la masculinité et la féminité normales ou les perversions ; mais ce n'est pas une technique qui permet au patient adulte de découvrir beaucoup de choses dans les secteurs autonomes primaires du moi, ceux de la petite enfance. Par force, l'analyste a passé plus de temps a s'absorber dans la théorie pour y découvrir « le destin pulsionnel » qu'à observer les forces non conflictuelles dans la petite enfance et à en proposer une théorie[16].

Ces forces que l'on peut étudier en observant les interactions mère-nourrisson — et non en analysant le transfert des adultes — sont des processus tels que l'empreinte, le conditionnement viscéral, classique et opérant, ainsi que d'autres formes de modification du comportement.

Pourquoi revenir ainsi sur le développement du noyau de l'identité de genre ? C'est afin d'établir que le sentiment d'appartenance à un sexe est fermement ancré par des forces puissantes, silencieuses[17], non conflictuelles, qui sont à l'œuvre dès la naissance. Ces idées sont à la base d'une théorie du développement de la masculinité et de la féminité, en désaccord, dans une certaine mesure, avec celles de Freud. Freud se saisit, en effet, de l'histoire du développement du genre non au début de la vie, mais après que le noyau de l'identité de genre s'est constitué et fixé, et aussi après que la relation de la mère et du petit enfant a véritablement pris le pas sur l'état amorphe des premiers mois qui, pour une grande part, était celui de l'objet partiel. Alors que Freud en est venu à valoriser la période préœdipienne et l'importance majeure de la mère dans le développement de la personnalité, il n'a jamais mis en question le fait que la relation du garçon à sa mère soit fondamentalement hétérosexuelle. De là ce que je tiens pour deux erreurs de Freud. D'abord, il a posé comme une donnée biologique que l'état mâle [*maleness*] était l'état le plus solide, le plus naturel (ce que, nous l'avons déjà noté, les recherches actuelles contredisent). Sa seconde erreur est d'avoir affirmé que l'homme est prédestiné à un départ plus heureux dans la vie, sa relation avec sa mère étant, par définition, hétérosexuelle. D'autre part, il soutient que sur la petite fille pèse le double fardeau d'une biologie imparfaite (femellité) et de l'homosexualité dans la relation mère-enfant.

Mais quelque chose ne va pas dans la conception freudienne. On ne doit pas, en effet, définir l'hétérosexualité et l'homosexualité du point de vue anatomique, mais plutôt selon l'identité. L'anatomie n'est pas véritablement le destin. Le destin vient de ce que les hommes font de l'anatomie. Car le petit garçon n'est hétérosexuel qu'anatomiquement et non psychologiquement, pendant la première période de sa vie, et l'hétérosexualité ne s'accomplit qu'après un travail intensif, exécuté non sans douleur et peine. Grâce en particulier aux travaux de M. Malher, nous savons ce qu'il en est de cette lutte : séparation et individualisation. Pour parvenir à *l'état hétérosexuel qui est l'origine du conflit œdipien*, le petit garçon doit se dégager de cette symbiose primaire originelle dans laquelle lui et sa mère sont d'abord confondus. Il doit, selon le terme de Greenson [*36*], se « désidentifier » de sa mère. Si sa mère et lui ne parviennent pas à mettre en route une réaction qui les fait tous deux décider (même si parfois ils y répugnent) de dégager leurs corps et leurs psychés respectifs de l'état d'union [*oneness*] trouvé dans la matrice et dans les premiers mois de la vie, alors le garçon reste comme enveloppé dans sa mère. Ce n'est pas seulement le développement des fonctions du moi qui se trouvera entravé ; il en résultera aussi un lien, quant à l'identité de genre : le garçon se sentira lui-même être une part de la femellité et de la féminité de sa mère.

Est-ce là pure fantaisie ? Ici encore l'étude du transsexuel se révèle une contribution essentielle permettant de comprendre le fondement du développement de la personnalité. Dans la situation extrême établie par l'« expérimentation » transsexuelle, on voit ce qui se passe quand la préoccupation maternelle, pleine d'amour [*37*] — la symbiose —, est trop complète, trop gratifiante, trop prolongée au cours du jour et de la nuit, et se perpétue pendant des mois et des années. Nous savons que cette symbiose n'est pas la même que celle que nous voyons chez d'autres petits garçons. On connaît ma conviction que cette symbiose excessive conduit à une extrême féminité [*38*, *30*][18].

L'« expérimentation » transsexuelle démontre que lorsque la symbiose mère-enfant est trop gratifiante, ni la mère ni le petit enfant ne voudront se séparer l'un de l'autre : *l'effet principal de cette situation est une extrême féminité chez le petit garçon.* Plus une mère prolonge cette symbiose, relativement normale dans les premières semaines ou les premiers mois, plus elle est, à tout moment, dans l'obligation de gratifier le petit enfant, plus la féminité risque alors d'infiltrer le noyau de l'identité de genre : à l'extrême d'un tel continuum se trouve le transsexualisme. Mais on peut rencontrer ce processus, à des degrés moindres, dans la plupart des maternages et c'est là, je pense, que se trouvent l'origine des fantasmes transsexuels de Schreber, les craintes de l'« homosexualité » bien plus marquées chez les hommes que chez les femmes, ainsi que la plupart des racines de ce que l'on nomme la masculinité — à savoir la préoccupation d'être fort, indépendant, dur, cruel, polygame, mysogyne et pervers. C'est seulement si le garçon, assisté particulièrement par sa mère et peut-être même, lors des premiers mois, par son père, mais à un degré moindre, peut se séparer sans problème de la féminité et de la femellité de sa mère, qu'il sera en mesure de développer cette identité de genre plus tardive — qui n'est pas le noyau — que nous appelons la masculinité. C'est alors seulement qu'il verra sa mère en tant qu'objet séparé et hétérosexuel qu'il pourra désirer : il entrera alors dans le conflit œdipien, exposera à des risques sa masculinité en cours de développement, luttera pour préserver cette masculinité et l'hétérosexualité désirée, il pourra enfin, au moment voulu, trouver une issue à ce conflit dans un de ces modes que les analystes connaissent. Certes, le premier objet d'amour du garçon est hétérosexuel, mais cela demande une action préalable : séparer son identité de celle de sa mère. Dès la naissance, tout le processus du devenir masculin est en question : la masculinité-encore-à-créer est mise en péril par l'union primaire et profonde avec la mère, une expérience empreinte de félicité, qui, enterrée, mais active au cœur de l'identité, sera, la vie durant, comme un foyer aimanté qui pourra attirer l'individu vers une régression à cette union primitive. Telle est la menace qui se trouve, latente, dans la masculinité. Il me semble que c'est le besoin de la combattre qui communique son énergie à ce que nous avons coutume d'appeler un comportement « masculin ». Ainsi — je ne l'ai encore jamais formulé dans ces termes — dans un certain sens, le processus de développement du noyau de l'identité de genre n'est pas le même chez les mâles que chez les femelles. Un conflit s'édifie chez les premiers, qui est épargné aux secondes ; le noyau de l'identité de genre chez les mâles n'est pas, comme je l'ai avancé à tort [*39*], aussi totalement immuable. Il transporte toujours avec lui le besoin pressant de régresser à l'état originel d'union avec la mère.

Peut-être voyons-nous mieux maintenant pourquoi le changement de sexe ne provoque pas d'angoisse chez le transsexuel. Plutôt que d'invoquer une explication contournée dont le but essentiel serait de préserver la théorie (explication du type : le transsexuel recherche avidement la castration, pour éviter l'angoisse de castration), nous dirons que le transsexuel, de sexe mâle, mais de genre féminin, agit comme n'importe qui : c'est la préservation du sentiment qu'on a de son soi, et non l'apparence anatomique, qui détermine le comportement de l'individu. Le transsexuel mâle n'essaie pas de changer de genre, mais seulement de sexe ; ainsi, son corps sera conforme à sa psyché.

Second point de désaccord : comparaison entre l'influence des pulsions homosexuelles sur l'homme et sur la femme.

Et les femmes, qu'en est-il ? Sans doute sont-elles le sexe le plus fort, pour ne pas dire le premier ; en outre il n'est pas exclu que leur « homosexualité » puisse leur conférer un avantage. Une fois encore, nous rappellerons que l'« homosexualité » anatomique, vue sous l'angle de la relation mère-enfant lors des premiers mois, ne constitue pas forcément une menace pour la fille. Le développement de liens indissolubles avec la femellité et la féminité de la mère ne peut, dans la symbiose normale mère-nourrisson, qu'augmenter, chez la fille, le sentiment d'identité. « Si la mère peut assurer cette fondation chez sa fille, alors une force — une permanence, une partie de l'identité — sera solidement établie et sera utile à l'enfant face aux vicissitudes ultérieures du genre, dans la situation œdipienne, par exemple.

Naturellement, quand la mère devient un objet total, distinct et séparé pour la fille qui grandit, celle-ci a, comme le dit Freud, une relation homosexuelle à son objet d'amour primaire. Dans quelle mesure cette relation peut-elle contribuer ultérieurement à la pathologie, si elle n'a pas été correctement entretenue par les parents de l'enfant, ce problème a fait l'objet de nombreuses études et nous n'y reviendrons pas ici. À coup sûr, quand la symbiose primaire fait massivement défaut (dans le cas d'une mère glaciale), la fille se consacrera tout particulièrement à la recherche sans fin d'une bonne mère, dans des aventures manifestement homosexuelles [*40*].

Que la féminité trouve une base plus solide que la masculinité dans l'« identification primaire » à la mère — en dépit de l'envie du pénis —, ce fait, notre expérience nous permet de le constater : les accusations « homosexuelles » sont moins fréquentes chez les femmes que chez les hommes, psychotiques ou non [*41-44*], et rien ne vient contredire cette affirmation ; les femmes psychotiques souffrent généralement d'expériences hallucinatoires et d'accusations hétérosexuelles. De plus, j'ai fait personnellement l'expérience, en analysant des femmes qui ne venaient pas pour des troubles primaires du genre, qu'elles prenaient beaucoup moins au sérieux une expérience homosexuelle que mes patients hommes, et aussi que ces femmes hétérosexuelles qui exprimaient si peu de culpabilité édifiaient ultérieurement quelques défenses et progressaient vers une croissance émotionnelle dans l'analyse, sans être entravées par les aventures homosexuelles[19]. M. Khan a fait la même constatation [*45*] en montrant que, chez sa patiente, la relation homosexuelle était un fragment d'*acting out* sur la voie de la maturité.

Conclusions.

En résumé, l'homosexualité — la bisexualité —, dont Freud pensait qu'elle menaçait chacun et qu'il tenait pour si fondamentale qu'il chercha à lui assigner son origine dans la biologie, peut être conçue de façon plus précise comme une menace non biologique dirigée contre le sentiment personnel du noyau de l'identité de genre, de l'existence, d'être. Je dirais volontiers que le sentiment que l'on a d'être mâle et le développement ultérieur, la masculinité, sont un peu moins solidement ancrés chez les hommes que ne l'est le sentiment de la femellité et de la féminité chez les femmes. S'il en est ainsi, c'est que les hommes ont, dès le début de leur vie, une relation très intime alors que la structure du moi est encore si fragile et qu'ils sont si perméables — avec quelqu'un du sexe opposé, et qu'ils doivent surmonter ce qui existe effectivement chez le transsexuel : une trop grande fusion avec la mère. Même chez le petit garçon le plus chanceux, le sentiment d'appartenance au sexe mâle recouvre une union plus primitive avec l'identité de la mère. Chez la petite fille, cette même union ne fait que renforcer le sentiment qu'elle a de son sentiment de femellité. Cette première bisexualité[20] peut rendre le petit garçon un peu plus vulnérable au début, le laisser avec une identité moins fixée et moins assurée, lui faire courir de plus grands risques lors du développement œdipien, et en fin de compte le rendre plus prédisposé au développement d'une perversion[21].

Nous voyons maintenant avec plus de clarté pourquoi l'« homosexualité » constitue une telle menace pour les hommes. Tout au fond — à moins d'être bien protégé par les soins parentaux —, l'attirance que représente une nouvelle union avec la femellité maternelle terrifie et captive les hommes ; c'est le chant de la sirène. Le cas Schreber nous le montre, et nous avons rappelé ici que Freud a insisté sur le pouvoir fondamental de la « bisexualité » afin de confirmer cette modification de ses théories sur la sexualité.

C'est pourquoi je suis d'accord avec Freud quant à l'importance de la bisexualité. C'est aussi pourquoi j'étudie le transsexualisme : au lieu de le considérer comme une particularité bizarre, il faut y voir le test clé, en fait, le paradigme des théories freudiennes sur le développement sexuel aussi bien chez l'homme que chez la femme.

ROBERT J. STOLLER

Traduit de l'anglais par Claude Monod.

RÉFÉRENCES BIBLIOGRAPHIQUES

1. FREUD, S., 1920, « The Psychogenesis of a Case of Homosexuality in a Woman. » *S.E.*, 18, London, Hogarth Press, 1955.
2. STOLLER, R. J., « The "Bedrock" of Masculinity and Femininity : Bisexuality », *Arch. Gen. Psychiat.*, 26 : 207-212, 1972.
3. FREUD, S., 1937, « Analysis Terminable and Interminable », *S.E.*, 23, p. 252, London, Hogarth Press, 1964.
4. OHNO, S., « Evolution of Sex Chromosomes in Mammals », *Ann. Rev. Genet.*, 3 : 495-524,1969.
5. GADPAILLE, W. J., « Research Into the Physiology of Maleness and Femaleness », *Arch. Gen. Psychiat.*, 26 : 193-206, 1972.
6. WHALEN, R. E., *Personal Communication*.
7. OVERZIER, C., *Intersexuality*, London and New York, Academic Press, 1963 (p. 349).
8. FREUD, S., 1932, « Femininity », *S.E.*, 22, London, Hogarth Press, 1964.
9. RADO, S., « A Critical Examination of the Concept of Bisexuality », *Psychosom. Med*, 2 : 459-467, 1940.
10. MARMOR, J., Introduction, in *Sexual Inversion*, New York, Basic Books, 1965,
11. MONEY, J., « Sexual Dimorphism, and Dissociation in the Psychology of Male Transsexuals », in *Transsexualism and Sex Reassignment*, eds. R. Green and J. Money, Baltimore, The Johns Hopkins Press, 1969.
12. NEWMAN, L. E. and STOLLER, R. J., « Spider Symbolism and Bisexuality », *J. Am. Psa. Assn.*, 17 : 862-872, 1969.
13. GREEN, R. and STOLLER, R.J., « Two Monozygotic (Identical) Twin Pairs Discordant for Gender Identity », *Arch. Sex. Behav.*, 1 : 321-327, 1971.
14. KNIGHT, R. P., « The Relationship of Latent Homosexuality to the Mechanism of Paranoid Delusions », *Bull. Menninger Clin.*, 4 : 149-159, 1940.
15. SOCARIDES, C. W., *The Overt Homosexual*, New York, Grune and Stratton, 1968.
16. KHAN, M. M. R., « Foreskin Fetishism and its Relation to Ego Pathology in a Male Homosexual », *Int. J. Psychoanal.*, 46 : 64-80, 1965.
17. WHITE, R. B., « The Mother-Conflict in Schreber's Psychosis », *Int. J. Psychoanal.*, 42 : 55-73, 1961.
18. VANGGAARD, T., *Phallos*, London, Jonathan Cape, 1972.

19. Karlen, A., *Sexuality and Homosexuality*, New York, W. W. Norton, 1971.
20. Stoller, R. J., « Etiological Factors in Female Transsexualism : A First Approximation », *Arch. Gen. Psychiat.*, 2:47-64, 1972.
21. Freud, S., 1905, « Three Essays on the Theory of Sexuality », *S.E.*, 7, London, Hogarth Press, 1953.
22. — 1909, « Analysis of a Phobia in a Five-Year-Old Boy », *S.E.*, 7, London, Hogarth Press, 1955.
23. — 1925, « Some Psychical Consequences of the Anatomical Distinction Between the Sexes », *S.E.*, 19, London, Hogarth Press, 1961.
24. Stoller, R. J., *Sex and Gender*, New York, Science House, 1968.
25. Freud, S., 1925, « Inhibitions, Symptoms and Anxiety », *S.E.*, 20, London, Hogarth Press, 1959.
26. — 1911, « Psycho-analytic Notes on an Autobiographical Account of a Case of Paranoia (Dementia Paranoides) », *S.E.*, 12, London, Hogarth Press, 1958.
27. Klein, M., *The Psychoanalysis of Children*, London, Hogarth Press, 1932.
28. Rosenfeld, H., « Remarks on the Relation of Male Homosexuality to Paranoia, Paranoid Anxiety and Narcissism », *Int. J. Psychoanal.*, 30 : 36-47, 1949.
29. Bieber, I. et al : *Homosexuality*, New York, Basic Books, 1962.
30. Stoller, R. J., « The Male Transsexual as "Experiment" », *Int. J. Psychoanal.* To be published.
31. Fairbairn, W. R. D., « The Schreber Case », *Brit. J. Med. Psy-Chol.*, 29 : 113-127, 1956.
32. MacAlpine, I. and Hunter, R. A., *Daniel Paul Schreber. Mémoirs of My Nervous Illness*, London, Dawson, 1955.
33. Searles, H. F., « Sexual Processes in Schizophrenia », *Psychiatry*, 24 : 87-95, 1961.
34. Stoller, R. J., *The Term « Perversion »*, Communication au 28e Congrès international de Psychanalyse, Paris, juillet 1973.
35. Money, J., Hampson, J. G., and Hampson, J. L., « Imprinting and the Establishment of Gender Role », *Arch. Neurol. Psychiat.*, 77 : 333-336, 1957.
36. Greenson, R. R., « Disidentifying from Mother », *Int. J. Psychoanal.*, 49 : 370-374, 1968.
37. Winnicott, D. W., « Primary Maternal Preoccupation », in *Collected Papers*, London, Tavistock, 1958.
38. Stoller, R. J., « Création d'une Illusion : L'extrême féminité chez les garçons », *Nouvelle Revue de Psychanalyse*, 4 : 54-72, 1971.
39. — « The Sense of Maleness », *Psa. Q.*, 34 : 207-218, 1965.
40. — *Splitting*, New York, Quadrangle, 1973.

41. Klein., H. R. and Horwit, W. A., « Psychosexual Factors in the "Paranoid, Phenomena" », *Am. J. Psychiat.* 105 : 697-701, 1949.
42. Greenspan, J. and Myers, J. M., Jr., « A Review of the Theoretical Concepts of Paranoid Delusions with Special Reference to Women », *Penn. Psychiat. Quart.*, 1 : 11-28, 1961.
43. Klaf, F. S., « Female Homosexuality and Paranoid Schizophrenia », *Arch. Gen. Psychiat.*, 1 : 84-86, 1961.
44. Modlin, H. C., « Psychodynamics and Management of Paranoid States in Woman », *Arch. Gen. Psychiat.*, 8 : 263-268, 1963.
45. Khan, M. M. R., « The Role of Infantile Sexuality and Early Object Relations in Female Homosexuality », in *The Pathology and Treatment of Sexual Deviation*, éd. I. Rosen, London, Oxford Univ. Press, 1964.

III

D'une essentielle dissymétrie dans la psychanalyse

Une théorie de la bisexualité trouve sa force d'illusion dans le pouvoir d'évidence et de réassurance de la *symétrie*.

Qu'elle s'appuie sur des faits d'observation naturelle ou qu'elle relève d'une bio-typologie clinique, qu'elle se développe comme une philosophie de la nature ou encore qu'elle s'argumente de concepts psychologiques et sociologiques, une pensée de la symétrie est appelée comme loi d'ordre et d'harmonie universels, dans l'économie générale d'une unité qui serait, sans cesse, à reconstituer.

La bisexualité est une des expressions — peut-être la plus originaire et, en tout cas, la plus vivante — de la symétrie présente à la sexualité et renforcée par l'idée d'une périodicité et d'un rythme[1].

Cette symétrie définit les conditions d'une véritable identité spéculaire dans la figure des couples de contraires — masculin-féminin, droite-gauche, avant-arrière, etc. Le miroir kantien est celui du paradoxe des objets égaux non superposables : il pourrait servir de référence à un concept de la bisexualité qui, tout en reconnaissant la différence des sexes, rétablit les conditions d'une sorte d'égalité naturelle selon une loi de composante masculin-féminin et féminin-masculin[2]. Si — ainsi que le rappelait Freud — « l'anatomie, c'est le destin », elle peut aussi ne donner à *voir* que des *malentendus.* Car s'il n'apparaît rien de plus prosaïque et de plus simple que de constater *de visu* la différence morphologique des sexes, celle-ci ne prend un sens à être vue que par ce qui peut y être entendu. Que la différence des sexes se joue chez Fliess à de multiples niveaux — notamment, selon sa distinction entre sexe somatique [*Somageschlecht*] et organes sexuels [*Geschlechtsorgane*] — ou qu'elle se retrouve chez Groddeck dans l'idée d'un déni (ou d'un refoulement) de la bisexualité dont l'humanité tout entière ferait les frais au nom d'une vocation monosexuelle, on s'aperçoit que le naturalisme psycho-biologique a besoin de s'appuyer sur une idée de bipartition symétrique du masculin et du féminin — que ce soit sous la forme du couple, de la bilatéralité sexuelle chez chaque individu ou dans l'observation naïve de chaque organe et de chaque partie du corps représentant complémentairement l'organe masculin et l'organe féminin.

Le couple humain est lui-même censé, bio- et psycho-typologiquement, obéir à ce principe de symétrie bisexuelle : l'attirance des êtres — qu'elle soit homo — ou hétérosexuelle —, leur séduction réciproque n'est-elle pas, au regard de l'intuition commune, la preuve d'une bisexualité qui donne à chacun son semblable du sexe « refoulé ». La tendance, largement soutenue par Fliess, à attirer l'autre par ce qui est caché et pourtant émane de lui, relève d'un concept typologique du sexe complémentaire. Toute typologie — fût-elle jungienne — s'est préoccupée de la rencontre harmonique des complémentaires, selon la figure de l'égalité en miroir. Cette figure — dont la coupe sagittale est constituée par la surface du miroir — est celle d'une unité originaire bisexuée, sans considération prévalente du sexe anatomique.

On est alors reporté à cette chose si étrange : il faut bien toute l'anatomie pour dire prosaïquement ce qui différencie un sexe de l'autre et pourtant jamais aucun *vu* n'a pu épuiser le sens de cette différence. Où peut donc s'entendre en chacun le désir — dans sa compulsion renouvelée — de voir la différence ?

La symétrie est rassurante au même titre que peut l'être la croyance en une bisexualité qui garantit contre l'horreur de la castration et, bien sûr, de la séparation. La dissymétrie introduite par Freud est celle qui confère à l'*écoute* le pouvoir d'entendre l'inouï, fût-il le visible. Cette dissymétrie — un divan et un fauteuil — est la condition même pour que la cure accueille le jeu des illusions bisexuelles mais ne reste en aucun moment captive de leur séduction ; c'est donc la condition — pour ainsi dire théorique et technique — pour que la castration n'y soit point déniée[3].

*

On connaît le discours d'Aristophane — celui que Platon lui fait tenir dans *Le Banquet* sur la nature et l'origine de l'amour ou encore celui qu'il nous donne dans *Les Oiseaux* et qui fait naître Éros bisexué d'un « œuf sans germe », fruit du vent, pondu par « la nuit aux ailes noires, avant toute chose ». Éros est androgyne et il a pour frère Hermaphrodite. Comme Phanès ou Métis du mythe orphique, Éros participe — telle la lune qualifiée de féminine et masculine par l'hymne orphique — du ciel et de la terre. De l'œuf cosmique originaire sont issus le masculin et le féminin : dans *Le Banquet*, il est dit par Aristophane que Zeus « coupa les hommes en deux, à la façon de ceux qui coupent les cormes dans l'intention de les conserver, ou à la façon de ceux qui coupent les œufs avec un crin ». L'avantage de cette section fut d'abord que les hommes trouvent la station droite et marchent sur leurs jambes ; la menace de Zeus est de les couper encore en deux si « leur impudence continue » et de façon à les faire « déambuler sur une seule jambe ».

Il n'entre pas dans notre propos d'explorer ce thème mythologique mais de le placer en exergue de toute réflexion sur la théorie bisexuelle. Retenons aussi ce qui, du mythe anthropogonique, confère à la bisexualité valeur de nostalgie — *nostalgie d'un désir* — selon l'ordre d'une section de l'unité originaire qui en aucun cas ne fut une castration. C'est même de l'illusion de cette section qu'est imaginairement déniée la castration : l'unité originaire de l'identique complémentaire est l'effet d'une croyance — telle celle de l'immortalité dans l'horreur de se représenter sa propre mort — en l'évidence plénière du miroir et de l'image symétrique qui s'y reflète.

Narcisse dit à Écho : « Plutôt mourir que m'abandonner à toi. » Narcisse fuit la femme et cette fuite est la forme d'évitement d'une angoisse qui se donne en la femme un visage. La femme est menaçante : Narcisse craint d'être par elle dépossédé de sa semence.

Amnésique d'un deuil — celui de sa sœur défunte —, Narcisse se contemple dans cette eau funèbre dont parle Vuillemin, qui lui renvoie son reflet auquel il cherche à s'unir. S'unir à son reflet, c'est se trouver à cette étrange distance que la symétrie ordonne et qui joue, dans la fascination, sur un effet de présence de la mort et de recherche d'une immortalité. Narcisse peut mourir de perdre sa semence. Comme dans l'opposition Adonis-Déméter, la séduction est l'expression antinomique de la fécondation : la séduction est une sorte de mise à l'épreuve dans la répétition d'une défense contre l'angoisse de castration. Entre Narcisse et son reflet, la symétrie est absolue : l'eau funèbre est celle dont la totale transparence signifie que rien ne peut être donné hors de ce qui se voit et que l'écho — ce que serait la restitution d'un entendu — a été perdu.

Une telle pensée nous reporte au pouvoir d'un *logos* tel que Socrate l'entend et l'articule dans *Le Banquet* : parole ou loi, il est ce qui fonde la réalité inexorablement liée à la reconnaissance de la perte. En d'autres termes, seule la castration peut assurer la vérité d'une désillusion : le *logos* de Socrate rend possible la reconnaissance de l'illusion bisexuelle dont le mythe d'Aristophane s'était gonflé.

Qu'il s'agisse du double, du reflet ou de l'ombre[4] dans la croyance populaire de l'amour comme dans la fonction poétique de son mythe[5], la complémentarité bisexuelle se désigne comme la nostalgie d'un « inaccessible ailleurs » : elle donne crédit à cette image de la dualité qui assure, dans une sorte d'intuition, la croyance possible à l'existence de l'inconscient. Ce qui est caché — refoulé — est l'autre sexe que chacun porte en soi. Cette *idée générale* ne mériterait pas d'être réexaminée si elle ne définissait pas des conditions historiques et des circonstances polémiques à la découverte de la psychanalyse.

*

La bisexualité appartient donc à une idée générale qui, au premier abord, n'a rien de très original autour de 1850. Ce repérage chronologique situe approximativement une pensée qui a cours dans la seconde moitié du siècle où des travaux scientifiques et médicaux font état, sous des formes diverses, de la bisexualité. Fliess lui-même citera Berthold (1846) qui énonce le principe d'une constitution bifactorielle de l'espèce et de l'humain sous le rapport du masculin et du féminin. Le mot de bisexualité [*Bisexualität*] se trouve dans une publication de 1896 (*Biologische Zentralblatt*) sous la plume d'un certain Kurella. Hegar écrit un livre intitulé *Die Kastration der Frauen* : il y est indiqué le principe d'un refoulement [*Verdrängung*] du sexe opposé chez l'individu mâle et femelle. Ce refoulement intervient biologiquement à un certain moment du développement. Möbius, cité encore par Fliess, publie, en 1903, un essai sur les effets de la castration (*Uber die Wirkungen der Kastration*). Cette conjoncture scientifique et médicale se mit au service d'une pensée médico-légale (on le verra chez Krafft-Ebing) qui, elle-même, prend appui sur des observations d'anomalies anatomiques et de déviations sexuelles : la loi d'identité civile de l'individu (la déclaration civile du sexe de l'individu, à la naissance) définit les conditions d'une norme positive qui engage le statut des critères complémentaires de la normalité naturelle morale et sociale. La loi — dans les expressions de la légalité juridique — subsume la loi anatomique de la différence morphologique des sexes. On connaît, bien sûr, la notion distinctive de « caractères sexuels secondaires » et on sait ce qui détermine leur condition d'apparition : l'hermaphrodisme, l'inversion — tels qu'on les observe dans la clinique médico-légale — posent tout le problème de la survivance en chacun, sous forme de « vestiges », de ce qui a reçu un développement chez l'individu de sexe opposé. Dans les *Trois essais sur la théorie de la sexualité* (1905), Freud signale le rôle de la bisexualité dans les explications que l'on a pu donner de l'inversion. Les anomalies concernant la morphologie des organes génitaux, dans les cas d'hermaphrodisme (soit coexistence des organes génitaux des deux sexes, soit atrophie), retiennent son intérêt dans la mesure où « elles jettent une lumière inattendue sur l'anatomie normale ». « Un certain degré d'hermaphrodisme anatomique est normal », ajoute Freud. « Chez tout individu soit mâle, soit femelle, on trouve des vestiges de l'organe génital du sexe opposé. Soit ils existent à l'état rudimentaire et sont privés de toute fonction, soit ils se sont adaptés à une fonction différente. » La conservation de « quelques restes atrophiés du sexe contraire » est bien pour Freud ce qui atteste d'une évolution d'un organisme originairement bisexuel vers la monosexualité. Enfin, citant Krafft-Ebing, Freud fait état de l'hypothèse selon laquelle « la bisexualité des organes génitaux de l'individu » correspondrait « à un double centre cérébral, l'un mâle et l'autre femelle ». La distinction entre l'hermaphrodisme somatique et l'inversion s'impose au regard de Freud comme s'impose à lui la considération du fait anatomique des « quelques restes atrophiés du sexe contraire » chez l'individu normal. Ce fait d'observation — tout prosaïque qu'il soit — est retenu par Freud en raison d'un pouvoir d'*évidence* qui, loin de se prendre pour principe d'explication, engage le sens de la sexualité au-delà de sa naturalisation psychologique et physiologique. Une sexologie peut être utile si elle n'est point normative et si elle reste descriptive de variantes fonctionnelles et comportementales : elle ne peut, en aucun cas, prétendre à être science de la sexualité et, à ce titre, justifier d'une théorie qui se soutienne de pouvoir se passer de l'inconscient. À moins que les sexologies entrent dans ce que l'on pourrait appeler les théories sexuelles infantiles savantes ! Mais l'attention prêtée par Freud à cette bisexualité anatomique donne en retour à la différence morphologique la fonction qui lui revient pour que la sexualité ne soit pas élaborée sur un déni de la différence. En d'autres termes, on peut se demander ce que devient dans la psychanalyse l'*organe sexuel* : la réponse à une telle question passe par la prise en compte de la bisexualité du fantasme, de la notion d'érogénéité des zones, et elle est, chez Freud, engagée dans une problématique de l'organe hypocondriaque qui est l'autre volet de la *Traumdeutung*. Les discussions tournant autour de la fonction du clitoris, la connaissance ou la méconnaissance du vagin (cf. Karen Horney) perdent toute valeur dès lors que l'*organe génital* est, selon des normes comparatives, *refonctionnalisé*. Car enfin, faut-il revenir à ces questions « naïves » à double entente : qu'est-ce qu'un pénis ? qu'est-ce qu'un vagin ? qu'est-ce qu'un sein ? Moyennant quoi, rien ne servirait de chercher à y répondre : les mots qui servent à parler des organes génitaux et des pratiques sexuelles font *autrement* jouer la représentation.

*

Dans la première édition des *Trois essais sur la théorie de la sexualité*, Freud cite en note de nombreux auteurs qui ont fait état de la bisexualité pour expliquer l'inversion : parmi ces auteurs, on trouve les noms de Gley (*Les aberrations de l'instinct sexuel*, 1884), Chevalier (*Inversion sexuelle*, 1893), Krafft-Ebing, Arduin, Hirschfeld, Hermann, etc. Les travaux auxquels il est fait référence se situent avant 1903, souvent autour de 1890, et ils s'appuient sur une conception de la bisexualité « normale » qui pourrait se résumer ainsi : « Dans tout être humain, il y a des éléments masculins et féminins qui sont développés en raison inverse du sexe de l'individu, lorsqu'il s'agit d'hétérosexuels[6]... » L'édition de 1910 comporte le supplément de note suivant : « En 1906, W. Fliess (*Der Ablauf des Lebens*) a revendiqué la paternité de l'idée de bisexualité en tant qu'applicable à tous les individus. » Et, en 1924, nouvel ajout à la même note des *Trois essais* : « Parmi les non-spécialistes, on considère que la notion de bisexualité humaine a été établie par O. Weininger, philosophe mort jeune, qui a écrit un livre assez irréfléchi sur la base de cette idée (*Geschlecht und Charakter*, 1903). Ce qui précède prouve assez qu'une telle attribution n'est pas fondée. »

Le détail de cette note est indicatif de la position « officielle » de Freud à l'égard du problème de la paternité et de la propriété de l'idée de bisexualité humaine. La parution des *Trois essais*, en 1905, n'engage pas Freud dans la reconnaissance d'une quelconque dette à l'égard de Fliess : il est tout à fait clair que, depuis bien longtemps, les auteurs ont diversement pensé à l'idée de bisexualité pour rendre compte notamment des « aberrations de l'instinct sexuel » et pour expliquer l'« inversion ». Si le supplément de note de 1910 fait état du nom de Fliess à propos d'une « revendication de paternité », elle ne précise en rien l'originalité de l'idée telle que Fliess la défendait. Et l'ajout de 1924 est une mise au point qui clôt toute discussion, en reconnaissant que Weininger s'est attribué l'initiative d'une pensée et qu'il est tout à fait patent que cela ne tient pas.

On serait tenté de considérer comme négligeable le détail de cette note si on ne connaissait pas l'intensité d'une amitié dont atteste la correspondance Freud-Fliess et si plusieurs questions ne venaient pas tout naturellement se poser à l'appui des éléments intervenus dans la rupture de cette amitié.

Ces questions peuvent s'énoncer de la façon suivante. Que fut l'originalité de la « découverte » de Fliess et qu'est-ce qui a pu justifier chez lui cette âpre revendication à défendre ce dont il se considérait spolié ? Quel fut le destin interne de l'idée de Fliess chez Freud et que peut-elle représenter dans le *travail* de Freud qui le conduit à cette élaboration de la théorie ? Et ce que devient la *sexualité* par le fait de cette élaboration ?

Dans sa brochure *In eigener Sache,* écrite en 1906, contre Otto Weininger et Hermann Swoboda, Fliess s'attache à délimiter le champ de sa propre découverte pour en assurer la puissance et dénoncer ceux qui s'en sont emparés. Freud est directement mis en cause et n'échappe pas à l'accusation de Fliess : il lui est reproché d'avoir inconsidérément divulgué le secret d'une pensée — amicalement communiquée — et d'être ainsi responsable d'un délit de plagiat commis par Weininger. Fliess pense que Freud ne pouvait pas ignorer qu'en parlant à un tiers — patient ou élève, le désigné Swoboda ami de Weininger — de l'idée de bisexualité, il se rendait de fait complice de la malhonnêteté de Weininger. Les dernières lettres échangées entre Fliess et Freud (du 20 juin au

27 juillet 1904) font apparaître ce qui est en jeu dans la rupture. Une lettre du 26 avril 1904 faisant suite à une interruption de deux ans dans la correspondance semble, venant de Freud, chercher à renouer le lien : dans cette lettre, Freud annonce à Fliess la réception prochaine d'un écrit du docteur Swoboda présenté comme son « élève », avec les réserves qu'impose ce titre, eu égard au personnage. Fliess prend alors conscience que Freud s'est fait « l'infidèle administrateur de ses idées ». À la faveur d'un voyage à Vienne, Fliess désire s'expliquer avec Freud mais celui-ci est parti en voyage deux jours avant son arrivée. Le 20 juillet 1904, Fliess fait part à Freud qu'il a pris connaissance d'un travail de Weininger dans lequel il retrouve exprimées ses idées sur la bisexualité et notamment sur l'attirance réciproque entre « hommes féminins » et « femmes masculines ». Dans cette publication, Weininger cite Swoboda : Fliess demande donc instamment à Freud de s'expliquer. Freud répond le 23 juillet. Il reconnaît que Weininger est un voleur. Tout en admettant avoir fait état dans son enseignement de l'idée de bisexualité, Freud rappelle à Fliess que Weininger peut fort bien avoir acquis cette idée dans une littérature déjà ancienne où depuis longtemps elle joue un certain rôle. De plus, Swoboda est présenté non comme élève mais comme malade. Enfin, cette lettre annonce l'achèvement de la rédaction des *Trois essais* où l'idée de bisexualité tient une certaine place indépendamment de ce qu'en a dit Fliess. La réponse de Fliess (datée du 26 juillet 1904) rappelle notamment à Freud les conditions dans lesquelles fut évoquée entre eux l'idée de bisexualité (rencontres de Nuremberg et de Breslau) et sa résistance à admettre une théorie de la gaucherie dans le couple. La lettre de Freud datée

du 27 juillet distingue ce qui relève de ses confusions et de son oubli personnel (concernant les rapports Weininger-Swoboda) et ce qui engage, au plan scientifique, le développement de l'idée de bisexualité, son usage dans l'explication de l'inversion, son rapport avec le symptôme hystérique. Freud cherche à faire entendre à Fliess que lorsqu'une idée est découverte et s'est exprimée, elle ne reste vivante et productive que sous la condition de pouvoir être oubliée, ré-apparaître autrement, suivre un cheminement qui n'est pas nécessairement celui qu'escomptait l'instigateur de l'idée. Fliess est attaché scrupuleusement à l'objectivité scientifique de l'idée : il ne peut comprendre le sens d'un oubli ou d'un déplacement. Abraham dira de lui, en 1911, qu'il lui a fait l'impression « d'être un savant subtil et original » ; et il ajoute : « Il part de quelques bonnes idées mais tout le reste de son travail est consacré à en prouver l'exactitude, ou à les définir avec encore plus de précision » (lettre à Freud du 26 février 1911). On sait que, dans la *Psychopathologie de la vie quotidienne*, Freud prend pour exemple d'oubli significatif l'oubli concernant la découverte de Fliess : « Au cours de l'été 1901 (1900), j'ai déclaré à un ami avec lequel j'avais alors des discussions très vives portant sur des questions scientifiques : "Ces problèmes concernant les névroses ne peuvent être résolus que si l'on admet sans réserves l'hypothèse de la bisexualité originelle de l'individu", et mon ami de répondre : "C'est ce que je t'ai dit à Breslau, il y a plus de deux ans, un soir au cours d'une promenade, mais alors tu ne voulus pas en entendre parler." Il est douloureux de se voir ainsi dépouillé de ce que l'on considère comme son originalité. Je ne pus me souvenir ni de cette conversation datant de plus de deux ans ni de cette opinion de mon ami... »

En nous intéressant ici à la rupture entre Freud et Fliess, nous souhaitons principalement souligner dans quelles conditions l'élaboration par Freud d'une théorie de la sexualité implique une dénaturalisation de l'idée de bisexualité qui, en un certain moment, a joué inconsciemment un rôle promoteur majeur. Dans son « Introduction » à *La naissance de la psychanalyse,* Ernst Kris a pris soin de suivre l'évolution de la relation amicale entre Freud et Fliess. Il ne fait pas de doute que la « séduction » exercée sur Freud par les idées de Fliess, l'importance de leurs échanges dans l'auto-analyse de Freud, conduit Freud, en différents moments, à *se détacher* d'une toute-puissance de l'idée (au moment où chez Fliess cette idée s'amplifie, se généralise jusqu'à prendre la dimension d'une véritable conception cosmique) qui, tel un délire, peut « contenir un grain de vérité » (voir lettre du 23 février 1911 de Freud à Abraham) mais, pour faire œuvre de *théorie,* doit finir par se dépouiller de sa croyance à tout expliquer. Ainsi, l'intérêt que Freud avait pu éprouver pour les notations cliniques concrètes de Fliess (cf. notamment les observations sur les corrélations entre le nez et les organes génitaux) et l'admiration pour ses dons scientifiques de savant naturaliste trouvent-ils tout naturellement leurs limites dès lors que le fait d'observation devient principe d'explication générale et que la théorie est, préalablement à son élaboration, débordée par la vocation de l'idée à devenir conception du monde et des phénomènes de la nature.

PIERRE FÉDIDA

Masculin et féminin

« Vous ferez la connaissance d'un être extrêmement séduisant, et vous aurez eu aussi la possibilité d'étudier de plus près le grain de vérité scientifique que contient certainement la théorie de la périodicité, possibilité que, pour des motifs personnels, je n'ai pu moi-même exploiter. » C'est en ces termes que Freud encourage Karl Abraham à rencontrer Fliess, dans une lettre datée du 13 février 1911, soit dix ans environ après leur « rupture ».

L'amitié entre Freud et Fliess — dont on a un témoignage vivant dans la correspondance de Freud — remonte à 1887 : elle s'engagea sur la base d'échanges scientifiques, dans le cadre des relations entre physiologistes viennois et berlinois. Les recherches de Fliess répondent, dans leur ensemble, au souci de donner à la biologie les bases physico-chimiques et mathématiques qui en assurent la validité scientifique. Der Ablauf des Lebens [Le cours de la vie], *dont est extrait le texte ici traduit, est une véritable tentative de philosophie biologique pour « poser les fondements d'une science biologique exacte ».*

Ernst Kris rappelle que « tous ceux qui ont connu Fliess prônent la richesse de ses connaissances biologiques, de ses hypothèses médicales, sa tendance aux vastes spéculations et son allure impressionnante, mais ils font également ressortir son attachement dogmatique aux idées qu'il avait une fois adoptées [...][1] ». *Ce double aspect de la personnalité de Fliess éclaire tout à la fois le pouvoir de stimulation de sa pensée sur celle de Freud et la limite même de l'échange entre les deux hommes.*

Rhino-laryngologiste de Berlin, Fliess s'appuie sur des faits cliniques d'observation médicale pour développer ses vues scientifiques. Sur un conseil de Freud, il publie en 1892 un travail intitulé Nouvelle contribution à la clinique et à la thérapeutique de la névrose nasale réflexe. *Ce travail est approfondi, et élargi, en 1893, sous la forme de* La névrose nasale réflexe. *L'utilisation de la cocaïne (cf. l'intérêt antérieur de Freud dans ses recherches sur la cocaïne) dans le traitement des symptômes de la muqueuse y nasale permet à Fliess de soutenir l'idée d'une entité clinique différentielle : la névrose réflexe nasale. Celle-ci peut, selon lui, être considérée « comme un complexe de divers symptômes, semblable au syndrome de Ménière ». Selon Kris, Fliess distingue trois types de symptômes différents : les douleurs de tête, les névralgies, et enfin les troubles fonctionnels, surtout digestifs, cardiaques et respiratoires. « Le nombre des symptômes observés est grand, écrit Fliess, et, cependant, ils ne doivent tous leur existence qu'à une seule zone — le nez. Leur homogénéité est démontrée, non seulement par la simultanéité de leur apparition mais encore par leur disparition simultanée. Ce qui caractérise en effet tout ce complexe de symptômes morbides, c'est qu'on peut le faire disparaître momentanément en anesthésiant par la cocaïne les zones nasales responsables » (cité par Kris).*

Mais l'attention de Fliess se trouve surtout portée sur l'étiologie sexuelle de la névrose nasale (en dehors de l'étiologie proprement organique telle que les séquelles de maladies infectieuses). La corrélation entre le nez et l'appareil génital est confirmée, selon Fliess, par ce que l'on peut observer du « gonflement des cornets » pendant les menstrues. La cocaïnisation de la muqueuse nasale pourrait même être responsable de certains avortements. Cette corrélation entre le nez et l'appareil génital ne concerne pas seulement la femme ; elle peut être soutenue chez l'homme dans la mesure où l'homme présente lui-même un cycle périodique — de durée différente mais homologue à celui de la femme. La recherche Fliess, tout en paraissant s'orienter vers un concept de la sexualité humaine et des déterminations névrotiques de symptômes somatiques, conduit en fait à la mise en place d'une « théorie » de la bisexualité et à la détermination pratique des conditions de la fécondation et de la conception (appréciation des époques où les chances de fécondation sont diminuées ou augmentées). À l'automne 1896, paraît l'article sur « Relations entre le nez et les organes génitaux féminins au point de vue biologique » : Fliess confirme l'importance du fait d'observation déjà noté concernant la corrélation entre les altérations de la muqueuse nasale et les périodes de menstruation. Ce fait porte en lui une indication de l'idée à généraliser : « la menstruation, dit Fliess, est le prototype de nombreux phénomènes sexuels [...], *la grossesse et l'accouchement particulièrement, n'étant, dans le temps et dans leur nature essentielle, rien d'autre qu'une transmutation du processus menstruel ». Et il ajoute : « Les véritables douleurs de l'accouchement et de la dysménorrhée nasale sont,* du point de vue morphologique, *homologues. »*

L'idée de bisexualité est solidaire, chez Fliess, de celle d'une périodicité des processus vivants. C'est le thème sous lequel s'engage l'ouvrage principal

Der Ablauf des Lebens *(première édition en 1906 et seconde, en 1923) et c'est aussi l'idée que l'on retrouve dans des écrits plus restreints portant sur la vie et la mort,* L'Année chez l'être vivant, Trois œuvres concernant la théorie des périodes *(1924).*

Pour donner une vue d'ensemble de sa « théorie », on peut citer l'exposé que Fliess en donne :

> *« L'hémorragie menstruelle de la femme est l'expression d'un processus* [...] *qui affecte les deux sexes et dont l'apparition n'est pas liée à la puberté* [...].
>
> *« Les faits observés nous obligent à mettre en évidence un autre facteur. Ils nous apprennent en effet qu'à côté du phénomène menstruel qui se reproduit tous les vingt-huit jours, existe un autre groupe de phénomènes périodiques se reproduisant tous les vingt-trois jours et auxquels sont soumis les individus de tous âges, à quelque sexe qu'ils appartiennent.*
>
> *« L'examen de ces deux groupes de processus périodiques mène à la conclusion qu'ils ont des rapports intimes et solides avec les caractères sexuels féminins et masculins ; et le fait qu'ils existent, bien qu'avec des modalités différentes chez l'homme et chez la femme, est bien en accord avec notre constitution bisexuée.* [...]
>
> *« Cette connaissance une fois acquise nous amène à penser que le développement de notre organisme se produit par saccades au cours de ces périodes sexuelles, et que, du fait de ces dernières, le jour de notre mort est tout aussi déterminé que celui de notre naissance. Les troubles dus à la maladie sont soumis aux mêmes lois périodiques que les phénomènes périodiques eux-mêmes.*

« La mère transmet ses périodes à son enfant et, suivant la première période transmise, détermine le sexe de celui-ci. Les périodes continuent ensuite chez l'enfant et se poursuivent suivant le même rythme à travers les générations. Pas plus que l'énergie elle-même, elles ne peuvent être recréées et leur rythme ne se modifie pas tant que des êtres organisés continuent à se reproduire sexuellement. Ces rythmes n'intéressent pas seulement l'espèce humaine, mais aussi les animaux, et sans doute l'univers organisé tout entier. L'étonnante précision avec laquelle se maintient l'intervalle de vingt-trois ou suivant le cas, de vingt-huit jours, laisse supposer qu'il existe un rapport étroit entre les conditions astronomiques et la création des organismes[2]. »

P. F.

*

Quand la douce brise printanière réveille la terre d'un tiède baiser et que la tendre verdure transforme par enchantement le froid pays, lorsque les fleurs viennent à éclosion et les hirondelles font leur nid, au moment où l'alouette monte haut dans le ciel et où forêts et champs s'emplissent de joie, alors notre poitrine se gonfle de désir et d'amour, ça se met à germer, à fermenter et à fleurir en nos cœurs ; c'est alors aussi que les sexes s'attirent et que les êtres se sentent au plus profond d'eux-mêmes en harmonie avec tout. Tandis que la mort anéantit sans vergogne, les sexes renouvellent la vie et la rendent immortelle par-delà tout anéantissement.

Existe-t-il un accomplissement plus merveilleux que celui des sexes ?

Trouve-t-on quelque chose de comparable à ce pouvoir de renouvellement de la vie ? Sinon, la nature et l'être des sexes peuvent-ils reposer sur autre chose que sur un agencement nécessaire et fondamental de la nature ? Bien sûr, répondra-t-on. Cela va de soi. Mais ce n'est pas ainsi que l'entend la biologie d'aujourd'hui. Elle déclare froidement que les sexes n'ont rien de fondamental, non plus d'essentiel ni de nécessaire. Ils sont des aménagements sans importance, pour ainsi dire de façon tout à fait subordonnée.

Mais alors quoi ? s'écrie-t-on. Subordonné serait ce qui court à travers toute la nature, qui existe partout et depuis toujours ? Un des plus grands accomplissements de la vie serait donc de second ordre ?

Sur ce, la biologie moderne nous dit : mon cher, ne t'excite pas. Ton hypothèse selon laquelle il y aurait partout les deux sexes est fausse. Car, d'une part, les sexes font défaut dans l'ensemble du groupe important des unicellulaires et ils ne manquent pas de se reproduire pour autant.

Qui plus est, l'action conjuguée des sexes ne se donne pas comme toujours nécessaire pour la reproduction, là même où ils existent. Soit, par exemple, chez les abeilles hormis la reproduction qui met en jeu le rapprochement des deux sexes, et de laquelle sont issues la reine et les ouvrières (soit des individus femelles), il y a une reproduction unisexuée — la parthénogenèse — qui donne naissance, à partir d'un œuf non fécondé, à une abeille mâle : le bourdon.

On peut certes encore aller plus loin. La multiplication de bon nombre d'êtres vivants ne nécessite en rien l'existence d'un œuf. Abraham Trembley découpa, pour commencer, en plusieurs morceaux un polype d'eau douce. Et de chacun d'eux se développa un nouvel individu. D'une hydre, on en fait dix. Tout jardinier sait bien qu'en mettant en terre une bouture qui, à son tour, devient une plante, il n'est besoin ni de pollen ni de pistil. La multiplication sans sexes prouve donc, de manière frappante, combien les sexes sont si peu nécessaires au renouvellement de la vie.

Cette objection, messieurs, fait, tout d'abord, l'effet d'une douche froide sur l'ardeur de notre sentiment naturel. La logique de la biologie moderne semble convaincante. Mais ce n'est qu'apparence. Il est des propositions d'un dogmatisme à première vue inattaquable contre lesquelles notre instinct se révolte. Celui qui possède une véritable affinité avec la nature pressent que la réponse de notre biologie ne peut être correcte. C'est pourquoi nous devons examiner de très près des raisons et prouver leur champ de validité. Séparer clairement ce qui relève du simulacre et ce qui est la vérité.

Les êtres unicellulaires prolifèrent, habituellement, par division : la logique de nos naturalistes part de là. D'une cellule s'en forment deux, de deux s'en forment quatre et ainsi de suite. Il en va ainsi pour toute une durée. Puis vient le stade de la conjugaison. Les cellules se mettent deux par deux, s'accouplent et laissent leur substance nucléaire entrer en relation ou fusionner. Puis elles se séparent et redeviennent capables d'une nouvelle multiplication par division jusqu'à ce qu'enfin elles se conjuguent de nouveau. Que cette conjugaison ne se produise pas, qu'elle soit, par exemple, artificiellement ou expérimentalement empêchée, alors la capacité des cellules à se multiplier par division s'éteint et il en est fini des individus.

Ils meurent comme tout ce qui dérive de la vie. C'est Maupas qui, le premier, l'a montré de façon tout à fait convaincante. L'immortalité de principe, ça ne veut donc rien dire. Et tout à fait indépendamment du fait que, manifestement, par la conjugaison même, une partie du corps n'entre pas dans le processus de rajeunissement, mais au contraire se détache et devient un véritable cadavre. Tout comme il en est de l'éphémère, de la lamproie ou de l'agave qui meurent de s'ouvrir à la vie, multiplication et mort s'étayent réciproquement dans le temps. La partie individuelle ne se maintient ni ne se conserve : seule la substance germinale fécondée transmet la vie aux nouvelles générations. Il n'y a ici, déjà, pas de différence essentielle entre unicellulaires et pluricellulaires : les uns comme les autres procèdent par accouplement. En irait-il autrement, peut-être, du processus de fécondation lui-même ?

Qu'est-ce qui s'accouple ensemble ? « Deux cellules au hasard », déclarent nos biologistes. Des cellules qui ne présentent aucune différence de sexe. Et d'où tiennent-ils cela ? Étonnant à entendre : tout simplement, parce qu'avec nos moyens actuels d'observation microscopique et de coloration, on ne peut percevoir aucune différence. N'est-ce pas savoureux ? Ce qu'aujourd'hui on ne voit pas, ça n'existe pas. Même si mille arguments de raison parlent en la faveur de l'existence.

Voilà à quoi se reconnaissent les hommes instruits :
Ce qu'ils ne peuvent toucher reste à mille lieues ;
Ce qu'ils ne peuvent saisir manque purement et simplement !
Ce qu'ils ne calculent pas n'est pas vrai ;
Ce qui ne se pèse pas n'a aucun poids ;
Ce qui n'est point monnaie, pensez-vous, ne vaut rien.

Franchement, jusqu'où vont nos moyens actuels de discrimination ? Un seul exemple éclairera tout ça. En vous référant à ma précédente conférence, vous savez qu'au tout début, lors de la première division après la fécondation, la cellule sexuelle originaire [*Urgeschlechtzelle*] se sépare de la cellule corporelle originaire [*Urkörperzelle*]. Des premières sont issues toutes les cellules propres à la reproduction ; des secondes, le corps en son entier. Qui sera capable de dire, après examen microscopique, si cette cellule sexuelle deviendra semences [*Samenkörper*] ou œufs ? Et pourtant toutes les différences doivent être contenues dans toute cellule sexuelle originaire. Notre incapacité humaine nous rend tout simplement impuissants à déceler cette différence. C'est si vrai que, dans le passé, la reproduction sexuée du mildiou avait été niée du fait qu'on pensait que les cellules germinales qui s'accouplent étaient les mêmes. En effet elles semblent tout à fait pareilles. Mais le chercheur américain Albert Francis Blaskeslee[3] de l'Université d'Harvard a appris à connaître une caractéristique certaine de différenciation dans la croissance accélérée ou ralentie des filaments du champignon (hyphes mycéliennes) dont proviennent les cellules germinales. Au moyen d'ingénieuses expériences de croisement, il est parvenu à montrer que se dissimulait, derrière la croissance plus ou moins rapide, les différences de sexes masculin-féminin que l'on ne pouvait reconnaître chez les cellules individuelles adultes. Après avoir séparé les filaments « plus » à croissance rapide des filaments « moins » à croissance lente, il a pu remarquer qu'en aucun cas les germes « plus » ne s'accouplaient entre eux, non plus de même les germes « moins », alors qu'il y avait par contre accouplement entre les germes « plus » et les germes « moins ».

C'est seulement par le biais du développement que l'on a pu ici prouver la différence sexuelle, laquelle n'était pas repérable par la seule observation d'un filament adulte isolé Nous avons ainsi un exemple édifiant qui montre que nous n'avons pas le droit de démentir la différence sexuelle sous prétexte que nous n'avons pas pu la constater *de visu*.

C'est pourtant ce que font bon nombre de nos biologistes. Ils décrètent : étant donné que nous ne pouvons actuellement trouver les différences sexuelles, celles-ci ne sauraient exister. *Stat pro ratio voluntas.* Et à partir de ce décret arbitraire, ils échafaudent la conclusion suivante d'une très grande portée : on ne peut faire un principe de l'opposition des sexes chez les êtres supérieurs puisqu'elle ne se présente pas chez les êtres unicellulaires.

Eh bien, messieurs, auparavant j'aurais pu seulement en rester là pour vous montrer combien est dépourvue de logique l'hypothèse de base sur laquelle s'étaye cette conclusion de fortune. Mais aujourd'hui nous connaissons déjà un certain nombre d'êtres unicellulaires chez lesquels, en fonction de leur forme, nous pouvons reconnaître des exemplaires mâles et femelles. Soit, par exemple, dans l'ensemble du grand groupe des sporozoaires. Il s'agit, en l'occurrence, d'une espèce inférieure dont le plasmodium de la malaria fait aussi partie.

À la fin de leur développement qui se déroule dans le sang humain, on distingue, chez ces parasites, deux formes nettement différentes l'une de l'autre que l'on nomme, d'ailleurs, en règle générale, la « forme mâle » et la « forme femelle ». Lors de la conjugaison, dans l'estomac, de l'anophèle, c'est invariablement et exclusivement des formes mâles qui se marient avec des formes femelles.

Il en va de même pour les vorticelles. Normalement, celles-ci se reproduisent par segmentation. Mais il arrive que, même pour elles, c'est quelquefois le printemps. Un petit bourgeon mâle se sépare d'une souche-mère, voltige de-ci de-là et s'unit alors sexuellement avec une autre vorticelle. Chez les protozoaires, on peut tirer des exemples analogues dont on remplirait des pages.

Il est donc possible, chez les unicellulaires — et ceci assez couramment —, de démontrer directement ou indirectement la présence d'une opposition des sexes. Ce qu'aujourd'hui nous ne pouvons encore voir, demain nous ouvrira les yeux.

Après ce rappel de connaissances, nous pouvons aller au-delà de l'objection première des biologistes modernes et revenir à notre ordre du jour. Les différences de sexes ne manquent aucunement chez les êtres unicellulaires.

Mais qu'en est-il de la parthénogenèse, soit donc de la reproduction unisexuée ? Ici, on constate sans équivoque possible la naissance d'un nouvel individu à partir d'un œuf femelle non fécondé par une semence.

On connaît ça principalement chez des insectes et certaines écrevisses. Mais il est remarquable que la parthénogenèse se produit toujours en alternance avec une fécondation effective. Et là où on ne connaît pas encore les petits mâles — comme c'est le cas dans quelques espèces de crustacés — la présence, chez la femelle, d'une poche séminale aucunement atrophiée nous permet de présumer que du mâle existera aussi. La parthénogenèse ne peut donc assurer seule à sa façon la vie. Il faut que de temps en temps la substance reproductrice mâle puisse féconder. Cette fécondation ne suffit que pour une série de générations ainsi qu'il en va pour nous lorsqu'un des spermatozoïdes donne l'impulsion initiale à toutes les divisions cellulaires qui ont lieu au cours de la vie d'un individu. La nécessité d'une fécondation périodique montre, par conséquent, que dans la parthénogenèse également des substances mâles et des substances femelles doivent agir ensemble.

Mais il est une autre preuve, celle-ci plus immédiate, qui peut nous permettre d'approfondir notre examen.

Que se passe-t-il avant tout lors de la procréation ? Un œuf (ou ovule) mûr et une cellule séminale mûre font fusionner leurs noyaux, ce qui met en branle une multitude de divisions cellulaires. Les cellules qui sont ainsi nouvellement engendrées forment finalement un nouvel individu qui provient de l'union des deux noyaux parentaux.

Un œuf à maturité et une cellule séminale mûre ! qu'entendons-nous par là ?

Sur ce, messieurs, vous devez savoir ce qui suit : le noyau de chaque cellule contient certains corpuscules, qui, en raison de leur légère coloration, sont appelés « chromosomes ». Ces chromosomes ont évidemment une grande importance. Car à l'intérieur d'une espèce chaque cellule a le même nombre de chromosomes et elle transfère ce nombre aux cellules filles à chaque division cellulaire. Lorsque, par exemple, une cellule-mère a quatre chromosomes, ces chromosomes se fendent selon la longueur, lors de la division, si bien que la cellule-fille en tirera également quatre.

Cependant la condition *sine qua non* d'un tel processus de renouvellement est qu'après la division la cellule doit entrer dans une phase de repos pendant laquelle les chromosomes peuvent croître suffisamment afin d'être en mesure de se dédoubler de nouveau.

Si cette phase de repos est escamotée et qu'intervient aussitôt une deuxième division, le nombre de chromosomes se trouvera réduit de moitié par cette deuxième division. Dans notre exemple, chaque nouvelle cellule ne comporterait alors que deux chromosomes. Ce cas ne se trouve qu'une seule fois vérifié dans la nature vivante, et, précisément, lors de la « maturation » de l'œuf et de la cellule séminale.

Ici et ici seulement, nous avons deux divisions directes et consécutives, les « divisions par réduction ». Il en résulte que les œufs à maturité ainsi que les cellules séminales n'ont réellement que moitié de chromosomes, soit autant que le reste des cellules du corps[4]. Ils ont perdu l'autre moitié lors de la seconde division. Bel et bien perdue. Car lors de cette seconde division, quelque chose a été séparé de l'œuf — soit ce que l'on appelle le corps de direction [*Richtunskörper*] avec lequel les chromosomes en surnombre ont été expulsés.

Bien entendu, vous allez vous demander quelle sorte de signification peut avoir cette expulsion et de quelle nature est le matériel exporté.

À quoi répond tout à fait justement Ed. Van Beneden qui a découvert ces remarquables processus : œuf et semence sont originairement hermaphrodites. Pour la fécondation, la semence doit perdre sa part de féminin et l'œuf sa part de masculin, de telle sorte qu'il y ait, de nouveau, après réunion une juste proportion de mélange des deux. C'est donc dans le *Richtungskörper* de l'œuf à maturité que la substance mâle vient à émigrer.

Certains biologistes modernes prétendent, par contre, que cette interprétation est erronée. Le *Richtungskörper* qui transporte la moitié des chromosomes serait, d'après la genèse de sa forme, un œuf rudimentaire et, comme tel, ne pourrait transporter aucune substance mâle. Pour ce faire, il devrait être un corpuscule séminal rudimentaire. C'est bien possible, mais les chercheurs, d'où tiennent-ils que dans une seule et unique forme la nature est capable d'éloigner la substance mâle de l'œuf? N'y a-t-il pas une exagération extraordinaire dans de tels décrets?

Ces mêmes chercheurs sont bien obligés d'admettre qu'un œuf comporte aussi de la substance mâle. Puisque des caractéristiques héréditaires propres au père de la femme peuvent être transmises par cet œuf. Des détails tels que la couleur des yeux sont transmis au petit-fils. Ou inversement, la prédisposition à mettre au jour des jumeaux se transmet de la grand-mère à la petite-fille par l'homme. Par conséquent la forme de l'œuf est absolument compatible avec la présence d'une substance mâle. Tout de même que la semence peut comporter une substance femelle. Et malgré cela, ne serait-il plus possible à un œuf rudimentaire de posséder et de pouvoir éliminer aucune substance mâle? N'est-il pas significatif que, précisément, l'œuf exportateur (ce que l'on désigne par *Richtungskörper*) reste rudimentaire? Il ne doit pourtant pas comporter ou comporter insuffisamment ce que l'œuf entier abrite, et ce serait la substance femelle, qui est retenue dans l'œuf à maturité.

L'explication de Van Beneden selon laquelle, lors de la deuxième division — celle qui permet à l'œuf de venir à maturité —, de la substance mâle est éliminée, cette explication nous éclaire sur le fait que lors de la parthénogenèse cette deuxième phase de maturation est régulièrement escamotée. L'œuf parthénogénétique possède donc le nombre complet de chromosomes, c'est-à-dire sa substance mâle n'a pas été éliminée.

Cette dernière proposition ne souffre aucune exception, même dans les cas isolés pour lesquels on a pu voir malgré tout un œuf parthénogénétique entrer dans cette deuxième phase d'expulsion.

En effet, lors de cette dernière phase, il n'arrive jamais qu'un *Richtungskörper* soit éjecté : et ainsi il n'arrive jamais quoi que ce soit qui ressemble à l'élimination de la partie mâle. Au contraire celle-ci reste bien à l'intérieur de la cellule et fait de nouveau fusionner son noyau avec celui de l'œuf. C'est un véritable processus fusionnel qui ne se distingue en rien d'une vraie fécondation par apport étranger, comme si ce noyau mâle était tout à fait indépendant de la substance mâle de l'œuf. On peut donc dire à juste titre que dans la parthénogenèse, l'œuf est aussi bien fécondé non seulement par un apport étranger de substance mâle mais par ce qui lui est propre. Il s'ensuit, comme nous l'appelons, une autofécondation.

Qu'un œuf parthénogénétique doive contenir de l'élément mâle, cela va de soi. Un œuf d'abeille engendre justement un individu mâle, le bourdon. Mais, comme on dit : ce qui n'est pas prévu n'arrive pas.

« Nihil est incorpore, quod non prius fuerit in germine. » Ce que personne ne peut réfuter.

Ainsi la parthénogenèse, rejetée au loin, elle non plus ne remplit plus son office de preuve inverse à l'encontre de l'existence et de la nécessité de l'opposition sexuelle. Elle montre, oh combien ! que sa possibilité ne repose que sur la présence d'éléments mâles et femelles.

Nous avons vu que la parthénogenèse ne peut permettre à la vie de se poursuivre de façon durable. Il faut qu'une fécondation par apport étranger prenne quelquefois le relais. Cela étant nécessaire puisque la parthénogenèse n'a, en quelque sorte, que valeur facultative. Mais nous devons exiger que ce caractère facultatif de la parthénogenèse puisse être également démontré quelque part ailleurs dans le grand règne vivant. Car il ne se peut pas qu'un mécanisme aussi fondamental n'existe accidentellement que chez certaines espèces. La nature travaille partout avec les mêmes moyens.

La parthénogenèse est certes facultative mais on en trouve, sans équivoque, les prémices chez ces mêmes organismes qui, dans la nature, se reproduisent uniquement grâce à une fécondation vraie — nécessitant un apport externe — chez les oursins, par exemple.

Beaucoup d'entre vous connaissent certainement les recherches de Loeb qui eurent, à son époque, un certain retentissement. Loeb traita des œufs d'oursin avec une solution étendue de chlorure de magnésium et obtint que, dans cette solution, ils se développent de manière parthénogénétique. Il les amena assez facilement jusqu'à un stade larvaire. Récemment, Yves Delage lui aussi réussit à amener parthénogénétiquement deux œufs identiques jusqu'à une maturité sexuelle mâle. Voilà une preuve tout à faire claire qu'il existait bien dans ces œufs un élément mâle, la fécondation par la semence n'ayant pas eu lieu.

Mais nous n'avions pas besoin d'aller chercher l'exemple des œufs d'oursin.

Nous pourrions aussi bien remonter à l'être humain et voir là si quelques anomalies ne nous fourniraient pas des témoignages de mécanismes de développement parthénogénétique.

Messieurs, il existe chez l'homme une espèce de tumeurs congénitales qui attirent particulièrement l'attention. Alors que les autres tumeurs ne se composent essentiellement que d'un seul tissu, le Tératome, dont il va être question ici, est constitué de toutes sortes de tissus possibles que l'on rencontre dans le corps — tels que : cheveux, dents, muscles ; tels que la peau, les nerfs, les os et tout ce que vous voulez. D'autre part les parties les plus importantes du squelette, plusieurs vertèbres ensemble, le bassin, des parties profondes du cerveau, des reins, etc., peuvent abriter cette tumeur.

On peut la trouver aussi à l'intérieur du fœtus, au point que l'on peut dire qu'il se développe un fœtus dans le corps d'un autre : *fœtus in fœtu*.

Pour connaître de quelle nature sont ces formations, plus d'une explication a été avancée. À l'heure actuelle, faute de mieux, on dit que ce sont des jumeaux ratés. Mais les jumeaux sont toujours séparément l'un à côté de l'autre, jamais l'un dans l'autre. Si on veut bien pousser la réflexion un peu plus loin, on s'aperçoit que cette tumeur provient le plus fréquemment des poches séminales [*Keimdrusen*] plutôt que des ovaires. Il est donc facile de supposer que nous sommes ici en présence d'un reliquat de parthénogenèse qui — il est vrai — n'a plus cours chez les mammifères. Avec cette information, lesdites formations perdent leur mystère.

L'ovaire adulte ne possède plus du tout la capacité d'une activité de parthénogenèse. Seule l'ébauche de l'ovaire au stade fœtal — et tel qu'on le trouve chez les animaux inférieurs — a conservé l'aptitude de cette modalité anormale de reproduction. Mais ici non plus, un embryon parthénogénétique ne conduit à rien de viable. Il a simplement gardé la possibilité, bien que hasardeuse, de créer une forme et d'évoluer. L'ovule est capable d'induire au minimum une production imparfaite de tous les tissus, production qui, autrement, ne peut se déclencher que grâce à la fertilisation d'une semence étrangère.

L'étude des tumeurs offre cependant encore un autre exemple qui a une raison d'être dans cet exposé. Il arrive que dans les testicules de l'homme se forme une tumeur maligne qu'il est convenu d'appeler *Chorium-Epithélium*, vraisemblablement de même structure que toute membrane et ressemblant tout à fait à ce qui enveloppe étroitement l'enfant dans le corps de la mère et que nous appelons d'ailleurs *chorion*. Ici donc l'organe masculin produit de façon anormale un tissu partiel qui ne croît chez la femme que lors d'une grossesse. Comment cela serait-il possible à l'homme, s'il n'était porteur de tissu féminin.

Si notre conception est bien fondée, il devient évident que la reproduction asexuée est possible, de façon potentielle du moins, à côté de la reproduction bisexuelle pour la totalité des organismes. Un tissu peut donc engendrer un nouvel être, sans la collaboration d'un deuxième individu.

[...]

Je vous ai parlé, plus haut, de l'hydre que l'on avait découpée en petits morceaux, chaque morceau redevenant ensuite un nouveau polype.

Si nous procédons à l'ablation d'un œuf de triton, celui-ci se complète de nouveau intégralement de la même manière que la queue cassée d'un lézard ou comme un ver de terre dont on a séparé la moitié. Chez l'homme, un nerf coupé repousse — ainsi que nous médecins aimons à le dire —, hélas, le foie et la rate ne peuvent reconstituer sans cicatrice de la substance perdue. Ou bien, à partir d'un minuscule morceau d'épiderme que nous plantons sur une blessure cutanée — ça s'appelle « transplanter » — la peau se reforme sans lacune. Mais, selon nous c'est la restauration des vaisseaux sanguins qui est, de toutes les cicatrisations, la plus grande merveille de la régénération.

Et parlons des plantes.

Si vous mettez en terre une feuille de bégonia, elle s'enracine, pousse et fleurit.

Prenez un tubercule de pomme de terre, ou plutôt un morceau de tige de la plante et mettez-la en terre, vous obtiendrez un nouveau plant.

Si vous greffez un scion de rose sélectionné — par exemple la Maréchal Niel — sur un églantier, il y poussera des Niel splendides. Partout — que l'on y regarde de près — la partie évolue vers le tout.

Cette capacité de compléter est également appelée reproduction asexuée. Et on a voulu établir une comparaison entre cette capacité et la reproduction sexuée. Mais des observations plus poussées nous montreront ultérieurement que le fait d'être de même origine et le fait d'être asexué ont leur raison d'être.

[...]

Jusqu'à aujourd'hui personne n'avait jamais considéré le fait que des êtres vivants d'une même origine avaient la même durée de vie en dépit de leur éloignement géographique.

Je me permets, à ce propos, de citer une de mes observations qui prouve directement cette relation dans le temps. Il s'agit d'une clivia et de ses boutures dont nous avons observé les rapports de floraison.

Clivia I a trois pousses. [*Triebe*.]

1. Pousse		*2. Pousse*		*3. Pousse*	
Bouton	11 déc. 02				
Floraison	7 janv. 03	Bouton	7 janv. 03		
Flétrissmt	4 févr. 03	Floraison	4 févr. 03	Bouton	4 févr. 03
		Flétrissmt	3 mars 03	Floraison	3 mars 03
				Flétrissmt	31 mars 03

Bouture Clivia II

1. Pousse		*2. Pousse*	
Bouton	7 janv. 03	Bouton	3 mars 03

On sera étonné de voir avec quelle précision les différentes dates des trois pousses concordent. Seulement, ce n'est pas l'apparition des boutons qui coïncide avec celle des boutons et la floraison avec la floraison, mais le jour de floraison de la première avec le jour d'apparition des boutons de la suivante et avec le jour de flétrissement de la première. En effet, la pousse est apparue plus tard, bien sûr, que la plante-mère. Mais ce qui est le plus étonnant encore, c'est que la séparation dans l'espace n'a pas aboli la relation dans le temps, en ce qui concerne la bouture. Grâce à l'exemple de la clivia, nous pouvons démontrer précisément, par des dates, que le rythme de la plante et celui de la bouture sont similaires, qu'aucune variation n'intervient du fait qu'il s'agisse d'une pousse rattachée à la plante-mère ou qu'elle en soit séparée. Le rythme reste le même...

Il en va de même pour les ceps de vigne et les pommes de terre que l'on fait pousser à partir d'une bouture. Chacune de ces espèces a une adolescence et une maturité. Elle vieillit ensuite et doit être remplacée par une souche nouvelle, c'est-à-dire issue d'une fécondation réelle.

Si on dit de cet engendrement qu'il était un accroissement au-delà des limites de la personnalité, la reproduction asexuée est alors un accroissement dans les limites de la personnalité ; et comme un individu n'a qu'une durée déterminée il n'est en rien comparable avec la vie engendrée.

Mais la reproduction asexuée est-elle, pour autant, véritablement asexuée ? N'y intervient-il pas des substances mâle et femelle ?

Eh bien, messieurs, toute bouture de rose, de vigne ou de pomme de terre est possesseur d'organes sexuels mâle et femelle, soit : pistil et étamine. Il ne se peut pas moins qu'il y ait en eux substance mâle et substance femelle. C'est l'évidence même.

Si quelqu'un pouvait encore douter de la présence, dans le vivant, de deux substances opposées, alors, grâce à un autre exemple tout à fait frappant, j'aimerais lui prouver une fois encore cette vérité.

Le champignon *Ustilago violacea* ne peut amener ses spores à maturation que dans les anthères mâles d'une autre plante. Lorsqu'il ne trouve que l'exemplaire féminin de son hôte habituel — l'œillet de lumière *Melandryum album* —, il éveille dans la plante femelle l'apparition d'anthères mâles. Il est capable d'induire ce qu'aucun expérimentateur ne réussira jamais à faire et ce que la nature même refuse spontanément. Mais la plante femelle devait donc bien être dotée d'une substance mâle qui n'aurait jamais été mise en évidence dans le champignon.

Chez les animaux, c'est la même chose. Si on pratique, chez le crabe mâle Inachus, l'ablation de *Wurzelkrebs Sacculina*, ce crabe prend non seulement l'apparence d'une femelle mais encore, ce qui lui reste de ses glandes génitales produit des ovules qui peuvent venir à maturité. Notre tour d'horizon, messieurs, nous a parfaitement montré, et sans exceptions, que toujours là où nous avons vérifié un engendrement, le principe mâle et le principe femelle œuvraient ensemble. À aucun niveau les sexes opposés ne sont manquants. La présence des sexes ne peut donc être que fondamentale et absolument indispensable.

Mais notre exploration nous a appris encore bien plus. Elle nous a aidé à repousser les limites de l'individuel. Toutes les boutures de roses forment un seul et immense rosier. Tous les peupliers une seule individualité. Ils sont enfermés dans une même floraison, et ont une mort commune. Nous comprenons mieux maintenant pourquoi cette végétation envahissant les eaux (*Elodoa canadensis*), dont les griffes femelles exclusivement obstruaient nos rivières, en sont un beau jour disparues définitivement. Pour quelle raison une épidémie s'arrête-t-elle d'elle-même, pourquoi soudain ne trouve-t-on plus au marché une variété de pomme telle que la Borsdorf ? Toutes ces pommes, toutes ces « La France », toutes ces *elodoae*, tous ces agents épidémiques d'une génération, à prendre les choses strictement, ne sont, pour une durée de vie commune, qu'un seul individu. Quelque chose comme la totalité des cellules de notre corps qui composent des organes aussi distincts que le cœur, le foie, le cerveau, et qu'elles régénèrent sans cesse, sont enchaînées entre elles, indissolublement, dans une même période vitale. Lorsque a été usée la quantité de substance vivante attribuée au départ, la vie s'arrête comme une montre. Cela, aussi bien dans une relation physique que dans une séparation dans l'espace.

Lorsque nous sommes amenés, pour des raisons biologiques, à élargir les limites de l'individu, nous devons en conclure que cet individu ne peut naître que grâce à un apport extérieur, et ne croître de façon typique qu'à partir de cette condition, alors nous devons nous rendre compte que même ces limites ne sont pas absolues. En ce qui concerne nos caractéristiques physiques ou spirituelles, nous dépendons de nos ancêtres, aussi bien féminins que masculins, nous vivons leur vie, nous mourons de leur mort. Y a-t-il un événement plus bouleversant que celui que je vous ai présenté lors d'une précédente conférence, à savoir que la date de naissance du petit-enfant et de l'arrière-petit-enfant dépend de manière précise, dans le temps et pour les dates, du jour de la mort de la grand-mère et de l'arrière-grand-mère. La mort fait, suivant un ordre admirable, de l'espace vital pour ceux qui naissent. Mort, amour et vie sont liés, et ont une place bien déterminée dans le temps et dans le grand courant du règne vivant sur la terre et dont nous sommes les gouttes.

Mais ses plus fines molécules sont la substance mâle et la substance femelle agissant l'une sur l'autre dans un jeu continuel qui produit l'énergie de toute vie et qui peut être, dans ce cas particulier, renouvellement même de la vie. Finalement, lorsque ce jeu continuel s'épuise dans l'individu déterminé, celui-ci meurt et obtient ce dernier repos que, selon notre vision du monde, nous appelons délivrance ou salut.

WILHELM FLIESS

Traduit de l'allemand par Stéphanie Gilet et Pierre Fédida.

[illegible]

[illegible] que la date de naissance [illegible] dans le temps [illegible] la mort [illegible]

Ainsi [illegible]

[illegible]

[illegible]

La bisexualité dans l'auto-analyse de Freud : le rêve « Mon fils, le myope »

Freud découvre le « complexe » d'Œdipe vers la mi-octobre 1897. Il ne l'appelle encore que « mythe d'Œdipe » et il en limite la nature à l'intrication, chez le garçon, du désir incestueux pour la mère et du désir homicide envers le père. Deux faits ont notamment joué là chez lui un rôle décisif ; un rêve sur un médecin borgne, une conversation avec sa mère sur sa petite enfance. Il se hâte de faire part à Fliess de cette découverte et de son enthousiasme. L'étroite et chaude amitié entre les deux hommes connaît alors sa première faille grave. Fliess ne répond pas et quand il se décide, sur l'insistance de son correspondant, à donner une opinion, c'est pour laisser entendre qu'il n'attache pas grande importance à cette hypothétique découverte. Freud de son côté dissimule à Fliess — et au lecteur de la première édition de *Die Traumdeutung* — une pièce capitale dans le jeu d'échecs qu'il joue avec son inconscient : ce médecin borgne, qui était — sa mère le lui a rappelé et il l'a écrit aussitôt à Fliess — le médecin de famille de Freiberg, l'a soigné pour une blessure à la mâchoire consécutive à une chute d'un escabeau sur lequel il était monté pour dérober quelque friandise ; cachée sous la barbe de Freud, une cicatrice ineffaçable lui en est restée. L'aveu de cet accident — autopunition d'un désir coupable — et de sa trace à jamais imprimée sur le corps s'effectuera tardivement : il faudra attendre l'édition de 1909 de *Die Traumdeutung* pour qu'il soit fait état de la cicatrice et celle de 1919 pour connaître le récit de l'accident[1]. Ainsi se répondent la résistance de Fliess à admettre l'organisation psychique œdipienne et celle de Freud à en admettre la conséquence capitale que l'on devine, le fantasme attaché à cette cicatrice.

En novembre 1897, Freud suspend son autoanalyse qui se trouve bloquée sans nul doute par cette résistance : il a le sentiment que lui manquent quelques concepts-clefs et qu'il les trouvera seulement dans les cures de ses patients, non dans l'observation de lui-même. À cette paralysie viennent s'ajouter, à la place des troubles cardiaques disparus, des malaises digestifs : décidément quelque chose ne passe pas. Comme toujours, Freud met son espoir d'un nouvel élan créateur dans le prochain « congrès » avec Fliess prévu pour Noël à Breslau. Un an auparavant, alors qu'il était hanté par ses rêves de Rome, il avait en vain proposé une rencontre en Italie ; puis il avait cédé en silence à Fliess qui s'était déclaré pour Prague et qu'il avait finalement rejoint pour Pâques 1897 à Nuremberg ; là, Fliess lui a parlé pour la première fois de la bisexualité et ils en ont fait le moteur du refoulement mais chacun d'une façon différente : « Je m'intéresse si exclusivement à l'analyse que je n'ai pas eu le temps de mettre en parallèle nos deux hypothèses : la mienne, suivant laquelle le refoulement émane toujours de la féminité pour se diriger contre la virilité, et la tienne qui dit l'inverse » (lettre à Fliess du 15 octobre 1897). Dans sa lettre du 3 décembre 1897, où il accepte le prochain rendez-vous à Breslau, Freud en profite pour exprimer à retardement sa déception de n'avoir pu retrouver son ami à Rome, mais, comme il l'a fait jusqu'ici quand un désaccord se fait jour entre eux, il prend sur lui la faute : son désir de Rome, ajoute-t-il dans sa lettre, est « névrotique » ; ou plutôt sont de cette nature son incapacité à satisfaire par lui-même ce désir, et son inhibition, qu'il compare à celle d'Hannibal, un des héros préférés de son adolescence, d'aller plus loin que le lac Trasimène. Ainsi sans s'en rendre compte, Freud se range, par cette identification héroïque, dans la catégorie qu'il décrira plus tard de ceux qui échouent devant le succès. Son inhibition de se rendre à Breslau lui apparaît par contre plus claire : c'est dans cette gare que le train qui l'éloignait à jamais de Freiberg avait fait halte en pleine nuit et qu'il avait pris les becs de gaz pour les flammes de l'enfer dont sa Nannie, la bonne d'enfants tchèque et catholique, l'avait menacé. Ainsi sa phobie ferroviaire a-t-elle trouvé là — nouvelle découverte personnelle — son traumatisme originaire.

La rencontre de Breslau (22-28 décembre 1897) se passe plus médiocrement qu'à l'accoutumée. Fliess cherche plus à intéresser Freud à ses propres conceptions qu'à s'intéresser aux découvertes de Freud. Il développe sa nouvelle idée : la bisexualité biologique se prolonge chez l'homme en une bisexualité psychique et cette bisexualité irait de pair avec la bilatéralité particulière de l'organisme humain, la gauche et la droite étant aussi dissemblables et complémentaires que le sont les deux sexes. Freud, bon public, prend d'habitude pour argent comptant les grands fantasmes « scientifiques » de Fliess : le lien entre le sexe et le nez, la différence des périodes entre l'homme et la femme, respectivement affectées des chiffres 23 et 28. Cette fois il ne marche pas. Le lien gratuit entre bisexualité et bilatéralité n'a-t-il pas de quoi choquer tout esprit tant soit peu scientifique? Sans doute aussi le terme de bisexualité a-t-il dû provoquer chez Freud une résonance fantasmatique contre laquelle il se défend. Dès son retour à Vienne, le 29, il écrit à Fliess son désaccord sur la « théorie des gauchers » et il désigne la bisexualité-bilatéralité par l'abréviation ironique de « bi-bi[2] ». Fliess réagit mal. Aussitôt (4 janvier 1898) Freud nuance sa position et se déclare de nouveau disposé à prendre sur lui les torts : « J'ai adopté d'emblée ta conception de la bisexualité et je la considère comme la plus importante, depuis celle de la défense, au point de vue de mes travaux. Si, étant moi-même un pur névrosé, des motifs personnels me poussaient à éprouver quelque aversion, cette aversion serait justement dirigée contre l'idée de bisexualité, à laquelle nous imputons les tendances au refoulement. Je ne m'élève, je crois, que contre ton identification de la bisexualité à la bilatéralité [...]. L'idée m'est également venue que tu me considères comme un gaucher partiel. Si tel est le cas, dis-le-moi, cette idée n'a rien qui me blesse [...]. Si ta façon d'interpréter la particularité des gauchers me déplaît, cela est peut-être dû à des motifs inconscients. Si ces motifs sont hystériques, ils n'ont assurément rien à voir avec le sujet dont nous discutons, mais seulement avec le mot qui le désigne... »

C'est très vraisemblablement de la semaine entre le 29 décembre et le 4 janvier, ou des jours immédiatement précédents ou suivants que datent les deux rêves, *La rêverie dans le sommeil* et *Mon fils, le myope*. Ce sont les premiers rêves que Freud effectue (du moins parmi ceux qu'il a publiés) depuis la découverte du complexe d'Œdipe. Ils marquent le redémarrage du travail auto-analytique de Freud après la période de paralysie intellectuelle et affective qui a suivi cette découverte, en raison des résistances soulevées alors en lui et du peu de cas fait par Fliess de celle-ci.

Rêve de la rêverie dans le sommeil : « Dans certains cas, on remarque, non sans surprise, que l'impression de clarté ou d'indistinct laissée par le rêve ne signifie rien quant à sa texture, mais provient de son matériel et en est une partie constitutive. Je me rappelle un rêve qui, au réveil, m'avait paru si bien construit, clair et complet que, encore sous l'ivresse du sommeil, je projetais de créer une nouvelle catégorie de rêves qui ne serait pas soumise au mécanisme de la condensation et du déplacement, mais serait qualifiée de "rêverie (ou fantasme) pendant le sommeil". Un examen plus attentif découvrit dans ce rêve d'espèce rare les mêmes déchirures et les mêmes incohérences que dans les autres ; je dus laisser là les rêveries pendant le sommeil. Le contenu du rêve était que je présentais à mon ami une théorie difficile et longtemps cherchée de la bisexualité. La force avec laquelle le rêve accomplit les désirs faisait que cette théorie (non exposée d'ailleurs dans le rêve) paraissait claire et sans lacunes. Ce que j'avais considéré comme un jugement porté sur le rêve achevé était donc une partie, à la vérité, partie essentielle du contenu du rêve. Le travail du rêve empiétait en quelque sorte sur les premières pensées de la veille et me présentait comme un *jugement* porté sur le rêve cette partie du matériel dont il n'avait pu réussir la figuration exacte dans le rêve même[3]. »

Ainsi, ce rêve le confirme, Freud ne partage pas l'ivresse de Fliess ; il trouve que sa théorie est bien

« confuse » et « lacunaire », qu'elle ne se soumet pas aux « mécanismes » scientifiques de l'administration de la preuve, en un mot qu'elle est une pure « rêverie ». Le désir qui s'accomplit dans ce rêve est probablement le suivant : si c'était moi qui faisais une théorie de la bisexualité, elle serait, ce que la sienne n'est pas, « construite, claire et complète ». Mais cet accomplissement onirique du désir est trop cru : au réveil, l'élaboration secondaire se hâte de modifier le sens : ce n'est pas mon ami qui a eu des rêveries, c'est moi qui, emporté par ma propre ivresse, me trompe en ajoutant à ma théorie du rêve la catégorie purement imaginaire des rêveries pendant le sommeil. De nouveau, donc, Freud préfère prendre sur lui la faute de son ami pour l'excuser. Mais le désir surgi dans le rêve anticipe la réalité à venir : Freud fera sienne la théorie de la bisexualité psychique, en la remaniant et en oubliant qu'il en doit à Fliess la première idée. Ce sera la cause de leur brouille en 1900 et de leur rupture définitive en 1904. D'ailleurs, à la suite d'Edith Buxbaum[4], et malgré les réserves de Jones[5], ne faut-il pas entendre le passage de la lettre citée plus haut (« J'ai adopté d'emblée ta conception de la bisexualité et je la considère comme la plus importante... *au point de vue de mes travaux* ») comme un lapsus révélateur du désir de Freud de s'approprier la conception de la bisexualité de Fliess ?

Rêve « Mon fils, le myope... ; Auf Geseres — Auf Ungeseres. » « Je rêve qu'un professeur de notre université que je connais, dit : *"Mon fils, le myope" (der Myop).* Puis suit un dialogue, fait de brefs propos et répliques. Mais suit alors un troisième fragment de rêve dans lequel nous apparaissons, moi et mes fils ; pour le contenu latent du rêve, père, fils, le profes-

JEAN DELVILLE,
Orphée, 1899.
Collection A.M. Gillion-Crowet, Bruxelles.
Photo Lauros-Giraudon
© ADAGP, 2000.

GUSTAVE MOREAU,
La Sirène et le poète (détail).
Photo © Roger-Viollet.

GUSTAVE MOREAU,
Les Anges de Sodome (détail). Musée national Gustave Moreau, Paris.
Photo © Lauros-Giraudon.

GUSTAVE MOREAU,
Le Sphinx (détail), 1886.
Collection particulière.
Photo © Bulloz.

seur M., ne sont que des hommes de paille qui nous cachent, moi et mon fils aîné[6]. » « Voici le rêve principal qui manquait et qui présente une formation de mot absurde et incompréhensible qu'il faut éclaircir : *À cause d'événements quelconques dans la ville de Rome, il faut sauver les enfants, ce qui se produit effectivement. La scène se passe alors devant une porte, double porte dans le style antique (la* porta romana *à Sienne, comme je le sais encore dans le rêve). Je suis assis sur le bord d'une fontaine, très affligé : je pleure presque. Une personne de sexe féminin — garde, religieuse — sort les deux garçons et les remet au père qui n'est pas moi. L'aîné des deux est nettement mon fils aîné, je ne vois pas le visage de l'autre : la femme qui amène le garçon lui demande un baiser en guise d'adieu. Elle se distingue par son nez rouge. Le garçon lui refuse le baiser mais dit, en lui tendant la main en guise d'adieu :* Auf Geseres *et à nous deux (ou à l'un d'entre nous) :* Auf Ungeseres. *J'ai l'idée que ce dernier propos signifie une préférence*[7]. »

Au cours d'un séminaire d'étude des rêves de Freud que nous avons dirigé pendant deux ans avec Eva Rosenblum, nous avons mis au point une méthode d'interprétation de ces rêves reposant sur la prise en considération systématique des quatre perspectives suivantes : la relation à Fliess, l'accomplissement d'un désir infantile, la figuration de la découverte de la psychanalyse, l'image du corps. Examinons ce rêve selon ces quatre perspectives[8]. Les citations qui suivent sont tirées des associations libres de Freud qui font suite au récit du rêve.

1° Le rêve marque un tournant dans la relation à Fliess : Freud commence de passer envers son « mentor » d'une attitude admirative à une attitude critique. Cette critique s'exprime à travers les néologismes forgés par le rêve : *der Myop; Auf Geseres, Auf Ungeseres.*

En allemand, « myope » se dit *kurzsichtig*, qui signifie mot à mot « qui a la vue courte » et qui se dit aussi bien au sens propre qu'au sens figuré. *Myop* est un mot qui n'existe pas dans cette langue et que le rêveur construit sur le modèle de *Zyklop*. L'allusion au « congrès » de Breslau est claire : « Mon ami m'avait développé ses vues sur l'importance biologique de la *symétrie bilatérale* et il avait commencé une phrase par ces termes : Si nous portions le seul œil au milieu du front comme le *cyclope*... » Les cyclopes, on le sait, n'ont existé que dans l'imagination d'Homère et des Grecs anciens. Tirer du cyclope un argument qui se veut scientifique, c'est avoir « la vue courte », c'est être myope... ou borgne : telle est la pensée latente la plus probable du rêveur. Un passage précédent du commentaire de Freud va dans le même sens : « Je me suis rappelé que, pendant les précédentes journées de *Pâques,* nous nous sommes promenés ensemble, mon ami de Berlin et moi, dans les rues de la ville de Breslau, étrangère pour nous. Une petite fille me demande le chemin pour une certaine rue; je dus m'excuser de ne pas le savoir et je dis alors à mon ami : Espérons que la petite fille fera preuve de plus de perspicacité plus tard dans le choix des personnes qu'elle prendra pour guides. » Freud s'interroge sur sa propre perspicacité dans le choix qu'il a fait, depuis 1893 ou 1894, de Fliess comme guide. Notons deux autres détails significatifs. Un lapsus tout d'abord : au moment de Pâques, c'est à Nuremberg que s'est tenu leur congrès; celui de Breslau vient d'avoir lieu à Noël. Peut-être s'agit-il au moment de la publication de *Die Traumdeutung* d'un déguisement volontaire de la part de Freud, à qui la révélation de faits personnels coûte beaucoup ? Mais la confusion des deux circonstances où Fliess lui a parlé de la bisexualité nous semble annonciatrice de la cryptomnésie ultérieure de Freud et de la querelle de priorité qui s'ensuivra entre eux. Le second détail concerne l'identification féminine-passive de Freud (il est la petite fille qui choisit mal son guide) en face de Fliess, mentor mâle et actif. Ainsi l'intérêt à la fois enthousiaste et réticent de Freud vis-à-vis de la notion de bisexualité est directement en rapport avec un « effet de transfert » de type homosexuel. Freud est encore loin de pouvoir prendre conscience de la soumission et de l'homosexualité latentes qui le lient à Fliess. La psychanalyse ne deviendra une science indépendante qu'avec le dégagement de Freud par rapport à ce lien.

Auf Geseres est une expression composite, construite sur le modèle de *Auf Wiedersehen* (au revoir) que l'on s'attendrait normalement, dans la logique du rêve, à entendre prononcer par l'enfant au moment du départ. « *Geseres* est, d'après les renseignements que j'ai pris auprès des exégètes, un mot hébreu authentique, qui dérive d'un verbe *goiser* et que l'on peut rendre au mieux par “souffrances imposées, fatalité”. D'après l'emploi du mot dans le jargon, on devrait penser qu'il signifie “plaintes et lamentations”. » *Auf Geseres* pourrait donc se traduire par : « à des lamentations. » Le propos contraire, *Auf Ungeseres* (mot à mot : « à des non-lamentations » est par contre, dit Freud, « totalement dépourvu de sens ». *Ungeseres* (mot à mot : non-*geseres)* est un mot hybride (*un-* est un préfixe allemand et *Geseres* un substantif hébreu) forgé par le rêveur par pure « symétrie bilatérale » avec *Geseres* et qui ne veut rien dire. C'est donc une dérision de la théorie purement gratuite de Fliess sur la symétrie bilatérale. Ainsi l'absurdité du signifiant est à prendre à la lettre. Elle exprime, en le déplaçant sur un processus formel, le jugement de fond porté par Freud sur cette théorie de Fliess : cette théorie est absurde, elle est un non-sens.

Mais Freud reprend dans son commentaire la notation finale du rêve : « *Ungeseres* signifie une préférence par rapport à *Geseres* », de même que le caviar *non salé* est préférable au salé ou que le pain *sans levain* convient pour la Pâque juive « en souvenir de l'exode d'Égypte où les enfants d'Israël n'avaient pas eu le temps de laisser lever la pâte de leur pain ». Le sens de cette « préférence » s'enrichit un peu plus loin, grâce à la réminiscence d'une anecdote qui établit le lien entre le premier fragment du rêve *(Mon fils, le myope...)* et le dernier fragment *(Auf Geseres-Auf Ungeseres).* Le fils du professeur M. avait eu une affection inquiétante à un œil. Le médecin avait affirmé que « tant qu'elle ne concernait qu'*un côté,* elle serait de peu d'importance ». Or, elle guérit à cet œil mais pour réapparaître peu après à l'autre. La mère fut affolée. Le médecin « se rabattit maintenant sur l'*autre côté* », c'est-à-dire retourna complètement son opinion. « *Vous en faites un Geseres,* cria-t-il à la mère. Si cela a guéri d'*un côté,* cela guérira aussi *de l'autre.* Et c'est ce qui se produisit. » C'est un retournement analogue d'opinion que Freud effectue dans sa lettre du 4 janvier 1898 par rapport à celle du 29 décembre 1897 : d'un côté, il atténue ses réserves à l'égard de la notion de bilatéralité : de l'autre côté, il se déclare partisan enthousiaste de l'idée de bisexualité. Il marque ainsi sa « préférence » : garder l'amitié de Fliess en mettant de côté le désaccord qu'il sent grandir entre eux. Freud doit être conscient de tomber ainsi dans l'« extravagance » et la « contradiction » puisqu'il remarque au terme de son commentaire : « Après que l'enfant eut exprimé ses mots d'adieu *d'un côté*, il dit le contraire *de l'autre côté* comme pour rétablir l'équilibre. Il agit comme s'il observait la symétrie bilatérale ! »

2° Quels désirs cherchent à s'accomplir dans le rêve ? Le désir de la veille est relatif aux six enfants de Freud en général, plus particulièrement à ses garçons et à son fils aîné. C'est le désir d'éviter à ceux-ci les deux dangers qui les menacent, un danger social, l'antisémitisme, un danger sexuel, le risque de contracter la syphilis au cours de relations avec des femmes faciles ou avec des filles publiques. Les associations libres consécutives mettent d'abord en avant le premier danger : le rêve représente en ce sens la mise en image du début du *Psaume 137*, qui est le chant des lamentations [*Geseres*] des Juifs exilés : « Près des eaux de Babel, nous étions assis et pleurions[9]. » Vont dans le même sens la nécessité de fuir Rome (l'empereur romain Titus a détruit le Temple de Jérusalem et provoqué la diaspora des Juifs ; puis l'Église catholique, qui a son siège à Rome, a pris le relais des persécutions antisémites), l'allusion au massacre des Saints Innocents (d'un certain Docteur Herodes dont il avait aperçu la plaque à Breslau, Freud avait dit à Fliess : « pourvu qu'il ne soit pas pédiatre... »), la pièce de théâtre *Le Nouveau Ghetto*, de Herzl, le fondateur du sionisme, qui a beaucoup frappé Freud[10] (sans doute à cause de sa morale dont nous empruntons le résumé à Grinstein : les murs matériels du ghetto sont tombés, mais l'antisémitisme enferme les Juifs dans un nouveau ghetto moral dont il n'est pas sans risque d'essayer pour eux de sortir), la nouvelle qu'un médecin juif avait dû abandonner son poste, obtenu à grand-peine, dans un hôpital psychiatrique de l'État, enfin, bien que Freud y fasse allusion non à propos de ce rêve mais seulement dans sa correspondance de la même époque avec Fliess, l'affaire Dreyfus en France.

Le second danger n'est mis en évidence que dans la conclusion du commentaire : Jean-Martin, le fils aîné de Freud, a reçu en cadeau le pupitre qui était utilisé par le fils du professeur M. au temps de son affection oculaire. C'est un pupitre qui par sa construction spéciale doit « empêcher l'enfant de devenir *myope* [*kurzsichtig*] et de ne se développer que d'*un côté* [*einseitig*] [...] Le souci concernant le développement d'un seul côté a plusieurs significations : outre le développement physique unilatéral, il peut s'agir de développement intellectuel unilatéral ». L'allusion trouvera son éclaircissement plus tard, à l'occasion d'autres rêves (*Frau Doni, Autodidasker*) où ce même souci reviendra : Jean-Martin est doué pour la poésie, ce qui inquiète ses parents, surtout sa mère, sur son avenir professionnel. Quant au désir du père d'éloigner son fils des relations féminines jugées dangereuses pour sa santé, s'il ne figure nulle part dans le commentaire, il est évident dans le texte du rêve pris à la lettre : le père se fait remettre les garçons par la femme et obtient que celui des deux à qui elle l'a demandé lui refuse le baiser; de plus la femme est une « garde » ou une « religieuse », c'est-à-dire une femme interdite. La référence à la syphilis qui deviendra de plus en plus pressante dans la suite des rêves de l'année 1898 peut se lire en filigrane dans le « nez rouge » attribué à la femme si l'on accepte d'y voir une condensation du pénis du garçon contaminé par la femme.

Mais la « symétrie bilatérale » nous conduit à envisager également dans ce passage manifeste un retournement en son contraire du contenu latent suivant : Freud confie en pensée ses enfants, pour le cas où il viendrait à mourir, à leur « gouvernante » mais sans doute aussi à Minna, sa belle-sœur, donc femme interdite, venue s'installer au foyer depuis dix-huit mois pour aider à les élever.

Quel désir infantile est venu surdéterminer ces désirs de la veille ? Le rêve précise « une personne de sexe féminin [...] sort les deux garçons et les remet au père qui n'est pas moi ». Si Freud n'est pas le père, c'est donc en tant que fils qu'il figure dans le rêve. « L'aîné des deux est nettement mon fils aîné, je ne vois pas le visage de l'autre » : allusion probable à son frère cadet Julius né et mort à Freiberg à l'âge de six mois. « Elle se distingue par son nez rouge » : allusion à Nannie qui — la conversation avec sa mère le lui récemment appris — s'enivrait, de plus était sale et volait et qui avait été renvoyée pour cette dernière raison. C'est donc à la fois la séparation de Nannie puis le départ de Freiberg pour l'« exil » qui se trouvent figurés dans le rêve. Départ « à cause d'événements quelconques » : ils ne devaient pas être si « quelconques » que cela... Lors de ce départ, les deux branches de la famille se sont séparées. C'est le désir d'annuler cette séparation que le rêve accomplit : d'un côté Sigmund dit à ceux dont il se trouve séparé : « au revoir » ; d'un autre côté, il leur dit : « au non-au revoir ». Jacob, sa jeune femme et les deux enfants du second lit (Sigmund et Anna) sont allés « d'un côté », vers Leipzig, puis Vienne : côté malheureux (*Geseres*). Les deux garçons du premier lit (Emmanuel avec sa femme et ses enfants, et Philippe) sont partis « d'un autre côté », vers Manchester : côté heureux (*Ungeseres*). Le désir sous-jacent à la « préférence » terminale du rêve est le suivant : si j'étais parti avec l'autre branche de la famille en Angleterre (si j'avais été le fils d'Emmanuel), j'aurais échappé à l'antisémitisme. Le souvenir-écran publié en 1899 complétera : et j'aurais continué mes jeux guerriers avec John mon neveu et mes jeux sexuels avec Pauline ma nièce. Dans ce souvenir-écran Pauline « pleure presque » (comme Freud dans ce rêve) parce que les garçons lui ont arraché ses fleurs (fantasme de défloration). La troisième phrase du rêve devient compréhensible : « La scène se passe alors devant une porte, double porte dans le style antique. » « Devant une porte » évoque l'expression *ante portas* ; « le style antique » désigne un souvenir ancien. C'est parce que le garçon a cherché à voir la double porte de Pauline — le double orifice anal et vaginal — qu'il a été puni dans sa vue (il est devenu « myope » ou « borgne ») et qu'on l'a exilé loin de l'objet de sa curiosité. La « fontaine » qui apparaît dans la phrase suivante du rêve fait penser à ces compétitions urinaires où les enfants jouent à faire la fontaine et où la différence des sexes se marque à la manière différente d'uriner. Quant à la myopie, elle réalise à la fois la défense (tu perdras la vue si tu regardes ce qui est défendu, à savoir le sexe féminin) et le désir (les myopes voient mieux de près : laisse-moi m'approcher pour mieux voir). Dans cette perspective l'opposition verbale qui termine le rêve, *Auf Geseres-Auf Ungeseres*, se spécifie par les personnes auxquelles chacun de ces deux propos s'adresse, une femme pour le premier, un homme pour le second, et représente la différence des sexes : un sexe, le sexe masculin, est *Geseres*, c'est-à-dire la cause d'un décret, d'une ordonnance (premier sens de *Geseres*) et aussi d'une plainte et d'une lamentation (second sens de *Geseres*) ; l'autre sexe est défini négativement, par le manque, par l'absence (*un-*) du premier. *Ungeseres*, dit Freud, dans son commentaire, « est totalement dépourvu de sens » : en fait, la chose, tout autant que le mot, n'avait pour l'enfant de trois ans et demi (âge de Sigmund lors du départ de Freiberg) aucun sens. Mais ce qui est sûr, c'est que chaque sexe a une « préférence » pour l'autre.

3° Le rêve reproduit la structure habituelle des rêves de Freud depuis le début de son auto-analyse : la première partie est constituée par une scène vue ; la seconde partie par un mot ou une phrase lus ou entendus (cf. la « triméthylamine » dans le rêve sur Irma, la pancarte « on est prié de fermer un œil/les yeux » dans le rêve sur la mort du père, les noms propres dans les quatre rêves de Rome, les inscriptions « Via/Villa [Casa Secerno] », « Hella » dans deux des rêves suivants, l'expression « crâne de cochon » dans le rêve qui précède immédiatement la découverte du complexe d'Œdipe). Le brusque passage de la représentation de chose (propre à l'inconscient) à la représentation de mots (propre au préconscient) illustre la nouvelle théorie de l'appareil psychique que Freud développe depuis la mort de son père et dont l'intuition générale a constitué le premier fruit du travail du deuil.

De plus, la capacité du moi de passer directement de la vue au code, c'est-à-dire au second niveau de la symbolisation, en court-circuitant l'étape intermédiaire, à laquelle en restent la plupart des individus, du langage parlé et des chaînes syntagmatiques du discours, s'avère là être un trait spécifique du génie de Freud, et peut-être de tout créateur dans le domaine scientifique. Sous un discours manifeste,

Freud saisit d'emblée une structure latente. Et dans les particularités formelles d'un texte (doubles sens, néologismes, oppositions pertinentes, etc.), que ce soit celui d'un propos ou d'un rêve, il lit une formation de compromis inconsciente analogue à celle du symptôme.

Pourquoi ce privilège de la vue sur toutes les autres données sensibles, sources des représentations de choses ? Les rêves de Rome mettaient déjà sur la voie : il est permis de voir de loin, il est défendu de s'approcher et de toucher. Le début de phrase qui ouvre le rêve : « Mon fils, le myope... », fait écho à une inscription onirique antérieure : « On est prié de fermer un œil/les yeux. » La transgression commence avec la vue : voir en faisant semblant de ne pas avoir vu ; ne dormir que d'un œil ; ouvrir le bon. Voir quoi ? La nudité de la femme. Et comprendre en quoi ce qui y manque concerne la différence des sexes (Freud s'est remémoré avoir vu, vers deux ans, au cours d'un voyage, *matrem nudam* : il n'a pu l'écrire à Fliess le 3 octobre 1897 qu'en latin) et la scène primitive (qui sera un des thèmes dominants de l'auto-analyse de Freud pendant la suite de l'année 1898).

Voir, c'est maintenir l'objet à la bonne distance entre le désir et le danger assez loin pour qu'il ne nous menace pas, mais à portée de la vue pour qu'il reste sous notre contrôle. C'est le compromis typiquement hystéro-phobique entre la curiosité sexuelle et l'angoisse de castration. La position que Freud demande à Fliess d'occuper s'éclaire dans cette perspective : Fliess est l'objet contra-phobique sur lequel Freud fixe son ambivalence et qui le protège de ses peurs (peur des voyages ferroviaires, peur, en fumant trop, de mourir prématurément). Si les *Études sur l'hystérie* ont été consacrées à l'hystérie de conversion, un des principaux progrès en psychopathologie de Freud, dont témoigne sa correspondance avec Fliess depuis la mort de son père et qui est manifestement dû au travail de l'auto-analyse, est la compréhension de l'hystérie d'angoisse.

4° L'image du corps dans ce rêve se compose d'un organe (l'œil) qui est désigné comme tel (le « myope ») et d'autres zones qui — nous l'avons dit plus haut, nous n'y reviendrons donc pas — sont symboliquement figurées (la double porte, la fontaine). Concernant l'œil, on pourrait ajouter beaucoup d'autres commentaires à ceux qui précèdent. Hannibal était borgne; il avait perdu un œil dans les marais d'Étrurie. Charcot souffrait de strabisme, c'est-à-dire d'une gaucherie de l'œil. Freud, dans sa lettre du 4 janvier 1898, est prêt à s'avouer « gaucher partiel », pour faire plaisir à Fliess et laisser croire à celui-ci, contre l'évidence, qu'il voit mieux les choses que Freud. Le rêve est construit sur l'opposition « myope » (*kurzsichtig*, qui a la vue courte) — « perspicacité » (*Scharfblick*, mot à mot : acuité de la vue, ce dont manque la petite fille de Breslau qui demandait son chemin à Freud). Mais l'association d'idées dont l'absence est la plus surprenante dans les commentaires de Freud concerne Œdipe, qui s'est crevé les yeux quand il s'est découvert incestueux et parricide. Freud a eu l'intuition du complexe d'Œdipe en octobre 1897. Depuis, il résiste à « voir » la conséquence du double désir incestueux et parricide, à savoir la menace de castration, dont l'atteinte de l'œil représente dans le rêve un substitut et dont la cicatrice au menton, soignée par le médecin borgne, à la suite d'une faute et d'un accident dont le souvenir ancien a été oublié, représente l'inscription dans la réalité vécue et la trace dans le corps.

La croyance en la castration de la femme pour expliquer la différence entre les sexes constitue une théorie sexuelle infantile et un fantasme « originaire ». Il faudra à Freud toute l'année 1898, avec ses innombrables rêves, pour perlaborer la prise de conscience de cette croyance et pour entrevoir le fantasme et l'angoisse spécifiques qui y sont liés. Le détour par lequel il y parviendra[11] sera le thème de la syphilis et de la paralysie générale. En attendant, l'affirmation, due à Fliess, d'une bisexualité fondamentale de l'être humain, sert à Freud de défense idéologique contre la reconnaissance de l'angoisse de castration et contre la remémoration de cette théorie sexuelle infantile. En même temps, Freud a une « vue », encore partielle mais nette, du caractère fantasmatique et idéologique de la théorie de Fliess, qui ne le satisfait pas pour cette raison et qu'il se résout à critiquer. La bisexualité psychique, Freud le pressent, ne dérive pas de la bisexualité biologique : une telle explication est de l'ordre des théories sexuelles infantiles. La bisexualité résulte d'identifications à la fois masculines et féminines, c'est-à-dire d'un processus purement psychique : là résidera l'explication proprement psychanalytique. Cette identification bisexuelle, Freud commence de s'apercevoir que c'est elle précisément qu'il vit avec intensité dans sa relation « transférentielle » à Fliess : double identification dont la « double porte » du rêve constitue vraisemblablement une figuration.

Mais cette défense fantasmatique et idéologique contre l'angoisse de castration ne retient pas Freud longtemps. Dès le 16 janvier 1898, il écrit à Fliess : « Toutes sortes de petites choses m'arrivent, les rêves et l'hystérie s'accordent toujours mieux. Les détails bouchent maintenant la voie aux grands problèmes que nous avons abordés, à Breslau. » En un mot, il laisse tomber les élucubrations de son ami pour revenir à son propre travail scientifique, qui est bien plus sérieux. Le dégagement qui s'annonçait dans le rêve « *Mon fils, le myope...* » a été opérant. Nous pouvons mieux comprendre maintenant en quoi il a consisté : Freud s'y rassure contre l'angoisse de castration en soutenant que celle-ci n'a d'effets que partiels. À la différence d'Œdipe devenu complètement aveugle ou du Cyclope Polyphème taraudé par Ulysse, un borgne garde un œil bon. La myopie n'empêche de voir que de loin ; ce n'est d'ailleurs pas une infirmité incurable. Cette castration partielle rend possible la transgression. La « double porte » de Rome ou de Sienne est double en ce sens qu'elle permet aussi bien d'entrer que de sortir. Voir clair dans l'inconscient, telle est la tâche que malgré tous les obstacles intérieurs et extérieurs Freud assume avec de plus en plus de résolution et de perspicacité. Il a d'abord reconnu chez les hystériques de conversion l'existence d'un fantasme, qui effrayait tant Breuer, de séduction, de grossesse et de coït. Il vient de découvrir l'existence de fantasmes incestueux et parricides. Mais l'élucidation du fantasme de castration reste prématurée. Pour qu'elle soit possible, il lui faudra au préalable — ce que les rêves suivants vont accomplir — mettre au jour le fantasme de scène originaire[12]. Un mot encore à ce sujet : cette scène, Freud se remémorera plusieurs souvenirs où il l'a vue partiellement mais nettement, où il a volontairement cherché à la voir, où loin de rester sidéré et submergé par l'angoisse, il a activement regardé et tenté de comprendre. Cela confirme et complète les conclusions auxquelles nous amène l'étude du présent rêve. La capacité du Moi de fantasmer, un Surmoi relativement bienveillant, un fantasme de castration restreinte, un déplacement hystéro-phobique sur un même et double objet de désir libidinal et d'angoisse fournissent, à condition d'y ajouter cette position mentalement active qui apparaîtra un peu plus tard devant la scène originaire, les traits essentiels d'une métapsychologie du génie créateur de Freud, et peut-être de toute création quand elle se donne pour enjeu, cas fréquent mais non universel, la lutte contre la dépression.

DIDIER ANZIEU

NOTES ANNEXES

I. *Note étymologique.*

Geseres est la forme yiddish du substantif *gze(i)rah* qui signifie décret, ordonnance, infligés aux Juifs par une autorité non juive hostile. Par extension *Geseres* signifie catastrophe, laquelle provoque des plaintes et des lamentations. Le verbe yiddish *goiser* que Freud évoque (*G.W.*, II-III, p. 444), est une forme du verbe hébreu *ligsor, gazar,* qui signifie : il a décrété. Ce terme est uniquement utilisé dans l'expression « *ein Geseres machen* », « faire toute une histoire » ou « en faire une maladie ». Freud traduit *goiser* par « souffrance imposée ».

La phrase de Freud « *Was machen Sie für ein Geseres ?* » (p. 446) exprime le reproche et le blâme du médecin à l'égard de la mère qui se plaint d'un danger qu'elle redoute et que le médecin tient pour insignifiant, ne justifiant pas les lamentations. On pourrait le rendre ainsi : « Vous en faites des histoires. »

Freud était membre de l'Institut scientifique yiddish de Vilno et il aimait cette langue (lettre de Freud à Meitlis, 1938, cf. Meitlis Jacob, « The last days of Sigmund Freud », *Jewish Frontier,* septembre 1951, 18, n° 9, 20-21, *in* Bakan D., *Freud et la tradition mystique juive,* Payot, 1964).

II. *Références historiques et culturelles.*

Les « incidents quelconques dans la ville de Rome » dans le rêve font allusion à certains moments de persécution dans l'histoire juive et dans la vie de Freud :

1° le *décret* (cf. note étymologique précédente) du pharaon ordonnant de tuer tous les garçons nouveau-nés des Hébreux. Dans le rêve, il s'agit d'enfants à sauver et de la Pâque juive, commémorant l'Exode. Décret qui suscitait des « lamentations ». Pendant cette période les Juifs mangent du « pain non levé » (pain azyme);

2° le *décret* d'Hérode le Grand (« Docteur Herodes... pas pédiatre », dans le rêve) : « massacre des innocents » dans la région de Bethléem;

3° la captivité des Juifs exilés en Babylone après la première destruction de Jérusalem (Psaume 137 dans le rêve);

4° l'obligation d'émigrer pour la famille de Freud loin de Freiberg (cf. Jones, I, 13); les émigrations des ancêtres de Freud du côté paternel et maternel;

5° Freud dit dans une note au sujet du rêve : « ...j'envie des membres de ma famille auxquels, il y a bien des années, l'occasion s'était offerte de transplanter leurs enfants sur un autre sol » (*G.W.*, II-III, p. 447 n.) : l'émigration de la famille de son demi-frère Emmanuel en Angleterre;

6° l'allusion à l'antisémitisme de l'époque : le psychiatre (!) qui en tant que juif, a été obligé de quitter son poste, obtenu à grand-peine, dans un asile d'État;

7° il faut noter que, vers 1881 — Freud avait alors vingt-cinq ans —, débute la période des pogromes en Europe orientale avec ses répercussions en Europe centrale;

8° Freud indique que le rêve *Auf Geseres* a été construit avec des pensées suscitées par une pièce vue au théâtre : *Le Nouveau Ghetto*, de Theodor Herzl (première en 1898). Les Juifs de Vienne vivaient en quelque sorte dans un nouveau ghetto sous l'administration de son maire antisémite Lüger. Dans sa lettre à Fliess du 11 mars 1900, Freud écrit : « J'ai voué à Vienne une haine personnelle [...] je prends des forces nouvelles dès que je pose le pied hors du sol de la ville où je demeure. » Freud, qui aurait connu personnellement Herzl, évoque la « question juive ».

Dans le commentaire du rêve, Freud parle de son « souci concernant l'avenir de ses enfants à qui on ne peut donner une patrie », souci en résonance avec sa propre expérience d'émigration de son pays.

EVA ROSENBLUM

*Le double sexe de l'être humain**

Dans l'étude de l'inconscient, deux phénomènes originaires de l'humain se révèlent rapidement à l'être humain : son être-enfant et sa bisexualité. Sous, la pression de la nécessité, le mouvement psychanalytique s'est en premier lieu occupé du fait que l'être humain demeure, sa vie durant, enfant ; la bisexualité de l'être humain, si connue qu'elle soit à tout un chacun, n'a pas rencontré toute l'attention souhaitable. C'est d'autant plus curieux que, dans les communications écrites ou orales de la science psychanalytique, derrière le voile des raisonnements, on peut montrer comment le caractère bisexuel du chercheur est toujours présent, et actif. Mais l'on se détourne comme devant quelque chose de terrifiant de l'humain, qui ne saurait exister autrement que sous forme du masculin-femme ou du féminin-homme ; et l'on s'occupe de l'homme et de la femme. La distinction homme et femme n'est cependant légitime qu'en certaines circonstances particulières. Pour rendre sensible par exagération ce qu'on entend par circonstances particulières, on peut relever qu'il

* Titre original : « Das Zwiegeschlecht des Menschen », in *Psychoanalytische Schriften zur Psychosomatik*, Limes Verlag, p. 256-263. Reproduit ici avec l'aimable autorisation de l'éditeur.

est aussi possible d'opérer des distinctions entre jambes torses et jambes droites, mais que même la jambe la plus torse demeure une jambe ; ainsi, même l'homme le plus viril, ou la femme la plus féminine, est un être humain, un être masculin-féminin, bisexuel.

En constatant que le phénomène originaire de la bisexualité semble être négligé, nous ne voulons cependant pas dire qu'il ne joue pas un rôle important dans la théorie analytique ; simplement, il n'est pas reconnu comme phénomène originaire, comme point focal de toute observation de la vie et de toute manifestation de vie. Certes, on parle depuis longtemps déjà de la bisexualité ; et le souhait de la femme d'être dotée des attributs sexuels de l'homme, de se comporter dans le domaine sexuel et ailleurs en homme, l'aspiration de l'homme d'être femme, de concevoir, d'être enceinte, d'accoucher, constituent d'importants champs théoriques et pratiques pour l'interprète de la vie inconsciente. Mais on en reste là, à savoir que l'homme est un homme ; et la femme, une femme. L'étrange pensée que le féminin n'appartiendrait pas en propre à l'homme, et le masculin, à la femme, s'insinue dans les raisonnements et donne à croire qu'il s'agit là de quelque chose d'inconvenant, qui pourrait et devrait être surmonté. La réalité effective — l'actualité —, à savoir qu'il n'y a absolument pas d'homme séparé de la femme, que l'être humain est femme-homme et homme-femme, est refoulée.

L'histoire universelle offre un exemple formidable d'un tel refoulement dans la circoncision des Juifs ; à ce propos, il faut remarquer ce à quoi l'on prête si rarement attention : les refoulements sont tout aussi souvent, et sans doute bien plus souvent, utiles que nuisibles ; et cela, indépendamment du fait qu'ils réussissent ou échouent ; cela aussi peut être démontré dans l'exemple de la circoncision juive.

Les Juifs ont donné à la circoncision une portée particulière, en sorte qu'elle distingue les Juifs de tous les autres êtres humains, et qu'elle leur a donné la conviction que s'ils observent le pacte avec la divinité, dont la validité repose sur la circoncision, ils peuvent se sentir supérieurs à tout non-Juif : leur divinité, qui est la plus forte de toutes, prend soin d'eux. Comme la circoncision est une coutume largement répandue, sans que les peuples en aient fait le signe du pacte avec Dieu, un sens plus profond, dont ils sont peut-être eux-mêmes inconscients, doit se rattacher pour les Juifs au rite de la circoncision.

On trouve encore de nos jours d'étroits rapports entre circoncision et représentation de la divinité chez les peuples primitifs ; mais chez eux, la circoncision du prépuce s'accompagne d'une autre cérémonie, la subincision, division de la partie inférieure du membre viril. Le sens de ce fendage est de donner à l'homme aussi le caractère sexuel féminin, de faire de lui, extérieurement aussi, un être humain, un être bisexuel, un homme-femme ; il devient ainsi à l'image de Dieu, que l'être humain n'a jamais pu se représenter autrement que bisexuel ; de nos jours aussi il ne le pourrait pas, s'il ne lui était pas interdit, par une défense expresse, par la civilisation, de représenter sous forme humaine la divinité. De même que le pénis est fendu pour donner à l'homme la partie sexuelle féminine, de même le prépuce est retranché pour éliminer tout trait féminin de l'insigne de la masculinité ; car le prépuce est féminin, il est le vagin dans lequel est fourré le gland masculin. Nous laissons ici intentionnellement de côté la propriété du gland d'être enfant dans le corps maternel du prépuce ; en revanche, il est nécessaire de souligner ici déjà que prépuce et gland sont femme et homme en réalité effective, et non pas des symboles élaborés ou convenus. — Chez les Juifs il en va autrement : s'ils retranchent le prépuce mais omettent la subincision correspondante du pénis, ils éliminent ainsi la bisexualité de l'homme, ils enlèvent au masculin le caractère féminin. Ils renoncent ainsi, en faveur de la divinité bisexuelle, à leur similitude divine innée ; par la circoncision, le Juif devient seulement homme. Que l'on considère la particularité du caractère juif : il n'y a pas de peuple sur terre qui soit aussi manifestement masculin. Le refoulement du féminin est allé si loin que les Juifs se représenteraient même leur divinité unisexuellement masculine, s'il ne leur était pas interdit de la représenter. Par l'expression « masculin », nous n'entendons évidemment pas l'idéal du héros, qui, en faisant appel à la vanité masculine et à l'aspiration d'amour féminine, malgré son invraisemblance interne, s'est développé jusqu'à devenir une force de poids ; héros, l'homme l'est seulement dans les brefs instants de son excitation, dans les moments d'érection de sa physis ou de sa psyché, c'est-à-dire à l'état d'exception ; en règle générale, il est homme-enfant, l'enfantin l'emportant là de loin sur le masculin héroïque. Si l'on prend l'homme pour ce qu'il est, un être en soi besogneux d'action, non libre, mille fois lié par le quotidien, qui n'est capable que de temps à autre de l'élévation, et seulement pour le bref instant de l'excitation, dont la force permanente ne réside pas dans l'excitation mais dans l'assujettissement au légal, on en arrive alors à la conclusion que les Juifs, autant qu'il a été possible, ont refoulé le féminin. Mais ce n'est précisément qu'un refoulement ; les Juifs sont tout autant homme-femme que les autres ; et leurs caractéristiques agréables et désagréables sont une suite du refoulement, et non pas une différence dans l'être.

Le refoulement, exercé pendant des millénaires, imposé par la loi de leur divinité, de la bisexualité hors du conscient dans l'inconscient, est l'une des raisons pour lesquelles l'important problème du masculin-féminin en l'être humain s'est trouvé repoussé à l'arrière-plan dans la psychanalyse et la vie quotidienne ; car c'est un fait patent que toute la civilisation européenne, depuis la doctrine morale courante des confessions chrétiennes jusqu'aux pensées, aux faits et aux gestes de tous les jours, est enracinée dans le but de refoulement juif de l'unisexualité de l'homme. Mais comme la psychanalyse ne pourra pas, à la longue, passer à côté du phénomène originaire de la bisexualité, on peut supposer que l'étude de l'inconscient pourrait devenir fatale au judaïque. L'avenir, cependant, demeure lettre close.

Si l'être humain est réellement, effectivement, bisexuel — et les faibles connaissances que nous avons de la fécondation et de la croissance suffisent pour justifier scientifiquement cette antique supposition de tous les mythes —, tous les processus de vie humains doivent alors être influencés, d'une façon ou d'une autre, par le bisexuel ; et le bisexuel en l'humain doit pouvoir être démontré partout et toujours, non pas seulement dans ce qu'on a coutume d'appeler la vie pulsionnelle, dans le prétendument psychique ou le prétendument mental, mais dans toutes formes de vie humaine, aussi dans celles qui constituent le champ de travail des disciplines anatomiques, physiologiques et pathologiques.

Le but de ces remarques est simplement de relever des questions refoulées ; aborder l'importance qu'aurait la solution du contenu refoulé dépasserait déjà les limites du thème que nous nous sommes proposé. Il devient cependant nécessaire de montrer par un exemple comment il faut concevoir la collaboration du bisexuel. Et ce faisant, il faut garder présent à l'esprit que l'influence du bisexuel ne se manifeste jamais purement, mais se trouve déterminée et transformée, plus ou moins, par des forces du ça exerçant une autre action. Et pour structurer l'événement, il est relativement rare que le ça utilise l'inconscient ; il se sert plutôt de voies obscures, auxquelles on n'a pas accès par analyse. Comme on a cependant rassemblé assez de matériel concernant l'influence du bisexuel humain sur les processus psychiques — matériel qu'il suffirait de considérer du point de vue du masculin-femme —, on peut se tourner sans autre vers les processus que l'on conçoit généralement comme situés en dehors du domaine de la psyché ; ce qui ne signifie pas qu'une telle conception ait d'autre légitimité que la classification sous une rubrique.

Il est si courant de trouver des particularités corporelles du féminin chez l'homme, et du masculin chez la femme, qu'il ne vaut guère la peine d'aborder ce point. Il suffit d'observer attentivement un individu quelconque pour apercevoir aussitôt le phénomène de l'homme-femme ou de la femme-homme, que ce soit dans la peau ou l'ossature ou la musculature, la taille du corps, la forme des membres ou autre chose. En revanche, on ne sait pratiquement rien sur le bisexuel des organes internes ; on peut même dire que la recherche ne s'est pas encore occupée sérieusement de cette question. Cependant, les questions qui sont ici abordées se situent dans un autre domaine; elles ne se réfèrent pas à des individus particuliers; elles se proposent de découvrir si l'humain en soi, l'être humain en tant que tel, est édifié bisexuellement. La psychanalyse — et elle n'est pas la seule : le raisonnement humain — travaille avec des choses qui sont appelées symboles. On dit ainsi que la bouche est un symbole féminin; le nez, un symbole masculin. Ce disant, on suppose manifestement que sur la base de certaines ressemblances, des comparaisons ont été consciemment faites; ou, si l'on est plus prudent, on situe cette activité comparative dans les régions de l'inconscient ou du ça; la comparaison demeure cependant l'essentiel. À ce propos, nous devons cependant souligner que dans le symbole, il s'agit non pas d'une comparaison mais de la réalité effective, de l'actualité. La bouche est actuellement — non pas réellement mais effectivement, ces deux termes signifient quelque chose de différent presque d'opposé — la bouche est actuellement de sexe féminin, du moins sous sa forme de repos, mais elle révèle aussitôt sa bisexualité quand elle est utilisée pour parler; et celle-ci se manifeste aussi, toujours, dans la respiration; le nez, en revanche, d'après sa forme, est du masculin, même si les trous des narines rendent simultanément sensible le féminin. Cette bisexualité effective trouve une confirmation dans l'opposition des langues française et allemande — bien des choses, d'ailleurs, qui vont à l'encontre de notre raison endoctrinée, se manifestent au grand jour dans le langage : la bouche *der Mund*, le nez *die Nase*. La partie supérieure du visage est homme, la partie inférieure, femme; mais on ne saurait en rester au fait qu'elles signifient homme et femme; elles sont actuellement homme et femme; où il nous faut comprendre le mot « actuellement » comme capable d'agir.

Certains organes comme l'oreille donnent tout d'abord l'impression d'être femme et seulement femme; mais le son féconde le tympan, qui, en relation avec le conduit auditif, est femme — cela apparaît clairement dans le mythe de l'immaculée conception de Marie —, mais cette femme éveille aussitôt dans l'oreille moyenne le marteau, l'enclume, l'étrier, l'homme dans l'oreille; quant à l'oreille interne, dans sa forme de limaçon déjà, elle est bisexuelle. C'est, en effet, une erreur de concevoir les organes des sens comme récepteurs; ils sont, dans la même mesure, fécondateurs, créateurs. Pour ce qui est de l'œil, par exemple, on sait — et on le savait bien avant l'étude méthodique de l'inconscient — qu'il est symbole de la mère; mais ce que la rétine reçoit n'est pas vu sans autre; seul le nerf crée l'image dans le cerveau; le processus de la vue est bisexuel. Si les êtres humains étaient plus au clair sur cette bisexualité de la vue — on pourrait s'y attendre de la part, du moins, des psychanalystes —, il ne serait pas possible qu'à celui qui voit mal on chausse aussitôt des lunettes, qui font de lui un être voyant faux sans le savoir, un être humain qui se trompe soi-même, et, sans le savoir, les autres. On comprendrait que chez la plupart de ceux qui voient mal, il s'agit non pas d'un défaut de vue mais d'un refoulement de ce qui a été vu. La vue de tout un chacun est refoulement; et si le refoulement est trop compliqué, le ça suscite la myopie; elle donne alors le moyen souhaité pour refouler encore plus facilement que ce n'était le cas par suite du défaut de structure de l'œil. C'est un fait que même les grands myopes voient mille fois mieux qu'ils ne le font croire à eux-mêmes, et à nous.

Dans la première légende de la création de l'être humain, il est dit que l'être humain est créé « à Son image, à l'image de Dieu » ; l'être humain comme homme et femme, comme bisexuel ; pour désigner Dieu est choisi le pluriel Éloïm, ce qui s'explique aisément si l'on suppose que la légende concevait le dieu comme bisexuel, comme un être avec les deux sexes. Conformément à la légende de Lilith, l'être humain lui aussi, originellement, avait les deux sexes ; homme et femme n'ont été séparés que plus tard, par suite de l'intervention du dieu. Comme force créatrice du dieu est nommé le « verbe » ; or le « verbe » ne peut se constituer que par le souffle, et le souffle de Dieu est aussi expressément mentionné dans la création de l'être humain. Et le souffle, la respiration sont absolument bisexuels : une prise — concevoir — dans l'inspiration ; un don — éjaculer — dans l'expiration. La respiration, le bisexuel, est propriété de Dieu. Le mythe du Christ le confirme dans la représentation du *pneuma hagion*, du *sanctus spiritus*, qui a curieusement été traduit par Saint Esprit. Or, dès qu'on reconnaît que la respiration est bisexuelle, qu'elle agit bisexuellement, une nouvelle perspective s'ouvre à l'observation de tous les processus physiques, psychiques et malades chez l'être humain. Et de là, il n'y a plus qu'un pas à franchir pour reconnaître la bisexualité du cœur, des reins, des organes de la nutrition et des processus de la nutrition ; pour tout s'ouvrent de nouvelles perspectives : non seulement pour les connexions psychiques, mais aussi pour l'organique. — Il a déjà été question des connexions entre les formations de tumeurs et la bisexualité de l'être humain dans la première publication de l'auteur, *Détermination psychique et traitement psychanalytique des maladies organiques*[1]. — Dans le contexte qui est le nôtre aujourd'hui, nous relèverons que la discipline favorite du médecin, la chirurgie, serait inconcevable sans la bisexualité de l'être humain, et que l'influence de l'humain bisexuel peut s'observer jusque dans le moindre détail des opérations.

Comme nous l'avons déjà dit, on pourrait examiner toutes les manifestations de vie de l'être humain du point de vue du bisexuel ; et c'est bien ce qui se produira un jour. Pour nous, il nous suffira ici de l'avoir suggéré ; et nous serions déjà satisfait si le seul résultat obtenu était que l'analyse s'occupât un peu plus soigneusement du concept de symbole, pour étudier si le symbole n'est pas beaucoup plus qu'un jeu d'idées : à savoir, la réalité intrinsèque — l'actualité — de la vie.

GEORG GRODDECK

Traduit de l'allemand par Roger Lewinter.

Groddeck : (anti)judaïsme et bisexualité

« Le double sexe de l'être humain », texte publié en 1931 dans la *Psychoanalytische Bewegung*, est d'un intérêt tout particulier non seulement parce que Groddeck y reprend, pour la formuler dans son extension ultime, l'intuition déterminante de sa compréhension de l'humain mais aussi parce qu'il explicite là, en le fondant, un antisémitisme manifeste dans certains chapitres du *Seelensucher* et confessé, comme un infantilisme qu'il n'aurait su dépasser, dans les *Lebenserinnerungen.*

Groddeck, on le sait, pour rendre compte de l'être humain et le traiter, le considère comme un complexe bisexuel, symbolique : une présence seconde déterminée par une absence, originaire. L'être humain, comme tout phénomène cosmique, est sexion physique : inscription matérielle du ça, bisexion ou non-sexion en soi dont l'enfant est l'approximation actuelle la plus adéquate.

Toute l'interprétation, analytique et thérapeutique, de Groddeck repose sur cette conviction de la bisexualité ; un monisme que lui-même qualifie de métaphysique dans sa première lettre à Freud, qui le juge tel aussi dans sa réponse : métaphysique car il consiste dans l'effacement « des belles différences dans la nature », dont, en premier lieu précisément, la différence sexuelle, paradigme de toute déclinaison du même en autre.

Or, le judaïsme, l'analyse-t-on, à juste titre comme ici, en partant de l'acte de la circoncision, qui est établissement du pacte spécifique entre l'homme (juif) et (son) Dieu, le judaïsme apparaît comme l'affirmation exacerbée à l'extrême de l'unisexualité, effectivement instaurée par artifice : opération sur le corps naturel, ainsi socialisé.

Le judaïsme est répartition des rôles masculin et féminin voulus absolument univoques : par la sexion répétée sur un sexe, volonté de définition sexuelle, organisation spécifiquement humaine d'où le principe créateur, différent, transcendant — Dieu — est exclu : reconnu en tant qu'autre en ce qu'il est, lui, non circoncisable car effectivement homme et femme, essentiellement bisexuel.

Le judaïsme était suspect à Groddeck en ce sens-là : comme affirmation de l'unisexualité, coupure — déterminée et opérée par artifice — de la dialectique cosmique, qui est bisexualité. La circoncision signale la sexualité comme le mode de vie spécifiquement humain. Le judaïsme est option pour l'artifice que constituent les sexualités tranchées de l'homme et de la femme; et sa législation répartit rigoureusement les fonctions ou attributs de ces fictions physiques.

Organisation d'un mode d'être sexué, le judaïsme définit la vie humaine comme transitive et seconde, partielle ou partitive par rapport à un mode d'être intransitif et total, premier : Dieu. Proposant l'unisexualité comme principe de législation — de structuration sociale de la dialectique cosmique —, il pose implicitement le bisexuel comme lieu divin : indifférence originaire dont procède toute différence, ainsi l'homme et la femme.

La circoncision est véritablement l'emblème du projet humain, l'être manifestant et assumant par là pleinement sa finitude par rapport à l'infini : sa sexion par rapport à l'inséqué et insécable, Dieu, qui est bisexion ou *Éloïm*, pluralité une, au contraire de l'être humain qui est unité duelle. Le judaïsme, comme le reconnaît Groddeck, est l'entreprise la plus décidément humaine : c'est là sa force, et donc, sa faiblesse.

La circoncision institue aussi le seul lien concevable avec la transcendance : toute définition ne peut pertinemment concerner que l'être humain ; Dieu, Spinoza le rappelle justement, échappe par essence à la définition, entreprise ou emprise humaine, et demeure rigoureusement indéfinissable, informulable, sinon par sacrilège : présomption humaine.

Définition humaine, la circoncision, comme le relève Groddeck, refoule effectivement en l'homme tout signe féminin : elle est renoncement, pour tout être humain, au jeu bisexuel, sacrilège car il serait rivalité fantasmatique avec Dieu, volonté d'empiétement sur son être. Le judaïsme, au contraire des autres religions, condamne absolument l'exercice — par le biais de la mystique — de confusion de l'humain avec le divin, de l'unisexuel avec le bisexuel ; la distance qui sépare la créature du créateur et les définit ne saurait être transgressée. Le judaïsme est effectivement un humanisme : option pour l'être-en-ce-monde dont est banni le trop humain, le surhumain que serait le bisexuel.

Délimitation ou refoulement, la circoncision signe l'humain : elle est résignation au sexe. Renoncement symbolique à la bisexualité, par son geste même elle rappelle cependant le symbole, ou Dieu : démarcation du corps actuel, elle est marque du corps virtuel, informant le corps imparfait en réflexion du corps parfait d'amour originaire. La circoncision est ainsi l'affirmation de l'humain et du divin : blessure symbolique, certes — sexion —, mais qui indique clairement la nature du corps intact, essentiellement bisexuel.

Définition systématique de l'humain, le judaïsme devient par là même le paradigme de toute religion : la définition explicite de l'être-homme circonscrit en effet l'être-dieu. Le champ humain, négativement défini, s'insère positivement en Dieu, désormais lieu géométrique ou utopie : dessein final, ultime, de tous les gestes humains qui s'y inscrivent comme sa description actuelle. Par le sacrifice opéré en le corps de ses membres, le judaïsme est pacte instauré en permanence avec l'être autre dont il se segmente : il est religion au sens propre du terme, lien re-établi.

Ces pages de Groddeck sont capitales aussi en ce qu'elles permettent de comprendre comment et pourquoi Freud, si sensible autrement à tout antisémitisme, a pu le tolérer en Groddeck et, selon toute apparence, ne jamais s'en offusquer. Groddeck pouvait être « antisémite » car il avait effectivement saisi l'essence et la problématique du judaïsme qui sont également celles de la psychanalyse, pour Freud en tout cas.

Toute forme de culture, organisation d'un jeu social par régulation des fictions ou fantasmes originaires, suppose une répartition des rôles : la partition de la bisexualité virtuelle, première, en deux sexualités secondes, ou actualités artificielles — et c'est en quoi toute mystique, comme aspiration ou nostalgie androgyne, jeu de confusion sexuelle, est fondamentalement asociale.

Elle suppose ainsi, pour sa persistance, la non-mise en question du protocole d'accord, syntaxe nécessairement arbitraire. Comme l'indique exemplairement l'unisexualité artificiellement opérée par la circoncision, la culture suppose l'effectivité de la différence des sexes, qui sont fiction mais par rapport à une réalité inappréhensible : conditionnement arbitraire mais qui est la condition de tout jeu ; un jeu dont la mystique met précisément en doute la nécessité.

Cela conduit non seulement au malaise de Freud par rapport au judaïsme — à la religion —, mais aussi par rapport à ce qui s'y inscrit, détaché : la civilisation ; et, en dernier lieu, à son malaise quant à la psychanalyse même : à son rôle par rapport à la civilisation ou société, indissociable, comme le démontre le judaïsme, de la structure religieuse.

Dans un premier temps, cela explique la réticence fondamentale, culturelle, de Freud vis-à-vis de toute démarche métaphysique — Groddeck —, son malaise devant l'indéfini, l'indéfinissable — la tentation ou le laisser-aller mystique de Jung —, qu'il cherche à réduire : expulser ou refouler, définir conceptuellement par des mots qu'il sait être vues de l'esprit, des mises à mort. Et en ce sens, la psychanalyse comme volonté de circonscription et d'emprise sur l'inconscient, jusque-là domaine informulé et informulable de l'être humain, poursuit conséquemment l'entreprise législative du judaïsme : s'inscrit adéquatement dans son obsession syntaxique.

Mais, dans un second temps, cela découvre le dilemme où la même psychanalyse conduit Freud en tant que juif. Comme le souligne ici Groddeck, la psychanalyse est reconnaissance de la bisexualité fondamentale, originaire de l'être humain et, par conséquent, reconnaissance du caractère par définition arbitraire de la sexion ou répartition des rôles sexuels : remise en question de la pertinence du pacte sexuel qui fonde et soutient l'édifice social humain, dont elle met au jour la nature fictive.

Par cette mise au jour, sous le sexionné de l'insexionné — bisexuel — divin, elle est entreprise sacrilège aux yeux du judaïsme : elle va à l'encontre du pacte qu'il s'est précisément efforcé d'instaurer. Renversant les fondements de toute religion, qui est entreprise de régulation, par un acte de raison, de l'indéfini, la psychanalyse rejoint de façon inattendue l'entreprise mystique de confusion sexuelle, la métaphysique : Groddeck, qui recherche et essaie de réinstaurer un mode de vie bisexuel, divin — antérieur à la sexion de la naissance, acte de vie définitive, soumise à la mort —, conforme, par son retour, à l'origine, le ça.

L'entreprise psychanalytique évoque singulièrement l'édification de la tour de Babel ; et le *Moïse* de Freud apparaît dès lors comme la conclusion logique de sa démarche : là Freud essaie de nier la spécificité du judaïsme en démontrant l'identité de l'*anthropologie* juive — au sens propre du terme —, avec la *théologie* égyptienne, son antithèse, et de banaliser, entre autres, la circoncision précisément. En réduisant ainsi la portée intrinsèque du judaïsme, c'est la portée sacrilège de la psychanalyse qui se trouverait réduite...

On peut alors retracer de la sorte la dialectique de la psychanalyse : d'une part, dans un premier temps — son premier temps historique en tout cas —, par la guérison ou la réduction des perturbations sexuelles, où se signalent logiquement les troubles « névrotiques », elle tend à renforcer l'organisation sociale, par la réintégration de l'individu en son jeu qui repose sur la répartition sexuelle, et non pas sur la bisexualité fantasmatique, originaire des névroses. En ce sens, elle est entreprise conforme à l'esprit du judaïsme ; en ce sens aussi, Reich a singulièrement raison : une révolution est nécessairement sexuelle.

Mais d'autre part, à son terme, par le résultat même de son investigation — la mise au jour de la bisexualité originelle, où se résout toute organisation ou structuration sociale —, elle tend à la confusion mystique, à l'indifférence métaphysique par la suspension de la syntaxe sexuelle, ou grammaire sociale. Elle tend à confirmer le caractère naturel, essentiel, de la névrose, perturbation de l'ordre artificiellement établi : rejoint Groddeck, sa compréhension de la maladie, sa sympathie pour elle qui renforce et exprime le fantasme bisexuel de conformité à l'être omnipotent du ça.

Partie de la pulsion de vie, qui consiste dans la partition ou différence sexuelle, la psychanalyse arrive à la pulsion de mort, qui en est l'origine, annule la naissance comme Groddeck précisément, l'analyste le plus rigoureux ou conséquent. La pulsion de vie — pour l'homme, institution d'une différence par jeu ou écart artificiel, codifié, du sexe — se constitue effectivement à partir du bisexuel, indifférent : de la mort, ou être permanent de Dieu.

On en vient ainsi logiquement à la valorisation du rôle créateur de la mort, condition de vie ; mort qui ne saurait être, à proprement parler, une pulsion, puisqu'elle est le fond sur quoi tout s'inscrit, à partir de quoi tout procède effectivement ; comme le développe Groddeck dans ses variations sur le vers goethéen *Stirb und Werde*. La mort, en ce sens, est essentiellement créatrice, la condition de tout changement ;

et la vie, son rejeton : l'élément pétrifié, fini par rapport à la mort, infini du devenir.

La psychanalyse, comme le note Groddeck, constate par son processus que toute sexualité, en tant qu'unisexualité, fragmentation de la dialectique première, bisexuelle, est une fiction physique, œuvre d'artifice — de circoncision ou sexion —, projet humain : opération imaginaire sur la réalité métaphysique, virtuelle, la bisexualité. La vie, effectivement, n'est que l'inscription d'une différence arbitraire — un discours idéal, pervers — dans l'espace naturel : le parcours immuable de la mort indifférente.

ROGER LEWINTER

Tentatives de rejet de la circoncision

L'article qu'on va lire est le troisième et dernier chapitre d'un petit livre de Herman Nunberg (1884-1970) intitulé Problems of Bisexuality as reflected in Circumcision *(Imago Publishing Co., London, 1949).*

La pratique de la circoncision, en tant qu'elle constituerait une castration symbolique, a retenu très tôt l'attention des psychanalystes : Theodor Reik puis Géza Róheim ont montré comment elle détachait le garçon de sa mère et, en l'introduisant dans la communauté des hommes, renforçait sa masculinité.

La première originalité du livre de Nunberg est de ne pas s'en tenir à des considérations ethno-psychanalytiques mais de déterminer les effets, souvent lointains, de la circoncision sur un individu donné. « Les cas les plus favorables à une étude psychanalytique, écrit-il, sont ceux fournis par des circoncisions opérées entre l'âge de quatre ans et l'âge de six ans. » C'est sur un tel cas qu'il s'appuie dans les deux premiers chapitres de son livre.

La seconde originalité, qu'indique le titre de l'ouvrage, est de relier la circoncision moins à la différence objective des sexes qu'à la bisexualité subjective : le prépuce est associé à la féminité, le gland à la mas-

culinité. Plusieurs séries de fantasmes peuvent alors être dégagés.

Fantasme de renaissance : « *Par la circoncision, le gland du pénis est libéré; il émerge comme un enfant qui sort du ventre de la mère; autrement dit, après la circoncision, un nouveau pénis est né qui ressemble à un phallus en érection avec un prépuce rétracté. Comme dans le système inconscient ou dans la pensée primitive une partie est prise pour le tout, ici c'est tout le corps qui se trouve identifié avec le nouveau phallus : l'enfant est né; le garçon initié, circoncis, renaît sans prépuce et, ainsi, est un homme » (p. 8).*

Fantasmes d'une nature primitive hermaphrodite. Après sa circoncision, le patient avait en effet imaginé la « théorie » de la naissance suivante : les parents « pissaient » un enfant qui était à la fois garçon et fille; ultérieurement, cet hermaphrodite était coupé en deux : la fille a le prépuce, le garçon a le pénis. Cette théorie nourrissait d'autres fantasmes : par exemple, sa sœur, qui en fait était son aînée, devenait sa sœur jumelle, une partie de lui-même séparée à sa naissance; ou encore : il se représentait tout son corps comme divisé en deux parties (n'avait-il pas deux bras, deux yeux ?) qui ne pourraient jamais se rejoindre; il s'imaginait que l'homme était homme par-devant et femme par-derrière, etc. Même le mariage (avec a good girl*) était évoqué comme moyen de restaurer l'unité perdue. La parenté avec le mythe platonicien est frappante.*

Considérant le matériel apporté par ce cas, Nunberg peut avancer que « tous les fantasmes, toutes les habitudes et pensées, n'avaient là qu'une seule fonction : préserver le phallus, protéger l'organe génital ».

Après les effets de la soumission au traumatisme de la circoncision, c'est maintenant l'effort pour se rebeller contre, que l'auteur envisage sur l'exemple d'un autre cas, celui d'un père dont le fils est circoncis alors que lui-même est en analyse.

J.-B. P.

*

L'acceptation de la circoncision comme gage de soumission à la volonté du père est surcompensée par le fantasme de renaître sous la forme d'un homme parvenu à la maturité, et récompensé par le fantasme de donner naissance à un enfant, à un fils. Quand le jeune homme devient père, l'amour qu'il porte à son fils est un amour narcissique. D'où la difficulté pour le père de sacrifier son fils et de lui permettre d'être circoncis. Le conflit qui en découle et son dénouement sont illustrés par le cas suivant.

Au cours de son analyse, un Juif orthodoxe eut un fils qui, selon la tradition juive, devait être circoncis rituellement. Notre patient montra quelques réactions inhabituelles à la naissance de son fils : il craignait que l'enfant ne lui enlevât l'amour de sa femme; il devint jaloux quand il vit le nourrisson téter le sein de sa mère et eut le fantasme de mordre et arracher le pénis de l'enfant. Mais, d'autre part, il éprouvait de la pitié pour lui, pitié qui s'exprimait dans la crainte que la circoncision — dont la date se rapprochait — pût faire du mal au garçon pour le reste de sa vie. Il prévoyait que son fils se vengerait de lui. Il se sentait mal à l'aise, comme si c'était lui et non le garçon qui allait devoir subir l'opération. Et pourtant, il ne voyait aucun moyen de se soustraire à la compulsion de perpétuer la tradition familiale.

Un rêve montre comment il essaya de trouver une solution à son conflit intérieur : « *Je devais boire dans une coupe. Je mettais un chapeau pour dire une bénédiction, mais je le faisais subrepticement, afin que personne ne me vît. J'avais honte. Deux infirmières de l'hôpital (où sa femme accouchait) me virent ; elles vinrent vers moi. Elles ne comprenaient pas en quoi je pouvais avoir honte de ce que je faisais. Elles m'interrogèrent au sujet de la coupe. Je leur expliquai que cela devait être fait selon un certain rituel : le bord doit être en métal pour qu'il ne s'ébrèche pas, La coupe de vin était faite dans une pièce de métal qui avait la forme d'un S. C'était une innovation. Il y avait une autre coupe d'argent que je devais utiliser. Elle ressemblait à celle de mon père. Je dis aux infirmières : "Il vaut mieux ne pas forcer quelqu'un à faire des choses, ne pas le forcer à utiliser la coupe d'argent quand il veut utiliser l'autre coupe."* »

Mettre un chapeau pour dire une prière rappelait au rêveur la coutume juive qui veut que l'on se couvre la tête en disant des prières ; cela lui rappelait aussi le mohel — l'homme pieux qui pratique la circoncision rituellement et qui prie au cours de la cérémonie. Ces associations indiquent que, dans le rêve, le patient se substituait à l'homme qui dit les prières, une sorte de prêtre, qui allait circoncire son fils. Mais les prières devaient être faites subrepticement parce qu'il éprouvait de la honte devant les infirmières. En réalité, il avait honte de parler à son analyste de la cérémonie prochaine, parce qu'ainsi il dévoilerait sa superstition religieuse. Et pourtant, dans le rêve, au lieu de la dérision à laquelle il s'attendait de la part des infirmières, il recevait d'elles des encouragements. En fait, elles représentaient ses sœurs qui, non seulement l'encourageaient mais insistaient énergiquement pour qu'il fît circoncire son fils. À cela, il associait le fait que sa mère, déjà morte à l'époque, avait toujours insisté pour qu'il observât tous les rites et cérémonies juifs, et que son père avait été moins strict à cet égard. Dans le rêve, il paraît non seulement indifférent quant aux coutumes religieuses, comme l'était son père, mais même réticent quant à la circoncision de son fils.

Son conflit concernant cette situation était conscient, il n'est pas surprenant qu'il se répétât dans le rêve manifeste. On est néanmoins surpris que ce soit les femmes et non le père qui l'encouragent à pratiquer la cérémonie religieuse, comme s'il avait besoin de leur autorisation pour dissiper son sentiment de culpabilité envers son fils. Cette attitude me rappelle le passage de la Bible qui nous rapporte que c'est parce que Moïse négligea de circoncire son fils que sa femme Tsiporah exécuta la cérémonie religieuse, le protégeant ainsi de la colère de Dieu. L'instrument utilisé était un couteau de pierre. Les commentateurs affirment que l'emploi d'un instrument aussi ancien témoigne du caractère ancien de la coutume[1]. L'épisode de l'enlèvement des filles de Laban par Jacob peut être considéré comme un autre exemple de l'attachement des femmes à d'anciennes coutumes et croyances : quand Laban rattrapa les fugitifs, il ne demanda que les Téraphim, les dieux du foyer que sa fille Rachel avait emportés avec elle. On peut aussi mentionner les Vierges Vestales de l'ancienne Rome dont la tâche principale était de veiller sur le foyer de la famille et de préserver l'entité de la famille. Vesta, la déesse du foyer était en relation étroite avec les Pénates, les dieux du foyer, et Frazer insiste sur leurs traits conservateurs à l'égard de la famille[2]. Dans l'histoire moderne, nous pouvons trouver d'autres exemples de la femme comme gardien et porteur de la tradition familiale, comme élément conservateur dans la société. Cette tendance conservatrice chez la femme semble être en accord avec sa passivité et sa nonchalance. Notre patient n'était prêt à soumettre son fils à la circoncision qu'avec l'autorisation de sa mère, gardienne de la tradition.

Cependant, le rêveur dit aux infirmières qu'il ne veut pas boire du vin dans la coupe d'argent mais dans la coupe qui a le bord en forme de S. Dans sa première association, il fait allusion à la coutume religieuse juive selon laquelle le mohel suce du sang du pénis après la circoncision et boit du vin dans une coupe. Nous rappelons que ce rêve fut précédé par le fantasme de mordre et arracher le pénis de son fils. En supposant que le mohel représente un substitut du père du rêveur, nous pouvons interpréter la répugnance du rêveur à boire dans la coupe du père comme une tentative pour rejeter son identification à son père et pour réprimer le désir de mordre le pénis de son fils. Le sens de cette partie du rêve est simple : il reflète la répugnance du patient à faire à son fils ce qu'autrefois son père lui avait fait. En d'autres termes, il ne veut pas être aussi cruel que son père parce qu'il ne ressent pas seulement de la haine envers son fils mais aussi de l'amour.

L'analyse du premier cas a montré que ce n'est pas seulement la petite fille qui souhaite avoir un bébé mais aussi le petit garçon, et que ce souhait est contenu dans le complexe d'Œdipe. La naissance d'un fils satisfait donc un désir infantile de l'homme parvenu à maturité. Pourquoi alors cette peur de son fils et pourquoi ces pulsions agressives à son égard ? Notre premier patient avait peur de mourir dès la naissance de son fils, comme s'il craignait que sa vie ne passe de son corps dans le corps du nouveau-né. Apparemment, il croyait encore, comme le primitif, en la transmigration des âmes ou à la réincarnation des ancêtres dans leurs descendants[3]. Lors de la cérémonie de la circoncision, les Juifs orthodoxes donnent habituellement à leur fils le prénom de leur père décédé. S'appuyant sur un matériel anthropologique considérable, Theodor Reik soutient l'idée que, dans ses sentiments pour son fils, un père ranime son sentiment pour son propre père; comme si le petit-fils réincarnait son grand-père[4]. « La peur du talion, écrit Reik, est le véritable motif de la conception de la migration des âmes[5]. » Mais c'est Otto Rank qui fut le premier à saisir la signification de la peur du talion. Il dit : « Le fils qui ressent des pulsions hostiles à l'égard de son père et qui doit les refouler craindra, dès qu'il deviendra père lui-même, la même attitude de la part de son fils, en raison du même complexe inconscient[6]. »

On retrouve cette peur dans les coutumes contemporaines des primitifs, dans les anciens rites religieux, et sous une forme atténuée, dans la mythologie grecque, lorsque, par exemple, Cronos castre son père Uranos et mange ses propres enfants par peur de retaliation[7]. Nos patients avaient tous deux des fantasmes de castration à l'égard de leur père, et de dévoration de leurs organes génitaux. Nous savons que de tels fantasmes sont le reflet non seulement de pulsions agressives mais aussi d'amour, d'un désir irrésistible d'identité au père, d'une communion avec lui[8]. Il est certain que la naissance du fils a réactivé toutes ces pulsions chez notre patient. Cependant, dans la réalité comme dans le rêve, il essayait de les nier; il ne voulait pas boire dans la coupe de son père. La signification de ce refus est évidente : il ne voulait pas répéter le péché primitif, il ne voulait ni tuer ni castrer son père dans la personne de son fils[9].

Une fois reconnu le fait que l'hostilité initiale du père contre son fils est neutralisée par la peur de la retaliation, nous devons pourtant nous demander si d'autres facteurs n'intervenaient pas pour empêcher notre patient de céder à sa compulsion d'accomplir la cérémonie religieuse de la circoncision[10]. L'amour est certainement un de ces facteurs ; nous avons vu sa compassion consciente pour son fils dans son identification avec lui. Dans le rêve manifeste, nous n'avons discerné ni peur de castration ni compassion, mais un malaise, de la honte et comme une crainte que les infirmières ne le surprennent en train de faire quelque chose de mal. L'analyse de cette partie du rêve nous a montré qu'il voulait l'autorisation de sa mère pour accomplir l'opération sanglante. Theodor Reik écrit : « Chez de nombreux peuples, le père doit subir l'expiation et la réparation après la naissance d'un fils. Mais, si l'enfant meurt prématurément, il est accusé d'avoir provoqué sa mort et il est puni par les femmes[11]. » Otto Rank fait état de l'opinion de Freud pour qui c'était la mère, la femme, qui habituait peu à peu le père primitif à épargner son fils et à accepter la nouvelle génération[12].

Notre rêveur se souvenait nettement des circonstances où sa mère se mettait très en colère contre lui parce qu'il critiquait son père ou attaquait ses frères. La peur de déclencher sa colère — équivalent de la peur de perdre son amour — l'amenait à tenter d'éviter la répétition de telles actions. Demander à sa mère la permission de faire circoncire son fils est alors l'expression du désir de supprimer son rival sans perdre l'amour de la mère. À la crainte de la retaliation par son fils-père s'ajoute la crainte de perdre l'amour de sa mère. Tels étaient les facteurs responsables de sa répugnance à exécuter la cérémonie religieuse.

Il ne voulait pas boire dans la coupe d'argent de son père mais dans la coupe de métal de sa mère. Son bord non ébréché symbolisait un couteau tranchant, puisqu'il se souvenait que l'on demande au *shoh'et*, l'homme qui exécute le meurtre rituel des animaux, d'utiliser un couteau très tranchant afin de leur épargner de la souffrance. Le patient semblait donc dire : « Si la circoncision est inévitable, elle doit être faite par la mère, ou à sa manière, plutôt que par le père, parce que cela fait moins mal. »

S'il voulait que sa mère approuvât la circoncision, c'était donc pour trois raisons : parce qu'elle était le porteur de la tradition familiale ; parce qu'il avait peur de perdre son amour ; enfin parce que, dans son identification à son fils, il espérait que la circoncision faite par elle serait moins douloureuse.

Le bord de la coupe avait la forme d'un S. Quand le patient faisait des études d'art, son professeur lui disait que la figure en forme de S, la spirale, est une figure parfaite parce qu'elle représente le corps de la femme. Notre patient était d'accord avec lui, ajoutant toutefois que la figure en forme de S lui faisait penser à un serpent. Il semble que, pour lui, la combinaison d'un symbole masculin — le serpent — avec un symbole féminin — la coupe — formait une figure parfaite. Le prépuce qui symbolise un organe féminin, telle une coupe, enveloppe l'organe masculin, le gland du pénis. Ainsi la coupe avec le bord en forme de S symbolise une personne bisexuée, un hermaphrodite, la mère au pénis. Le désir d'être circoncis par la mère plutôt que par le père prend maintenant encore plus de sens. Si nous utilisons ce que nous a appris l'analyse d'un fantasme rapporté par le patient quelque temps après ce rêve, nous pouvons interpréter le fait de boire du vin dans la coupe de la mère comme le fait de boire du sang dans le pénis de la mère. En outre, comme, dans la réalité, la mère n'a pas de pénis et que le pénis est souvent utilisé comme substitut symbolique des mamelons, l'idée de boire du sang du pénis de la mère a le sens de boire du lait de son sein. Le patient s'identifiant à son fils, la signification profonde du rêve est la suivante : même si l'on mord et si l'on arrache le sein de la mère, cela n'entraîne pas la perte de son amour. Cette interprétation peut sembler aller trop loin, mais elle est entièrement confirmée par le fantasme mentionné précédemment et qui sera analysé par la suite.

Il est significatif qu'il n'y ait pratiquement pas d'action dans ce rêve ; il ne se passe rien. Le patient ne boit ni dans la coupe du père ni dans celle de la mère, il ne peut pas prendre la décision de circoncire son fils ou de ne pas le faire ; le rêve est simplement le reflet de son conflit intérieur. La nuit suivante, il reprit le même thème dans un autre rêve, essayant de nouveau de trouver une solution à son problème douloureux.

Voici le rêve : « *Je parle à mon chef. Il me montre la silhouette d'une personne étendue sur le plancher, le visage soulevé, dans une position très inconfortable. Il dit : c'est la position que prennent certains catholiques pendant la prière. Je pense en moi-même : quelle position inconfortable ! Sans aucun doute, j'assiste à une prière catholique.* »

En prévision de la circoncision qui devait avoir lieu le lendemain après-midi, il avait l'intention de demander à son supérieur de le remplacer au bureau tandis que lui-même assisterait à la cérémonie. Cependant, il hésitait à lui demander ce service parce qu'il avait honte de révéler au chef — qui était catholique — qu'il adhérait encore à ses vieilles coutumes religieuses. Et pourtant, pensait-il, un catholique n'a pas honte de sa religion, seul un juif en a honte parce qu'il a un fort sentiment de culpabilité. Évidemment, il n'est pas juste d'affirmer que le juif a honte de sa religion parce qu'il a un sentiment de culpabilité exacerbé. Nous savons que notre patient avait alors un sentiment de culpabilité croissant, du fait de la circoncision de son fils qui approchait. Lorsque dans le rêve, son chef, un catholique, un homme qui ne fait pas circoncire son fils, lui montre la position inconfortable des catholiques dans la prière, c'est comme si, dans l'esprit du rêveur, cette position douloureuse était un substitut de la circoncision. La conclusion du récit du rêve par ces mots. : « Sans aucun doute, j'assiste à une prière catholique », peut se comprendre ainsi : « Je suis catholique et je préférerais assumer la position douloureuse des catholiques plutôt que de faire circoncire mon fils. »

Comme le patient avait honte de parler à son analyste de sa superstition religieuse de la circoncision, nous pouvons supposer que, dans son rêve, son chef était un substitut de l'analyste. En fait, le patient était convaincu que son analyste, bien que juif comme lui, ne soumettrait pas son fils à une telle opération. Au regard d'un juif orthodoxe, un homme qui n'accomplit pas tout le rituel transgresse la loi. L'idée que son analyste fût un libre-penseur, un homme qui avait rompu avec la religion juive était le reflet, dans une certaine mesure, de ses idées concernant son propre père. Jusqu'à son adolescence, il surveillait son père de très près pour voir s'il faisait correctement toutes les prières et les cérémonies prescrites par la religion, l'épiant pour découvrir quelque omission ou transgression. Une fois, il lui sembla que son père avait fumé un cigare le jour du Sabbat, une autre fois, qu'il faisait des avances à la bonne. Sa mère — nous l'avons déjà noté — lui faisait de violents reproches quand il essayait de parler de la conduite « immorale » de son père. Pour lui, son père était un apostat, un Gentil.

L'idée que la prière est un repentir et est psychologiquement identique à la circoncision s'exprime dans un autre détail du rêve qui n'a pas encore été mentionné. La personne priant sur le plancher rappelait au rêveur les Juifs pieux qui, le jour du Grand Pardon, tombent à genoux, se prosternent devant Dieu et implorent sa clémence. Ainsi, le jour de la circoncision de son fils était devenu pour lui le jour du Grand Pardon[13].

La tradition rabbinique dit qu'Abraham fut circoncis le jour du Grand Pardon. Selon Arthur Feldman, le jour du Grand Pardon doit accorder le pardon pour le péché primitif; il ajoute : « La circoncision et le jour du Grand Pardon sont tous deux le produit d'un même complexe mental [...]. Chez de nombreux Juifs, la circoncision est un "Korban", un sacrifice. Le père dit une prière à cet effet au cours de la cérémonie[14]. » Le deuxième des dix jours de pénitence (Roch Hachanah) dont le dixième est le jour du Grand Pardon, on lit devant l'assemblée en prières la « Akeda », l'histoire du sacrifice d'Isaac. Quand Abraham, malgré son grand amour pour son fils, obéit au commandement de l'Éternel et qu'il est prêt à tuer son fils, il se produit un miracle. L'Éternel a pitié, et à la place d'Isaac, c'est un bélier, attrapé dans le fourré, qui est sacrifié par Abraham. Theodor Reik écrit : « On peut faire remonter ce récit de la Genèse (XXII, 1-18) à différentes sources; il est conservé sous une forme nettement modifiée à laquelle ont contribué différentes périodes dans le temps. Le sens originel du récit transparaît à travers toutes les élaborations et les superpositions au cours des époques. Il correspond exactement aux rites pubertaires qui ont été décrits chez les Australiens [...]. Dans les deux cas, le rôle joué par l'hostilité inconsciente des pères ne saurait échapper ; car, tout en prétendant qu'ils exécutent avec tristesse un commandement supérieur, ils souhaitent offrir leurs fils comme victimes [...][15]. »

Dans l'interprétation de Reik, le père était tué à la place du fils. Mais selon les auteurs de l'Apocalypse, le fils ne restait pas non plus indemne : « Quand finalement Abraham tint le couteau au-dessus de son fils bien-aimé, Isaac sembla perdu et les anges du ciel versèrent des larmes qui tombèrent dans les yeux d'Isaac, ce qui le rendit aveugle à la fin de sa vie[16]. » L'expérience psychanalytique nous apprend que la cécité symbolise souvent la castration. Le roi Œdipe se creva les yeux après avoir tué son père et couché avec sa mère. Le meurtre du père et la castration du fils sont cachés, loin de la conscience. La signification consciente de l'histoire du sacrifice d'Abraham est que Dieu pardonne. Par la soumission à sa volonté, on obtient sa pitié, ce qui est conforme à la signification du jour du Grand Pardon.

Dans le rêve de notre patient, la personne n'est pas seulement humblement prosternée sur le plancher, mais en même temps, elle relève la tête.

Il est assez étrange de voir que le rêveur fut très impressionné par la tête levée. Il fit remarquer qu'un serpent lève la tête quand il va frapper. Quelques jours avant le rêve, il avait observé un chat jouant avec une souris : elle se levait sur ses pattes arrière comme pour faire fuir le chat. On reconnaîtra aisément dans la petite souris son fils nouveau-né. Ce fils provoque le chat, manifestement le père. Comme il pensait beaucoup à son fils ces jours-là, il lui vint à l'esprit qu'il élevait probablement une vipère et qu'un jour, plus tard, cet enfant aurait du ressentiment et se vengerait. Ces pensées lui rappelaient la parabole de l'homme qui tua ses parents et qui, conduit devant le juge, fut condamné à porter un panier de pierres sur ses épaules. Dans le panier grandissait un serpent qui commença à le menacer. Mais le juge, refusant de le libérer de son fardeau, dit : « Vos parents ne savaient pas qu'ils élevaient une vipère qui les tuerait, maintenant c'est votre tour. »

Il est clair que la personne sur le plancher représentait le patient lui-même, fils repentant par rapport à son père, mais aussi révolté contre l'humiliation de la circoncision.

Comme les rêves sont surdéterminés, certains éléments étant des condensations de nombreuses tendances et idées, il n'est pas surprenant que la personne avec la tête levée, associée dans l'esprit du rêveur avec un serpent levant la tête, symbolisât aussi un phallus. Cependant, le serpent n'est pas seulement un symbole masculin, il représente aussi une femme et est donc un symbole bisexuel. Le fait que le patient ne sache pas avec certitude si la personne sur le plancher est un homme ou une femme apporte une preuve supplémentaire de sa bisexualité. Il sentait qu'il y avait une femme alentour, tout le temps, et pendant un moment, il lui sembla que cette personne était une femme, sa belle-mère. « Et sa langue est venimeuse », conclut-il. La personne levant la tête de la position humiliante ne proteste pas seulement contre la circoncision mais aussi contre sa féminité, comme pour essayer de dire : « Je ne suis pas étendue à plat sur le dos comme une femme ; je peux lever la tête et avoir une érection comme un homme. »

Je saisis alors l'occasion d'attirer l'attention du patient sur le fait que, dans son rêve précédent, la femme au pénis était symbolisée par la coupe au bord en métal, et que la coupe ressemblait un peu à un prépuce avec un pénis caché à l'intérieur. Il évoqua alors une circoncision à laquelle il avait assisté autrefois. « Quand le prépuce fut coupé et que beaucoup de sang jaillit, dit-il, il me fut impossible de regarder. J'eus la nausée et je m'évanouis. » Pourtant, il remarqua, et depuis il s'en est toujours souvenu, que la tête du pénis se détachait comme quelque chose de particulièrement important (la tête levée de la personne sur le plancher qui l'impressionnait tant). Il ajouta : « Quand je vis cette blessure béante autour de la tête du pénis, je pensai que le vagin qui saigne doit ressembler à cela. » Ainsi, la personne sur le plancher avec la tête levée symbolise l'homme-femme avec le « gland-pénis » faisant saillie du « prépuce-vagin »[17]. Il ne pouvait regarder le pénis saignant, il s'évanouit; en un sens, il mourut. Cela fait penser à la légende du terrible monstre, Méduse, à la vue duquel les hommes se changeaient en pierre.

Freud dit que la terreur de la Méduse est une terreur de la castration qui naît quand le garçon voit les organes génitaux de la femme, essentiellement ceux de sa mère. « La déesse vierge Athéna porte sur sa robe le symbole de l'horreur (la tête décapitée avec des serpents à la place des cheveux). Et c'est à juste titre, parce qu'ainsi elle devient une femme inaccessible et qu'elle repousse tous les désirs sexuels en dévoilant les organes génitaux terrifiants de la mère. Une telle représentation de la femme — qui fait fuir en raison de sa castration — était inévitable chez les Grecs qui étaient dans l'ensemble fortement homosexuels. »

Si la tête de Méduse prend la place d'une représentation des organes génitaux féminins ou plutôt si elle sépare en les isolant leurs effets horrifiants des effets de plaisir, on peut rappeler que montrer les organes génitaux est courant à d'autres égards comme acte apotropaïque. Ce qui fait naître l'horreur en soi produira le même effet sur l'ennemi dont on cherche à se défendre. Dans Rabelais, nous voyons comment le Diable prit la fuite quand la femme lui montra sa vulve[18].

Notre patient eut la même attitude. Sa répugnance à faire circoncire son fils n'était pas seulement due à l'amour qu'il lui portait et à son identification à lui, à la peur de la retaliation et à l'opposition à son père, mais aussi et peut-être surtout au fait que le pénis circoncis lui rappelait les organes génitaux affreux de la femme (la mère) dont la vue inspire de la répulsion au fils. Il termina l'analyse de ce rêve par les mots suivants : « Quand j'ai assisté à la circoncision et que j'ai vu cette blessure béante autour de la tête du pénis, je me suis demandé comment cela pourrait guérir un jour. »

Son inquiétude pour la guérison de la blessure causée par la circoncision devint un sujet de discussion non pas immédiatement mais quelques mois plus tard. Il fut alors évident que son inquiétude le concernait lui, plutôt que son fils, bien qu'il ne pût évidemment se souvenir de sa propre circoncision. C'est alors qu'il confessa à ma grande surprise son principal fantasme masturbatoire qu'il avait gardé comme son plus grand secret. Dans ce fantasme, il se voyait étendu sur le dos tandis qu'une femme suçait son pénis.

Il est assez frappant de voir que la première pensée qui lui vint à l'esprit en association avec ce fantasme fut le mohel suçant le sang du pénis du garçon après la circoncision. Arthur Feldman insiste sur le fait que le vin et la nourriture sont essentiels à la cérémonie de la circoncision et que cette cérémonie ne peut avoir lieu qu'en présence de dix hommes initiés (*minian*). Il affirme que cette communion sacramentelle où le sang est sucé et le vin bu désigne le repas totémique. Selon Freud, l'animal mangé lors du repas totémique[19] symbolise le père primitif, et la circoncision représente une castration atténuée[20] qui est un substitut de la mort. Puisque le fils est une réincarnation du père de son père, sucer le sang de son pénis à la cérémonie de la circoncision est une trace du repas totémique.

Notre patient s'identifiant à son fils, le mohel qui suçait le sang de son fils était aussi un père vengeur. Néanmoins, quand le patient parlait du mohel en association avec la femme de son fantasme, ce n'était plus le personnage sinistre de la personne qui était derrière le premier rêve. Au contraire, sucer signifiait maintenant, pour lui, soulagement de la souffrance, guérison. Il lui vint des souvenirs remontant très loin dans l'enfance dont l'un était particulièrement net dans sa mémoire : à moins de trois ans, il eut très mal aux oreilles. Son père, le portant dans ses bras, lui tenait la tête, l'oreille douloureuse au-dessus d'une marmite. Évoquant ce souvenir à plusieurs reprises, il ne manquait jamais d'insister sur son sentiment de grande peur et de soulagement à cette occasion. Il se souvenait aussi que son père était sévère et bien que parfois il infligeât des punitions, toujours juste. La pensée de l'indulgence de son père faisait naître en lui de grandes émotions. Sa confiance dans l'indulgence de son père l'emplissait d'un sentiment de sécurité et de confort qui ne pouvait être comparé à rien d'autre au monde. Sa grande émotion lui rappelait deux passages de la Bible, l'un concernant Caïn et l'autre le roi David. Il cita : « [...] quand Caïn confessa son péché et accepta le châtiment, l'Éternel mit un signe sur Caïn pour que quiconque le trouverait ne le tuât point[21] ». Sur quoi, il prit une femme et eut des enfants d'elle. Pour notre patient, la confession de son crime par Caïn et l'acceptation du châtiment de la marque (signe de castration, selon Reik) était d'une extrême importance puisqu'elle conduisit l'Éternel à lui pardonner et lui permit d'avoir des enfants. De même, pensait-il, l'Éternel pardonna au roi David. Quand le roi David envoya Uriel à la mort et épousa la femme de celui-ci — allusion évidente au complexe d'Œdipe — l'Éternel envoya le prophète Nathan pour le réprimander. Cependant, quand David dit à Nathan : « J'ai péché contre l'Éternel », Nathan lui répondit : « L'Éternel a éloigné ton péché ; tu ne mourras pas. » Le patient conclut, en se réassurant, que, bien que Dieu punît David, il fut cependant clément avec lui et lui permit d'avoir une descendance et un successeur en la personne de son plus jeune fils, le grand roi Salomon. Ainsi, la confession du péché d'Œdipe et l'acceptation du châtiment — tous deux semblent être des équivalents de la circoncision — sauvèrent de la mort le transgresseur et préservèrent sa postérité[22]. Le châtiment ne priva ni Caïn ni David de leur masculinité ; au contraire, ils purent avoir des enfants et continuer à vivre à travers eux. Nous avons appris que la circoncision symbolise la renaissance, comme la confession et le baptême[23]. Ainsi, la foi dans le père reste inébranlée. Même si le père punit, il pardonne, il aime son fils et en fait un homme parvenu à maturité. Quand le patient comprit ces relations, il dit : « Cela me fait comprendre pourquoi je suis toujours touché quand je vois un père qui est bon pour son fils et éprouve de la pitié pour lui... » Il ne put terminer la phrase parce qu'il se mit à pleurer, tant il était envahi par une profonde émotion.

Dans le premier rêve, le patient ne parvenait pas à décider si son fils devait être circoncis ou non. Après la circoncision, il s'adapta ainsi au fait accompli : je n'ai pas circoncis mon fils, la réincarnation de mon père, mais mon père m'a circoncis. Au lieu de faire du mal à mon fils-père, j'ai pris le châtiment sur moi[24].

Le lendemain, je repris l'examen du même sujet avec le patient, lui demandant s'il s'était aperçu que ses associations avec la femme du fantasme ne concernaient que des hommes. La question suscita deux images mentales : celle d'un serpent et celle d'une femme avec un châle autour de la tête. Quand on est mordu par un serpent, dit-il, on suce le sang et c'est un moyen de guérison ; quand on a un doigt qui saigne, on le suce ; quand un enfant se blesse, sa mère embrasse la partie blessée du corps. La femme suçant son pénis dans le fantasme semble donc représenter sa mère, le soignant après la circoncision. Ici elle paraît avoir la même fonction que le mohel-père qui guérit. (On représente Hygie, fille d'Aesclepios, en train de nourrir un serpent dans une jarre.)

Le fait qu'il voyait dans la femme au châle une sorte de guérisseur est mis en évidence dans sa description plus complète de l'image mentale : la femme était assise à côté d'un garçon, lui faisant quelque chose de très intime, sans montrer aucun dégoût ; elle le léchait ou bien elle s'occupait de ses intestins ; le garçon était malade et désemparé. Il pensa alors à sa femme ; s'il était malade, elle prendrait soin de lui et ne serait pas dégoûtée. Il souligna que c'était, sans aucun doute, la façon dont se comportait sa mère. Quand son fils fut circoncis, il ne voulut pas s'approcher de lui ni le regarder parce que, en général, il ne voulait pas voir de gens blessés. Mais sa femme, elle, ne répugnait pas le moins du monde à s'occuper de son pénis après l'opération. Sa mère n'eut jamais un quelconque sentiment de répulsion pour ce qu'il fallait faire quand quelqu'un était malade. Le patient avait l'impression qu'il ne pouvait pas supporter la vue d'un pénis qui venait d'être circoncis, que seule une femme le pouvait. L'homme ne peut pas aussi bien le manipuler, il pourrait lui faire du mal, etc. Quand il était malade, il voulait que sa mère s'occupe de lui, plutôt que son père. Il lui était devenu évident depuis longtemps, ajouta-t-il, avec quelque soulagement, qu'il s'entendait beaucoup mieux avec les femmes qu'avec les hommes.

En réunissant tout ce matériel, nous voyons que la femme au châle représente d'abord sa femme soignant le pénis circoncis de son fils, puis sa mère qui le soignait, enfant, quand il était malade. C'était une femme « bonne », elle guérissait ses blessures et semble avoir été la contrepartie du père qui guérit.

Que cette femme au châle représentât la mère du patient se confirme par le fait qu'au cours de l'enfance du patient, la mère avait l'habitude de porter un châle autour de la tête qui ressemblait à un capuchon. En fait, elle portait aussi une cape avec un capuchon. « Cela vous protégeait la tête, les oreilles et le cou », disait-il. Quand il était petit, il avait l'habitude de jouer avec ce capuchon, de mettre sa tête dedans, avec l'impression que c'était très confortable. Je ne pense pas qu'il faille beaucoup d'imagination pour deviner ce qui est symbolisé par un capuchon sur une tête : un pénis avec son prépuce. La femme au capuchon sur la tête représente donc une femme avec un pénis caché en elle. On nous a déjà dit qu'une femme au pénis est une belle femme, nous apprenons maintenant que c'est également une femme bonne, une mère qui guérit. Il est intéressant de remarquer que l'ancien dieu de la médecine, Aesclepios, a un serpent comme emblème, un symbole typiquement phallique, comme si c'était le phallus qui protège du mal.

En résumé, nous pouvons dire que le patient semble exprimer les idées suivantes : le père pardonne si on se soumet à la circoncision — qui est l'équivalent d'un processus de guérison —, mais c'est la mère qui guérit vraiment la blessure.

Lorsqu'il mettait le capuchon de sa mère sur sa tête, étant petit, il se sentait bien [*cosy*] cela lui évoquait quelque chose de déjà connu. Le capuchon était accroché dans la penderie, et même quand il ne jouait pas avec, il aimait être dans la penderie, disant que la penderie était aussi confortable [*cosy*] et sûre que le capuchon. Dans son esprit, ils étaient interchangeables. Un incident survenu quand il avait moins de cinq ans mit l'accent sur l'importance qu'avait pour lui cette penderie. En ouvrant la porte, il trouva la chatte avec ses chatons qui venaient de naître. Ce fut comme si la réalité confirmait son fantasme où le capuchon et la penderie symbolisaient le ventre de la mère; la penderie semblait être « réellement » un endroit où naissent les enfants, un endroit confortable et sûr. La vue des chatons allongés « confortablement » autour de leur mère lui fit impression et surtout le fait que, bien qu'aveugles, ils trouvaient les mamelons; « ils tâtonnaient et les trouvaient », ne cessait-il de répéter. Il me semble que cette fascination pour les chatons aveugles trouvant leur mère ne peut se comprendre que si nous nous référons à ce que nous savons de la cécité, à savoir que, comme toute autre mutilation du corps, elle symbolise la castration. Sa fascination peut donc exprimer un contentement et un sentiment de bien-être inattendus, évoqués par la découverte que, même si l'on est castré, on peut parvenir à la mère et ne pas être rejeté par elle. Quand cela fut discuté dans son analyse, il se mit à pleurer amèrement, comme si quelque chose de très douloureux lui était venu à l'esprit. Il se souvint alors que la chatte ne bougeait pas, comme si elle était fatiguée de nourrir ses chatons qui ne lâchaient pas ses mamelons; ils tétaient et mordaient les mamelons qui saignaient déjà[25]. Ce souvenir lui rappelait sa mère qui lui répéta à plusieurs reprises qu'il avait l'habitude de mordre ses mamelons jusqu'au sang. Et, quand elle le grondait pour une bêtise qu'il avait faite, elle disait : « Même quand tu n'étais encore qu'un enfant, j'étais inquiète à l'idée que tu pourrais devenir un meurtrier. »

Il s'identifiait aux chatons, et ses pleurs étaient une expression de son sentiment de culpabilité vis-à-vis de sa mère, culpabilité qui remonte manifestement à la morsure de ses mamelons, bien qu'il ne pût s'en souvenir qu'à travers ses reproches et non directement. Le premier rêve disait qu'il aimerait boire du vin dans la coupe de sa mère; le désir de mordre ses mamelons était encore présent. Quand nous comparons ce désir avec le fantasme de la femme suçant son pénis, nous nous trouvons en face de deux fantasmes contradictoires, à des niveaux de conscience différents, bien entendu. Le fantasme d'arracher, en les mordant, les seins de la mère était inconscient ; l'autre, concernant la femme bonne qui le suce et le guérit, était conscient. Il est évident que le fantasme conscient remplaçait le fantasme inconscient et qu'ils expriment tous deux des idées opposées. Le fantasme inconscient, traduit en langage conscient, se lit ainsi : je veux sucer et détruire les seins de ma mère. Le fantasme conscient n'a guère besoin d'être traduit ; la lecture en est simple : ma mère est bonne, elle suce mon pénis (blessé) et elle m'aime. Notre hypothèse, qui a de solides assises théoriques, est la suivante : puisque le premier fantasme était trop contraire aux normes morales de notre patient et trop pénible, il fallait le refouler à tout prix. L'un des meilleurs modes de défense consiste à changer les contenus d'un fantasme en son opposé. Cela fait, le fantasme se lit comme suit : il n'est pas vrai que c'est *moi* qui ai mordu ou voulu mordre les seins de ma mère et sucer son sang, c'est *elle* qui a sucé le sang de mon pénis endolori et m'a guéri. Une telle idée pouvait être acceptée par le patient. Bien plus, elle exprimait la conviction que, quoi qu'il arrive, que le père vous castre, vous circoncise ou que vous mordiez le sein de la mère, elle vous aimera toujours et prendra toujours soin de vous. C'est là une conception grandiose de l'amour maternel. Pourtant cette sorte d'amour n'est pas seulement un fantasme, c'est aussi une réalité. Et nous savons que lorsqu'un fantasme est alimenté par la réalité, l'illusion est presque indestructible[26].

Il est difficile de haïr une personne que l'on aime et qui vous aime. Ces deux sentiments entrent très facilement en conflit l'un avec l'autre, constituant alors la base du « sentiment de culpabilité ». Le sentiment de culpabilité de notre patient envers sa mère semblait être, dans la mesure où il était en relation avec le père, associé au complexe de castration. Au cours de la discussion du sentiment de culpabilité en rapport avec ses pulsions agressives contre elle, il dit soudain : « Quand, dans le fantasme, cette femme suce mon pénis, j'ai le sentiment étrange que je ne dois pas bouger, que je ne dois rien lui faire, que je ne dois pas lui faire mal ; et je me demande si cette "coiffure" [*head-dress*] avait quelque chose à voir avec un bandage, avec quelque chose qui guérit une blessure — Kotex. » N'est-il pas remarquable qu'à ce moment il révélât que le châle avait encore une autre particularité qui le rendait semblable à un « pansement » [*dressing*], à un bandage qui guérit les blessures ? L'association « Kotex » indique le type de blessure à laquelle il pensait : le saignement menstruel.

Le châle, qu'il appelait maintenant « coiffure », avait un motif de fleurs qui provoqua le souvenir suivant : quand il était petit, il vit un jour une femme allaitant son enfant, ce qui le fascina. Quand la femme s'aperçut qu'il regardait ses seins, elle fut gênée et se couvrit avec un fichu décoré avec des motifs de fleurs ressemblant à ceux du châle dans le fantasme. Tandis qu'il rapportait cet incident, il éprouva une sensation particulière de froid le long de la colonne vertébrale (probablement de nature sexuelle). Pourtant, le sein et l'excitation sexuelle avaient été complètement oubliés, refoulés. Il se souvint toutefois du motif floral du fichu qui l'avait empêché de voir les seins, et qui réapparaissait comme un détail sur le châle. Maintenant, un motif semblable émergeait, souvenir d'une des robes de sa mère qu'il avait beaucoup aimée étant enfant et qu'il lui avait toujours demandé avec insistance de porter. Avec une robe, on couvre son corps, avec un fichu, son sein, de même qu'avec un pagne, on couvre ses organes génitaux. Nous savons que les seins d'une femme sont un organe sexuel secondaire par excellence. Par conséquent, ils sont facilement remplacés dans le fantasme par des organes génitaux féminins aussi bien que masculins, et *vice versa*[27]. Le souvenir des mamelons saignants de la chatte étant le point de départ de toute cette chaîne d'associations, nous faisons l'hypothèse que notre patient mélangeait inconsciemment l'image des mamelons saignants avec l'image des organes génitaux saignants. Avec l'analyse du deuxième rêve, nous apprenons comment il a réagi à ce spectacle : il fut horrifié, comme le jeune homme dans le mythe de la Méduse. Il est devenu évident, maintenant, qu'il a surmonté son horreur des organes génitaux féminins en déniant leur existence et en les transformant en quelque chose de tout à fait différent dans le fantasme de la femme au châle : ils apparaissaient non pas horribles ni repoussants mais attirants, comme les fleurs ornant le châle sur la tête. Si la femme « parfaite » était la femme au pénis, la femme attirante et immaculée est une femme qui n'a pas d'organes génitaux.

Mais quel est le rapport entre cette idée et les sentiments de culpabilité ? La réponse à cette question est assez simple : grâce au souvenir des mamelons saignants, son agressivité refoulée contre sa mère et les sentiments de culpabilité qui y étaient attachés se révélèrent à la conscience du patient. Ces derniers libérèrent les associations de la coiffure, du Kotex et du motif floral. Celles-ci, à leur tour, étaient des allusions à la vue des organes génitaux sanglants de la mère. Nous pouvons donc conclure que cette vue provoqua non seulement de l'horreur mais aussi le même sentiment de culpabilité que celui qui était provoqué par son agressivité envers sa mère, en particulier l'agressivité dirigée contre ses seins. Au stade phallique, il se considérait, inconsciemment bien sûr, comme responsable de l'absence de pénis chez la femme, en d'autres termes, il avait l'impression qu'il l'avait castrée.

Ce sentiment de responsabilité jette quelque lumière sur son attitude vis-à-vis des femmes, par exemple, sa grande pitié tout comme sa grande cruauté envers elles[28].

Mais comment ce sentiment de culpabilité fondé sur le fantasme d'avoir castré la mère peut-il être en accord avec le fantasme de la « mère comme castrateur » ? En relation avec le premier rêve, nous avons appris que, se soumettant aux sollicitations pressantes de ses sœurs, il perpétua la tradition familiale et laissa circoncire son fils. Cela signifiait pour lui que les femmes sont cruelles. D'ailleurs, il eut de nombreux rêves dans lesquels les femmes le castraient. Un complément frappant à ces rêves est le fait que ceux de mes patients qui avaient été circoncis dans l'enfance blâmaient leur mère pour l'opération, la haïssaient, et, du coup, se sentaient coupables envers elle. Il n'y a aucun doute que tous ces patients sont extrêmement ambivalents vis-à-vis de leur mère, l'aimant et la haïssant. Ces deux émotions sont manifestement incompatibles. L'une des deux doit être éliminée de la conscience. Le sentiment d'hostilité et d'agressivité est projeté sur la mère, après quoi elle apparaît comme castratrice. L'idée de la mère comme castratrice a alors les significations suivantes : ce n'est pas moi qui fais du mal à ma mère ; c'est elle qui me fait du mal, qui me castre. Il est fort intéressant de remarquer que l'agressivité prégénitale envers elle apparaît au stade phallique et se reflète dans le complexe de castration.

Cependant, la mère castratrice n'existe pas simplement dans l'imagination, elle n'est pas un pur fantasme qui aurait sa seule origine dans l'esprit de l'homme. Il a existé et il existe des mères agressives, et un grand nombre de sœurs sont très agressives. Les fils ou les frères sont conscients de cette hostilité et généralement ont peur d'elles. D'ailleurs, l'histoire signale des mères agressives. On a émis l'idée que dans les temps pré-bibliques, les femmes juives circoncisaient leur fils[29]. Des sculptures égyptiennes représentent des femmes âgées de type maternel qui prennent part à la circoncision des garçons[30]. Mais plus important encore est le fait que dans les religions de l'ancien Moyen-Orient, berceau de la civilisation occidentale, les hommes se castraient eux-mêmes dans une extase religieuse et offraient leurs organes génitaux sur l'autel de la Grande Mère, la déesse Astarté, connue aussi sous d'autres noms. Ce que les hommes ont réellement fait dans des temps anciens, ils le rêvent et l'imaginent dans les temps modernes. Pourquoi l'homme de l'antiquité offrait réellement ses organes génitaux à la Grande Mère est difficile à deviner, et pourquoi l'homme moderne accomplit ce désir en fantasme est également difficile à expliquer[31].

Dans le fantasme de notre patient, le visage de la femme était effacé. Nous savons qu'elle représentait sa mère dont l'identité comme être sexué devait être complètement dissimulée. Elle n'avait pas de visage mais elle avait une bouche. En tenant compte du mécanisme de défense de déplacement de la libido d'une zone érogène à l'autre — ici, « du bas vers le haut » —, nous devons tirer la conclusion que la bouche de la mère symbolisait son vagin. Aussi le patient accomplissait-il dans son fantasme des relations incestueuses avec sa mère. Afin de se cacher l'inceste à lui-même, tout devait être changé : le visage de la mère était effacé ; elle n'avait pas de vagin ; il n'était pas actif mais demeurait passif tandis qu'elle était l'élément actif. On aurait dit qu'en se retirant de l'activité vers la passivité et en privant la mère de ses organes sexuels, il sauvait ses propres organes génitaux. Ses relations sexuelles avec elle prenaient un caractère oral et passif. Un rapport comme celui mis en acte dans le fantasme n'avait évidemment jamais eu d'existence réelle entre lui et sa mère, mais un autre rapport avait été réel autrefois ; quand il était bébé, il avait sucé les seins de sa mère et les avait mordus.

Le désir inconscient de mordre ses seins, tel qu'il s'exprimait dans le premier rêve en buvant dans sa coupe, était complètement refoulé ; il ne restait dans le fantasme qu'elle en train de sucer son pénis, à savoir un retournement de lui suçant ses seins quand il était bébé.

L'analyse du fantasme conduit aux mêmes résultats que le premier rêve, où le rêveur ne voulait pas boire dans la coupe de son père mais dans celle de sa mère. Le rêve et le fantasme montraient tous deux comment le patient essayait de faire face au danger menaçant de la circoncision.

Il faut insister de nouveau sur le fait que ce fantasme existait avant la circoncision de son fils et avant les rêves. Il se comportait dans son fantasme comme si lui-même allait être circoncis ou plutôt comme s'il se souvenait de sa propre circoncision et y réagissait d'une manière semblable à celle du rêve. C'est comme si, en un sens, ces réactions étaient préexistantes et comme si tout ce qui était nécessaire pour les amener à la surface était un stimulus actuel.

De fait, l'attente de la circoncision de son fils avait sur lui un effet traumatique qu'il essayait de maîtriser en mobilisant des expériences traumatiques semblables de sa vie[32]. Certaines étaient des fantasmes, d'autres des événements qui ne pouvaient plus être remémorés comme tels, par exemple la morsure des seins de sa mère ou sa propre circoncision.

Toutefois, ses réactions n'étaient pas purement individuelles ; elles répétaient, en un sens, des expériences des générations précédentes. Nous pouvons dire que ses tentatives pour résoudre le conflit de la circoncision sont le reflet à bien des égards, du développement religieux et sociologique de l'humanité ; dans ses efforts pour maîtriser ce traumatisme, en tant qu'individu, il répétait l'histoire. S'il en était autrement, nous pourrions difficilement comprendre sa lutte avec le vieux problème de la circoncision. Nous ne pouvons le comprendre que si nous sommes d'accord avec l'hypothèse freudienne selon laquelle « [...] l'héritage archaïque de l'humanité ne comporte pas que des prédispositions, mais aussi des contenus idéatifs, des traces mnésiques qu'ont laissées les expériences faites par les générations antérieures[33] ». Il ajoute que « les masses aussi conservent des traces mnésiques du passé » comme le fait l'individu. En le paraphrasant, nous pouvons dire que les hystériques ne sont pas les seuls à souffrir des réminiscences mais que les peuples en souffrent également.

La lutte entre les deux tendances, circoncire et ne pas circoncire, est en fait profondément enracinée dans le passé de l'humanité. Le judaïsme antique le savait, bien avant la venue du christianisme. Dans les Écritures Saintes nous trouvons : « Circoncisez votre cœur et ne raidissez plus votre nuque » (Dt 10, 16, 17).

Jérémie, Ézéchiel et d'autres prophètes exprimèrent des idées semblables. Selon Arthur Feldman, le scribe Esdras et Néhémie abolirent la circoncision[34]. De plus, Feldman suggère que ce sont les Pharisiens qui l'ont réintroduite quand ils sont devenus plus influents et plus puissants que les Sadducéens. Cependant, ils trouvèrent un compromis entre la circoncision et la non-circoncision en faisant la cérémonie huit jours après la naissance et non à la puberté comme cela s'était fait auparavant[35]. Saint Paul, fondateur de la religion chrétienne, lui-même fier d'être juif, et à l'origine défenseur vigilant des lois judaïques, mit un terme définitif à la coutume de la circoncision, après des conflits intérieurs prolongés. Il est évident que, comme il souhaitait rendre la religion juive universelle, il essaya de convertir le plus grand nombre possible de Gentils, et pour parvenir à ce but, il dut abandonner le rite de la circoncision. Mais le besoin de faire du prosélytisme ne semble pas être la seule raison pour rompre avec une coutume nationale aussi enracinée. La pulsion doit avoir son origine dans l'inconscient. Freud dit : « [...] Parmi toutes les coutumes propres aux Juifs, celle de la circoncision fait une désagréable et inquiétante impression, sans doute parce qu'elle rappelle la menace d'une castration redoutée, évoquant ainsi une partie de ce passé primitif volontiers oubliée[36]. » Dans un autre passage, il est plus explicite : « La circoncision, dit-il, est le substitut symbolique de la castration que le père primitif et omnipotent avait jadis infligée à ses fils. Quiconque acceptait ce symbole montrait par là qu'il était prêt à se soumettre à la volonté paternelle, même si cela devait lui imposer le plus douloureux des sacrifices[37]. » Saint Paul n'accepta pas ce symbole demandé par le Dieu un et unique. Il rejeta la circoncision et dénonça aussi une grande partie de la loi judaïque attribuée à Moïse, cette puissante image du père qui introduisit le monothéisme chez les Juifs et, selon Freud, également la circoncision. En supprimant le signe de la soumission de l'homme à Dieu, il mina profondément l'autorité de Dieu. Le remplacement de Dieu le Père par Jésus-Christ, le Fils de Dieu, semble le prouver. Freud a exprimé le résultat de ce remplacement en une formule simple : « Le Judaïsme avait été une religion du Père, le Christianisme devint une religion du Fils[38]. »

Mais saint Paul n'abandonna pas seulement la circoncision et les lois cérémonielles, il rejeta également les lois alimentaires[39]. Il est certain que leur abolition fit tomber une autre barrière qui séparait les Gentils des Juifs, comme déjà l'abandon de la circoncision, mais dans les deux cas, cette abolition doit avoir des raisons plus profondes que le simple désir de faire des prosélytes.

Dans les lois alimentaires, il y avait une prohibition étrange et pourtant très intéressante. Elle concerne le mélange du lait et de ses produits avec la viande, et est fondée sur le commandement biblique : « Tu ne feras point cuire un chevreau dans le lait de sa mère. » M. Woolf a publié récemment une remarquable étude sur ce sujet[40]. En se reportant à l'Exode considéré comme la partie la plus ancienne de la Bible, il fait remarquer que cette prohibition n'est que la dernière partie d'une série d'autres prohibitions et commandements qui se lit : « Tu n'offriras point avec du pain levé le sang de la victime sacrifiée en mon honneur ; et sa graisse ne sera point gardée pendant la nuit jusqu'au matin [...] ; tu apporteras à la maison de l'Éternel, ton Dieu, les prémices des premiers fruits de la terre. Tu ne feras point cuire un chevreau dans le lait de sa mère. » Ce passage se rapporte au sacrifice de la Pâque, et lors de la Pâque « Le pain ne doit pas être levé mais séché sur les pierres chauffées par le soleil — comme l'agneau rôti au feu. » En accord avec ceux qui ont étudié ce problème, il dit plus loin : « Maintenant Pesah (la Pâque) est une fête du printemps et les fêtes de printemps partout et chez tous les peuples sont des fêtes de soleil et de feu. Nous savons que les anciens Sémites étaient des adorateurs du soleil et du feu, et les coutumes et usages décrits ici ont une origine très ancienne, beaucoup plus ancienne que le monothéisme et l'exode d'Égypte. » Il ajoute que les fouilles faites à Ugarit[41], en Syrie, ont établi le fait que la principale divinité des tribus nomades des Israélites était le Dieu Soleil et le Dieu du Feu, connus sous le nom de El, et que, au cours des fêtes du printemps, les premiers-nés lui étaient sacrifiés.

Les fouilles d'Ugarit ont dégagé une grande tablette avec des inscriptions sur les rites d'adoration de la déesse Astarté, comportant une injonction de tuer un chevreau et de le faire cuire dans le lait de sa mère. La prohibition biblique de « faire cuire un chevreau dans le lait de sa mère » représente, selon Woolf, une « lutte du monothéisme contre le paganisme, de la foi juive nationale contre les religions de leurs voisins païens[42] ». L'expérience psychanalytique ayant appris que faire bouillir ou cuire, dans le langage symbolique du rêve ou d'autres expressions de l'inconscient, signifie souvent mûrir dans le ventre de la mère, il trouve dans les mots « cuit dans le lait de la mère » la confirmation du fantasme infantile que l'enfant dans le ventre est nourri par le lait de sa mère jusqu'à sa naissance. « C'est pourquoi, écrit

Woolf, le chevreau cuisant dans le lait de sa mère devint le symbole de fertilité d'Astarté... » Ainsi, lors des fêtes du printemps et des mystères des religions occidentales, comme d'ailleurs dans tout le monde culturel entourant la Méditerranée, le rôle principal était joué non par le père mais par le fils ; ce dernier était adoré par sa mère, tué par son père et il se relevait au printemps sous les noms de Tammuz, Adonis et Dionysos.

Woolf affirme que l'interdiction de la Bible cherche à détruire le rite matriarcal. Et se référant de nouveau à son expérience psychanalytique, il interprète la signification de la cuisson du pain levé dans un four comme un symbole de gestation. D'où, conclut-il, la prohibition de cette coutume, exprimée dans le commandement de manger du pain sans levain, séché sur une pierre chauffée au soleil, a la même signification que la prohibition de cuire le chevreau dans le lait de sa mère. Il trouve une confirmation de cette hypothèse dans le fait que préparer du pain sur une pierre chaude et non dans le four avec de la pâte était une ancienne coutume des Israélites errant dans le désert et constituait une partie importante du rituel à la fête du Dieu-Soleil. C'est pourquoi la prohibition de cuire le chevreau dans le lait de sa mère et le commandement de manger du pain sans levain, séché au soleil, ont la même signification : ne pas entrer en contact avec le ventre maternel.

Pourquoi toutes ces prohibitions et tous ces commandements ne sont-ils pas exprimés de façon directe ? Pourquoi sont-ils voilés, déformés ? À cette question, il ne peut y avoir qu'une réponse. Ils sont le résultat d'un refoulement qui a échoué ; en d'autres termes, quand le matériel refoulé essaie de retourner dans la conscience, au dernier moment, il se trouve déformé par la fonction défensive du moi. Comme ces prohibitions et ces commandements sont dirigés vers des fonctions orales, c'est-à-dire manger ou ne pas manger, nous pouvons en conclure avec Woolf que le refoulement s'est instauré par le mécanisme de déplacement du « bas vers le haut », des organes génitaux vers la bouche, tout comme dans le fantasme de notre patient. Ainsi la prohibition et les commandements se rapportant au rituel alimentaire symbolisent-ils non seulement la lutte sous-jacente entre le monothéisme et le polythéisme ou le culte du couple mère-fils consort mais aussi la prohibition de l'inceste — ce qui est essentiellement la même chose.

L'idée que les Israélites adoraient une mère-déesse et un fils-dieu dans les temps pré-monothéistes gagne de plus en plus de terrain chez les spécialistes. Theodor Reik fut l'un des premiers à faire cette hypothèse[43]. Arthur Feldman[44], avec d'autres[45], soutient que la religion populaire des Israélites était le culte de la Grande Mère-Déesse et de son Fils consort ; que cette religion ne fut jamais complètement remplacée par le monothéisme ; qu'elle fut seulement refoulée et revint sans cesse sous des formes voilées, déformant les croyances et les rituels monothéistes plus récents. Le nom du Dieu juif reflète selon lui cette lutte. Comme on le sait, les Juifs n'ont pas le droit d'appeler leur Dieu par son vrai nom mais ils ont le droit de prononcer le Adonaï — et c'est le nom du fils de la Mère-Déesse. Le véritable nom de Dieu s'épelait Yahveh. Mais, d'après Feldman, à l'origine, c'était Yahu, le nom d'un Dieu Soleil qui apparut dans le *Papyrus d'Éléphantine*[46]. À partir du nom Yahu fut formé le nom divin de Yahveh, par addition de la lettre « H » de l'alphabet hébreu selon Feldman. La lettre « H », explique-t-il, est la désinence habituelle du féminin en hébreu. Si nous acceptons cette thèse, nous devons conclure que le nom du Dieu des Israélites est le résultat d'un compromis entre une divinité masculine et une divinité féminine, grâce à quoi la partie féminine est écartée de la conscience.

Il semble que le double nom du Dieu représente non seulement le combat entre le monothéisme et le polythéisme mais aussi entre la masculinité et la féminité. Une désinence masculine avec une désinence féminine ou *vice versa* est certainement une créature bisexuée, une mère au pénis, ce que nous trouvons régulièrement dans nos analyses.

Il était évident que notre patient oscillait entre son père et sa mère (comme notre premier patient, qui voyait un hermaphrodite en chacun). Établir un équilibre dans sa relation avec eux lui était difficile. Tantôt, il devait refouler une partie de son complexe d'Œdipe et tantôt une autre partie. Cependant, la perlaboration de sa relation ambivalente avec son père le rendait pleinement conscient de son hostilité à son égard et lui permettait d'admettre, en un sens, le « péché originel ». Ce n'est qu'à ce moment qu'il eut la liberté de confesser son fantasme incestueux, d'admettre son désir sexuel pour sa mère. L'acceptation du péché contre le père atténuait apparemment son anxiété et l'aidait à supprimer la dernière barrière contre l'inceste.

Le concept de « péché originel » fut introduit par l'apôtre Paul. Dans *Totem et Tabou,* Freud explique la signification profonde de ce péché. Il écrit : « Dans le mythe chrétien, le péché originel résulte incontestablement d'une offense envers Dieu le Père. Or, lorsque le Christ a libéré les hommes du poids du péché originel, en sacrifiant sa propre vie, nous sommes en droit de conclure que ce péché avait consisté dans un meurtre. D'après la loi du talion profondément enracinée dans l'âme humaine, un meurtre ne peut être expié que par le sacrifice d'une autre vie ; le sacrifice de soi-même signifie l'expiation pour un acte meurtrier. Et lorsque ce sacrifice de sa propre vie doit amener la réconciliation avec Dieu le Père, le crime à expier ne peut être autre que le meurtre du père[47] ».

Paul admettait la culpabilité du péché originel, en acceptant la mort sacrificielle du Fils de Dieu comme rédemption[48]. Bien que consciemment il acceptât le châtiment pour ce péché par identification au Christ, inconsciemment, il ne se révoltait pourtant pas moins contre Dieu le Père. Les signes extérieurs de la révolte étaient le rejet de la circoncision, des lois cérémonielles de la Thora et des lois alimentaires[49]. Étant donné que la circoncision est un symbole de la soumission à la volonté du père, le rejet de la circoncision est une fuite devant l'autorité du père. Comme l'acceptation de la Thora implique la croyance dans le Dieu unique, le rejet de la Thora implique l'abandon du monothéisme et donc la négation de Dieu le Père. Ainsi le rejet de la circoncision et de la Thora ont, pour l'essentiel, la même signification : renonciation au père. L'abandon des lois alimentaires, du moins la loi interdisant le mélange de lait et de viande a un sens différent. Comme elle implique la prohibition du culte d'Astarté, donc de l'inceste, son rejet signifie la réintroduction du culte de la Grande Mère et du Fils consort, essentiellement l'autorisation de l'inceste. Un « crime » conduit à un autre crime, le rejet du père à l'inceste avec la mère, à l'accomplissement du complexe d'Œdipe dans son entier. Comme horrifié par sa propre action, Paul dit dans sa première Épître aux Corinthiens : « On n'entend parler que d'impudicité parmi vous, et d'une impudicité telle qu'il n'en existe pas chez les païens ; c'est à ce point que l'un de vous vit avec la femme de son père ! » (5,I). Après son défi initial, il semble que Paul obéit à la loi supérieure imposée par le père primitif qu'il essaya de rejeter et, en prohibant l'inceste, qu'il se soumit à l'autorité du père sur le fond. Nous comprenons maintenant plus clairement ce que veut dire Freud quand il dit que la circoncision rappelait aux peuples des choses de leur passé primitif qu'ils aimeraient oublier. Bien que vivant dans un monde si différent et séparé de lui par tant de siècles, notre patient semble presque avoir eu les mêmes expériences que Paul. Malgré tous ses désirs, il ne pouvait envisager l'idée de l'inceste qui s'imposait à lui et se sentit contraint de la refouler de façon répétée. Faisant de sa mère un être asexué, il parvint finalement à se libérer de la charge de l'inceste. Bien que l'abolition des lois alimentaires par Paul facilitât l'inceste, celui-ci fut une fois de plus refoulé par la transformation de la déesse de la fertilité et de l'amour en Mère Céleste qui adore son fils.

Nous touchons ici à des problèmes qui dépassent les limites de notre sujet et dont je laisserai à d'autres la discussion. J'aimerais néanmoins dire quelques mots en matière de conclusion.

Comme nous l'avons souligné plus haut — et je tiens à le répéter ici —, dans ses réactions à la circoncision, l'individu semble refléter les réactions de l'humanité, les répéter sous une forme condensée. Elles se manifestent soit dans l'acceptation soit dans le rejet, aboutissant habituellement à un compromis dans lequel l'une ou l'autre forme prédomine. Ces réactions contrastées sont la conséquence d'un conflit fondamental qui, une fois intensifié par la circoncision ou par sa seule idée, s'achemine vers la conscience. La base biologique de ce conflit semble être constituée par l'attachement homosexuel au père. L'homme s'est toujours révolté contre cet attachement. Certains peuples et certains individus ont réussi à se libérer de ce lien mais pas les Juifs. En acceptant la circoncision ils se sont soumis inconditionnellement à la volonté du père représenté par leur Dieu. Ils se sont alors considérés comme ses enfants bien-aimés et élus. « Un concours de circonstances historiques semble avoir favorisé le fait que le monothéisme, la nouvelle religion introduite par Moïse, adopta l'ancienne coutume de la circoncision et en fit la marque de l'attachement des Juifs à Dieu. Car les Juifs avaient emprunté la coutume de la circoncision aux Égyptiens, et Moïse, qui donna le monothéisme aux Juifs était, selon Freud, un Égyptien. Par amour pour leur Dieu un et unique, ils ont sacrifié une partie de leurs organes génitaux, renonçant par là à la gratification instinctuelle et instituant en même temps la sublimation de leur homosexualité. Cette sublimation a abouti à une prohibition de représenter Dieu, même en imagination, sous forme visuelle. Cela força en retour les Juifs à la pensée abstraite et les obligea à de grands accomplissements dans les sphères spirituelles et morales avec toutes les renonciations, restrictions et souffrances que cela implique[50]. Au cours de ce processus, l'idée d'un Dieu matériel s'estompa. Le Christianisme abandonna la circoncision et relâcha le lien homosexuel à Dieu le Père; mais l'adulation de la Femme, de la Mère et du Fils fut rétablie. Avec cela, le monothéisme empreint de spiritualité perdit son sens et son mouvement. Le polythéisme antérieur, abandonné jusqu'alors, commença à retrouver l'importance qu'il avait auparavant, et à s'exprimer sous des formes multiples. Si l'on compare avec le polythéisme antérieur, ce fut un progrès, le niveau spirituel et éthique des nouvelles manifestations étant plus élevé que celui du polythéisme juif des temps pré-monothéistes.

HERMAN NUNBERG

Traduit de l'anglais par Monique Novodorsqui.

IV

Les belles différences

L'inconscient, dit-on, ne connaît pas le temps. Bien des indices inviteraient cependant à regarder comme des caractéristiques assez frappantes du nôtre l'atténuation progressive des manifestations traditionnelles de la différence des sexes, voire une tendance au renversement complet du masculin et du féminin, de pair avec une revendication insolite de la bisexualité. Plus celle-ci prétend s'affirmer, plus, dirait-on, les spécificités sexuelles — qui font sans nul doute partie de ces « belles différences offertes par la nature » dont Freud déplorait que Groddeck voulût les dédaigner « en faveur des séductions de l'unité[1] » — tendent à s'estomper, sinon à disparaître.

Le faciès à demi maquillé, à la fois grotesque et inquiétant du héros de la sinistre *Orange mécanique*, concentrerait-il, en un plan initial percutant et symbolique, ces récentes vicissitudes psychosexuelles de notre société ? L'étrange regard qui émane de ces yeux disparates, l'un aux longs cils enduits de rimmel et tout rehaussé de fard, l'autre sans aucun apprêt, aurait-il, plus que la valeur d'une provocation ambiguë, le sens caché d'une désunion pulsionnelle ? La conjonction d'attitudes et de conduites homosexuelles et hétérosexuelles, volontiers considérée par certains témoins naïfs comme une prouesse et un accomplissement, impliquerait, en fait, sous le couvert d'un déchaînement d'érotisme, une négation insidieuse de la sexualité, comme un défi à Éros...

À l'opposé, dans le registre non plus cette fois de l'inquiétante étrangeté mais, dirai-je, dans celui de l'étrangeté merveilleuse, je ferai volontiers un symbole antagoniste d'une voix de haute-contre entendue l'autre soir. Celle-ci, non seulement en vertu de ses inflexions et de son timbre si singuliers mais par tout ce qu'elle transmettait de l'être même de l'artiste, offrait à l'auditeur un mixte indicible de masculinité et de féminité. Or, Alfred Deller — car c'était lui —, par sa stature, son visage, sa parole, se présente comme un personnage éminemment « viril » et la qualité de sa voix, si proche qu'elle soit de celle des castrats de jadis, est le fruit, s'il faut en croire les indications données impromptu à la télévision par le chanteur lui-même, d'un patient et passionnant travail destiné à faire « sortir » et à mener à son point de perfection cette « voix de tête » dont tous les hommes capables de chanter disposent virtuellement mais sans le savoir, sans oser l'exploiter ou sans songer à le faire.

Images-repères, moments-clés, comme il s'en rencontre aussi en cours d'analyse, où se condense obscurément un monde d'affects, de significations et dont j'aimerais transmettre ici la vibration, afin qu'au moins liminairement cette approche, un peu trop abstraite, de la problématique troublante qui anime ce recueil ne simule pas un impossible détachement.

I

Qu'il s'agisse de la différence des sexes, qu'il s'agisse de la bisexualité, une incontestable ambiguïté — sans doute en rapport avec la dualité constitutive de toute pulsion — marque, chez Freud, l'élaboration de ces données. À partir de l'anatomie, à partir de l'embryologie de son temps, il tire les « conséquences psychologiques » d'éléments en eux-mêmes étrangers à la psychologie. Ainsi regarde-t-il la bisexualité comme un concept biologique qu'il extrapole pour en faire un postulat de la clinique psychanalytique ; mais, parallèlement, bien que dans une tout autre perspective, il écrit à Fliess — son inspirateur en l'occurrence comme chacun le sait — qu'il s'habitue « à considérer chaque acte sexuel comme un événement impliquant quatre personnes[2] ». Quant à cette « constitution bisexuelle » dont tout le monde — dit-on — est doté, par quoi, psychiquement, se manifestera-t-elle ? Par la masculinité et la féminité des attitudes... D'autre part, si la différence des sexes prend valeur de « destin », il n'existe néanmoins pas de parallélisme strict entre le sexe, les caractéristiques psychosexuelles et le type de choix objectal. Il y a plus : « nous parlons du masculin et du féminin en tant que caractérisant des qualités et des pulsions psychiques quoique, à rigoureusement parler, les différences entre les sexes ne puissent prétendre à aucune caractérisation psychique spécifique[3] ». En effet, tout ce qu'on peut finalement alléguer, c'est que l'activité et la passivité sont en cause : or outre que ce sont là connotations insuffisantes, elles ne concernent pas les pulsions mêmes mais la nature de leurs buts et « leur association constante dans notre vie mentale est le témoin de la bisexualité de chacun[4] ».

Apparemment ne sommes-nous pas dans un cercle ? Freud ne s'est jamais laissé impressionner par de tels obstacles : il a toujours fait preuve devant eux d'une souveraine négligence et d'une audace tranquille. « La psychanalyse, se contente-t-il de dire, ne peut établir la nature intrinsèque de ce que, dans la terminologie conventionnelle ou dans la terminologie biologique, on appelle "masculin" et "féminin". » Qu'à cela ne tienne ! « Elle prend simplement possession des deux notions et les met à la base de ses travaux[5]. »

Certes, bien lui en a pris, mais aussi parce que ces « travaux » trouvèrent simultanément d'autres et meilleures bases ; et peut-être surtout parce qu'entre la base et le sommet une véritable métamorphose s'est opérée, dont ce n'est qu'assez récemment, semble-t-il, que l'on a dégagé et explicité toute l'importance et les conséquences théoriques. Je pense notamment ici à la spécification de la pulsion par rapport à l'instinct, davantage encore à la détermination des incidences multiples de la généralisation de la notion de sexualité — ce génial coup de force spéculatif. On ne saurait en effet aborder cliniquement ni théoriquement le sexuel de façon psychanalytique, si l'on n'a pas *fait sienne* cette généralisation. Certes il faut éviter ici de se trouver entraîné, sur la voie d'un spiritualisme qui n'oserait pas dire son nom, à une méconnaissance de l'ancrage somatique et des aspects « scandaleux » de la sexualité, mais sans perdre de vue que, d'un autre côté, sa généralisation notionnelle est aussi — telle une prise de conscience difficile, fugitivement effectuée au cours d'une cure — une acquisition toujours menacée. On le voit bien chez le créateur de la psychanalyse lui-même où son occultation temporaire est parfois l'origine d'un certain flottement dans la pensée. J. Laplanche propose d'expliquer ces éclipses par l'inévitable désarroi que provoque « une révolution scientifique qui, venant élargir brusquement l'acception d'un concept, en emporte pourrait-on dire les bases. On voit alors Freud se réfugier dans l'espoir d'une définition biologique, chimique, hormonale de la sexualité [...] ou bien on le voit répéter simplement, comme s'il ne pouvait aller plus loin, les raisons qui le contraignent à *rapprocher* le sexuel au sens populaire, "génital", du terme et le champ qu'il a découvert[6] ». Aussi bien faut-il se garder d'accentuer indûment ce rapprochement comme de s'assujettir trop étroitement aux progrès des sciences, *à peine de perdre le bénéfice d'un saut épistémologique grâce à quoi l'inconscient peut se spécifier comme sexuel et la sexualité comme psychique.*

Le sexuel trouve son origine bien en deçà du psychique mais c'est tel qu'il est représenté que l'analyste se propose de l'aborder. Ainsi en va-t-il de la différence anatomique entre les sexes qui, objet de représentations conscientes et inconscientes, est introduite en analyse comme différence entre les psychosexualités. Qu'en est-il alors de la bisexualité ? Certes, on peut penser que Freud eût hésité à la faire entrer dans sa théorie s'il n'avait cru pouvoir lui donner un fondement biologique, en s'autorisant surtout de l'embryologie de son époque. Mais là encore ce n'est pas à la présence vestigiale chez un individu, de tel sexe, de certaines particularités de l'autre sexe, mais à des organisations psychiques qui dépendent de bien d'autres facteurs que se trouve rattachée la bisexualité en psychanalyse. Il est certain même qu'en tant que psychique elle n'a avec ces vestiges que le lien le plus lâche : une preuve en est que les progrès réalisés depuis Freud dans le domaine de l'embryologie (imposant notamment la notion d'une différenciation embryonnaire qui se produit non à partir d'une ébauche bisexuelle comme on le pensait, mais bel et bien phénotypiquement femelle) ne paraissent devoir entraîner *ipso facto* l'abandon du concept de bisexualité en psychanalyse que si l'on méconnaît gravement la dimension psychanalytique[7]. S'il peut être, par ailleurs, fort instructif d'étudier en analyste les retentissements psychiques de telle et telle particularité bisexuelle anatomo-physiologique (hermaphrodisme vrai, pseudo-hermaphrodisme, transsexualisme, etc.), il n'en reste pas moins vrai que la bisexualité psychique est absolument indépendante de l'existence de telles aberrations ou d'autres analogues (dysfonctionnements endocriniens). La bisexualité, en tant que présence conjointe de dispositions psychosexuelles opposées, les unes conscientes les autres inconscientes, chez chacun de nous, procède — quelles que soient ses correspondances biologiques — de processus psychiques. Comment sinon, au reste, expliquer l'universalité de son rôle, et comment reconnaître qu'au fond « nous ne constatons qu'une chose, c'est qu'il existe chez des individus des deux sexes, des tendances pulsionnelles aussi bien masculines que féminines pouvant devenir les unes et les autres inconscientes par refoulement[8] » ? Aussi bien, quand Freud en 1914 renverse la priorité déterminante qu'il attribuait jusque-là, comme Fliess, à la bisexualité par rapport au refoulement et qu'il s'attache, dès « L'Homme aux loups », à montrer comment c'est le moi qui met en œuvre le refoulement au profit de l'une des orientations sexuelles, peut-on dire qu'il donne enfin son statut psychanalytique spécifique à la bisexualité. N'est-il pas en effet très révélateur que ce soit sur cet unique point que sa position à son endroit ait changé tout au long de son œuvre ?

Cette subordination de la sexualité au conflit est décisive, et c'est elle qui sans doute éclaire le mieux l'articulation de la différence des sexes avec la bisexualité. Leur relation se présente en effet comme essentiellement dialectique. C'est sur quoi je voudrais faire porter l'accent à travers les pages qui vont suivre.

Naître fille, naître garçon, c'est, plus largement et plus décisivement encore que d'être appelé à vivre de telle ou telle manière le complexe de castration, se trouver promis — ainsi que récemment A. Green l'indiquait avec force — à une certaine destinée sexuelle, fonction d'une inéluctable réalité sexuelle : jamais un homme n'enfantera, jamais une femme ne fécondera, vérités plus globales que les faits anatomiques mais tout aussi contraignantes[9]. Cependant, être homme mais porteur de dispositions féminines, femme avec des dispositions masculines, *c'est se trouver doté d'une altérité sexuelle virtuelle et par là même porteur d'indétermination*. Si donc, d'un côté, l'anatomie c'est le destin, la réalité sexuelle, la destinée sexuelle, de l'autre, pourrait-on dire, *la bisexualité c'est — ou ce peut être — l'anti-destin.* La formule surprendra peut-être moins si l'on songe au fait que la généralisation de la notion de bisexualité découle de celle de sexualité. Tout comme une sexualité prégénitale, il y a lieu de concevoir une bisexualité prégénitale. Il existe en effet, dans le cadre des premières relations avec la mère, une relation étroite entre l'émergence du désir, la genèse du fantasme, celle de l'objet intérieur et l'apparition d'une bipotentialité psychosexuelle (par exemple recevoir ou donner un plaisir sur tel ou tel mode), étant avéré que celle-ci ne se spécifiera que plus tard et par étapes en bisexualité au sens analytique courant de ce terme. N'est-il pas au reste dans la logique de la sexualité qui est différence, division, qu'elle se promeuve de bipartition en bipartition, d'opposition en opposition ? La bisexualité témoigne de l'intériorisation de la polarité activité-passivité et de l'introjection progressive de la polarité sexuelle. C'est grâce à ces internalisations de la différence que *du jeu* peut intervenir d'emblée dans le devenir de la sexualité : parallèle au travail de maturation qui prépare l'intégration de l'identité sexuelle, *un processus inconscient de bisexualisation*, dirai-je, me paraît à l'œuvre en sourdine, processus dont l'observation clinique donne à penser qu'il ne s'involue pas nécessairement avec la pleine instauration de la spécificité psychosexuelle.

Celle-ci étant intimement liée à la combinatoire des identifications et à leurs vicissitudes, l'œdipe fournit à la théorie de la bisexualité (et au problème de son articulation avec la différence des sexes) le seul médium où elle puisse trouver sa cohérence et une suffisante clarté. Assez étrangement, Freud ne semble pas s'être résolu à exploiter à fond cette ressource pour dissiper l'obscurité de la notion de bisexualité et pour déterminer son insertion dans la théorie des pulsions. J'incriminerais de nouveau ici volontiers son biologisme... Mais, concernant la nature et le devenir de la bisexualité, on perçoit à vrai dire chez lui deux orientations de pensée, qui se laissent malaisément concilier. Souvent, Freud voit dans la bisexualité une disposition originaire et universelle, nettement morbide quand elle est très prononcée[10], dont le destin naturel (entendez : biologique) est, en fonction des exigences consécutives au primat de la génitalité, la réduction graduelle au cours du développement libidinal. À son terme, elle ne consiste plus « normalement » qu'en traits personnels discrets, en désirs inhibés quant au but ou en aptitudes à la socialisation et à la sublimation. Même si l'orientation du choix objectal est sujette à des écarts par rapport au destin anatomique, l'identité psychosexuelle se trouve, dans l'immense majorité des cas, finalement intégrée en accord avec le sexe propre : ceci surpose le refoulement réussi de la bisexualité initiale. Autrement dit plus s'affirme la différence des sexes, plus la bisexualité se virtualise et s'involue. Néanmoins, si dominante que soit cette corrélation génétique et dynamique dans la conception freudienne de la bisexualité, il en existe aussi un autre aspect où le biologisme est absent et que l'on ne met peut-être pas assez en valeur habituellement. Suivant celui-ci, l'intégration différentielle de la sexualité, loin d'exclure une bisexualité psychique active, loin de requérir nécessairement l'entier succès de son refoulement en accord avec les normes régnantes, peut (dans certains cas même, devrait) aller de pair avec un authentique accomplissement bisexuel, — sinon en ce qui concerne le choix d'objet et la réalisation érotiques, du moins quant aux caractéristiques et au fonctionnement psychiques personnels. On trouve une éloquente illustration de ce point de vue dans la « Psychogenèse d'un cas d'homosexualité féminine ». Freud y marque sans ambages que « la sexualité normale repose aussi sur une restriction du choix objectal » (il ne parle pas des restrictions plus cachées mais plus importantes encore touchant les « caractères sexuels psychiques » dans leur ensemble). Il assigne pour but au traitement psychanalytique de l'homosexualité « le rétablissement d'une pleine fonction bisexuelle » tout en soulignant les difficultés d'un tel résultat, limite idéale vers quoi on ne peut que tendre. Il exprime, à plusieurs reprises et de la façon la plus claire, l'indépendance — surtout chez l'homme, dit-il, — de l'hermaphrodisme psychique par rapport à l'hermaphrodisme physique quels qu'en soient la nature et le degré ; l'indépendance également de ces deux séries par rapport au type de choix objectal. Les trois caractéristiques varient en effet indépendamment les unes des autres et se trouvent combinées de la façon la plus diverse chez les différents individus. Ce serait faire une concession au profane et adopter son fréquent conformisme que de privilégier les modalités du choix de l'objet, méconnaître aussi le fait que « la sexualité humaine oscille normalement, durant toute la vie, entre l'objet masculin et l'objet féminin » ; ce serait encore faire peu de cas de la sexualité inconsciente et « perdre de vue la bisexualité générale de l'homme ».

Ce second aspect de la conception freudienne me semble être le seul qui fasse droit tant à la mutation de sens des notions de bisexualité et de sexualité en psychanalyse qu'à la reformation de la problématique psychosexuelle en accord avec le modèle structural œdipien (l'œdipe « complet » avec toutes ses implications et ses résonances). C'est aussi le seul qui permet de concevoir la compatibilité de la différence des sexes avec la bisexualité et d'entrevoir la possibilité d'une résolution, au moins relative, de la divergence de leurs dynamismes respectifs ; le seul enfin qui permet au-delà de leurs potentialités conflictuelles innombrables d'imaginer, selon une visée idéale, leur association fonctionnelle.

II

Le sexuel n'est pas le seul objet de l'analyse mais c'est son objet constant. On pourrait dire qu'au principe dit de coexcitation libidinale posé par Freud comme une conséquence de l'extension possible de l'érogénéité à tout le corps humain correspond, dans la situation analytique, le transfert. Il n'est rien en effet dans le champ que celle-ci définit, qui ne puisse ou ne doive être considéré comme un effet, proche ou lointain, pur ou mixte, du transfert, tantôt au sens strict, tantôt au sens large du mot. Rien donc qui ne puisse être tenu pour un signe pulsionnel et par conséquent, étant donné l'alliage de fait que représente tout phénomène psychique, pour un signe sexuel. Ce qui s'exprime, ce qui se vit, ce qui, tout en s'exprimant et en se vivant, se déguise et se méconnaît chez l'analysé, est mû par une dynamique sexuelle (même si elle n'est jamais seule à se trouver en jeu), poursuit la satisfaction du désir et se perpétue en vertu d'une insatisfaction sans cesse renouvelée. De même qu'on a pu dire que l'essence de la sexualité résidait dans le mouvement même qui dissocie la pulsion sexuelle d'avec la fonction vitale sur quoi elle s'étaie, de même il est permis de voir dans les conditions limitatives inhérentes à la cure analytique une sorte de reproduction expérimentale et, par voie de conséquence, *un redoublement forcé de cette dissociation principielle.* Ce n'est pas à la fonction vitale que tend à s'arracher ici la dynamique sexuelle, c'est à la fonction de décharge. Et de même que la genèse de la sexualité entraîne sa perversion (la sexualité humaine porte toujours au moins des traces de cette origine), de même la canalisation de l'expression pulsionnelle suivant les seules possibilités du transfert analytique surenchérit artificiellement par rapport à ces conditions premières, invitant la sexualité perverse innée à devenir à la limite « perversion affective[11] ».

Ces remarques générales s'articulent avec notre problème dans ce qu'il a de plus spécifique. En effet, cette aptitude à la dissociation que révèle la libido, et qui est un signe de sa plasticité, vaut non seulement à l'égard de ce dont elle se dissocie mais, secondairement, vis-à-vis d'elle-même. « Aussi étrange que cela paraisse, je crois, écrit Freud, que l'on devrait envisager la possibilité que quelque chose dans la nature même de la pulsion sexuelle ne soit pas favorable à la réalisation de la pleine satisfaction[12]. » Il y a là l'hypothèse aventureuse mais suggestive et féconde d'une négativité intralibidinale. Indépendamment donc du fait que la libido suit tel ou tel destin évolutif spécifique selon qu'elle anime un être anatomiquement masculin ou féminin, préexisterait en elle une division interne virtuelle, l'amorce d'un clivage où l'on pourrait voir la marque et l'origine à la fois d'une « sexion » primitive[13].

On voit où je veux en venir : l'association intime, au cœur même du sexuel, de la positivité du désir et de la négativité de l'inhibition, représenterait tout ensemble une préfiguration de la bisexualité et l'annonce de la différence des sexes. Autrement dit, la dualité, une dualité dynamique contrastée, apparaît comme le principe qui leur est commun, mais alors qu'ici cet antagonisme intrinsèque s'extériorise en une dichotomie sexuelle trans-individuelle, là, de façon moins visible, il se promeut par l'instauration d'une polarité psychosexuelle intra-individuelle. Il s'ensuit deux grandes lignes conflictuelles dans la vie sexuelle, lignes bien évidemment entremêlées de manière indissociable, l'une relationnelle, l'autre intrasubjective. L'introjection et la projection les tissent l'une avec l'autre, dès l'origine, sur un canevas où s'insèrent aussi les pulsions destructrices auxquelles, délibérément, je ne fais allusion que dans la mesure où elles viennent renforcer la négativité intralibidinale.

Dans le champ d'une psychanalyse, un tel renforcement, ainsi que je l'ai souligné, redouble sous les seuls effets du transfert et de la sollicitation élective de la « participation psychique[14] ».

Cette intériorisation obligée ne s'effectue jamais sans « ratés » ; toutefois on peut considérer que *la situation analytique constitue par soi une mise à l'épreuve de la spécificité et de l'identité psychosexuelles et simultanément une stimulation de la bisexualité psychique*, la régression provoquant toujours une certaine dédifférenciation psychosexuelle. Tout se passe comme si cette double incitation devait, transitoirement, trouver sa réponse pour qu'une redistribution de l'économie pulsionnelle puisse s'accomplir ; comme si une amplification quasi expérimentale du potentiel d'indétermination psychosexuelle devait se produire pour que de nouveaux choix et un meilleur fonctionnement deviennent secondairement possibles. Mais cela implique manifestement que l'activation artificielle de la bisexualité suscitée par la cure peut avoir une action destructurante. Là contre diverses réactions de défense sont mises en branle, susceptibles de former des résistances difficiles à lever ou au contraire des barrières trop fragiles pour qu'une réélaboration de la psychosexualité ait le temps de mûrir à la faveur du développement complet du processus analytique.

*

« ... Quand j'entre ici flotte toujours une senteur de parfum ou d'eau de Cologne, jamais l'odeur du tabac, de la fumée... Ah ! si seulement vous fumiez la pipe. Vous êtes incolore, inodore et sans saveur... Non ! ce n'est pas vrai ce que je dis là... C'est au moment où je pense à ce que vous avez et que j'aimerais avoir, que je m'attriste. Parfois cela va jusqu'à l'envie de vous étriper. — De m'émasculer. — Oh ! c'est de façon moins nette, moins localisée, plus globale que je vis les choses. Il s'agit plutôt de puissance. Il est de fait que je ne peux pas désirer simplement un homme qui me plaît, il faut aussitôt que j'imagine m'approprier ce par quoi il me séduirait si je suivais mon premier mouvement, si j'étais susceptible de me laisser charmer... »

C'est dans ce contexte qu'à la fin de la séance dont je viens de transcrire approximativement la phase initiale, cette jeune personne, pour qui sa qualité de femme ne cesse de représenter un douloureux problème depuis qu'elle a conscience d'elle-même, soulève directement la question de la sexualité dans la situation analytique :

« C'est en somme ici comme si ni vous ni moi n'avions de sexe, ne trouvez-vous pas ? Oui vraiment qu'est-ce que ça peut faire que je sois une femme et vous un homme ? — Vous le déplorez toutefois. — Ça, je n'en sais rien... Tiens ! je repense à l'entretien que j'avais eu avec une analyste, pour lui demander conseil et qu'éventuellement elle m'oriente vers un thérapeute. J'avais commencé par insister sur le fait qu'au cas où la psychanalyse serait indiquée pour moi, je ne concevrais de la faire qu'avec un homme. À quoi elle avait réagi, il me semble de manière quelque peu impulsive, en me répondant de but en blanc que, une fois l'analyse engagée, cela revenait tout à fait au même qu'elle soit conduite par un homme ou par une femme. J'avais maintenu qu'à mes yeux, dans mon état d'esprit du moment, cela ne revenait pas du tout au même et qu'il m'importait beaucoup d'entreprendre mon analyse, si je m'y décidais, avec un homme. Avec une femme la chose m'apparaissait comme impossible, intolérable. Du temps a passé depuis lors, et voici que je m'avise aujourd'hui que cette analyste avait raison ! En réalité, effectivement qu'est-ce que cela peut bien faire que vous soyez un homme ? »

Cette patiente, au-delà de l'évidente incidence défensive de cette dénégation du rôle du sexe et de la sexualité dans la situation de l'analyse, a tout à la fois tort et raison. Elle a tort parce qu'en dépit de la forte prévalence des projections sur les perceptions dans sa relation à moi, il y a dans son vécu transférentiel une part qui relève non de la reviviscence d'affects anciens mais bien d'émois actuels où mon identité sexuelle, ma voix, mon personnage tel qu'elle l'appréhende au fil des séances jouent un rôle non négligeable. Elle a tort également en ce sens qu'il lui arrive épisodiquement de réagir à ma présence par une excitation érotique ou des émotions tendres, ce qu'elle veut oublier, mais surtout en ce que le tissu de son discours (y compris bien sûr la séquence ici rapportée et lors même — on le voit — que le sexuel, la différence des sexes sont l'objet d'une annulation), tout ce qu'elle dit — et ne dit pas — s'inscrit dans la dimension psychosexuelle (où la génitalité ne figure qu'une composante privilégiée) ; seulement cette inscription-là, sa résistance est vive à la reconnaître. Elle a raison en revanche dans l'importante mesure où la situation analytique et les modes relationnels incomparables qu'elle instaure ne dépendent guère du sexe de l'analyste, se jouent même souvent de la différence des sexes, tout en sollicitant activement la bisexualité de chacun des protagonistes. La règle fondamentale a, en effet, la double et contradictoire valeur d'une barrière dressée devant l'inceste *et* d'une séduction systématique, presque provocante, de la fantasmatique sexuelle. « Voici de nouveau l'objet de votre désir présent-absent, accessible-insaisissable, trouvé-perdu », dit sans le dire, à chaque séance, l'analyste. Telle est la « liberté » qu'il propose au processus associatif : on conçoit qu'y doivent répondre chez lui le flottement de l'attention, l'in-différence, un certain suspens pulsionnel et un maximum de disponibilité bisexuelle. C'est en particulier grâce à cette disponibilité, ainsi que le relevait Catherine Luquet-Parat (au cours d'un travail qui montrait clairement le primat de la psychosexualité et du fantasme sur la réalité extérieure et le sexuel au sens « populaire ») qu'il est donné aux analystes de vivre, de par l'assomption de certains fantasmes de leurs patients, des expériences affectives que dans aucune autre situation, en raison de leur sexe, ils n'auraient pu connaître[15].

À regarder maintenant de plus près les séquences que j'ai rapportées, apparaît d'abord un fantasme de castration, active et passive. Or, ce fantasme se trouve expressément mis en relation avec un conflit bisexuel, en train d'émerger avec toute son acuité. Remarquons ici la double ambiguïté de la position à partir de quoi se formule la question du rôle de la sexualité dans la situation analytique : tout à la fois dénégation de ma virilité *et* reconnaissance du fait qu'elle me ressent comme viril (le transfert paternel est à ce moment assez intense) ; corrélativement : affirmation masochiste de sa position féminine — selon le leurre phallique (jouant à plein chez elle à ce point de la cure) de l'assimilation de la féminité à la castration réalisée —, *et* refus de cette position par l'aveu de l'incapacité où elle se trouve d'adopter une attitude passive, cependant désirée (ce qui la contraint à une tentative de repli narcissique). Étant donné la surambiguïté de la situation à l'instant où émerge la question qui nous retient, quoi d'étonnant à ce que cette question elle-même soit posée dans une foncière incertitude, dans une grande indétermination : cela, aujourd'hui n'a plus d'importance à ses yeux — dit-elle — que nous soyons de sexes différents, voire que nous soyons sexués, même si naguère elle a pu s'imaginer qu'il en allait tout autrement. De cette opposition du présent au passé, ni l'inconscient ni l'analyste certes ne tiendront compte, d'autant qu'en filigrane se dessine un désir homosexuel latent qu'avive la déception et le dépit créés par la frustration analytique. *Où l'on voit encore un mouvement de dénégation de la différence des sexes déclencher le réveil de la bisexualité.*

À preuve le rêve qu'elle m'apportera bientôt : « Un jeune homme rend visite à une femme blonde, bouclée et nettement plus âgée que lui. C'est une magicienne. Dans la pièce où elle se tient, grande et assez sombre, les fenêtres sont ouvertes. Sur une table, non loin, un flacon de parfum, débouché. Sous l'effet des effluves de ce parfum, le jeune homme perd la tête, sent l'angoisse monter en lui, jusqu'à devenir intolérable. N'y tenant plus il se jette soudain par la fenêtre. » Les associations — le lecteur n'aura pas manqué de remarquer au passage certains recoupements du texte du rêve avec le texte de la séance précédemment relatée — révèlent très clairement que ce jeune homme la représente tandis que je suis la magicienne. L'inversion de nos sexes respectifs, fruit du travail onirique, se reliera aisément à l'expression consciente et vigile de son désir de s'approprier « ce par quoi un homme la séduirait si elle consentait à se laisser charmer », ainsi d'ailleurs qu'à son insistance sur l'absence chez moi de certains signes spécifiquement masculins (fumer la pipe, par exemple). Il est à remarquer que la dénégation simultanée de l'aura érotique de la séance et du rôle du sexe de l'analyste, s'accompagne ici d'une perception de moi comme efféminé ou, dans le rêve, franchement féminisé. Parallèlement, il lui arrive fréquemment de déclarer se trouver mal à l'aise dans ses vêtements féminins. Elle projette donc sur moi son propre sentiment de castration en nous condamnant tous deux à une sorte de destin amorphe, indifférencié où l'attraction sexuelle n'existerait pas. Pour que celle-ci s'exerce il faut, à ses yeux, que la différence sexuelle soit très accusée, mais, en raison de ses conflits irrésolus, elle refuse son « destin » de femme en même temps qu'elle conteste ma qualité d'homme et met en œuvre, sans bien le savoir, toutes les ressources de son homosexualité inconsciente afin de dépouiller sa relation à moi de tout érotisme ; du moins en va-t-il ainsi durant cette phase de son analyse. Elle exhibe une sexualité qu'elle ressent comme infirme : elle n'est pas le garçon que ses parents souhaitaient et qu'elle eût aimé être; elle n'est pas non plus « une vraie femme ». Au reste, les femmes que l'on regarde comme très féminines l'exaspèrent. Quant à moi je ne suis pas l'homme viril qu'elle espérait mais plutôt quelqu'un de fragile et d'ambigu.

Où l'on voit de nouveau les effets du fantasme inconscient d'androgynie : effacement de la différence des sexes et affaiblissement de la pulsion sexuelle. La bisexualité psychique se trouve alors en opposition fonctionnelle avec la spécificité psychosexuelle. C'est dans la différence, dirait-on, que la pulsion puise son énergie; l'accentuation des analogies, les échanges croisés ne font au contraire que la débiliter. Dans cette perspective — mais ce n'est, ainsi que déjà je l'ai laissé entendre, aucunement la seule — où la bisexualité « travaille » dans le sens d'une réduction des différences sexuelles et *s'oriente, semble-t-il, vers la réalisation, mythique, d'une sorte d'unisexualité*, elle constitue un facteur d'appauvrissement érotique, une source d'abâtardissement du masculin et du féminin, un germe de désérotisation, de dédifférenciation, bref de désexualisation léthale. S'il est vrai qu'au désir d'être un homme présent chez la femme répond un désir d'être femme chez l'homme, cette communauté du désir d'être l'autre est bien loin de fonder une entière, encore moins une exclusive similitude...

Aussi bien, à l'opposé du tableau que je viens de présenter, l'expérience clinique fournit-elle souvent l'occasion de constater combien, à travers la prise de conscience et l'intégration de l'homosexualité latente, de la féminité ou de la masculinité inapparente et plus ou moins efficacement refoulée, grâce aussi à la réconciliation des identifications conflictuelles, le rétablissement de la fonction bisexuelle est au contraire libérateur d'énergie, facteur irremplaçable d'innovation quant aux modalités relationnelles et d'enrichissement quant au fonctionnement de l'appareil psychique. Or, un tel rétablissement est antinomique avec la mise en œuvre défensive d'un fantasme d'hermaphrodisme, d'ambisexualité réalisée : il en suppose de toute manière le dépassement et la dissolution. Au terme de ces analyses heureuses la répudiation de la féminité aussi bien que la surestimation de la phallicité ont pu être reconnues comme des réactions liées à la méconnaissance et à l'illusion, tandis que la perception et l'acceptation progressives de potentialités psychosexuelles ignorées, de désirs et de plaisirs inconnus, allaient de pair avec une plus juste et plus profonde appréciation du masculin et du féminin. Le processus qui aboutit à un tel résultat ne va pas dans le sens de la dédifférenciation — celle-ci néanmoins a eu sa nécessité, lors des premières phases de l'analyse — mais, cette fois, dans celui d'une reprise de l'introjection (au sens férenczien du terme) des différences. Certes, le parachèvement n'en est jamais réalisé, mais point n'en est besoin pour que s'harmonise la sexualité spécifique du sujet avec sa bisexualité psychique, pour qu'il trouve et développe sa formule sexuelle personnelle, oscillante au reste puisque vivante. Un tel succès n'implique pas le dégagement inconditionnel et massif du pôle psychosexuel contrarié mais seulement sa réintégration nuancée, selon des directions diverses. Il ne suppose d'autre part *ni l'abolition ni l'exacerbation de la différence des sexes mais sa relativisation* et il demande la reprise de ce que j'ai appelé le processus inconscient de bisexualisation (tout à fait incompatible avec les visées unisexualisantes) au service de l'établissement de « la pleine fonction bisexuelle » dont parle Freud.

III

Bien qu'en raison de sa longueur et de sa richesse foisonnante l'« histoire de Kamaralzamân avec la princesse Boudour », l'une des plus savoureuses des *Mille et Une Nuits*[16], offre un « matériel » trop abondant pour être utilisé de façon satisfaisante dans le cadre d'un article, je ne saurais résister au plaisir de le faire valoir ici — au moins jettera-t-il une note de couleur dans la grisaille — tant son contenu, le manifeste aussi bien que le latent, vient à mon sens opportunément illustrer la dialectique de la différence des sexes et de la bisexualité, tant surtout la trajectoire que décrivent les nombreuses péripéties d'un récit qui rebondit toujours me semble *démonstrative de la possibilité d'une prévalence de la plasticité libidinale sur le destin anatomique et du rôle majeur de la bisexualité dans cette prévalence.* Dans l'intention de le donner à voir, je condenserai d'abord ce conte interminable, singulièrement animé par ce que je serais assez tenté d'appeler le *roman sexuel.*

Le roi Schahramân, d'un grand âge, a eu, sur le tard, un fils : Kamaralzamân, d'une beauté si parfaite qu'on l'a surnommé « la lune du siècle ». Il l'aime tant qu'il ne peut s'en séparer un instant, même la nuit. Cependant, inquiet de sa postérité, il en vient à la décision de marier ce fils. Celui-ci, d'une misogynie farouche, s'y refuse catégoriquement. Devant son échec, le père, la mort dans l'âme, le fait finalement enfermer dans une tour, — fort loin de prévoir ce qui va s'y produire — dans l'espoir que l'isolement le fera réfléchir. Dans cette prison, hantée par les génies, mâles et femelles, de l'air et de la terre, Maïmouna, « illustre entre toutes les filles des génies », surprend Kamaralzamân endormi. Sa beauté la fascine, aussi décide-t-elle sur-le-champ de prendre le jeune homme sous sa protection « pour le défendre contre tout génie masculin qui, attiré par ses charmes, voudrait en abuser ». Rencontrant alors Danasch, génie de la mauvaise espèce, celui-ci lui raconte comment au royaume du grand Ghaïour, en Chine, il a découvert par hasard Boudour, la fille adorée du monarque, dans des circonstances identiques : d'une indicible beauté, elle refuse aussi toutes les propositions de mariage que son père lui transmet : « Je suis ma propre reine, dit-elle, et ma seule maîtresse; comment souffrirais-je voir un homme froisser un corps qui tolère à peine le contact des soieries ? » Elle menace de se tuer si son père prétendait la contraindre à prendre un époux. Ghaïour l'a donc également fait enfermer dans une tour.

Les deux génies font alors le pari que l'objet de leur découverte respective est d'une beauté insurpassable. Maïmouna conduit aussitôt Danasch au chevet de Kamaralzamân. Il concède n'avoir effectivement jamais vu autant de perfections dans le corps d'un adolescent mais, ajoute-t-il, « le moule qui l'a fabriqué ne s'est cassé qu'après avoir donné un échantillon femelle et c'est la princesse Boudour ». Il s'envole la quérir par que Maïmouna puisse comparer. Celle-ci constatera d'abord que « la ressemblance des deux jeunes gens est si entière qu'on les prendrait pour deux jumeaux s'ils ne différaient par leur milieu et fondement ». Même visage de lune, même taille délicate, même croupe arrondie... et chez Boudour « les seins remplacent avantageusement l'ornement pénien qui lui fait défaut ». Toutefois, « il faudrait être aveugle ou insensé, comme tu l'es, déclare Maïmouna à Danasch, pour ne pas convenir que le mâle l'emporte sur la femelle ». Ils recourent alors à l'arbitrage d'un tiers (de la confrérie). Celui-ci après avoir reconnu que les jeunes gens sont « égaux en beauté et différents par le sexe seulement », suggère un moyen de savoir qui doit gagner le pari : il suffit de réveiller puis de replonger dans le sommeil successivement l'un puis l'autre des jeunes gens, une fois mis en présence : « Celui des deux qui témoignera à l'autre endormi d'un amour plus ardent sera certainement le moins doué de beauté puisqu'il se sera ainsi lui-même reconnu subjugué par les charmes de son compagnon. » Kamaralzamân, d'emblée conquis par la belle Boudour, se trouve bientôt sur le point de ne pouvoir résister au désir de la pénétrer, lorsque la pensée lui vient soudain d'une ruse possible de son père pour le forcer au mariage. Il se résout donc à surseoir à la satisfaction et se contente de passer un anneau au doigt de la jeune fille. Quant à celle-ci, une fois réveillée à son tour, après un moment de frayeur et de confusion, elle est comme le jouet d'un charme. Son trouble grandissant, bientôt, ne se souciant plus de rien, elle s'enhardit, découvre le pénis de Kamaralzamân et comprend instantanément son usage particulier car « de même que le désir chez les femmes est beaucoup plus intense que chez les hommes, de même leur intelligence est infiniment plus prompte à saisir les rapports des organes charmants ». Maïmouna gagne donc le pari.

Replacés dans leur prison, les deux héros réclament à grands cris leur partenaire de la nuit. On les prend l'un et l'autre pour fous. Kamaralzamân cependant fournit des preuves tangibles de ce qu'il raconte si bien que son père, convaincu, part s'enfermer alors avec lui sur une île pour y déplorer « leur » malheur. Mais Boudour elle, ne parvient pas à persuader son père. La tenant pour délirante, celui-ci l'isole et promet sa main à quiconque la guérira de sa folie. Sur quoi Boudour obtient de son frère de lait, Marzaouan, qu'il parte à la recherche de l'amant mystérieux de la tour. Par un concours de circonstances il arrive à la cour du roi Schahramân : « c'est le destin qui l'envoie » pour guérir Kamaralzamân de sa mélancolie. Marzaouan lui aussi stupéfait de la ressemblance de sa sœur de lait avec le prince, lui révèle sa mission, ce qui suffit à le faire aussitôt revivre. Usant d'un stratagème pour quitter son père qui spontanément ne le laisserait pas partir, il quitte le pays avec Marzaouan pour rejoindre sa bien-aimée à Ghaïour. Arrivé là, il se déguise en magicien et obtient facilement que l'on transmette à Boudour une lettre où il a inséré sa bague (car elle aussi lui en a glissé une au doigt). La princesse revit à son tour. Kamaralzamân révèle à tous son identité et raconte leur histoire à l'émerveillement général. Le mariage est célébré sans attendre. Après quelque temps de lune de miel, Kamaralzamân, une nuit, rêve de son père en larmes. Il convainc Boudour de l'accompagner à la cour de son beau-père. Au cours de leur voyage, le prince, un soir qu'il contemple sa jeune femme endormie, découvre une cornaline extraordinaire, cachée dans sa toison pubienne. Alors qu'il la fait scintiller entre ses doigts un oiseau fond du ciel, la lui arrache d'un coup de bec et l'emporte. Kamaralzamân se précipite à sa poursuite, sans succès... pendant dix jours, n'osant pas revenir auprès de Boudour sans son joyau. Cette poursuite le conduit finalement dans une île où un vieux jardinier le recueille, le prend comme aide, s'attache à lui comme à un fils et le comble d'or quand, bientôt, il meurt.

De son côté la princesse, désespérée d'avoir de nouveau perdu l'objet de sa flamme, se déguise en homme pour poursuivre sa route. Quand elle arrive, au bout de quelques jours, à la cour du roi Armanos, elle se fait passer auprès de lui pour Kamaralzamân. Armanos, père d'une fille unique, Haïat, est conquis par la beauté exceptionnelle de ce jeune éphèbe dont il ne devine pas le travestissement et ne tarde pas à lui demander d'accepter sa succession en même temps que la main d'Haïat. Boudour sent bien qu'il ne saurait être question de refuser si elle tient à rester en vie. On célèbre le mariage. Le lendemain de la « nuit de noces », Armanos et son épouse, furieux de la non-consommation du mariage, profèrent d'inquiétantes menaces à l'endroit du faux Kamaralzamân. Boudour met donc sa jeune compagne au courant et, avec son accord attendri, elles simulent la défloration avec le sang d'un poulet. Le couple royal une fois réconforté, Boudour continuera de partager la couche d'Haïat, mais « moins innocemment qu'au début ».

Pendant ce temps Kamaralzamân retrouve miraculeusement la cornaline perdue et la dissimule au fond d'une jarre. Celle-ci, qu'il formait le projet d'emporter avec lui quand il pourrait quitter son île, se trouve, du fait d'un départ manqué, arriver sans lui à la cour d'Armanos. Boudour, ayant demandé qu'on lui livre le chargement du bateau qui transportait la jarre, y découvre la cornaline et s'évanouit. On s'enquiert alors de son propriétaire auprès du capitaine qui révèle qu'il s'agit d'un aide jardinier qui a pris la fuite, dans la crainte d'être puni pour avoir cruellement sodomisé l'un de ses marmitons. Sur ordre royal on s'empare bientôt du prétendu cuisinier : Kamaralzamân est évidemment à cent lieues de savoir ce qui lui arrive quand on met la main sur lui. Une fois mis en présence de Boudour travestie, il ne la reconnaît pas et croit comprendre que le jeune souverain est fort amateur de beaux garçons... En dépit de l'extrême réticence qu'il lui manifeste, Boudour se fait de plus en plus pressante et l'enjoint finalement de passer la nuit auprès de « lui ». Pour mieux le persuader, elle lui dit souhaiter qu'il joue le rôle actif. Kamaralzamân, croyant devoir jouer le jeu s'il veut sauver sa peau, demande seulement à son tyran de lui faire au moins la grâce de consentir à ce que l'acte n'ait lieu qu'une seule fois, avec l'espoir de lui montrer qu'il ferait bien mieux d'en venir à l'hétérosexualité. Le moment venu Kamaralzamân découvre — avec quel étonnement ! — que son séducteur est une femme et que celle-ci n'est autre que Boudour. Joie des retrouvailles. Le couple reconstitué révèle l'entière vérité à Armanos qui, dans un élan de générosité, offre de nouveau sa fille — toujours vierge — en mariage, cette fois au vrai Kamaralzamân : ce sera, s'il le veut bien, sa seconde proposition que tous acceptent de grand cœur, y compris Boudour et Haïat elles-mêmes. Les deux femmes continuent de vivre en harmonie, « donnant leurs nuits à leur époux mais s'accordant à elles deux les heures du jour ». Et ils vécurent heureux jusqu'à la fin de leurs jours.

Indépendamment même de toutes les raisons d'ordre général s'y opposant, il ne saurait être question ici de faire de ce sec résumé d'une narration luxuriante[17] l'objet d'une véritable interprétation. Je le propose seulement aux associations du lecteur (qui, je l'espère, ressentira le désir d'aller, ou de retourner au texte) et donnerai seulement certaines des miennes sous la forme de quelques remarques.

Anatomique dans le contenu manifeste, plus complexe à coup sûr selon le contenu latent et la teneur symbolique de cette histoire, la différence des sexes y joue un rôle déterminant puisqu'elle constitue — constamment, peut-on dire — le ressort du récit. Cependant, d'entrée de jeu, la bisexualité se trouve également en cause en ce que l'homosexualité latente du père à l'égard du fils et du fils à l'égard du père, est fortement indiquée, également en ce que la misogynie de Kamaralzamân, tout comme l'androphobie de Boudour, se trouvent associées, chez tous deux, à un intense et ombrageux narcissisme où la bisexualité fantasmatique a sa part. Le repli autoérotique et la fixation au père ne sont dépassés que sous l'effet d'un double traumatisme infligé au narcissisme de par l'incitation successivement extérieure puis interne à l'union hétérosexuelle. Encore faut-il noter que l'articulation se fait ici à la faveur de l'extrême ressemblance et de l'égale beauté des deux protagonistes que l'on dirait jumeaux. Ne perçoit-on pas là comme un écho du mythe du *Banquet* : « le moule qui a fabriqué Kamaralzamân ne s'est cassé qu'après avoir donné un échantillon femelle et c'est la princesse Boudour ». Cette « cassure » figure l'origine de la différenciation sexuelle, mais celle-ci a longtemps été vécue sur le mode bisexuel des identifications œdipiennes et des fantasmes narcissiques, avant que l'irruption du désir et la percée du sentiment d'incomplétude n'aient donné le branle à la recherche de l'objet complémentaire perdu.

Selon la même tendance phallocentriste qui fait dire à Maïmouna qu'à beauté égale il faut être insensé pour ne pas reconnaître la supériorité du mâle par rapport à la femelle, l'intensité particulière du désir de Boudour, à son premier contact avec Kamaralzamân, est donnée par le génie arbitre comme la preuve de l'infériorité de la princesse.

Ceci n'éveille-t-il pas des doutes quant aux mobiles inconscients qui inspirent cette très platonicienne critériologie : quelle envie masculine à l'égard du désir et du plaisir féminins, quel déni de l'inconnu[18], quel précaire refoulement de la féminité ne s'y dissimulent-ils pas ? Quoi qu'il en soit il y a lieu, dans cette optique, de rappeler qu'au lendemain de la nuit décisive où les deux héros sont mis en présence l'un de l'autre, le père du jeune homme partage sans tarder sa mélancolie, son mouvement de repli narcissique et homosexuel, tandis que Ghaïour ne veut rien comprendre à la « folie » de sa fille et la tient provisoirement à l'écart. On dira, il est vrai, que les oscillations du masculin au féminin et du féminin au masculin ne cessent, à tous les niveaux et tout au long de cette féerie — comme dans la quotidienneté — de se produire. Si les jeunes gens ont pu passer de leur isolement auto-érotique à la poursuite délibérée de l'objet, aussitôt perdu que trouvé, c'est bien grâce à la fulgurance du désir de l'autre mais c'est aussi parce que cette altérité est l'objet d'une reconnaissance, d'une réminiscence — un terme cher à Freud comme à Platon — parce que la muette et occulte présence interne et intériorisée de l'autre se trouve de nouveau extériorisée et dans une large mesure reprojetée. *Les ressources de la bisexualité psychique concourent ici à l'accomplissement de la « destinée sexuelle »*.

À lire — dans le texte de Mardrus — l'histoire de Kamaralzamân avec Boudour, on a tôt fait de remarquer que tout se passe comme si la circulation des investissements libidinaux et amoureux se faisait toujours grâce à la présence de petits objets médiateurs, dont la valeur tout à la fois symbolique et quasi transitionnelle peu à peu s'impose à l'esprit. Il s'agit surtout de bagues, d'anneaux, de bijoux, tour à tour découverts, transmis, perdus, retrouvés, chaque événement scandant le long apprentissage érotique des héros. Ainsi Boudour « reconnaît-elle » son amant sans le voir lorsqu'elle trouve dans un message qu'il lui fait parvenir la bague qu'elle lui avait donnée; il en ira de même plus tard quand, après de multiples vicissitudes, elle identifiera sa cornaline perdue placée par Kamaralzamân au fond d'une jarre précieuse. Si évidente que paraisse la symbolique sexuelle de ces objets, il reste qu'on a le sentiment de ne pouvoir toujours leur assigner une signification fixe et univoque.

Chaque fois que la rencontre amoureuse finit par se produire, les témoins s'émerveillent et le récit des aventures et des prodiges qui se sont réalisés donne le signal de la Fête — fête de la réunion des moitiés disjointes — mais la satisfaction et la joie nées de l'union tant attendue ne sont dites perdurer qu'à la fin de l'histoire (peut-être parce qu'il faut bien y mettre un terme...). — Autrement, la lune de miel passée, on voit renaître une sourde insatisfaction. À deux reprises, elle est le fait de Kamaralzamân : scrupules à l'égard de son père et regret de son absence, ou bien curiosité vis-à-vis de Boudour et vive culpabilisation des conséquences de cette curiosité. Ainsi le primat de l'hétérosexualité génitale, sous le double signe du plaisir et de la fécondité n'étouffe-t-il pas longtemps des aspirations et des désirs liés à la bisexualité de chacun des personnages. C'est parce que Kamaralzamân ne trouve pas en Boudour l'accomplissement entier de ses vœux — en vain y chercherait-il son père auquel un lien très étroit l'unit depuis toujours — qu'il risque de perdre une seconde fois l'objet si longtemps occulté de son désir. Quant à

Boudour, elle se languit de son jeune époux à la cour d'Armanos mais cela ne l'empêche pas de profiter des facilités que lui offre son travestissement pour entraîner Haïat à des jeux homosexuels qui ne demeurent pas longtemps « innocents. » Bien plus, après avoir retrouvé l'objet de son plus vif amour, elle ne renâcle pas à le partager avec une rivale dont d'ailleurs elle continuera d'être joyeusement la partenaire érotique. Loin de les inciter à l'étiolement, la satisfaction des pulsions hétérosexuelles aviverait donc plutôt les pulsions homosexuelles. Certes il ne s'agit que d'oscillations, plus ou moins rapides, plus ou moins poussées, dans l'investissement objectal, mais les résonances latentes de notre conte n'inviteraient-elles pas à doubler ce qui a lieu dans cet ordre par des oscillations analogues dans d'autres : celui de la relation de chacun des protagonistes à soi-même suivant les fluctuations de leurs investissements narcissiques, celui de leurs caractéristiques psychosexuelles en tant que relativement indépendantes du type de choix objectal et même des modalités de leur rapport à l'objet...

En tout état de cause, il est patent que la trajectoire décrite par le déroulement de l'histoire considérée dans son ensemble (même s'il était prouvé qu'elle est le résultat d'ajouts successifs au cours du temps cela ne changerait rien, de notre point de vue) est déterminée conjointement et constamment par l'incomplétude inhérente à la différence des sexes et par une combinaison complexe et variable de l'homosexualité avec l'hétérosexualité, combinaison qui ne peut se concevoir qu'à l'aide et en fonction de la bisexualité psychique. N'est-il pas remarquable par ailleurs qu'à travers tant de vicissitudes, de tribulations de toutes sortes, une progression ou mieux un élargissement s'accentue et se confirme, depuis les fixations phobogènes initiales jusqu'à la souple complexité de la situation polygamique ultime ? Il y aurait sans doute beaucoup à dire au passage sur le rôle du travestissement et du faux-semblant dans cette évolution. Le déguisement de tel ou tel personnage contribue en effet régulièrement au dénouement des conflits et à la mobilité des situations. Il assure en même temps, sous le couvert de réalisations extérieures usurpées, d'authentiques accomplissements affectifs et sexuels.

En faisant la part d'une prime à l'homosexualité — surtout féminine — et à la polygamie, ici l'expression d'une tradition, en réservant aussi sa place à un constant dégagement du latent à partir du manifeste, ne sera-t-on pas assez enclin à voir finalement dans cette féerie ambiguë une illustration, naïve et ésotérique à la fois, du « plein accomplissement de la fonction bisexuelle » ? N'est-il pas significatif sous cet angle qu'au cours de la scène terminale où Kamaralzamân est censé devoir se plier aux exigences homosexuelles de son tyran, l'intense surprise qu'il éprouve en s'apercevant chez « son » partenaire de l'absence du pénis escompté (absence présentée, rappelons-le, au début de l'histoire, comme équivalant à un véritable manque d'être) devienne alors la redécouverte émerveillée — d'un émerveillement qui cette fois ne le cède en rien à celui de Boudour dans l'épisode de la tour — de tout le corps féminin et surtout du vagin, décrit comme un « paradis retrouvé » ?

*

L'économie de la sexualité de chacun (en donnant au mot toute la richesse de sens que la psychanalyse lui confère) repose sur une relation toujours instable entre l'affirmation de la bisexualité et l'affirmation de la spécificité sexuelle. À compter avec l'oscillation entre féminin et masculin, constante de notre vie psychique, avec le caractère très composite de la notion de différence sexuelle et avec le fait que la position psychosexuelle individuelle — je veux dire la situation de chacun dans la gamme indéfiniment variée des sexualités concrètes — résulte d'une longue et hasardeuse évolution pulsionnelle et personnelle, il devient évident que la « participation psychique » a transformé la sexualité humaine en une réalité extrêmement plastique et polymorphe. Certes la réalité sexuelle limite irrécusablement cette plasticité, ce polymorphisme, mais n'est-elle pas lestée, au cœur d'elle-même, d'une autre réalité, éventuellement antagoniste : la fantasmatique sexuelle avec ses puissants effets modulateurs ?

Lorsque la psychosexualité, chez un sujet ou dans un groupe, se soumet à un effort coûteux et factice en vue de cloisonner les choix et les attitudes sexuels, s'inféode à un schématisme hautement contrasté des vocations et des spécificités inhérentes à chacun des sexes, sans doute la tension libidinale s'en trouve-t-elle accrue et peut-être l'espèce — du moins sa reproduction — y gagne-t-elle ; mais la communication vivante entre les êtres, les échanges vrais entre hommes et femmes, sont compromis : c'en est fait des similitudes, des affinités virtuelles, en tant que chances d'accord, d'unité.

En revanche, si l'inverse se fait jour — serait-ce le cas aujourd'hui dans certaines de nos sociétés ? —, si la « bisexualisation » suscite un décloisonnement des univers masculin et féminin et une atténuation de la différence des sexes en tant que génératrice de conflits insurmontables, bref si la part de la communauté entre hommes et femmes s'accroît, la tension libidinale y perd sans doute, une certaine involution de la sexualité risque même de se produire, mais la communication s'anime, s'amplifie...

À moins toutefois que l'équilibre économique ne se rompe en raison d'une trop forte bisexualisation car, dès lors, la vulnérabilité d'Éros à l'égard des pulsions destructrices s'accuse, la désunion pulsionnelle s'en trouve facilitée et bientôt ce qui paraissait devoir étendre ou créer la communication la brise, et l'introjection heureuse de l'autre sexualité s'altère en un fantasme narcissique d'androgynie, d'essence toxique : c'en est fait, alors, des efficaces, des belles différences !

CHRISTIAN DAVID

Le genre neutre

Si pour le psychanalyste la *différence* est sexuelle, la question de la bisexualité renvoie nécessairement à la théorie psychanalytique tout entière. Qu'en est-il de l'abolition — ou du fantasme de l'abolition — de cette différence ? Et comment situer ce point particulier si ne sont pas définis les repères qui permettent de le localiser ? Donc, deux temps pour ce travail : fixer le cadre théorique qui cerne notre projet, puis, à l'intérieur de celui-ci, éclairer cet objet de notre réflexion que nous appelons le *genre neutre*.

I. POINTS DE REPÈRE POUR LA BISEXUALITÉ PSYCHIQUE

Point de départ : La sexualité entre la biologie et la psychanalyse.

Nulle question plus que la sexualité ne serait aussi propre à montrer les rapports entre l'enracinement biologique de la pulsion et la vie psycho-sexuelle. Ce domaine privilégié pourrait mettre à l'épreuve les hypothèses de Freud devant les faits scientifiques de la biologie, comparer la clinique médicale et la clinique psychanalytique pour indiquer leurs ressemblances et leurs différences. Or, aujourd'hui, cette confrontation révèle de profondes discordances qui confirment souvent et infirment parfois les postulats métapsychologiques de Freud. Les contributions des auteurs postfreudiens ne sont pas à l'abri de ce nouvel examen.

Point 1 : La sexualité biologique et la psychosexualité.

La bisexualité biologique comporte une suite de relais échelonnés dans le temps qui jouent chacun leur rôle dans la détermination du sexe (sexes chromosomique, gonadique, hormonal, génital interne, génital externe, caractères sexuels secondaires). Le fait majeur est que la masculinité est le résultat d'un processus actif (par l'intervention d'un testicule virilisant), la féminité étant l'aboutissement d'un processus passif (obtenu soit par défaut pathologique, soit par absence normale du testicule virilisant). On peut donc parler d'un développement de la sexualité biologique, de la conception à la puberté, qui s'effectue selon un processus discontinu et différencié. Cependant, dans l'espèce humaine, apparaît un nouveau relais mutatif (ORGANISATEUR 1) qui se superpose au développement biologique. Ce relais est à l'origine d'un développement psychologique autonome différent du développement biologique et responsable de la psychosexualité. Le relais humain sera le déterminant fondamental de la sexualité de l'individu (cf. Money, Hampson).

Point 2 : Le désir parental et la sexualité infantile.

Ce relais mutatif est constitué par l'attribution d'un sexe à l'enfant qui peut être plus ou moins conforme à la sexualité morphologique de l'individu (cf. la clinique des états intersexuels avec ambiguïté génitale : pseudo-hermaphrodisme[1]). Cette attribution dépend étroitement du désir parental. Son mode d'action s'exprime dans la relation mère-enfant à partir de la naissance jusqu'à environ deux ans et demi. À ce moment, l'individu se vit et se perçoit comme nettement monosexué (Money et Hampson).

Point 3 : Freud.

La théorie freudienne de la bisexualité a eu le mérite de distinguer la bisexualité psychique de la bisexualité biologique. Cependant, lorsqu'il bute sur des questions difficiles, en maints endroits de son œuvre, Freud soutient que la solution du mystère est à trouver dans la biologie, ce que la science d'aujourd'hui ne paraît pas confirmer. En outre, la théorie freudienne du développement de la libido peut aujourd'hui apparaître comme trop exclusivement fondée sur une évolution individuelle sans faire une part suffisante à la relation parent-enfant, ou non articulée avec celle-ci.

Point 4 : Melanie Klein et Winnicott.

La théorie de Melanie Klein, en dévalorisant le problème de la castration et de la différence des sexes, néglige la bisexualité et, d'une façon générale, la problématique sexuelle au profit de la problématique agressive. Par contre, la théorie de Winnicott met l'accent sur la relation parent-enfant et tient compte des interrelations entre la maturation et le milieu environnant maternel, mais sous-estime peut-être le rôle du père, et de la sexualité parentale. Le rôle des *soins maternels* peut s'interpréter d'une façon plus métapsychologique que ne le fait Winnicott. Il ne s'agit certes pas d'une influence externe. On pourrait plutôt le concevoir comme le nécessaire branchement de deux appareils pulsionnels reliés l'un à l'autre par la différence de potentiel de leur inégal développement (couverture du Ça-Moi de l'enfant par le Moi-Ça de la mère). Cette première articulation se brancherait à son tour sur l'appareil pulsionnel du père, en position métaphorique (Lacan). Chacun de ces trois appareils pouvant, dans un premier temps, servir de médiation entre les deux autres. Ce premier temps sera suivi, après l'établissement de la monosexualité, de remaniements.

Point 5 : L'« empreinte » du désir : le fantasme parental.

Il semble qu'il faille considérer que le rôle de l'attribution d'un sexe à l'enfant par le parent agit sur le mode d'une imprégnation, sorte d'empreinte psychique qui ne peut pourtant pas être assimilée au même mécanisme tel qu'il est décrit chez l'animal. Cette *empreinte* se forme à la suite de la perception du corps de l'enfant comme forme sexuée, à confirmer ou à infirmer dans cette forme par le parent. Il faut donc attribuer au fantasme parental, maternel en particulier, un rôle de puissant inducteur dans l'établissement de la monosexualité individuelle. Toutes les éventualités sont possibles depuis la méconnaissance d'une ambiguïté sexuelle (hermaphrodisme ou pseudo-hermaphrodisme), le rejet d'un sexe biologique sans ambiguïté (garçon élevé en fille et vice versa), la valorisation inconsciente du sexe que l'enfant n'a pas, l'intolérance plus ou moins totale à la bisexualité psychique de l'individu par répression et culpabilisation des attitudes et des tendances qui n'appartiennent pas au sexe biologique de l'enfant, etc. Il faut retenir que cette imprégnation psychique est solidaire d'autres facteurs : la perpétuation d'une relation fusionnelle à l'enfant au-delà de la période où celle-ci devrait disparaître, l'attitude vis-à-vis de l'agressivité, le blocage du passage de l'investissement de la mère au père, etc. Le fait à souligner est que cette imprégnation est soumise à l'influence d'un parent, lui-même pris dans un conflit relatif à la bisexualité psychique.

Point 6 : Bisexualité psychique et fantasme personnel.

On peut donc supposer que la psychosexualité d'un individu est donnée par le fantasme de la mère. Ce fantasme de la mère se constitue selon divers paramètres : désir infantile d'avoir un enfant du père ou de la mère ; sexe de cet enfant imaginaire ; acceptation par la mère de son propre sexe ; place occupée par le désir du mari, père de l'enfant, dans son désir ; désir de ce désir, etc. En revanche, la bisexualité psychique de l'individu se constituerait par la médiation du fantasme personnel (plus ou moins en relation avec le fantasme parental). C'est par la constitution du fantasme de l'autre sexe — celui qu'on n'a pas, mais qu'on pourrait avoir imaginairement, dans le triangle œdipien — que la bisexualité psychique s'organise, comme Freud l'avait déjà soutenu.

Point 7 : Le conflit psychique et le fantasme de la scène primitive.

Le conflit psychique se déroule sur plusieurs plans articulés entre eux. Le sexe de l'individu dépend donc de la façon dont il est vécu et perçu par sa mère et son père, de leurs désirs convergents ou divergents à son égard, de la façon dont lui-même se vit et se perçoit dans ses désirs convergents ou divergents à leur égard. Ce conflit a partie liée aussi bien avec le narcissisme de l'individu qu'avec ses pulsions de destruction. Il culmine dans le fantasme de la scène primitive (ORGANISATEUR 2) qui met en jeu des désirs et des identifications contradictoires.

Point 8 : Le genre neutre.

Ce conflit, s'il contribue à organiser ordinairement la bisexualité psychique, peut aussi trouver une issue dans une position d'anéantissement du désir sexuel et partant de l'identification sexuée. Le pendant et le complément de la bisexualité psychique paraît être alors le fantasme du *genre neutre*, ni masculin ni féminin, dominé par le narcissisme primaire absolu. Cet écrasement pulsionnel conduit les inclinations idéalisantes et mégalomaniaques du sujet non vers l'accomplissement du désir sexuel, mais vers l'aspiration à un état de néantisation psychique où le n'*être rien* apparaît comme la condition idéale d'autosuffisance. Cette tendance vers le zéro n'atteint, bien entendu, jamais son but et s'exprimera dans un comportement autorestrictif de signification suicidaire.

Point 9 : Complexe d'Œdipe et complexe de castration.

Un autre relais mutatif va réorganiser toutes les données antérieures lors du complexe d'Œdipe (ORGANISATEUR 3) où la bisexualité est mise à l'épreuve. Le complexe d'Œdipe, toujours double — positif et négatif — aboutit à la double identification masculine et féminine. Ces deux identifications ne sont pas cependant de force égale, elles sont complémentaires et contradictoires, l'une d'elles dominant l'autre et la camouflant plus ou moins. Le complexe de castration tel que Freud le décrit possède une valeur heuristique conceptuelle incontestable. C'est là le moment où les remaniements s'opèrent. Jusque-là l'échange des places et des rôles dans le fantasme n'impliquait aucune vectorisation du désir. Désormais les identifications maternelles et paternelles, gouvernées par le complexe de castration, obéissent à une loi de circulation des échanges. La bisexualité est la rétroaction de cette vectorisation. Le complexe de castration n'est opératoire — au sens strict et spécifique que le terme de castration désigne — que lorsqu'est acquis le sens du sexe auquel l'individu appartient. Il n'est pas contemporain de la découverte de la différence des sexes mais du moment où celle-ci prend une signification organisatrice. Son dépassement dépend des stades antérieurs qui sont réinterprétés *après coup* comme des précurseurs de la castration (perte du sein et sevrage, don des fèces et dressage sphinctérien). En revanche, il est nécessaire que les stades pré-œdipiens n'aient pas été trop conflictualisés, bloquant le développement, pour que le complexe de castration soit élaboré.

Point 10 : Réalité sexuelle et réalité psychique.

Au moment du complexe d'Œdipe, le conflit prend la forme de l'opposition entre *la réalité sexuelle* de l'individu et la réalité psychique. La réalité sexuelle est celle du sexe déterminé et fixé avant la troisième année, la réalité psychique est celle des fantasmes convergents ou divergents avec la réalité sexuelle. Ce conflit dépend pour beaucoup de la position adoptée par le moi qui peut selon les cas dénier complètement la réalité (psychose transsexualiste) ou admettre la réalité sexuelle en la clivant de la réalité psychique, en s'attachant à satisfaire les fantasmes de celle-ci, en y adhérant et en les agissant (perversion), ou enfin refuser la part de la réalité psychique qui contredit la réalité sexuelle (névrose).

Les options du moi sont tributaires de la période pré-œdipienne et des marques plus ou moins mobilisables qu'il a subies. Les avatars du développement biologique et psychique nous mettent en présence d'une gamme de structures (hermaphrodisme vrai, pseudo-hermaphrodisme, transvestisme, homosexualité, fétichisme) qui réclament chacune une pathogénie distincte et des réponses différentes sur le plan thérapeutique, en fonction de la demande de l'individu (cf. Stoller).

Point 11 : Féminité originaire et refus de la féminité.

Le rôle déterminant des facteurs relevant de l'environnement maternel permet de supposer, avec Winnicott, que l'élément féminin d'origine maternelle, par son intrication avec la dépendance biologique et psychologique du nouveau-né, par la prématuration du petit d'homme, doit être *accepté et intégré dans les deux sexes*[2]. Cette *passivation originaire* est peut-être l'objet d'un refoulement primordial qui rendrait compte de l'opinion de Freud selon laquelle c'est la féminité qui est le plus difficilement acceptable dans les deux sexes. Il va sans dire que chez le garçon, l'acceptation de la féminité ne doit pas pour autant obérer l'acceptation de la masculinité comme sexe réel de l'individu. Inversement chez la fille, cette féminité originaire et réelle est différente de la féminité secondaire qui ne se constitue qu'après la phase phallique et qui cède la place à l'identification maternelle secondaire.

Point 12 : Différence des développements sexuels du garçon et de la fille.

On ne saurait assez insister sur le fait que les destins sexuels du garçon et de la fille diffèrent considérablement. Car si l'un comme l'autre s'attachent à l'objet primordial maternel féminin, le garçon pourra retrouver au terme de son développement psychosexuel, par un déplacement unique, un objet de même sexe que l'objet primordial tandis que la fille aura à trouver un objet d'un sexe différent de celui de la mère. Son évolution la voue au *chan-*

gement d'objet (premier déplacement-renversement par substitution allant de la mère au père) suivi du choix d'objet définitif (deuxième déplacement du père au substitut du père). Cette spécificité du développement féminin rendrait compte des difficultés propres à la sexualité féminine.

Point 13 : Limites de l'intervention psychanalytique.

Les codes culturels, l'idéologie, influencent inévitablement le destin sexuel par la valorisation ou la dévalorisation, par les parents, de la bisexualité de l'enfant où jouent leur rôle les conceptions collectives attachées au masculin et au féminin. Il reste que ces variations sont intégrées dans des conflits individuels au niveau parental et que l'induction essentielle se fait dans les échanges matriciels du parent, la mère surtout, à l'enfant. La situation analytique ne constitue certes pas une simple répétition de cette situation mais crée, par le transfert, un modèle analogique. Toutefois, le caractère profondément inscrit de certaines marques limite la portée des changements susceptibles d'intervenir par le moyen de la psychanalyse.

II. BISEXUALITÉ ET NARCISSISME PRIMAIRE : LE GENRE NEUTRE

L'analyste a le plus souvent affaire à la bisexualité psychique sous la forme d'un conflit latent révélé par l'analyse. C'est bien là une difficulté de la psychanalyse qui se manifeste chez l'analyste par sa capacité limitée à tolérer, à laisser se développer, à interpréter avec exactitude le transfert relatif à l'imago du sexe qui n'est pas le sien. Ainsi, le problème que rencontre la théorie analytique aujourd'hui tient au fait que ses deux figures dominantes ont chacune à sa manière buté sur cet écueil. Freud a sans aucun doute été gêné, il l'a confessé, dans ses analyses sur la sexualité féminine, par son embarras à se sentir l'objet d'un transfert maternel. Melanie Klein à son tour ne paraît pas — pour avoir été plus « profond » que Freud — avoir tiré beaucoup d'enseignements de l'analyse du transfert paternel de ses patients. Cependant, si problème il y a, c'est parce que le conflit est ici inconscient.

Dans d'autres cas, l'analyste peut avoir l'occasion de rencontrer des structures où la bisexualité est affichée, voire réalisée (grâce à l'injection d'œstrogènes chez l'homme) dans certains cas de transvestisme, par exemple. Nous ne pouvons reprendre dans le détail l'observation d'un patient que nous avons vu en 1959 au Centre de consultations et de traitements psychanalytiques de Paris. Nous nous contenterons des grandes lignes qui serviront à illustrer notre manière de voir.

Il s'agissait d'une consultante à l'aspect corpulent, massif, voire athlétique. Sitôt assise, « la »[3] consultante exhibe la photocopie d'un certificat du ministère du Travail attestant qu'elle présente des attributs féminins et masculins avec une dominance féminine et m'informe qu'elle a entrepris des démarches pour faire rectifier son identité.

L'histoire du cas vaut sans doute d'être contée, non seulement à cause du caractère parfois rocambolesque des péripéties de ce destin particulier — si rocambolesque qu'il nous est arrivé de penser qu'une mythomanie faisait partie du tableau clinique — mais aussi parce qu'à travers ce récit se laissait cerner une image maternelle dont le sujet était profondément captif. « *J'ai été haï(e) par ma mère avant ma naissance ; elle me l'a dit...* » sera une des premières phrases qui inaugurèrent deux entretiens avec le patient. L'induction féminine par la mère est rapportée par cette allusion faite à l'enfant venu faire part de son succès au Certificat d'études : « Avec quel professeur as-tu couché pour réussir à cet examen ? » Comme il est d'usage, l'enfant a été élevé et habillé en fille jusqu'à l'école. Les pratiques transvestistes en public débutèrent vers l'âge de seize et dix-sept ans (déguisement en fille pour fréquenter les bals des villages voisins). Comme il est classique aussi, l'homosexualité est profondément répudiée. Ce n'est pas le moindre paradoxe du cas — et ceci a été vérifié — que la consultante vit en concubinage « homosexuel » avec une femme plus âgée avec laquelle elle entretient des pratiques sado-masochiques mineures d'un caractère tout à fait puéril et infantilisant. Ainsi le dimanche, elle a parfois envie de sortir « pour aller s'amuser », mais se le voit interdire par son amie qui l'enchaîne à un poêle pour l'obliger à finir d'abord son lavage et son repassage ! La consultante consent à ce traitement : elle a sur elle la clé du cadenas mais renonce à s'en servir. L'analité imprègne ce tableau : l'aspect de malpropreté est saisissant. Des renseignements confirment que l'intérieur de l'appartement est d'une saleté repoussante. La domination subie se transforme en domination imposée dans son métier où elle fait, paraît-il, merveille : la rééducation des handicapés physiques.

La recherche de satisfactions contradictoires est clairement perçue : refus de toute autorité dans son attitude à l'extérieur, vis-à-vis des pouvoirs publics par exemple, et recherche de la position passive par besoin de se sentir tenue, brimée, dominée ; la recherche d'un personnage maternel puissant est patente. Par contre, la pauvreté des satisfactions sexuelles est remarquable. Seul l'attouchement des seins — seins qui se seraient développés à la suite d'injections d'œstrogènes pratiquées par les Allemands pendant la dernière guerre — procure du plaisir : « *C'est comme si mon corps était partagé en deux et qu'au-dessous de la ceinture, je n'existais pas, j'étais une autre personne...* »

Lors du deuxième entretien, la consultante nous parle des règles qu'elle a tous les vingt-huit jours « *par porosité rectale* », elle exhibe à nouveau des certificats. « *Quelques jours avant mes règles, je suis absolument impossible, irritable, nerveuse*, etc. *Je n'ai jamais accepté d'être une femme complète.* » Je lui dis alors : « En fait, vous ne voulez être ni homme ni femme », et sans que j'aie le temps d'ajouter quoi que ce soit, elle enchaîne comme si elle venait de comprendre quelque chose d'important : « *Je crois que vous êtes le premier à toucher le point juste ; je ne veux renoncer à aucun avantage des deux sexes.* »

Dans la suite de cet entretien, nous avons évoqué le problème de l'intervention chirurgicale, car il était difficile de faire la part du transsexualisme, qui implique la revendication impérieuse de changement de sexe, et le transvestisme où la pratique perverse semble suffire à procurer la satisfaction. La réponse de la patiente vaut d'être citée. « *Vous me diriez, docteur, qu'en sortant de cette pièce, j'aurais le choix entre deux solutions :*

« *À droite, une salle d'opération avec tout un matériel pour me constituer un vagin, un utérus*, etc. *Mais une fois opéré, je serais un individu émasculé qui perdrait toutes ses formes, grossirait, s'empâterait, se verrait dépouillé de toute volonté, de toute énergie, ne pourrait plus gagner sa vie et serait juste bon à faire le trottoir et se faire enfiler; alors là, je refuserais et je suis convaincu que vous ne pouvez pas me certifier que ce n'est pas cela qui arriverait si on m'opérait.*

« *À gauche, un laboratoire bien équipé qui pourrait par des injections hormonales me rendre ma virilité, faire disparaître ma poitrine. Là encore, je ne vous croirais pas. Je crois qu'il restera toujours en moi quelque chose de féminin : je ne veux pas vivre en homme.* »

Ce développement m'amène alors à faire observer que l'image qu'elle s'efforce de donner n'est pas celle d'une femme, mais d'une *femme masculine*. La consultante confirme que c'est là, en effet, l'impression qu'elle produit. Ici commence une nouvelle tranche de récit — fantasme ou réalité? — où la consultante fait part d'une circonstance où il se serait senti « pleinement femme ». Ce récit est celui des péripéties où elle servait de partenaire à un pervers cambrioleur qui pénétrait par effraction dans les appartements et y introduisait ensuite notre patient en ces termes : « Je suis ici chez moi. Tout ce qui est ici m'appartient. Étends-toi sur le lit. » Le partenaire se précipitait alors sur le patient, éprouvait une jouissance quasi immédiate et ordonnait enfin à « sa » partenaire de quitter ses vêtements (féminins) pour se servir dans la garde-robe de l'appartement cambriolé qu'on quittait dès que les vêtements volés étaient revêtus.

Fait notable : jamais le vol ne prenait des proportions autres que symboliques. Le rituel pouvait s'enrichir. Ainsi, le voleur pouvait exiger du patient qu'il se déshabille et reste nu dans tous les appartements cambriolés. En fin de compte, cette complicité prit fin, car les pratiques perverses prirent un tour sadique qui effraya le patient : il redouta, semble-t-il, une menace de castration véritable. Toutefois, au cours de ce concubinage, ce fut la seule fois que l'identification féminine fut complète : « *J'étais devenu sa proie et je faisais ce qu'il me disait.* »

L'observation parle d'elle-même : l'image de la mère phallique émerge en relief de cette fresque tragi-comique ; l'effacement du père s'y lit en creux. Le patient appelle de ses vœux l'imago fantasmatique d'un père *réellement castrateur* de la femme au pénis. Le fantasme de la scène primitive domine la structure du cas. Aussi ne sera-t-il pas surprenant de signaler que les premiers rapports sexuels du sujet auront lieu avec une jeune fille, chez lui, dans le lit de ses parents, — expérience sans lendemain d'un double dépucelage qui se terminera par une séparation définitive.

Nous quitterons ce patient par le rappel d'un « dict » familial, auquel nous serions tentés d'attribuer une grande importance : « *Ma grand-mère avait l'habitude de me raconter une anecdote à laquelle je prenais un plaisir extrême et que je lui demandais de me raconter à nouveau, bien que je la connusse parfaitement : au cours d'une partie de campagne où mes parents s'étaient joints à un groupe d'amis, tandis que les femmes devisaient sur l'herbe, les hommes pêchaient la truite dans la rivière. Mon père perdit pied, tomba dans le cours d'eau et fut entièrement trempé. Il quitta ses vêtements mouillés et il fallut alors l'habiller avec des moyens de fortune. Par jeu, sans doute plus que par nécessité, chacune des femmes se dépouilla d'une partie de ses vêtements pour couvrir mon père qui en fin de compte se trouva entièrement habillé en femme.* »

Telle fut l'histoire de celui qui fut nommé par ses parents de trois prénoms : Pierre (comme son père), Marie (comme sa mère) et André. Sa demande de changement d'état civil comporte une rature : celle de son prénom paternel — et un ajout : un *e* muet pour féminiser son prénom personnel, symbole de masculinité. Ainsi se fait-il appeler « Marie-Andrée ». Lorsque je lui fis observer l'exclusion ainsi opérée par lui du « nom du père », lui qui confessait si volontiers ses désirs pervers, nia farouchement qu'il pût y avoir là un autre effet que celui du hasard.

*

À la fin du quatrième chapitre de *Malaise dans la civilisation*, Freud développe dans une longue note une réflexion sur la bisexualité : « [...] si nous admettons le fait que, dans sa vie sexuelle, l'individu veuille satisfaire des désirs masculins et féminins, nous sommes prêts à accepter aussi l'éventualité qu'ils ne soient pas tous satisfaits par le même objet et qu'en outre ils se contrecarrent mutuellement dans le cas où l'on n'aurait pas réussi à les disjoindre ni à diriger chacun d'eux dans la voie qui lui est propre[4] ». Voilà une remarque qui confirme que la sexualité humaine est bien, selon le mot de R. Lewinter, « sexion ». Au reste, l'étymologie l'atteste. Sexe viendrait de *secare* : couper, séparer. La métaphore biologique soutient ici le fantasme puisque chacun des deux sexes se sépare pour pouvoir s'unir à la moitié manquante que lui fournit l'autre sexe. La bisexualité psychique se venge de cette sexion-cession et récupère par le fantasme la jouissance concédée au sexe que l'on n'a pas. La bisexualité est donc bien solidaire de la différence des sexes. Là où il y a sexualité, il y a différence. Là où il y a différence, il y a coupure, césure, castration des potentialités de jouissance du sexe complémentaire : inverse et symétrique. *La revendication de la bisexualité réelle est refus de la différence sexuelle en tant que celle-ci implique le manque de l'autre sexe.* Si, en droit, chaque sexe manque de l'autre, mettant pour ainsi dire les sexes à la même enseigne, la castration, le fantasme de castration, c'est-à-dire l'absence ou la perte du membre viril, *symbolise et subsume* ce manque, *de quelque sexe qu'on soit.* Possibilité pour le garçon de perdre ce sexe qu'il a ou, pour la fille, matérialisation de ce manque de sexe qu'elle n'a pas. Certes, la fille a *autre chose* : un vagin, un ventre fécondable, des appâts nombreux et variés. Il reste qu'elle n'a pas de pénis. Certes, le garçon manque lui aussi de ce qu'a la femme et qu'il n'a pas. Mais cet avoir n'est pas visible au niveau du sexe. La *capture imaginaire* est telle que ce qui est représentable, c'est bien ce trait en plus ou en moins qu'est le pénis. Trait imaginaire à symboliser. Et l'on a raison de penser que l'envie du pénis n'est pas envie de ce morceau de chair mais de ce qui est fantasmé des pouvoirs qu'il confère et qui lui sont conférés par le désir parental.

Rester sur le terrain de cette problématique, c'est supposer certains problèmes résolus — c'est attester que le dilemme homme-femme accepte implicitement leur différence ou tout au moins admet que le sujet soit un être sexué.

Le sujet dont nous avons rapporté l'observation venait nous consulter pour des angoisses — angoisses, disait-il, qui le saisissaient chaque matin, au réveil, où il se demandait si ce jour n'allait pas être celui de sa mort. L'entretien révéla que cet état anxieux rappelait le temps où il était prisonnier des Allemands qui se seraient livrés sur lui à des expériences féminisantes. Il se posait à chaque réveil la question de sa survie. Ici communiquent angoisse de mort et angoisse de castration.

*

Le problème n'est pas si simple.

François Jacob, dans son bel ouvrage *La logique du vivant*, écrit : « Mais les deux inventions les plus importantes [de l'évolution], ce sont le sexe et la mort[5]. » Fruit du hasard, peut-être, mais unis en tous cas par la nécessité. F. Jacob parle de la mort « imposée du dedans comme une nécessité prescrite ». Nous ne nous laisserons pas tenter par les sirènes de la « métabiologie » et resterons sur le terrain de la clinique, celle-ci rejoignant le mythe.

Dans certaines structures psychopathologiques où c'est la sexualité entière qui est rejetée en bloc, sans nuances et sans distinction, le sujet construit et alimente sans cesse le fantasme d'une *a-sexualité*. Le sujet ne se veut ni masculin ni féminin, mais *neutre*. Ni l'un ni l'autre, *ne uter*. Aussi efface-t-il de son comportement comme de son désir toute aspiration hétéro ou homosexuelle. Ces cas sont rares, mais ils existent. Bien sûr, il s'agit d'une position défensive, dont l'analyse pourra venir à bout. Ce fantasme de neutralité, construit à l'aide de toutes les ressources d'un narcissisme intempérant, porte les marques du despotisme absolu d'un idéal du moi tyrannique et mégalomaniaque. Car en matière de désir, tout est réglé sur le mode du tout ou rien : « Puisque je ne puis tout avoir et tout être, je n'aurai, je ne serai *rien*. »

Ce fantasme pourrait bien être construit sur la perception du fantasme maternel qui désire que son enfant ne soit pas — ni sexué ni vivant. Mais la quête de l'amour maternel va de pair avec une soif d'amour inextinguible et une sensibilité exacerbée à toute manifestation de rejet de la part de l'objet aimé, que celui-ci soit un substitut maternel ou paternel. Dès lors, le salut n'apparaît plus que dans le fantasme du genre neutre, dans ces états d'indifférenciation sexuelle, manifestation d'obéissance au désir de la mère et vengeance à son égard, dans un rejet violent de celle-ci.

Il est remarquable alors que l'aspiration au Rien s'inscrive dans un comportement ascétique de réduction des besoins, comme le narcissisme primaire s'efforce à la réduction des tensions au niveau zéro. Nous donnons au narcissisme primaire absolu son sens fort. C'est-à-dire que nous ne parlons pas du narcissisme primaire qu'on invoque pour qualifier l'unification du sujet en une entité singulière, mais au contraire du narcissisme négatif qui souhaite ardemment le retour à l'état quiescent, qui s'exprime dans des conduites suicidaires plus ou moins camouflées ou plus ou moins agies. Nous avons montré ailleurs qu'il ne fallait pas confondre le narcissisme primaire avec le masochisme primaire, dans la mesure même où la jouissance dérobée à travers les manœuvres masochiques est ici absente, le but final étant l'*extinction de toute excitation, de tout désir*, quel qu'il soit, agréable ou désagréable[6]. Cette fascination de la mort sous-tend un fantasme d'immortalité. Car n'être plus rien n'est qu'une façon d'abolir la possibilité de ne plus être, de manquer un jour de quoi que ce soit, ne serait-ce que du souffle de la vie.

Le fantasme du genre neutre rejoint le mythe étudié par Marie Delcourt[7]. À l'être complet : union de l'esprit Père et de la Nature maternelle, se joint le symbole du Phénix, androgyne, autogénérateur, immortel. Il y faut quand même le baptême du feu qui réduit tout en cendres. L'idée gnostique parachèvera ce lien entre androgynie et délivrance de la chair.

La totalité est sauvée, le manque nié ; ce n'est pas dans la positivité d'une complémentarité réalisée que s'abolit la différence sexuelle où Hermès et Aphrodite ne font plus qu'un, mais dans un mouvement encore plus radical d'une négativité où le rien s'incarne et où le désir s'accomplit comme mort du désir et triomphe sur la mort du désir. L'un s'avère être un concept impossible à penser. Formé de deux moitiés différentes qu'on ne peut appeler unes puisqu'il leur manque quelque chose pour être complètes, pris entre le double et la moitié, seul le zéro paraît sûr. Mais pour que le zéro soit, il faut le nommer, l'écrire ; alors resurgit sous lui le *un* inéliminable.

De même, désigner l'hallucination négative ou la castration, c'est forcément les positiver. Ainsi Freud attribuait au ça le genre neutre. Mais le ça comprend tout le bruit de la vie, de l'Éros, et aussi le silence des pulsions de destruction — ce silence qu'on n'entend jamais. Il lui faut, pour être entendu, être dit à l'aide de sons ou de signes, inévitables, trop bruyants, trop voyants pour le représenter.

ANDRÉ GREEN

L'idéal hermaphrodite et ses avatars

Enfant d'Aphrodite et d'Hermès, muni des attributs de ses deux parents fabuleux, Hermaphrodite, éphèbe parfait, se vit un jour métamorphosé par l'amour d'une nymphe transie de désir pour son corps. Mais si Hermaphrodite a maugréé contre son destin, les autres, simples humains monosexués, tiennent au fantasme de l'être bisexué. Être à la fois homme et femme, nanti de la magie blanche et noire de chacun, être, dès lors, l'objet du désir des deux, être à soi seul, père-et-mère, voire s'engendrer soi-même, qui, dans son cœur enfantin, ne le voudrait pas ! L'illusion bisexuelle est aussi vieille que l'histoire culturelle de l'homme. Que nous songions à la signification des anciens dieux de l'Orient, à la fantaisie de Platon sur l'origine des sexes, ou, plus près de nous, à la science-fiction de Freud, acharné à affubler la femme d'un pénis minuscule (là, où elle croyait posséder un organe bien à elle), force nous est de reconnaître que nous sommes en présence d'une des *Urphantasien* de l'homme. La vérité préhistorique imputée à ces fantasmes originaires nous frappe moins que leur découverte universelle dans les trames de l'inconscient, et que leur fonction nostalgique et réparatrice envers les blessures inéluctables que la réalité inflige au narcissisme humain. Le fait que la nature produit si rarement des hermaphrodites authentiques chez les êtres humains, et que même les animaux ainsi gratifiés sont plutôt des espèces mineures tels les escargots et les vers de terre, n'affaiblit en rien la force du mythe. La bisexualité est une émanation de l'imagination créatrice de l'homme, de l'homme lésé dans son unité, condamné qu'il est à une moitié seulement de la chose sexuelle.

Si la notion de bisexualité possède un sens pour la psychanalyse, ce sens n'est pas à découvrir du côté de la biologie, ni à récupérer d'un patrimoine phylogénétique comme le proposait Freud. La bisexualité est un fantasme, un idéal, un rêve, voire un cauchemar ; rêve de l'enfant incestueux face à la scène primitive, de l'enfant en quête de sa toute-puissance d'avant la chute. D'un certain point de vue, le recours à un idéal bisexuel est un *recul* devant l'angoisse de castration, l'angoisse liée aux souhaits interdits tant homosexuels que hétérosexuels ; recul également devant la castration narcissique, empreinte de sentiments d'exclusion, d'impuissance, de sans-valeur. Mais ce recours a aussi ses précurseurs, tout comme les souhaits œdipiens et l'angoisse de castration. Qu'est-ce, cette prescription qui ordonne, avant son surgissement, le fantasme bisexuel de l'enfant ? Pour mieux saisir la notion de bisexualité — en tant qu'état idéal, en tant que souhait interdit et angoissant — il nous faut revenir à l'orée de la vie psychique, à la découverte, non pas de l'identité sexuelle, mais de l'identité subjective, la découverte de l'*altérité*. Je voudrais soutenir ici que l'idéal hermaphrodite trouve ses racines dans l'idéal fusionnel qui unit l'enfant au sein maternel. La recherche d'un état idéal où le manque n'existe pas témoigne que le sein est déjà perdu, c'est-à-dire déjà perçu comme étant l'essence d'un Autre. Ainsi l'illusion bisexuelle dans toutes ses manifestations est construite sur les remparts de la différence des sexes, mais elle trouve son soubassement dans la relation primordiale, dans le désir toujours actuel d'annuler cette séparation d'avec l'Autre, de nier cette altérité impossible.

Le Sein et le Sexe.

En suivant le chemin à rebours qui va de l'identité sexuelle à l'identité subjective, nous arrivons à ce moment mythique où s'origine la naissance du sujet psychique et, avec elle, la première ébauche d'un objet et la première ombre d'un désir. Pour le nourrisson, sa mère et lui, primitivement, ne font qu'un. S'il ne peut survivre que grâce à elle, l'enfant ne peut aussi venir à exister psychiquement qu'à travers elle. Pas encore un Objet pour lui, elle est déjà beaucoup plus son *Umwelt*, mère-univers, dont il fait partie. Cette identité primaire, dans laquelle l'enfant est une petite parcelle d'un grand Tout, fonde la première identité de l'être. L'enfant *est* ce Tout. Mais en vérité, il s'agit d'une relation de dépendance absolue, et au sein de laquelle l'enfant est uniquement *ce qu'il représente pour sa mère.* Tout ce qui est en puissance chez lui ne peut ni s'épanouir ni s'organiser sans elle. Sa motilité, ses élans affectifs, son intelligence, sa sexualité sont en premier lieu favorisés — ou entravés — par elle. En plus des soins physiques et nourriciers, chaque mère, selon ses désirs, va susciter chez son enfant des demandes qu'elle seule aura le plaisir de satisfaire. Ainsi l'enfant devient, dès le début de sa vie, et même avant, un objet privilégié pour la satisfaction des souhaits, conscients et inconscients, de la mère. Dans ce premier engagement sensuel à deux, chacun est, ou devrait être, un instrument de gratification pour l'autre. Cette empreinte précoce, ébauche d'un moi et d'une identité, va marquer de son sceau toute l'évolution — relationnelle et sexuelle — ultérieure. *Dès lors, une partie de l'identité de tout sujet, est, et sera toujours, ce qu'il représente pour un autre.* Quant au sentiment d'identité sexuelle, des recherches variées ont démontré que la mère a, dès le début, des attitudes différentes envers l'enfant suivant son sexe, ce qui marque bien précocement le sentiment d'identité sexuée du petit enfant. Néanmoins, la découverte de la différence des sexes, et la reconnaissance que l'identité sexuelle propre ne peut se définir que par rapport à l'autre sexe, comportent un renoncement, la perte d'une illusion, déjà préfiguré par la perte du Sein. Que signifie cette perte ?

Précisons d'abord que j'emploie ici le mot *sein* non en tant qu'objet partiel ou corporel, mais pour connoter le *concept* Sein tel que Melanie Klein l'a conçu : la mère dans sa totalité — de peau, de voix, d'odeur, certes, mais aussi la mère comme source de gratification, source d'identité, support enfin de toute la gamme d'affects de haine et d'amour qu'éprouve le nourrisson. Donc la perte du Sein comme partie de soi ne signifie nullement le sevrage et le passage aux aliments solides, mais la découverte lente et progressive, de la part de l'enfant, que le Sein ne lui appartient pas, qu'il n'est non seulement pas lui, mais représente l'essence même d'un Autre ; qui plus est, cet Autre peut le donner ou le refuser. Désormais l'enfant cherchera cette mère-sein, non seulement pour satisfaire ses besoins mais aussi pour retrouver et revivre cette relation merveilleuse qu'il partage avec elle. Comblé par le moi de la mère, le moi du bébé, à cette époque, est fort. Mais une rupture prolongée dans la relation des deux, ou une carence de la part de la mère dans son rôle protecteur à ce stade précoce, donne naissance à des angoisses spécifiques. Il ne s'agit pas encore de l'angoisse de castration, propre à la phase phallique, ni à son prototype qu'est l'angoisse de morcellement, mais plutôt dune angoisse que l'on peut qualifier de *menace d'anéantissement*. L'enfant ne perd pas simplement son Objet, mais son identité tout entière, et cette mort psychique peut même entraîner dans certains cas, la mort réelle[1].

La perte de l'Objet ne peut être colmatée, et la différenciation d'avec lui ne peut être acquise, que par le truchement d'un acte psychique — l'introjection de l'objet perdu dans le *soi*, c'est-à-dire sa création en tant qu'objet « interne ». Faute de pouvoir faire face à cette *castration primaire*, c'est-à-dire faute de pouvoir opérer cet acte créateur qu'est le maintien de l'objet manquant, à l'intérieur de soi, cette perte inévitable dans la préhistoire de tout sujet ne peut être comblée que par le délire ou dans la mort. Puisque cette perte est la condition primordiale de l'identité psychique, il est évident que toute tendance chez le sujet à retourner vers la non-différenciation primitive s'accompagne d'un risque grave pour le moi (états psychotiques), voire pour la vie (toxicomanies, suicide, maladies psychosomatiques). Pourtant ce désir est toujours là en chacun. La maîtrise des expériences de séparation et d'individuation donne lieu à des structures psychiques et à des plaisirs de plus en plus élaborés, mais le renoncement implicite dans ce processus d'introjection et d'identification crée une nostalgie de retour à l'état fusionnel, hors du temps, et à l'abri de toute frustration et de tout désir, nostalgie qui persiste dans le fond et le tréfonds de l'homme.

Dès la mise en branle de ce processus de séparation-individuation que représente la perte de l'objet-sein, la vie pulsionnelle de l'enfant aura une visée *double* : une partie de sa libido cherchera — et cela sa vie durant — à annuler cette séparation et à chercher une union totale, corporelle, aussi peu symbolique que possible avec l'Objet, cependant que l'autre courant pulsionnel visera le maintien, à tout prix, de l'indépendance de l'objet, sans quoi son identité risque de se dissoudre dans la mère-univers. Cette problématique de l'altérité s'infiltre progressivement dans les problèmes posés par l'identité sexuelle, non seulement sur la scène œdipienne, mais aussi du point de vue de l'intégrité narcissique, comme atteinte à la toute-puissance. Une deuxième fois, l'homme doit découvrir que ce qu'il cherche, ce qu'il désire, est l'essence même d'un Autre.

Pour avoir un sexe et un sentiment d'identité sexuelle, il faut d'abord avoir un corps et une existence individuelle. Sans quoi, *la sexualité risque de se voir utilisée uniquement pour réparer les failles dans le sentiment d'identité*[2]. Ce sentiment, rappelons-le, est sujet à des attaques variées qui vont de l'anéantissement (castration primaire) et des peurs de morcellement (castration prégénitale) à l'angoisse de castration phallique-œdipienne.

Il n'est pas dans mon intention d'explorer ici les achoppements de ce processus créateur qu'est l'identification à l'objet perdu et leur retentissement sur la sexualité adulte. Aussi bien me limiterai-je à souligner que cette première introjection du Sein permet qu'il soit clivé en objet mauvais et en objet bon. Ce clivage primordial et essentiel est garant de la capacité du moi du nourrisson de se maintenir en relation créatrice avec l'Autre. Si ce clivage fait défaut, le petit sujet subit des désordres graves au niveau de son intégrité psychique et dans sa relation ultérieure au monde extérieur. Cette même faille va donc grever l'évolution de l'enfant à la phase phallique, d'où l'impossibilité de s'identifier sans crainte à l'autre sexe, pour enfin gagner sa propre identité sexuelle. En lieu et place il risque d'opérer un faux clivage au niveau de la différence des sexes, de sorte que le « mal » se trouve d'un côté de la démarcation sexuelle et l'« idéal » de l'autre, témoin d'un manque d'intégration des souhaits bisexuels visant les deux parents. Ceci est patent dans l'homosexualité où se révèle un évitement phobique du sexe opposé et une course effrénée pour capter l'objet (idéalisé) muni du même sexe. *Narcisse n'est pas Hermaphrodite.* « Moi, je n'aime pas les femmes ! Ni même les hermaphrodites ! Il me faut des êtres qui me ressemblent... » C'est Maldoror qui chante le défi de Lautréamont. Une problématique semblable se révèle dans d'autres déviations sexuelles.

*

La plus puissante des entraves à l'intégration de la bisexualité psychique est l'*avidité orale*. Cette avidité pour la mère-sein, c'est le matériau brut de l'amour. Mais les écueils sont nombreux. Prenons l'exemple de la célèbre *envie du pénis* chez la fille. Le souhait banal, chez la fillette, de posséder un pénis personnel, et de le dérober à celui qui le possède, se transformera en envie de jouir du pénis de l'homme dans la relation sexuelle. Si par contre l'objet Sein n'a jamais été intériorisé en tant que support aux premières demandes libidinales, et comme signifiant du désir *maternel*, c'est-à-dire d'être le Sein pour son enfant, le pénis peut susciter une envie destructrice qui empêche toute possibilité d'une relation ou toute appréhension d'un désir, tous deux complémentaires. La projection d'une telle avidité orale fait du pénis, ou de l'homme tout entier, un objet persécutoire, et d'elle-même un objet également dangereux pour l'autre. De la même façon, l'envie orale du garçon d'avoir les attributs de la mère, de lui dérober ce qu'il faut pour attirer le désir du père, doit aussi parcourir un chemin pour que cette visée envieuse se transforme en désir de donner son pénis à la femme, avec ce qu'elle suppose en même temps d'identification au plaisir de le recevoir.

Je laisse de côté la question de l'envie du pénis chez l'homme, et le désir chez la femme de posséder le secret sexuel de la mère. Ces vœux représentent l'autre pôle de l'identité sexuelle, et trouvent leur investissement, normalement, dans l'identification secondaire au parent du même sexe. Nous insistons plus particulièrement ici sur la capacité de *s'identifier à l'autre sexe* afin de pouvoir le choisir comme objet de désir. Ceci implique la possibilité de *dépendre* d'un autre sans peur. La partie dépendante de la personnalité est celle qui reconnaît les limites et les limitations de son propre être, ainsi que l'existence et les limites d'autrui, et qui accepte que la satisfaction de tout besoin, enfin de tout désir, se tienne dans l'incapacité fondamentale de l'être humain à se suffire à lui-même. Reconnaître le besoin de l'objet (y compris de l'objet génital) est la condition de la vie. Toute compulsion à nier cette dépendance va dans le sens de la mort.

Au drame de l'altérité succède le drame de la différence des sexes, et de l'interdiction des souhaits incestueux. Ces déchirures créées par l'irruption de la réalité dans la toute-puissance narcissique de l'enfant doivent, d'une façon ou d'une autre, être réparées. Pour y arriver, l'enfant trouve des fils variés, et son identité est tissée de ces fils ; identité inéluctablement à double face — tout ce qui en lui *ressemble* à l'autre, et tout ce qui en lui est *différent* de l'autre. Le manque de l'un ou de l'autre pôle mettra en danger le sentiment d'identité, qu'il s'agisse d'identité subjective ou d'identité sexuelle. Autrement dit, toute reconnaissance d'une identité est, primitivement, reconnaissance d'une différence.

Nous voilà revenu à notre point de départ, à l'idéal hermaphrodite, idéal fondé sur un autre idéal, fusionnel, qui unit l'enfant au Sein ; étape essentielle vers une identité véridique. Dans les deux idéaux se retrouvent les mêmes processus fondateurs : *négation* de la différence dans la recherche d'un état idéal, intégration de la différence par *identification*, acte créateur par lequel le sujet devient sujet et objet à la fois, afin de traverser l'espace qui sépare l'être de l'autre, sans crainte de détruire et sans crainte d'être détruit. Si cette création, maintes fois perdue et maintes fois recréée, fait défaut, toute prise de possession de soi, tout désir sexuel risque de déposséder l'autre, entraînant le sujet dans un monde précaire où il n'y a qu'un corps pour deux, qu'un sexe pour deux. Si, comme je le propose, le souhait « bisexuel », l'espoir d'être l'autre sexe tout en gardant sa sexualité propre, est un vœu inconscient et universel, où trouve-t-on l'expression de ce désir impossible ?

Certes, le moi est foncièrement bisexuel dans sa constitution; la double face de l'identité mène à une identification au parent du même sexe en prenant l'autre pour objet. Hormis la relation génitale, qui ne peut guère résoudre, à elle seule, cette couche profonde de l'être, où peut donc s'exposer le vœu bisexuel? J'en vois deux réalisations quasi universelles : l'une, c'est le processus créateur qui permet à l'homme de s'engendrer magiquement, par coalescence de ce qu'on peut concevoir des éléments masculins et féminins de chacun, créations qui peuvent aller du pathogène au sublime (par exemple, de la création d'une maladie psychosomatique à la réalisation d'une œuvre d'art). L'autre — celle qui réalise par excellence l'*illusion* bisexuelle —, c'est la *masturbation*. C'est d'elle en tant qu'acte créateur (voire d'autocréation) que je vais maintenant parler.

L'homme et sa masturbation.

La masturbation, expression normale de la sexualité de l'enfant, est également une manifestation banale chez l'adulte, bien que l'on n'en parle que rarement dans les discussions et écrits analytiques. Quelle est la part de l'illusion hermaphrodite et de la complétude narcissique réalisée dans le *processus masturbatoire*? Je souligne l'idée d'un « processus » pour indiquer que la masturbation représente un acte et un fantasme, et que les deux peuvent se séparer et trouver des destins différents dans la psyché. Quant à l'illusion bisexuelle, même si le fantasme vient contredire toute possibilité d'un scénario avec des personnages des deux sexes, même s'il n'y a pas de personnages, ou même pas de fantasme, il est un fait irrécusable : l'*acte* masturbatoire *réalise*, dans un jeu érotique, une relation à deux, où la main tient le rôle, dans le réel, du sexe de l'Autre. Le fantasme, par contre, peut refouler cet Autre, peut se limiter aux personnes du même sexe, aux organes et orifices autres que les organes génitaux, aux objets partiels tels que les produits du corps, ou s'étendre aux animaux ou à un monde d'objets inanimés ou mystérieux. Dans la vie auto-érotique comme dans la vie onirique tout est possible ; en fait, dans les deux cas, fantasme et rêve, il s'agit d'une *création* qui doit satisfaire à des exigences multiples. Par le truchement des refoulements, des condensations et des déplacements, le fantasme réussit à combiner dans un tout une histoire imaginaire qui satisfait la pression de la vie instinctuelle, les interdictions des objets internes et les demandes de la réalité extérieure. Certains fantasmes masturbatoires sont, de ce point de vue, de véritables chefs-d'œuvre, bien que de visée totalement narcissique, comme le rêve ; et ils se révèlent tout aussi riches pour l'analyse. (Disons aussi que leur absence dans le discours analytique est plutôt inquiétant.) Mais il s'agit toujours d'un texte amputé, dont la signification ne peut être, en aucun cas, comprise dans sa totalité, d'après le seul contenu manifeste.

Je voudrais maintenant prendre en considération la masturbation comme réalisation d'un souhait bisexuel et le vœu inconscient comme élément inscrit dans le corps et dans la psyché dès le début de la vie. Freud a noté, dans ses *Trois essais*, trois périodes de masturbation dont la première était observable chez les nourrissons. Il pressentait déjà son lien avec les autres activités auto-érotiques, ainsi que sa relation à l'image narcissique et aux images parentales.

Les recherches de Spitz et de ses collaborateurs ont démontré le lien profond entre la masturbation et les relations objectales précoces. Dans son article « De l'auto-érotisme »[3], Spitz propose « des conclusions empiriques et quelques hypothèses sur trois manifestations d'auto-érotisme durant la première année de la vie ». Les activités en question sont : *rocking* (balancements rythmiques du corps), *fecal games* (jeux fécaux) et *genital play* (manipulation génitale). Les recherches étaient centrées sur trois groupes : des enfants qui bénéficiaient d'une bonne relation mère-nourrisson, un deuxième groupe qui subissait cette relation de façon instable, tantôt bonne, tantôt déficiente, et un troisième groupe qui évoluait dans une absence totale de relation affective, tout en recevant des soins constants et appropriés de gens compétents. Les enfants du groupe 1 (bonne relation) s'engageaient tous dans des activités auto-érotiques et démontraient des manipulations génitales spontanées et constantes. Dans le groupe 2 (relation instable avec la mère), par contre, la moitié démontrait une absence totale d'activités auto-érotiques; chez l'autre moitié, on observait surtout des balancements du corps et des jeux fécaux. Dans le groupe 3 (excellents soins mais absence totale de relations affectives) se révélait une absence totale d'activité auto-érotique chez tous les enfants étudiés. (Cette dernière observation va à l'encontré de la thèse souvent soutenue que ce sont les soins qui induisent l'activité auto-érotique chez l'enfant.) Les conclusions de Spitz sont les suivantes : « Les activités érotiques sont une fonction des relations objectales de la première année de la vie; quand ces relations ne s'établissent pas, il n'y a point d'activité auto-érotique; quand le contact relationnel est tel que la formation d'une relation stable est rendue impossible, l'enfant manifestera des balancements du corps ; quand la relation est ambivalente, changeante, ceci favorise les jeux fécaux. Quand la relation avec la mère est "normale" il s'ensuit un auto-érotisme génital. »

D'autres chercheurs ont confirmé ces recherches, notamment aux États-Unis, mais avec des enfants de l'âge de l'école maternelle. Dans certains milieux socio-économiques où les enfants sont privés des soins maternels normaux (il s'agit d'enfants blancs de New York) on constate une carence notable des jeux masturbatoires. Face à des situations de frustration ou d'angoisse, là où d'autres enfants auront recours à des activités auto-érotiques pour se soulager, les enfants en question cherchent à *agir*, attaquant ou caressant des objets ou des personnes dans l'environnement, comme s'ils n'avaient pas la capacité de retrouver un équilibre psychique au travers de leur propre corps.

Les observations des *Kibbutzim*, où les enfants sont séparés de leurs parents dès l'âge de six mois, quelquefois huit ou neuf mois, ont démontré également une carence d'activité manuelle génitale, et plus tard un prolongement des activités auto-érotiques prégénitales — suçotements, jeux fécaux avec incontinence urinaire et fécale, jusqu'à l'âge de six ou sept ans. Les formes de masturbation sont également altérées ; il y a prédominance de masturbation anale, et l'intérêt pour les matières fécales est plus marqué que l'intérêt pour les organes génitaux.

Une relation maternelle « suffisamment bonne » semble être la condition essentielle pour que le corps et l'appareil génital soient investis libidinalement. D'autres observations suggèrent également que les nourrissons qui montrent une carence dans l'auto-érotisme génital ont davantage tendance à se gratter, à se taper la tête contre le plancher ou les parois du lit, ou à se mordre, ce qui laisse croire qu'il s'agit d'une expression d'*auto-agressivité*, laquelle serait autrement investie dans la masturbation génitale précoce. On peut se demander si la relation maternelle qui permet le développement spontané du *genital play* est également celle dans laquelle la mère est capable de recevoir les attaques agressives de son enfant avec patience et compréhension. Winnicott, dans son article « The Use of an Object and Relating through Identifications »[4], souligne l'importance pour l'objet maternel de pouvoir « survivre » aux attaques fantasmatiques du nourrisson ; la découverte par l'enfant de la survivance de l'objet lui permet de *s'en servir* de façon créatrice.

La masturbation a donc ses racines dans les premiers mois de la vie ; sa forme et son fantasme seront fortement marqués par la mode de relation à la mère ; en outre, les pulsions agressives sont intégrées dans l'activité auto-érotique si la relation maternelle le permet, et ceci protège l'enfant contre une activité autodestructrice. Si le vœu de s'unir physiquement à la mère prend forme dans l'esprit du nourrisson avant même qu'il ait acquis une représentation du sein, il en est de même en ce qui concerne le désir d'union sexuelle. Le rôle de la *main* mérite aussi un instant de réflexion dans cette création précoce du petit enfant, et son lien éventuel avec la vie fantasmatique. C'est bien la main qui est destinée à colmater la première brèche dans l'intégrité narcissique, créée par le manque du sein. C'est encore la main qui caresse le sexe, avant même que l'enfant ait pu se représenter la différence des sexes, et plus tard, la main ne peut manquer de *remplacer* le sexe qui manque à l'enfant dans une relation sexuelle imaginaire. Cette dernière acquisition implique, bien entendu, la scène primitive, et son introjection ultérieure. De ce point de vue, la masturbation de l'enfant à la phase phallique a quelque chose en commun avec le *jeu de la bobine.* Dans ce jeu, il y a une création de la part du petit enfant qui l'aide à maîtriser l'absence de la mère. Au lieu d'être la victime de la séparation, il en est maintenant l'agent. Mais pour que ce mouvement vers l'affranchissement de l'objet puisse s'inscrire dans la structure psychique, il faut que l'enfant soit capable de fantasmer l'objet ; mais ceci est déjà un signe du renoncement à l'objet comme partie de soi, signe également que l'objet intérieur a pu résister à la destruction, tandis qu'il y a une destruction implicite au niveau de l'objet extérieur. Le nourrisson qui suce son pouce ou se caresse les organes génitaux est en train de créer déjà dans son monde interne une image d'une « bonne mère » et de développer ainsi la capacité d'être une bonne mère pour lui-même, ce qui lui garantit une certaine indépendance — indépendance destinée à s'accroître sans cesse si son élan n'est pas entravé par le monde extérieur. De la même façon, l'enfant, qui se masturbe avec des fantasmes centrés sur ses parents et leur relation sexuelle dont il se sait exclu, a introjecté une image de la scène primitive, dans laquelle il peut être père et mère à la fois. La « réussite » de ses jeux masturbatoires dépend également du sens que prend pour lui cette scène introjectée. S'agit-il des parents qui s'aiment dans un coït gratifiant pour tous les deux ? Ou d'une relation sans amour, voire sans organes génitaux, sadique et prégénitale ? Imagine-t-il des parents comblés, mais punitifs envers lui et voulant l'exclure à tout jamais de leur cercle magique ? (Peut-être la thérapie des sexologues américains inspirés par Masters et Johnson *réalise-t-elle* pour leurs patients un rêve érotique banal de l'enfance. Maman et papa sont là, mais dans une édition toute nouvelle : au lieu de faire comme eux, de vous défendre, ces gentils parents vous aident, vous initient même, aux secrets de la sexualité des adultes).

Mais, dans l'enfant incestueux de la phase œdipienne, est caché l'enfant avide de la phase orale et l'enfant avare de la phase anale. Tous les fantasmes de cet ordre ont tendance aussi à s'intégrer dans la scène primitive créée par l'enfant. Ainsi les zones et fonctions du corps reçoivent, après coup, une signification profondément bisexuée. Toute conjonction qui suit le modèle du contenant-contenu s'y prête particulièrement, et enrichit à son tour les histoires imaginées qui accompagnent l'acte érotique de l'enfant. De maintes manières, le petit masturbateur contrôle magiquement les parents, en se substituant à eux, niant par son acte-fantasme son exclusion évidente et la blessure narcissique qui en est la conséquence. Enfin, la solution masturbatoire cherche à contenir tous les conflits en cause. Ainsi l'idéal hermaphrodite englobe son précurseur, le Sein de l'illusion ; la négation de la différence des sexes est aussi déni de la première coupure.

La masturbation de l'homme, en fin de compte, a autant affaire avec son intégrité narcissique qu'avec sa sexualité.

Qu'est-ce que l'enfant réalise dans son activité érotique ? Dans son vœu inconscient d'être joint à l'autre de la façon la moins abstraite, la plus corporelle possible, tout objet transitionnel lui fait défaut. Pour ce qu'il entre de besoin dans les gratifications auto-érotiques, qu'il s'agisse de la succion du pouce ou des jeux génitaux, il est évident que l'illusion n'apporte qu'une satisfaction transitoire. L'acte ne peut être satisfaisant que dans la mesure où il est lié à un fantasme d'union avec l'objet. L'enfant qui suce son pouce veut être nourri, certes, mais il veut surtout retrouver la mère-sein et son identification avec elle. Quant à la masturbation, c'est aussi le fantasme qui lui donne son épaisseur psychique. Grâce aux « castrations » successives apportées par la réalité, c'est-à-dire grâce à l'impossibilité de satisfaire dans le réel ses souhaits fusionnels et sexuels, l'enfant triomphe sur les parents : les situations et actes imaginés qui alimentent le déroulement des fantasmes érotiques sont fabriqués de pulsions partielles, et, en particulier, de ces pulsions ressenties comme particulièrement interdites par les parents. Les figurines de la pièce théâtrale que sont l'acte et le fantasme masturbatoires, ô comble de triomphe, sont les parents eux-mêmes, déguisés en séducteurs, initiateurs, personnages haut placés, religieux. Ou bien, le petit masturbateur traitera avec des gens d'une autre race, d'une autre classe que la sienne, affrontant ainsi les interdits des imagos parentales. Mêlés à la satisfaction des pulsions libidinales se trouvent aussi des thèmes agressifs et sadiques; mais ces scènes ont le mérite de n'entraîner aucun dégât, ni chez le sujet ni chez les objets de son désir.

Au-delà de la problématique œdipienne et de la différence des sexes s'étalent les investissements de la bisexualité préphallique, qui s'ajoutent au fantasme de la scène primitive, jusqu'à transformer le désir envieux primordial de l'enfant dans sa relation au Sein. Parmi la floraison des fantasmes masturbatoires possibles, certains éléments vont forcément être refoulés ; mais ils survivent et deviennent les objets de rêve.

Quant à la technique de l'acte, capable elle aussi de variations infinies, la « vraie » masturbation se fait avec la main et rien d'autre. Mais si une carence s'est produite dans la liberté de fantasmer (accident qui nous renvoie aux premiers mois de la vie) ou une interdiction telle que le rôle liant de la main a été rendu inopérant, l'enfant va se trouver obligé d'inventer d'autres objets pour remplacer la main dans son rôle de premier substitut de l'Objet. La main qui remplace le Sein avant de remplacer le sexe de l'autre est support de toutes les illusions qui servent à réparer la toute-puissance perdue. Entre l'être plein, sans faille, de l'illusion fusionnelle, et le vide absolu du mal, de la mort, il y a l'espace de l'imagination et la main de l'illusion, magie dans le réel — et parallèlement, création d'une nouvelle réalité dans l'imaginaire. Des créations similaires peuvent s'appeler rêve ou cauchemar, symptôme névrotique, psychotique, ou psychosomatique, déviation sexuelle ou œuvre d'art.

La masturbation et la clinique psychanalytique.

Malgré l'intérêt précoce prêté à la masturbation dans l'histoire de la psychanalyse, la plupart des écrits à ce sujet concernent uniquement la masturbation infantile. Et pourtant la masturbation est un élément familier dans le discours des adultes en analyse. Cette masturbation emprunte, évidemment, des parures cliniques très variées qui peuvent aller des mises en scène fétichistes-sadomasochistes à la masturbation banale et sporadique des gens qui ont, par ailleurs, des relations hétérosexuelles satisfaisantes. La masturbation peut être vécue également comme symptôme dont le patient désire se débarrasser, symptôme compulsif qui prend le pas sur les relations sexuelles.

À l'autre bout de l'échelle clinique se trouvent les patients pour qui la masturbation, même en tant que souvenir d'enfance, est inconnue, c'est-à-dire les sujets pour qui la lutte contre elle a été menée avec un tel acharnement qu'elle en a subi des transformations profondes. L'enfant à l'âge de latence mène de front une double opération : contre l'acte et aussi contre les fantasmes qui l'accompagnent. S'il parvient à supprimer brutalement l'acte, des substituts seront trouvés (noyau possible d'éventuels symptômes obsessionnels) ; si le fantasme devient inconscient, il peut, à son tour, s'encastrer dans des symptômes hystériques, entravant ainsi certaines fonctions du moi qui deviennent inconsciemment érotisées (inhibitions intellectuelles et autres...). De ce point de vue, la masturbation et la formation des symptômes ont quelque chose de commun en ce que tous deux sont le résultat d'un long processus, dans une tentative de trouver des solutions aux demandes conflictuelles. Une différence fondamentale néanmoins : le symptôme est ressenti comme étranger au moi, alors que la masturbation demeure syntone avec le moi, et confirme le sentiment de son identité. Bref, à la place de la création que représente l'acte-fantasme auto-érotique nous pourrions trouver une *création névrotique.* L'aventure analytique permet la trouvaille de la création auto-érotique originelle, et ainsi la possibilité de ressouder acte et fantasme afin de reconstruire la sexualité infantile dont des fragments essentiels ont été perdus. Dans tous les cas, il faut à l'analyste comme à l'analysé des mois, peut-être des années de patience, avant que ce travail de spéléologie psychique soit accompli.

J'en viens maintenant aux adultes qui se masturbent — sporadiquement ou fréquemment — tout en entretenant par ailleurs des relations hétérosexuelles satisfaisantes. De ceux-là, on ne parle jamais dans les colloques et les écrits analytiques, et pourtant ils sont fort nombreux. Ce sont surtout les adultes qui ont des relations hétérosexuelles plus ou moins stables, qui parlent avec le plus de difficulté de leur masturbation, comme s'il y avait là une antinomie profonde. Il s'agit, en fait, pour la plupart, de deux visées différentes. Quoi qu'il en soit, les associations concernant la masturbation qui surgissent dans le discours analytique sont presque toujours accompagnées d'un affect désagréable ou pénible. Tout au plus se trouve-t-il des fragments qui sont dicibles sans trop d'émotion ; d'autres détails — de la technique de la masturbation ou de sa mise en scène fantasmée — subissent une éclipse ou une diminution de leur importance. Parfois, il faut attendre des années pour que ces fragments indicibles soient accessibles à l'analyse. Certains analysés, le cas est banal, avouent avoir évité, pendant de longues périodes, de se masturber au moment où ils auraient été tentés de le faire, pour ne pas avoir à en parler en analyse. Cette difficulté qu'éprouvent la quasi-totalité des patients pour aborder librement tout ce qui a affaire à la masturbation mérite notre attention, d'autant plus que cette réticence se fait sentir chez des personnes qui manient avec aisance des théories psychanalytiques, et des interprétations touchant la sexualité : les analystes en analyse, les psychiatres, les éducateurs, ou d'autres ayant une culture analytique étendue. Or, il paraît que la masturbation n'est pas une expression érotique semblable aux autres manifestations sexuelles. Pourquoi une telle réprobation s'attache-t-elle à une inclination de l'être humain à se faire l'amour à lui-même, à fuir, ne fût-ce qu'en de rares occasions, dans l'autarcie érotique ?

On me répondra que cela va de soi : l'acte masturbatoire, interdit en tant que manifestation publique dès l'âge le plus tendre, se pratique dans le secret ; les fantasmes qui l'accompagnent sont stéréotypés, infantiles, imprégnés de prégénitalité, auréolés d'illusions narcissiques. À ceci, nous pourrions ajouter que les fantasmes révèlent également des désirs passifs et actifs, démentis par le reste de la personnalité, que ces fantasmes sont liés originellement aux souhaits incestueux, homosexuels et hétérosexuels. Le masturbateur n'affiche-t-il pas aussi sa libération de la contrainte de la monosexualité, et de sa dépendance de l'autre en tant que lieu du désir ? Mais l'enfant qui s'affranchit de la déchéance qu'est la différence des sexes, et de l'interdiction imposée par la différence des générations, révèle un autre vœu, s'affranchit du Sein maternel tant désiré pour recréer à lui seul le cercle clos, magique et narcissique, où nul ne peut entrer par effraction. Or, au cortège des fantasmes aptes à entretenir la culpabilité exacerbée de l'homme face à sa masturbation, vient s'ajouter la demande de l'analyste de tout dire (sans rien faire de plus). Dévoiler sa création au regard d'un autre, simplement parce qu'il s'appelle analyste, c'est prendre le risque d'une déchirure irréparable. Ici s'inscrivent tous les fantasmes de *perte* dont l'imagination de l'homme a doté les craintes de sa progéniture : perte de la substance, de l'intelligence, de la santé, de l'amour de Dieu... Après une réussite secrète qui a su échapper à toutes les malédictions, va-t-on enfin tout perdre ?

Il peut se trouver une raison historique qui explique la réticence des analystes à parler plus ouvertement de la masturbation, sinon dans leur psychanalyse personnelle, du moins dans leurs écrits. C'est l'attitude ambiguë de Freud lui-même à ce sujet. Pendant le célèbre Colloque de 1912 sur la masturbation[5], Freud, tout en voulant approfondir le sujet, semblait soutenir que la masturbation était en soi une manifestation pathologique, tout comme il avait proposé en 1893[6] la thèse qui voulait que la masturbation soit la cause première de cette mystérieuse maladie du siècle dernier : la *neurasthénie.* Cinq ans plus tard, toujours fasciné et perturbé par les méfaits de la masturbation, il écrivit à son ami Fliess (22 décembre 1897) : « Il m'est apparu que la masturbation est l'“addiction primaire”, et que les autres addictions, pour l'alcool, la morphine, le tabac, etc., ne rentrent dans la vie de l'individu qu'en tant que substitut et remplacement de la masturbation [...] on se demande évidemment si une telle toxicomanie est guérissable, et si l'analyse et la thérapie doivent s'arrêter ici, en se contentant de transformer une hystérie en neurasthénie. »

Enfin, aux lourdes entraves dont est chargé tout discours sur la masturbation, ajoutons la pression socio-culturelle exercée contre elle, même si, de nos jours, cette pression est plus implicite qu'autrefois. Le *Larousse* du XIXe siècle, tome X, nous enseigne que : « [...] ce sont surtout les enfants des deux sexes qui se livrent à ce vice qui, frappant ainsi la société dans les éléments qui doivent plus tard concourir à sa perpétuité par la génération, a une influence fatale tout à la fois pour l'individu et pour l'espèce. [...] Combien d'enfants sont morts à la suite de la masturbation ? [...] Elle prédispose à un grand nombre de maladies [...] surtout [au] développement de la phtisie avec consomption et l'apparition de troubles variés du côté du système nerveux. Les fonctions digestives se dérangent bientôt chez les individus qui abusent des plaisirs vénériens. [...] Le masturbateur ne tarde pas à sentir ses forces diminuer, à perdre les couleurs de la santé, à maigrir et, s'il est encore jeune, son organisme subit fatalement un arrêt du développement. [...] Les yeux se cernent et s'excavent, la peau et les muqueuses se décolorent. Les malades deviennent paresseux ; ils sont oppressés dès qu'ils marchent et il leur arrive très facilement de tomber en syncope. Leurs forces. musculaires diminuent de plus en plus et on les voit marcher, chancelants, le tronc déjà courbé alors qu'ils sortent à peine de l'adolescence. [...] Moins un être vivant qu'un cadavre [...] être bien au-dessous de la brute, spectacle dont on ne peut concevoir l'horreur [...] [d'un malheureux qui] avait appartenu autrefois à l'espèce humaine. »

Voilà ce qui arrive à ceux qui aspirent à réparer les blessures narcissiques dont l'espèce humaine est la cible, par la masturbation, à ceux qui, enfin, osent entretenir l'illusion d'être hermaphrodite — privilège des dieux, et des vers de terre.

JOYCE MCDOUGALL

Le complexe de féminité chez l'homme

*Cet article date de 1930. Il fut publié dans l'*Internationale Zeitschrift für Psychoanalyse, *vol. XVI, et en langue anglaise dans l'*International Journal of Psycho-Analysis, *vol. XI.*

Texte que certains jugeront peut-être dépassé mais qui nous a paru au contraire témoigner d'une fraîcheur dans la découverte et le mode d'interprétation dont la psychanalyse aujourd'hui, avec sa technicité, sa sophistication et, parfois, son système de référence partagé, n'est plus toujours capable.

Felix Boehm, psychanalyste allemand mort en 1958, est l'auteur d'une série d'articles remarquables sur l'homosexualité et les perversions.

*

Dès 1915, dans la troisième édition des *Trois essais sur la théorie de la sexualité*, Freud déclare dans une note : « Celles-ci [les observations] nous prouvent que ni du point de vue biologique ni du point de vue *psychologique*, les caractères d'un des sexes chez un individu n'excluent ceux de l'autre. Tout être humain, en effet, présente, au point de vue biologique, un mélange des caractères génitaux propres à son sexe et des caractères propres au sexe opposé, de même qu'un mélange d'éléments actifs et passifs, que ces éléments d'ordre *psychique* dépendent ou non des caractères biologiques[1]. »

Dans *Le moi et le ça*, il écrit : « C'est l'une des voies par lesquelles la bisexualité prend un rôle dans les transformations ultérieures du complexe d'Œdipe. Quant à l'autre voie, elle est même plus importante. On a l'impression que le simple complexe d'Œdipe n'est pas la forme la plus fréquente, mais qu'il correspond à une simplification ou à une schématisation qui, à vrai dire, reste bien souvent justifiée sur le plan pratique. Une investigation plus approfondie met généralement au jour le complexe d'Œdipe *plus complet*, qui représente deux aspects, un positif et un négatif, et qui dépend de la bisexualité originelle de l'enfant : cela signifie que le petit garçon ne présente pas seulement une attitude ambivalente à l'égard du père et un choix d'objet tendre à l'égard de la mère, mais qu'il se conduit en même temps comme une petite fille, qu'il manifeste une attitude tendre féminine envers le père et l'attitude correspondante d'hostilité jalouse à l'égard de la mère. C'est cette intervention de la bisexualité qui rend si difficile d'obtenir une vision claire des conditions des choix d'objet et des identifications primitives, et qui rend encore plus difficile leur description intelligible. Peut-être faudrait-il aussi relier à la bisexualité l'ambivalence qu'on constate dans les relations avec les parents[2]. »

À mon sens, dans la littérature analytique, on n'a pas suffisamment rendu justice à la portée de ces hypothèses de Freud. Je vais donc tenter d'attirer l'attention sur divers faits dont la connaissance importe pour la conduite de l'analyse d'un patient homme.

Mes expériences m'ont également appris, de façon toujours renouvelée, que lors de l'attitude œdipienne négative les garçons ne font pas que haïr leur mère, mais qu'ils sont envieux et jaloux de son rôle auprès du père. Beaucoup de garçons et de jeunes gens sont conscients d'envier les filles et les femmes, en raison des avantages dont elles jouissent dans la vie et dans la famille à plus d'un titre, et particulièrement grâce au père ; dans leurs jeunes années, beaucoup de garçons ont été conscients, par exemple, du fait qu'une tresse longue et large éveillait leur haine. De même les hommes sont jaloux d'une rivale dans tous les cas où des motions homosexuelles latentes ou manifestes apparaissent en eux ; la haine, l'envie et la jalousie se déclenchent toujours contre les femmes qui sont proches des objets d'amour masculin désirés par les hommes. On peut très bien observer des motions de jalousie à l'égard d'une femme chez un homme dont le meilleur ami vient de se marier ; à coup sûr on découvrira de telles motions dans l'analyse de tout homme.

Voici un exemple de cette jalousie que je tire de ma propre pratique. Chez un patient un élément d'homosexualité latente a été rendu conscient, ce qui a mis au jour des sentiments de culpabilité et d'infériorité remarquablement forts ; il parle d'une période homosexuelle de sa vie, s'étendant environ de l'âge de neuf ans à celui de onze ans : « Des navires de guerre arrivèrent dans le port de ma ville natale ; je fus pris d'une inclination passionnée [*schwärmerisch*] pour les marins, en particulier pour un marin, avec lequel par la suite je correspondis pendant longtemps ; les marins invitaient des femmes de notre ville à des réceptions sur leurs bateaux ; j'étais jaloux de ces femmes, parce qu'elles pouvaient entrer en relations avec les marins ; je me souviens très précisément du sentiment d'envie et de jalousie que j'éprouvais à l'égard de ces jeunes filles. » Voici d'autres particularités tirées de l'analyse de cet homme. Dans sa formation et dans sa profession de médecin, il s'était montré à la hauteur de tout ce qu'on attendait de lui, mais il lui arrivait de souffrir de troubles de la puissance sexuelle [*Potenzstörungen*]. Il déclare : « Dans mes performances se manifeste une grande variabilité ; l'absence d'énergie et la passivité alternent avec la capacité de me ressaisir et de déployer une grande activité ; une activité beaucoup plus grande que ce qu'on pourrait attendre. Fréquemment je parais affecté, mais j'en impose soudain par une virilité inattendue. Il me plaît, dans mon comportement à l'égard de mes collègues, de paraître assez longtemps inintelligent, pour les surprendre ensuite par une production intellectuelle tout à fait inattendue. » Cette attitude, lui dis-je, est comparable à celle d'une femme qui porte en elle un embryon pendant un certain temps et surprend son entourage par l'apparition soudaine d'un enfant qui pousse de grands cris.

Le patient manifeste des résistances considérables contre la mise au jour du souhait d'engendrer un grand héros ou le sauveur du monde. Ce qui se manifeste, ce sont des tendances féminines : « Après une opération, une petite réception a lieu chez un collègue à l'hôpital. J'étais encore en blouse blanche avec des manches larges, ouvertes, et je me demandai si je devais mettre sur celles-ci des gants de caoutchouc ; je pensai : Non, n'en faisons rien ; j'ai des bras féminins, cela ferait équivoque ; des jeunes filles seraient fort heureuses d'avoir de tels bras ; puis je me rendis à la réception de mes collègues en manches larges, ouvertes. Comme je fumais au moment d'entrer, cela faisait l'effet d'un mélange de masculinité et de féminité ; simultanément j'eus l'idée que j'avais l'air d'un pacha. Je pensai que *je combinais en moi les caractéristiques de la femme et du pacha.* » « J'ai des mains petites, féminines, dont je suis fier. »

« Hier je sentis des douleurs à la cuisse et dans la région fessière ; je n'avais pas encore pu me séparer de mon sous-vêtement d'été, léger et court, et j'avais sans doute pris froid ; il était si élégant, il me faisait penser aux délicats sous-vêtements des femmes. » « Cette nuit j'ai fait un rêve : *Dans ma chambre je regardais un miroir et n'y voyais que ma tête ; j'avais sur la tête une coiffure féminine, quelque chose comme un chapeau ou plutôt un fichu, comme les vieilles femmes en portent à la maison, chez nous ; j'avais un visage rond, joli, qui me plaisait bien ; j'avais des cheveux sombres, mais mon visage n'était pas aussi passionné que celui de ma grand-mère. L'image que je voyais dans le miroir souriait.* »

« Voici mes associations par rapport à ce rêve : on dit que je ressemble beaucoup à ma mère ; l'une des filles et la femme d'un supérieur de mon père ressemblent à l'image que j'ai vue dans le miroir. » « À l'âge de neuf ans, j'ai frotté mon pénis aux genoux de ma demi-sœur, âgée d'environ vingt ans, qui était assise devant moi. Lorsque, dans les années qui suivirent, je lus quelque chose sur l'onanisme, je me souvins de cette scène et j'éprouvai de forts sentiments de culpabilité. » J'attire l'attention du patient sur le rapport entre les sentiments de culpabilité qui apparurent sûrement déjà à cette époque et son attitude féminine par rapport aux marins alors qu'il avait le même âge. Le patient raconte alors un souvenir « tout nouveau » : « Déjà à la première visite de ma demi-sœur chez mes parents, un an plus tôt, j'étais violemment amoureux de la jeune fille, qui avait alors dix-neuf ans. Déjà à ce moment-là, j'avais remarqué que mon père aussi l'aimait ; je crois avoir remarqué également qu'il l'embrassait. Par conséquent, j'aurais été très malheureux si mon père avait appris l'année suivante que je m'étais frotté aux genoux de ma demi-sœur. À la première visite de ma demi-sœur, mon père lui offrit une paire de belles bottes neuves, tout à fait à la mode, alors que je n'en avais que de vieilles, de mauvaise qualité. J'éprouvais une violente envie à l'égard de ma demi-sœur et je ne comprenais pas pourquoi mon père la favorisait. » Les visites de la demi-sœur suscitent des tendances aussi bien masculines que féminines. Voici un autre rêve du même patient : « *Je vois un endroit rasé, là où habituellement se trouvent des cheveux, et une partie d'un organe génital féminin.* » Ses associations sont les suivantes : « Quand un homme est rasé de frais, on dit de lui qu'il a l'air d'un porcelet ou d'un derrière d'enfant ; avant une opération abdominale, on rase la zone génitale des femmes. Pendant les premiers mois de mon analyse, je me suis consciemment donné beaucoup de peine pour la faire progresser ; depuis quelque temps je me comporte pendant l'analyse comme une femme qui sent croître en elle un enfant. » « Encore une association à propos du rêve : Peut-être ai-je également ressenti légèrement que l'endroit rasé était une partie de mon propre corps. » Le patient se plaint d'un nouveau symptôme qui a fait son apparition : il s'agit d'une contraction spasmodique des parois de l'estomac et des intestins. Associations : « À huit ans je me trouvais au bord d'un lac, l'été pendant lequel un garçon qui était mon aîné m'informa des réalités sexuelles ; il y avait là des flaques d'eau ; on y voyait de petits poissons, longs d'environ deux centimètres. Hier, vous avez comparé mon comportement avec celui d'une femme enceinte ; aujourd'hui, ma maîtresse s'est plainte de maux de tête ; je lui ai demandé si en outre elle était indisposée. Elle m'a dit : Non, c'est pour plus tard. Maintenant j'ai aussi de légers maux de tête. » « C'est vrai que les petits poissons dont j'ai parlé font penser par leur forme à des spermatozoïdes. » Les contractions spasmodiques de l'estomac signifient des symptômes de grossesse, plus précisément les douleurs qui y sont liées. J'interprète les rêves et les associations de mon patient en lui disant que chez lui, derrière une virilité de façade, se cachent des tendances indéniablement féminines.

Un autre patient, âgé d'environ trente ans, qui se faisait traiter pour faiblesse de la puissance sexuelle [*Potenzschwäche*] et pour une fréquente *ejaculatio praecox*, avait partout réussi à s'imposer dans la vie, et ne donnait à personne l'impression d'être un malade ; il ne pouvait être question dans son cas d'une passivité particulière, et ce n'était que dans le domaine de l'amour qu'il n'était encore jamais parvenu à conquérir une femme. Spontanément, il me communiqua les associations suivantes : « Étant enfant et même plus tard, quand je prenais mon bain, je coinçais mes organes génitaux entre mes jambes, je serrais les avant-bras de façon à représenter des seins et je me disais : Si quelqu'un entre maintenant, il ne saura pas s'il a devant lui un homme ou une femme. » « Étant enfant, j'ai souvent essayé de faire entrer mes testicules dans mon corps, de telle manière qu'ils ne soient plus là ; c'était un jeu courant. » « De même j'ai essayé à plusieurs reprises de faire monter mon pénis jusqu'au nombril » (c'est-à-dire qu'il a essayé de pratiquer le coït avec lui-même). « J'enviais les contorsionnistes, parce qu'avec leur visage ils peuvent arriver jusqu'à leurs organes génitaux. » « Quand je n'ai pas d'érection, j'ai le sentiment de devoir fléchir mes reins vers le haut (il fait un mouvement de coït semblable à celui d'une femme) ; c'est pourtant un mouvement féminin. » « Dans un rêve ancien, *ma grand-mère me plongeait un poignard dans le cœur. Le sang coulait à flots, je criai si fort que je me réveillai.* » « Ne m'avez-vous pas dit une fois que c'était là un rêve typiquement féminin ? » « Mon premier coït avec une jeune femme ne réussit pas, parce que j'écartais les jambes, c'est-à-dire que je me comportais comme une femme pendant le coït. »

J'intercale ici deux remarques. Des tentatives de cacher les testicules entre les cuisses, de les faire entrer dans l'abdomen, de contracter les muscles du thorax pour simuler des seins [*Mammae*], de même que les tentatives de mettre le pénis en contact avec la bouche ou avec le nombril, c'est-à-dire de copuler avec soi-même, sont si fréquentes chez les garçons que je ne connais pas d'analyse d'homme dans laquelle il ne soit pas question de tentatives pareilles ou analogues pendant l'enfance ; elles ne sont pas rares non plus chez l'adulte[3]. Un homme — du reste manifestement homosexuel — me disait que lors de ses diverses tentatives de coït, il n'avait pu que très difficilement trouver l'entrée du vagin, parce qu'il était toujours obligé d'écarter les jambes, « en raison des sensations que cette position lui procurait à l'intérieur des cuisses ».

Voici maintenant quelques détails tirés de l'analyse d'un jeune homme dont le symptôme le plus marquant, en dehors d'une incapacité totale de s'approcher d'une femme qu'il désirait (jusqu'au début de son traitement il n'avait eu de rapports qu'avec des prostituées), était une indécision prononcée ; pourtant, extérieurement, il avait si bien réussi dans la vie qu'un profane n'aurait pu le tenir pour malade. Un jour nous avions parlé du thème or = fèces ; le lendemain il m'apporta le rêve suivant : « *J'ai perdu une dent de devant, du côté gauche, ainsi qu'un fragment d'or de la dent d'à côté ; j'ai avalé l'un et l'autre.* » Ses associations : « Avarice de mon beau-père à mon égard ; ma propre avarice ; je suis trop avare pour toucher au capital de l'entreprise ; je m'interdis les acquisitions les plus nécessaires et n'accorde rien non plus à mon directeur. Pensez à mon "état crépusculaire" avant l'analyse : je devais faire des affaires, et au lieu de cela j'errai toute la nuit dans la ville à la recherche d'un W.-C., ce qui veut dire que je ne voulais pas me séparer de mes fèces. Je préfère me masturber plutôt que de pratiquer le coït. » Je lui dis : Dans l'onanisme vous êtes homme et femme simultanément. Dans le rêve vous avalez du sperme (la dent blanche) et des fèces (l'or de la dent) ; de cette manière vous vous fécondez vous-même. Cela provoque les associations suivantes : « Lorsque j'avais de cinq à sept ans environ, j'échangeais souvent mes jouets de garçon contre des poupées et je jouais beaucoup avec elles. Entre quatre et six ans, j'ai vu chez une tante une très belle robe de soie et j'ai voulu tenter d'en couper un morceau pour moi. À huit ou neuf ans, j'ai essayé de tricoter comme ma mère ; à dix ans, j'ai regardé une tante qui faisait du crochet, et j'ai essayé d'en faire aussi, ce qui m'a assez bien réussi. À environ dix ans, je lisais très assidûment des livres pour fillettes. Je portais volontiers des culottes à pont comme étaient autrefois les culottes de femme, et cela m'obligeait à uriner accroupi, ce qui m'était très agréable. Aux eaux, je prenais d'abord mon bain dans la section des femmes ; quand je devins plus grand, je dus accompagner mon père au bain des hommes. J'aurais bien voulu retourner au bain des femmes et j'ai regretté d'avoir grandi. »

« Au téléphone on m'appelle fréquemment "Mademoiselle", parce que ma voix s'élève brusquement. » « J'aimerais être nourri par vous, c'est-à-dire que j'aimerais être nourri par vous comme par ma mère. » « Dans *Frau als Hausärztin*[4], j'ai lu que beaucoup d'hommes tourmentent continuellement leurs femmes avec leurs désirs sexuels ; en pensée, je m'en prends à ces hommes et je plains ces femmes. J'ai aussi regretté d'être un garçon et de devoir devenir un homme. Si j'avais été une fille, mon père ne m'aurait pas battu parce que je voulais posséder ma mère. Dans ma jeunesse, j'ai lu quelque chose sur une révolte d'Indiens ; les Indiens empalaient tous les garçons, mais laissaient la vie aux filles : j'aurais voulu être une fille. »

« À cause de mon onanisme, ma mère m'avait dit que mon pénis allait pourrir ; au contraire les filles ont une fente, rien ne peut pourrir de ce côté-là. Quand j'étais excité, on pouvait voir que j'avais une érection ; on ne pouvait remarquer l'excitation des filles. L'onanisme me faisait perdre du sperme, les filles ne peuvent perdre du sperme. »

J'intercale ici la communication d'un autre patient : « Lorsque je pleurais étant enfant, on me disait que les garçons ne doivent pas pleurer ; plus tard je serais soldat comme mon oncle, et un soldat ne pleure jamais, pas même si on lui coupe la tête.

Alors je me suis dit : Si c'est ainsi, je préfère ne pas être un garçon et ne pas devenir soldat; pourquoi diable faut-il que je sois un garçon ? » Un autre patient aborde une question qui se pose fréquemment pour lui et qui l'inquiète : « Comment cacher une érection dans diverses situations, par exemple à un bal costumé ? »

Bien que dans les trois cas esquissés ici l'analyse ait découvert sans peine une série de traits féminins, il ne s'agit nullement de représentants du type, décrit par Ferenczi, du « sujet homo-érotique »[5], mais d'hommes dont le trait commun est une faiblesse de la puissance sexuelle [*Potenzschwäche*]. Mais peut-être n'est-ce pas un hasard.

*

Examinons maintenant quelques processus qu'on observe souvent dans la vie et dans l'analyse.

À l'occasion d'un décès, des condoléances communes furent adressées à la sœur aînée d'une famille et à d'autres membres de la famille; on ne s'adressait pas en particulier au frère cadet. Tous les autres trouvèrent cela parfaitement normal, parce que des raisons impératives excluaient qu'une lettre lui fût directement destinée; pourtant le frère eut le sentiment que sa sœur avait été favorisée injustement et se mit en colère; c'était un homme qui avait toujours tenté de faire montre d'une masculinité marquée et de dominer les femmes.

Une patiente n'était jamais parvenue à la jouissance sexuelle complète; elle ne connaissait d'autre organe sexuel que son clitoris; son analyse avait révélé une indéniable envie du pénis : elle ne se lassait pas de s'en prendre aux hommes, particulièrement aux types nettement masculins. Comme l'analyse le montra, la cause de cette attitude était que son désir d'être elle-même un homme avait été frustré. Inversement, à mon sens, quand les hommes critiquent les femmes, cela vient souvent de leur dépit de n'avoir pas la possibilité d'être eux-mêmes une femme. Le patient cité plus haut, qui n'avait jamais pu trouver l'entrée du vagin, parce qu'il était obligé d'écarter les jambes lors du coït, évitait toujours les termes « femme » ou « fille » dans l'analyse, et recourait avec haine à une expression grossièrement vulgaire désignant le vagin.

À l'âge où les rapports sexuels ne leur sont pas encore possibles, les garçons ont coutume, manifestement sous la pression de leur poussée sexuelle, de représenter le coït dans des dessins obscènes. Fréquemment les garçons dessinent un organe génital féminin, manifestement parce qu'ils aimeraient en avoir un pour pratiquer le coït[6] ou — de façon plus narcissique — parce qu'ils voudraient en avoir un dans leur propre corps. Cette idée a l'air étrange, parce que nous sommes trop habitués à ne considérer le vagin que comme l'organe génital de la femme. Pour la représentation similaire du cloaque, on assiste pourtant au même phénomène ; nous ne trouvons pas du tout étrange de relier les deux séries de pensées : un homme tombe dans un cloaque et il en a un dans le corps pour éliminer de grandes quantités de matière (je rappelle à ce sujet les gargouilles de la cathédrale de Fribourg et d'autres sanctuaires).

En se déshabillant, beaucoup d'hommes jouent avec leurs doigts de pied et, en analyse, parlent de cette habitude avec de forts sentiments de culpabilité. C'est à mon sens une sorte d'onanisme, comme le fait de sucer son pouce, de se mettre les doigts dans le nez ou dans les oreilles. Chez les enfants, en effet, l'espace entre les doigts de pied, la bouche, le nez, les oreilles et le nombril remplacent l'organe génital féminin. Beaucoup de garçons se grattent les muqueuses nasales jusqu'au sang, ce qui signifie qu'ils créent artificiellement une blessure dans leur propre corps (je rappelle que pour l'inconscient, le vagin est une blessure qui saigne). Un patient d'environ trente ans me disait un jour : « Je regrette que les femmes aient deux ouvertures dans l'abdomen et l'homme une seule ; je les envie pour cette raison. » Comme on sait, l'anus joue fréquemment chez l'homme le rôle d'un vagin. Van Ophuijsen dit dans ses « Contributions au complexe de masculinité chez la femme » : « Il existe aussi des fantasmes de coït auto-érotique, où le rectum remplace le vagin et les fèces le pénis[7]. » Cette remarque est aussi valable pour les hommes, non seulement dans leurs fantasmes, mais aussi dans leur comportement ; nous savons tous que les hommes constipés utilisent leurs fèces comme pénis et leur rectum comme vagin dans l'onanisme anal. Chez un certain nombre d'hommes constipés, une éjaculation (et pas seulement un écoulement de sécrétion prostatique) a lieu pendant l'élimination des fèces.

Nous ressentons comme un signe de masculinité particulière qu'un homme fume un long et gros cigare, et nous sommes habitués à considérer le cigare comme un symbole du pénis ; mais en cela nous oublions que le fumeur met aussi continuellement le cigare dans sa bouche et utilise ainsi celle-ci comme organe érogène réceptif. Freud rattache le besoin de fumer à la succion voluptueuse de l'enfant qui tète sa mère.

Les hommes ont souvent l'habitude, pour décharger leurs affects, lorsqu'ils se tourmentent en vain, d'enfoncer le bouton de leur col dans la boutonnière de leur chemise et de leur col : peut-être le rôle passif des boutonnières a-t-il une certaine signification.

Un patient me rapporte le fait suivant : « Étant jeune homme, mon père se nettoyait chaque jour les oreilles au moyen d'une petite cuiller en corne; quand il eut pris de l'âge et que ma mère ne voulut plus avoir d'enfants, il commença à boire, comme beaucoup d'hommes dont les relations sexuelles avec leur femme se heurtent à des difficultés. Dans sa vieillesse, il a pris l'habitude de se rincer chaque jour les oreilles. » (Cela signifie qu'il avait constitué ses oreilles en zone érogène.) Dans les fantasmes des buveurs, la bouche joue le rôle d'un vagin; le fait de boire est souvent un substitut pour le fait d'être allaité [*Gestilltwerden*][8], c'est-à-dire pour une activité passive; dans ses fantasmes, le buveur peut aussi s'identifier avec une femme dans la bouche de laquelle on urine. Dans ce contexte, il faut à mon sens accorder une importance particulière au fait que souvent les hommes à qui la jouissance sexuelle est refusée deviennent des buveurs, c'est-à-dire commencent à agir de façon féminine. Nous nous souvenons de la description impressionnante que Freud a donnée, dans ses *Trois essais*[9], de la succion voluptueuse des nourrissons; il parle d'une sorte d'orgasme après l'allaitement [*Stillakt*][10]. Nous n'exagérons pas en disant qu'un garçon allaité est heureux comme une femme après le coït. Dans l'acte de l'allaitement, le garçon se comporte de façon passive-féminine dans la mesure où il est réceptif, et ou le mamelon du sein, analogue à un pénis, est enfoncé dans un organe réceptif, la bouche. Nous savons bien qu'alors les garçons mordent fortement avec leurs mâchoires et provoquent fréquemment des blessures au mamelon, ce qui signifie que l'étape orale-cannibale du développement joue un rôle dans l'acte de l'allaitement ; mais cela n'empêche pas ce dernier d'être fort semblable à un coït qui se produirait dans la bouche.

Lors de l'analyse approfondie d'un alcoolique, j'ai pu me persuader du fait que, pour ce patient, boire était une activité féminine, qui devait intervenir régulièrement chaque fois qu'il avait eu des rapports non satisfaisants avec sa maîtresse, une femme mariée. Or, il me semble que ce n'est pas un hasard si précisément ce patient qui, soit dit en passant, avait pendant toute la guerre conduit sa compagnie avec calme et sûreté — il était officier —, manifesta un nombre inhabituel de perceptions féminines ; en voici quelques-unes, en vrac : « Je suis une femme, un supérieur fort en vue est couché sur moi ; comment se comporterait-il dans cette situation ? » « Hier en prenant mon bain, j'ai fait dans la baignoire un mouvement absolument semblable à celui d'une femme pendant le coït. » « Récemment j'ai essayé dans mon lit d'imaginer les sensations de ma maîtresse pendant nos rapports, et j'ai fait de jolis mouvements de rotation » (il veut parler de mouvements sexuels). « J'ai parfois un sentiment désagréable à l'abdomen et je peux également le provoquer. » « Aujourd'hui j'ai entendu un exposé au sujet d'une opération des hémorroïdes, et cela m'a donné un sentiment d'angoisse ; j'ai eu l'impression qu'on m'avait fait mal à l'anus, et j'ai ressenti une crispation. » « J'ai entendu hier une femme qui racontait une naissance particulièrement difficile, et j'ai ressenti aussitôt à mon propre abdomen les sensations décrites. » « J'ai soudain le sentiment que si je levais les jambes, un organe génital féminin pourrait devenir visible. » « Cette nuit j'ai eu nettement le sentiment corporel de subir le coït comme une femme, c'est-à-dire entre l'anus et mes organes génitaux. » Pendant les premiers dix-huit mois de son analyse, ce patient était presque toujours étendu les jambes écartées, bien que j'eusse à maintes reprises attiré son attention sur ce symptôme. Je voudrais tout de suite remarquer que beaucoup de patients hommes peuvent imaginer dans leurs fantasmes l'agrément qu'il y aurait à être une femme et à subir ainsi le coït — même quand les tendances féminines ne jouent aucun rôle particulier dans leur vie.

Le patient que je viens de citer me rapportait que son périnée était fort sensible aux excitations, mais qu'en revanche son gland était complètement insensible. Au cours de l'analyse la sensibilité à l'excitation se transplanta progressivement toujours plus vers l'avant, d'abord sur le scrotum, ensuite sur le gland[11]. Ce phénomène est également connu des femmes expérimentées en matière amoureuse : quand elles veulent provoquer une érection chez un homme dont la puissance est faible, elles n'excitent pas le pénis, mais le périnée, le scrotum et l'intérieur des cuisses. J'ajoute que chez les petits garçons le périnée me semble de façon générale être une zone érogène ; beaucoup d'hommes se souviennent d'une excitation voluptueuse du périnée lors du jeu « À cheval sur mon bidet » ; une excitation qui peut gagner le scrotum, mais ne conduit que rarement à l'érection[12]. La situation est ici fort semblable chez la femme : dans l'enfance et chez la femme névrosée, seul le clitoris, cet embryon de pénis, est porteur de l'excitation ; le vagin comme organe sexuel n'est pas encore découvert ; chez le garçon et chez l'homme névrosé, seule la région qui correspond du point de vue de l'évolution à l'entrée du vagin et à ce qui l'entoure chez la femme est d'abord susceptible d'une excitation importante ; l'excitabilité du pénis, et notamment du gland, ne se constitue que progressivement. Un patient névrosé me racontait qu'il ressentait pendant le coït un sentiment de tension, une contraction spasmodique dans toute l'étendue du périnée, du scrotum à l'anus : selon lui, ce phénomène empêchait l'éjaculation.

Le refoulement du désir d'être une femme engendre chez beaucoup d'hommes une aversion contre tout ce qui est féminin. Ainsi, l'un d'eux a horreur des croupes larges, des séants généreux ou des seins qui pendent, parce que ce sont des attributs féminins. Derrière la haine de toutes les particularités féminines des femmes, se cache le désir de posséder ces mêmes particularités, et en outre l'envie de posséder le pénis des femmes, supposé plus grand[13]. Le sein pendant d'une femme a dans l'inconscient des hommes la signification d'un plus grand pénis féminin. De même le rabaissement de la femme naît de l'envie ; ainsi un patient déclare : « Je me suis vengé des femmes et en particulier de ma mère en faisant comme si elles n'existaient pas. » Un autre, souffrant d'*ejaculatio praecox*, précise : « Ainsi au moins, cela empêche la femme d'avoir un enfant. » La haine contre la mère, particulièrement contre la mère enceinte, s'exprime déjà chez l'enfant de la façon la moins équivoque. En jouant avec un collier qu'une mère, dont la grossesse était très avancée, portait au cou, un garçon de presque trois ans tenta de serrer la gorge de sa mère, en faisant glisser la boucle du collier vers le haut et vers le bas, de telle sorte qu'il aurait pu l'étrangler : cela signifie qu'il avait des désirs de meurtre et de castration à l'encontre de sa mère enceinte ; comme l'analyse le montra, ce geste n'était pas seulement de la colère contre le rival à venir, mais aussi de l'envie à l'égard de la grossesse de sa mère.

Comme nos analyses nous l'apprennent, le fait que les femmes sont seules à pouvoir mettre des enfants au monde et que cette possibilité est refusée aux hommes pose beaucoup de problèmes aux garçons ; ils n'acceptent que très difficilement cet ordre impitoyable de la nature. Un patient me disait : « Pour une fille, c'est une consolation, pas très grande il est vrai, de pouvoir se dire : Plus tard, pas maintenant, j'aurai des seins et je mettrai des enfants au monde — alors que le garçon doit admettre une fois pour toutes qu'il n'aura jamais de seins et qu'il ne mettra pas d'enfants au monde. » Beaucoup de petits garçons jouent avec les filles au jeu de l'accouchement ; ils mettent un coussin ou un autre objet sous leur habit, et au bout d'un moment le laissent tomber à terre : ils ont accouché d'un enfant[14]. Un garçon de presque trois ans croyait aussi avoir accouché d'un enfant : toutes les fois qu'il était sur le pot, il s'écriait : « Maman, viens vite, j'ai *né* quelque chose de beau[15]. » Des fantasmes de naissance anale peuvent être découverts dans toutes les analyses d'hommes. On sait à quel point les hommes traitent leurs fèces comme un enfant.

Voici maintenant quelques exemples d'autres fantasmes inconscients relatifs à la conception et à l'accouchement : Un patient, soudainement licencié par un directeur qu'il idolâtrait, tomba dans un état nettement dépressif ; il parla alors d'un fantasme où il était question de se tirer dans la bouche avec un revolver ou de se tuer en se donnant un coup dans la bouche avec le doigt tendu ; cela lui rappela un fantasme plus ancien, où il s'agissait de déflorer une jeune fille et d'absorber son sperme et son sang à elle : « Une éjaculation peut être comparée à un tir ; un tir détruit des vaisseaux sanguins, le sang se mêle à la poudre et au gaz projetés hors de la bouche du pistolet ; en d'autres termes : ici aussi le sang se mêle au sperme. Le sperme provoque une grossesse ; celle-ci une naissance ; une naissance peut conduire à la mort. » (Il est vraisemblable qu'il faille voir ici une comparaison entre la naissance et l'explosion d'une part, et d'autre part entre la procréation et l'explosion.) Derrière les fantasmes de suicide se manifestaient donc un désir évident d'être *engrossé* par son directeur. Le garçon (tout comme la fille) se représente la procréation de la façon suivante : l'homme (ou le garçon) perd son pénis, il doit l'incorporer dans la femme. La femme le conserve et l'utilise pour faire l'enfant ; le garçon ne soupçonne pas ou n'admet pas que la femme n'ait pas de pénis ; pour lui la femme reçoit l'enfant en plus de son propre pénis, en avalant le pénis (éventuellement avec les testicules ; les testicules forment alors les seins, le pénis l'enfant) ; autre représentation : la mère accueille le pénis du père dans son pénis vide et accouche par une sorte de tuyau d'accouchement ; l'acte de procréation renforce l'angoisse de castration du garçon, parce qu'il imagine que cet acte lui fait perdre son pénis, et augmente son envie à l'égard de la femme, qui reçoit le pénis. Un patient de vingt ans me rapportait qu'il se représentait la procréation de la façon suivante : Au cours d'une opération, le médecin prélève les testicules de l'homme et les greffe dans l'abdomen de la femme, en les introduisant par le nombril ; là-dessus l'homme attend une année, jusqu'à ce que ses testicules aient repoussé. Mon patient fut très étonné d'apprendre qu'il s'était trompé. Cette angoisse de castration engendre de la haine contre la femme. Parce que le garçon se représente la conception et l'accouchement comme des choses si difficiles et si effrayantes, si remplies de mystères, il éprouve un désir ardent d'obtenir lui aussi ce pouvoir, et c'est pourquoi il envie tellement ce pouvoir qu'ont les femmes. Freud dit dans « Le problème économique du masochisme » : « De l'organisation génitale définitive découlent naturellement les situations caractéristiques de la condition féminine, consistant à subir le coït et à accoucher[16]. » Je crois que l'accouchement fait l'effet d'être un phénomène parfaitement actif : projeter au-dehors un enfant apparaît comme une manifestation de puissance plus grande que le processus de l'érection ; tous les hommes éprouvent une impression bouleversante quand ils voient pour la première fois la tête d'un enfant sortir du vagin. L'envie à l'égard de la possibilité d'accoucher réservée aux femmes (que j'appellerai pour être bref *envie d'accoucher*) est un stimulant essentiel de la productivité des hommes[17].

Il faut encore mentionner une forme particulière de l'envie que l'homme porte aux attributs féminins : c'est l'envie des seins [*Mammae*]. Je crois que pendant l'enfance, dès que d'autres ont quelque chose de *plus* que nous, nous en sommes envieux. Il est inévitable que les seins excitent l'envie des garçons et provoquent le désir de posséder de tels organes ; ceci d'autant plus que les seins, comme nous l'avons déjà signalé, représentent toujours, pour l'inconscient des garçons, un puissant pénis. En outre, ces organes féminins ont une fonction dont le garçon ne trouve aucun équivalent dans son propre corps. Un patient dont l'analyse fut très approfondie me rapportait ce qui suit. « J'ai fini progressivement par me résigner au fait que d'autres hommes et d'autres garçons aient un pénis plus grand que le mien, puissent uriner plus loin et plus haut ; mais je ne pourrai jamais oublier un souvenir qui me tourmente encore, et qui se rattache à l'incident suivant : la nourrice de mon frère cadet, d'environ huit ans plus jeune que moi, l'avait pris sur ses genoux pour l'allaiter. Pour enlever quelques gouttes de lait séchées, elle prit l'un de ses seins dans la main et pressa sur lui, de sorte qu'un fin mais puissant jet de lait, jaillissant du mamelon, me gicla sur le visage. Ce processus inattendu provoqua en moi de l'admiration et de l'effroi, et la sensation qui s'inscrivit en moi était : jamais tu ne pourras faire cela, c'est un avantage que les femmes ont sur toi. »

Je disais à l'instant que tout « plus » excite notre envie : nous pouvons dire aussi que tout « autrement », que nous ne pouvons atteindre, provoque des sentiments d'infériorité. En cela la qualité de cet « autrement » n'importe pas tellement. On a souvent souligné, et toute analyse de femme en apporte de nouvelles preuves, que la petite fille est très envieuse du fait que le garçon peut uriner en un jet continu, plus loin et selon un arc plus élevé. Mais beaucoup d'hommes se souviennent d'une expérience vécue dans la nursery : leurs petites sœurs pouvaient uriner en un jet plus large et provoquaient dans le pot un bruit tout autre, plus sourd. Un de mes patients se souvenait très nettement qu'il souffrait et qu'il était très humilié de ne pouvoir produire lui aussi ce bruit. Par la suite, son idéal dans la vie était de se servir d'un tuyau de jardin au moyen duquel il pouvait gicler alternativement un jet continu ou un jet fragmenté.

*

J'aimerais nommer provisoirement et de façon globale « complexe de féminité de l'homme » l'ensemble des phénomènes que j'ai rapidement décrits.

Les rapports entre le complexe de féminité et le masochisme de l'homme sont évidents ; je n'en parlerai pas davantage, pour ne pas rendre mon exposé trop complexe.

Je voudrais maintenant évoquer deux patients hommes, gravement malades, pour montrer la grande importance que prenait dans la construction de leur névrose le « complexe de féminité », qui ne fut mis au jour chez eux qu'en surmontant de grandes difficultés.

Le patient dont je parlerai d'abord est difficile à caractériser tant en ce qui concerne son caractère qu'en ce qui concerne son complexe de symptômes : en d'autres termes, il souffre un peu de tous les maux et infirmités imaginables, mais aucun complexe de symptômes n'est assez prononcé pour qu'on puisse établir un diagnostic précis sur cette base. Sa vie était aussi indécise que le profil de sa maladie ; on pourrait dire qu'il n'avait le courage de faire ni le mal ni le bien. Bien qu'en raison de son fort masochisme il se fût toujours préparé de nouvelles difficultés, il avait réussi dans sa profession et avait obtenu une position considérée. Pourtant son avenir lui paraissait sombre, il redoutait toujours des accidents venus du dehors, considérés en partie comme le châtiment de peccadilles, et était continuellement torturé par des idées hypocondriaques relatives à l'état de son corps, que des examens continuels, menés par des spécialistes, n'influençaient guère. Du fait de la mort de sa fille cadette, son hypocondrie se renforça tant que la vie lui devint un supplice. Il crut d'abord qu'il souffrait d'altérations pathologiques, d'épaississements du pharynx et de la gorge, puis il commença à rechercher des altérations pathologiques et des formations nouvelles dans son estomac, du côté du caecum et des reins, et à redouter la nécessité d'une intervention chirurgicale qui mettrait sa vie en danger ; simultanément, la défécation lui devint plus douloureuse. En décrivant cette dernière, il eut cette idée : « Récemment j'ai eu la pensée suivante : Peut-être mes maux sont-ils en rapport avec la représentation inconsciente d'une naissance anale ? Peut-être que je me comporte, en ce qui concerne mes autres maux, comme une femme qui porte un enfant en elle. » « Je me comporte comme une hystérique, qui veut absolument entendre dire qu'elle est malade, et je suis au comble du bonheur quand j'entends dire le contraire. » « Pendant les années de la puberté je manifestai un fort développement de la poitrine [*Mammaeentwicklung*] et j'avais le sentiment de démangeaisons aux mamelons[18] ; à vingt ans encore mon aspect extérieur était celui d'une jeune fille. » Je lui rappelai que, la première fois qu'il avait eu l'idée qu'il souffrait d'un carcinome à l'abdomen, c'était après avoir entendu parler d'une femme qui avait un carcinome à l'utérus. Au cours de l'analyse, de nombreuses associations témoignèrent d'un désir évident de grossesse[19].

Le lendemain il me raconta un rêve : « *Mon ami de jeunesse, Wilhelm, est mort à la guerre ; il s'est suicidé pour des raisons militaires et altruistes ; en même temps il vit et agit de toutes sortes de façons.* » Il y ajouta cette série d'associations : « Au cours de ces derniers jours, j'ai lu un roman qui se passe sous les

Tropiques ; un lieutenant tombé en captivité y joue un rôle ; il avait une blessure mal guérie au ventre, et avait perdu tous ses galons d'officier ; il portait un uniforme fait de pièces et de morceaux, il fut maltraité par un gardien et giflé ; au bout d'un certain temps, on s'aperçut qu'il était vraiment lieutenant et on lui présenta des excuses. Wilhelm est effectivement mort à la guerre (il était lieutenant) en un lieu inconnu ; en beaucoup de choses il me ressemblait fort. Étant enfants, nous avons beaucoup vécu ensemble et nous avons été élevés dans les mêmes principes par nos parents. À propos de mes parents, il me vient à l'idée que, il y a quelques jours, je leur ai raconté un rêve datant de l'époque où j'avais quatre ans (et qui avait été présenté il y a longtemps en analyse) : *"Je veux aller avec ma mère au Jardin zoologique ; à la porte un tigre furieux bondit vers nous ; il veut mordre ma mère ; je tends ma jambe au tigre, pour qu'il ne morde pas ma mère ; le tigre me mord violemment la jambe et nous laisse libres d'entrer dans le zoo."* » À cela, le patient ajoute un nouveau détail : « *Je sens nettement la douleur qui me brûle.* » En raison de nombreuses associations, j'attire l'attention du patient sur son identification avec le lieutenant du roman et avec son ami de jeunesse, Wilhelm, et je lui demande ce qu'il associe au fait que Wilhelm, est « tombé ». Le patient répond par un bon mot à propos d'une fille « tombée »[20]. Je fais remarquer l'identification avec une fille. Le patient : « Cela me fait penser à ce bon mot [*Witz*] : Chez le médecin, une mère dit à sa fille : Riekchen, tiens-toi droite, pour que le docteur voie comme tu es penchée. » J'explique au patient que son rêve contient le désir latent de se transformer en une jeune fille (cf. la blessure mal guérie au ventre qui est attribuée au lieutenant dans le roman), d'agir comme telle, de « tomber », c'est-à-dire de subir le coït, et ce de la part du père, afin que le père ne blesse pas la mère. J'ajoute qu'il a eu ce désir à quatre ans déjà, mais qu'il ne l'a pas satisfait et que depuis lors il n'a pu se décider à jouer ni le rôle de l'homme ni celui de la femme. Je pensais que depuis ce rêve il devait avoir eu continuellement un sentiment de culpabilité, parce qu'il n'avait pas mis en pratique le désir qui s'était exprimé dans le rêve ; peut-être pourrait-on aussi parler ici d'une tâche, sinon d'une tâche vitale, qu'il n'avait pas remplie jusqu'à ce jour. Je lui rappelai qu'il avait aimé avec une ardeur particulière sa fille décédée et qu'il s'était fortement identifié avec elle ; qu'en outre, pendant ses premières années d'enfance (quand il avait de quatre à cinq ans environ), il avait ardemment désiré avoir une petite sœur, et qu'il avait peut-être aussi désiré être lui-même une fille. Maintenant que sa fille était morte, il se sentait très fortement poussé à prendre le rôle d'une femme[21]. D'autre part, son identification avec le lieutenant du roman permettait de conclure qu'il avait aussi le désir de voir tout de même sa masculinité reconnue un jour.

Si je me suis permis de parler d'une « tâche vitale », c'est en raison de certaines analogies que je vois entre ce cas et celui d'un autre patient, qui m'avait parlé directement d'une telle tâche. Pour ce patient aussi, il était impossible d'établir un diagnostic, car il présentait des symptômes de toutes les maladies névrotiques que nous connaissons. Le cas était le suivant : Le patient, nettement masochiste, avait été presque complètement impuissant jusqu'à sa trentième année et, depuis son enfance jusqu'au début de son traitement (qui devait durer de nombreuses années), il ne s'était régulièrement satisfait qu'au moyen de fantasmes sadiques, dans lesquels des hommes étaient torturés; son masochisme moral allait si loin que, dans sa vie publique et privée, il devait payer tout succès, si minime fût-il, d'un tort qu'il se faisait à lui-même. Voulait-il obtenir de l'avancement dans sa profession pour assurer son existence, il lui fallait ralentir le déroulement de son analyse; avait-il travaillé avec succès un ou plusieurs jours de suite au cours de son analyse, il lui fallait infailliblement commettre pendant son travail une imprudence qui le rendait ridicule ou lui faisait craindre d'être licencié. Alors que depuis des années il avait fait de vains efforts pour terminer ses études, il demanda avec toujours plus d'insistance, à un certain stade de l'analyse, s'il était génial et si son génie apparaîtrait au grand jour grâce à l'analyse. Un jour, il fit les associations suivantes : « L'onanisme est une découverte géniale, qui m'a permis de prendre continuellement possession de ma mère; ma mère le sait, mais pas mon père. » « Chez nous, à la maison, au lieu de "ma femme", on dit pour plaisanter : "ma côte"; quand les enfants mangent trop, on leur dit : Ça te sortira par le coude. »

Là-dessus il me décrit de façon vivante les fantasmes qu'il a eus au cours de ces derniers jours : mordre son amie pendant le coït ou en se promenant avec elle, avant son départ; ou vouloir, en la mordant, lui arracher un doigt pendant un bal. En disant cela, il fait un lapsus : au lieu de *Finger* (doigt) il dit *fingern* (tripoter), et explique son lapsus ainsi : « fingern » veut dire toucher, caresser, etc., l'organe génital féminin, *mit den Fingern* (avec les doigts)[22]. « Quand je me masturbe, je pratique le coït avec ma mère, que je me suis incorporée, afin qu'elle ne subisse le coït de personne et que personne ne puisse la tripoter [*fingern*]. J'ai été placé de force par mon père dans le corps de ma mère, mais je me suis incorporé ma mère par ma propre toute-puissance. »

« Depuis ma plus tendre enfance, je suis incapable de boire du lait ; en particulier, je ne puis pas prendre dans ma bouche la peau du lait. Au cours de ces derniers jours j'ai sucé les seins de ma maîtresse, et leur excitation ma permis de comprendre que les seins sont les organes sexuels de la femme. Quand je m'incorpore ma mère, elle ne peut plus allaiter [*stillen*] personne comme elle a allaité mes frères et sœurs. Hier, j'ai engagé ma maîtresse à me baiser la main ; sur son refus, je me suis moi-même baisé la main à plusieurs reprises. Ma mère et moi nous sommes un ; ou c'est ma mère qui me donne un baiser ou c'est moi qui donne un baiser à ma mère. » Je lui rappelle ses nombreuses associations de ces jours derniers : présentées au prix de grandes résistances, elles concernent la présence d'un pénis chez la femme. En outre, j'interprète un rêve datant de sa cinquième année, et qu'il avait déjà raconté au début de l'analyse : « *J'accompagne ma mère sur le plus haut pont du monde.* » Voici le sens que je donne à ce rêve : dans les fantasmes de mon patient, il n'y a pas de différence entre sa mère et lui, sa mère possède aussi un pénis, par conséquent les deux possèdent un pénis. Du fait qu'il a incorporé sa mère en lui (avec son pénis à elle), et cela par voie orale, sa mère est devenue son pénis, le plus grand pénis du monde. Quand il se masturbe, il « tripote » le pénis de sa mère. Simultanément, il s'est incorporé le génie de sa mère, dont la sagesse n'a jamais été mise en doute par lui, et depuis il a des inhibitions qui l'empêchent de montrer ce génie au monde.

Après quelque temps, nous remarquâmes qu'il

progressait plus rapidement dans son analyse et parvenait à des résultats réels seulement pendant le mois qui précédait mes vacances d'été : c'était seulement pendant les vacances qui suivaient que se manifestaient des améliorations thérapeutiques. Il ressortit de ses associations qu'en analyse il se comportait tout à fait comme une femme enceinte, qui s'efforce de cacher longtemps au monde la conception, une fois qu'elle a eu lieu, pour ensuite mettre tout à coup au monde l'enfant désormais visible à tous. Dans cette phase de l'analyse il fit les associations suivantes : « Hier matin, en entrant dans le ministère où je travaille, j'eus le fantasme suivant : S'il se révélait que j'étais une jeune fille, quel effet cela aurait-il sur les secrétaires et les collègues ? Je pourrais regarder toutes les filles nues sans éprouver de sentiments de culpabilité et contempler le pénis des hommes sans envie. » À plusieurs reprises, il avait déclaré : « Mon patron ne me favorise plus — et cela me fait de la peine. » Là-dessus je lui avais fait remarquer qu'il voulait être la favorite de son patron ; il apparut clairement dans son rêve qu'il avait à l'égard de son patron une attitude nettement féminine ; à propos du même rêve il fit l'association suivante : « Mon père avait été le premier de la ville à engager une auxiliaire féminine ; cette jeune fille jouissait d'une position de faveur dans la maison ; après un temps de réflexion, on l'autorisa au bureau à utiliser les W.-C. réservés à mon père, et où les employés masculins n'avaient pas le droit d'entrer. » Les autres associations du patient manifestèrent très clairement l'envie qu'il éprouvait à l'égard de la position que la jeune fille possédait auprès de son père.

Quelques jours après, le patient se souvint d'avoir rêvé d'une « idée religieuse ». Il se mit à développer avec enthousiasme — et ce fut la première fois au cours de sa longue analyse qu'il s'anima et sortit de sa réserve —, un système « éthique », « religieux », une « nouvelle confession de foi », une « idée susceptible de donner le bonheur au monde ». Cette idée était la suivante : le fils devait renoncer à ses désirs actifs — désirs œdipiens et désirs de castration — à l'égard du père, se comporter envers lui comme une femme et de cette manière protéger la mère contre le père. Lui-même se sentait le fondateur de cette nouvelle religion mondiale; c'était le noyau de ses nombreuses idées : il s'agissait pour lui d'accomplir une seule fois dans sa vie, et dans n'importe quel domaine, une action extraordinaire et ainsi de devenir célèbre d'un coup et au-delà de toute mesure. Dans les jours qui suivirent, ces associations furent complétées par des fantasmes dans lesquels il protégeait sa mère contre l'agression sexuelle du père qu'il se représentait dans des fantasmes divers, où le coït des parents apparaissait sous la forme qu'il a dans les théories sexuelles des enfants. Toutes les fois que le père aurait pu attaquer ou souiller la mère, il s'était senti au cours de son enfance le devoir de servir d'écran de protection à sa mère, donc de remplacer la mère pour le père.

La question se pose maintenant de savoir pourquoi mon patient ne pouvait remplir cette tâche. On pourrait répondre simplement : parce que les composantes masculines innées de son être s'étaient élevées contre cette activité féminine; pourtant je crois que cette explication est insuffisante. Je vais tenter d'expliquer ce processus certes complexe en décrivant une particularité typique du processus de la *régression*. Nous savons que, lors de la régression, s'opère une génitalisation des stades de développement prégénitaux ; un exemple courant nous en est donné par l'avare ou le malade dépressif qui souffre d'une continuelle angoisse d'être appauvri et qui, à l'occasion de n'importe quelle dépense nécessaire, éprouve les mêmes sensations qu'un homme à caractère génital lorsqu'il risque de perdre un objet sexuel ou qu'il est menacé de castration. Tous les analystes ont si souvent observé ce processus de génitalisation des stades prégénitaux que je puis me dispenser de citer d'autres exemples. À propos de la perversion, Freud écrit : « Nous la considérons désormais comme étant en rapport avec l'amour objectal incestueux de l'enfant, avec son complexe d'Œdipe. Elle se manifeste d'abord sur le terrain de ce complexe, et celui-ci une fois effondré, elle survit souvent toute seule, héritière de son investissement libidinal et chargée de la conscience de culpabilité qui le caractérise[23]. » Lors de la régression à des stades prégénitaux, on peut observer un processus analogue ; l'activité qui se produit à l'un de ces stades est accompagnée des mêmes sentiments de culpabilité qu'une activité génitale ; l'image dont nous nous servons couramment est : *Les sentiments de culpabilité suivent la régression*, de même qu'un wagon de chemin de fer est poussé d'une voie sur une autre.

On peut encore établir un autre parallélisme entre la perversion et le processus de régression. À propos des perversions, j'avais exposé en 1920, dans une « brève communication », que lors du développement des perversions à partir du complexe d'Œdipe, les buts originels des désirs œdipiens ne sont pas abandonnés, mais seulement déguisés. Je reprends un exemple de ma communication : Un patient, qui avait commencé chez moi un traitement pour homosexualité passive consciente, présente en cours d'analyse les fantasmes suivants : subir le coït *per anum* de la part d'un homme et couper le pénis de ce dernier ; ou subir le coït en tant que femme *per vaginam* et mettre à mal de la façon la plus diverse les organes génitaux de l'homme. Dans de nombreuses associations, il avait décrit l'organe génital féminin comme un dangereux organe de castration, dont il était indéniablement envieux[24]. J'ai traité ce sujet d'une manière plus détaillée dans ma conférence de Wurtzbourg intitulée « Homosexualité et complexe de castration[25] ». Je tire un exemple du matériel que j'y avais présenté : Un jeune homosexuel est fortement fixé sur sa sœur et masturbe l'amant de celle-ci, avant une visite qu'il doit lui faire, pour le rendre impuissant. Ici, une action homosexuelle, qui est généralement comprise comme une manifestation d'amitié entre hommes, sert à *déguiser un désir actif de castration*.

Je vais maintenant essayer de montrer par un exemple qu'il ne suffit pas de dire que lors du processus de régression les stades prégénitaux sont génitalisés et que les sentiments de culpabilité les « suivent » : il faut encore ajouter qu'à cette occasion aucun des buts provenant de la situation œdipienne n'est abandonné. Je connais une femme dont le père créa d'importantes entreprises industrielles, se couvrit de dettes et mourut prématurément ; depuis lors, sa fille, bien qu'elle fût mariée et qu'elle eût une foule d'enfants et de petits-enfants, ne connaît plus qu'un intérêt dans l'existence : voir prospérer les entreprises créées par son père. Parmi de nombreux prétendants, elle avait épousé celui qui lui avait paru le plus capable de valoir aux entreprises de son père l'honneur et la considération ; elle a développé un caractère indéniablement sadique-anal, quoiqu'elle se montre par ailleurs très charitable. En tout cela, ses pensées et ses actions sont guidées par un seul motif : faire croître la réputation et les propriétés de son père et empêcher celles-ci de subir un revers ou d'être détruites, ce qu'elle redoutait toujours de façon maladive. Bien que son mari ait donné un grand renom aux entreprises de son père, il a fait une chose qu'elle ne lui a jamais complètement pardonnée : une fabrique possédait une vieille cheminée, visible de fort loin ; sans demander l'avis de son épouse, le mari la fit démolir pour construire à sa place un vaste bâtiment. J'ai l'impression que cette femme se comporte au stade sadique-anal comme elle s'est comportée dans ses fantasmes inconscients, au stade génital, par rapport à l'incorporation en elle du membre de son père : continuellement animée du désir de faire croître en elle l'organe qu'elle s'est incorporé et de le montrer un jour au monde qui l'honorera, et continuellement tourmentée par la crainte d'avoir à perdre le joyau qu'elle s'est approprié de façon irrégulière.

Je crois que cette importante particularité du processus de régression peut être retrouvée dans tous les cas. Dans la régression, tout se passe comme si le jeune Œdipe se mettait un masque pour qu'on ne reconnaisse pas ses désirs ; par son masque, il voudrait donner l'idée qu'il est tout à fait innocent comme s'il voulait se dire et dire à autrui : « Vous voyez bien, je n'ai pas de désirs genitaux dirigés vers la mère, je me trouve à un stade prégénital. » Mais les désirs ne sont pas abandonnés, les sentiments de culpabilité les suivent, et l'activité au stade plus ancien ne peut pas être conduite avec succès. C'est à mon sens l'une des raisons pour lesquelles les deux patients que j'ai décrits ci-dessus ne pouvaient pas mettre en pratique de façon conséquente leurs désirs féminins.

Pour expliquer ce qui a été dit de ces deux cas, je remarquerai que mon premier patient a raconté d'abord le rêve du tigre sous la forme suivante : « *Je veux aller avec ma mère au Jardin zoologique; à la porte un tigre furieux bondit vers nous; il veut mordre ma mère; je tends ma jambe au tigre, pour qu'il ne morde pas ma mère; le tigre me mord violemment la jambe...* » La dernière phrase du récit : « *...et nous laisse libres d'entrer dans le zoo* » n'a été prononcée que beaucoup plus tard. C'est pourtant sur elle qu'il convient d'insister : elle montre que si le patient voulait être traité en femme par le père, c'était pour que le père lui laisse la voie libre vers la mère. Chez mon second patient, on peut donner le même sens aux désirs qu'il exprime de subir de la part du père tous les actes pervers que ce dernier exerce sur la mère. *Le père doit être détourné de la mère, pour que la voie qui conduit à la mère soit libre pour le fils*. C'est comme si le fils disait : « Je me sers des mécanismes prégénitaux, dans le cas particulier de la régression à une phase féminine du développement, pour atteindre mes buts génitaux, c'est-à-dire pour que le père laisse la mère en paix et que je puisse l'avoir. » C'est pourquoi ces désirs féminins, extrêmement pénibles aux patients, étaient entachés de sentiments de culpabilité; ils ne pouvaient être rendus conscients que par un travail analytique difficile et ne permettaient pas un passage à l'acte. Chez les deux patients se manifestèrent des résistances particulièrement violentes qui s'opposaient à ce que l'angoisse de castration soit rendue consciente. D'autre part, le non-accomplissement des désirs féminins provoquait également des sentiments de culpabilité, puisqu'il permettait au père de continuer à tourmenter la mère. La vie de mes deux patients était un combat entre tendances masculines et féminines, qui avait rendu leur personnalité fragile. Les tendances féminines, d'une intensité peu commune, et qui étaient maintenues dans l'inconscient avec un acharnement particulier, ne permettaient pas au patient de remporter un quelconque succès en tant qu'homme dans l'existence ; sans leur découverte progressive, l'analyse aurait échoué.

Même si de fortes résistances s'opposent à leur mise au jour, on peut souvent parvenir assez tôt dans l'analyse à la conclusion que des patients ont des désirs féminins, en partant des formations réactionnelles et des rêves. C'est le cas lorsqu'un homme entre dans une violente colère à l'idée que sa maîtresse pourrait le chatouiller dans l'oreille ou dans une autre cavité corporelle, ou quand un homme est tourmenté par la crainte de devenir chauve. (Voir ci-dessus le cas du patient qui rêve d'un endroit rasé sur son propre corps.)

*

J'aimerais maintenant tenter de tirer quelques conclusions de ce qui a été dit.

Il existe une phase antérieure du développement féminin que le garçon ressent plus que la fille. Un patient me raconte le fait suivant : « Dans les premières années de ma vie, quand j'apprenais à marcher, j'ai possédé une poupée dont je ne pus jamais me séparer, si bien qu'elle devint une pauvre dépouille dont sortait de la paille. » Dans cette phase, la zone orale et la région du périnée peuvent être considérées comme zones érogènes dans une mesure plus large que le pénis. Une analyse suffisamment approfondie nous montre le garçon dans une phase de développement où il se conduit de façon passive dans ses relations avec le père, s'appuyant sur lui avec tendresse, comme une fille, cherchant protection auprès de lui ; lors de cette phase, les motions de haine contre le père ne sont pas encore développées.

Cette phase de développement, qui apparaît dans les premières années du garçon, peut connaître un renforcement régressif et devenir porteuse de sentiments de culpabilité si la tentative de liquider la situation œdipienne a échoué. Elle ne cesse jamais tout à fait de jouer un rôle dans la vie de l'homme. Très schématiquement, l'être masculin est d'abord une fille, il devient progressivement un homme en surmontant l'angoisse de castration et redevient une femme à un âge plus avancé[26]. En disant cela, je ne fais que me conformer à nos habitudes de langage. Ne dit-on pas : ce garçon a encore un visage de fille, un caractère virginal [*mädchenhaft*] ? À ce que je crois, ce n'est pas seulement en allemand qu'on dit : le jeune homme perd sa virginité lors du premier coït, comme s'il avait été précédemment une vierge et n'était devenu un homme qu'au moment du premier coït. D'un vieillard, on dira : il se comporte comme une vieille femme. Mais, même à la fleur de l'âge, les désirs inconscients d'être une femme ne cessent jamais tout à fait ; nous connaissons tous des hommes qui volent de succès en succès, qui ont apparemment atteint la pleine génitalité masculine, et qui pourtant ont un caractère difficile, à l'instar d'une *prima donna*.

La fixation à la phase de développement féminine ou la régression à celle-ci peuvent produire des phénomènes variés, comme l'envie à l'égard des fonctions de la femme, de leur capacité d'accoucher, d'allaiter, d'uriner autrement ; l'envie portée à leurs particularités corporelles, la possession des seins et en particulier la possession de leur vagin ; elles font apparaître un trait de caractère fréquent chez les névrosés : la misogynie. D'un point de vue purement descriptif, l'envie du vagin est tout fait analogue chez l'homme à l'envie du pénis chez la femme. L'envie du vagin a-t-elle chez l'homme des relations étroites avec le narcissisme, comme c'est le cas de l'envie du pénis chez la femme ? est-elle au contraire — sans parler de la bisexualité constitutionnelle — influencée essentiellement par l'attitude passive-homosexuelle à l'égard du père ? À mon sens il n'est pas possible de répondre à ces questions sur la seule base du matériel que j'ai présenté dans ce travail.

Dans « Quelques conséquences psychologiques de la différence anatomique entre les sexes », Freud écrit : « On sera prêt à concéder que la plupart des hommes restent bien en deçà de l'idéal masculin, et que tous les individus humains, en raison de leur constitution bisexuelle et de leur double héritage, réunissent en eux des caractères masculins et féminins, en sorte que la pure masculinité et la pure féminité demeurent des constructions théoriques dont le contenu est incertain[27]. »

Quand nous analysons une femme, notre but est de transformer un être névrosé, dans lequel se mêlent des traits masculins et féminins, en une femme qui renonce à son envie du pénis, de telle sorte que sa zone érogène prépondérante ne sera plus le clitoris, mais les muqueuses de son vagin, qui parviendront ainsi à une sensibilité complète : elle sera alors fière et heureuse d'être une femme et deviendra telle dans tous les sens du terme. Inversement, dans l'analyse d'un homme, il nous faut mettre au jour tous les traits féminins de notre patient, le délivrer de ses désirs d'être une femme et l'aider ainsi à parvenir à la jouissance sereine et continue de sa pleine génitalité masculine.

Pour expliquer l'interaction qu'on peut observer entre les désirs inconscients de mener l'existence d'un homme ou d'une femme, je propose à mes patients l'exemple des deux surfaces d'un liquide dans un tube communicant en forme d'U : si l'on compresse l'une des surfaces, l'autre montera de l'autre côté du tube, et inversement. Pour confirmer cette vue, je vais donner l'analyse rapide d'un rêve. Il s'agit d'un patient qui est inhibé, mais nullement un homosexuel manifeste. Le rêve et les associations s'y rattachant sont les suivants : « *En présence d'un homme je laisse beaucoup d'urine dans un seau.* » « Là-dessus je me suis réveillé à la suite de fortes douleurs à l'anus ; je pense à des contractions du sphincter. Les douleurs se manifestent souvent la nuit de façon si violente qu'elles m'arrachent des cris. De jour aussi, il m'arrive d'être assailli par de telles douleurs ; mais je peux en être détourné si par exemple je rencontre un homme que je connais ; il est vrai qu'après, les douleurs se manifestent de façon encore plus violente. Il y a quelque temps, je voulus adresser la parole à une jeune fille dans la rue : j'en fus empêché par un violent accès de douleur. Ces douleurs s'étaient manifestées une fois dans un rêve ancien, où je subissais le coït *per anum* de la part de mon père. Les douleurs à l'anus se manifestent maintenant quand j'ai une forte érection pendant la nuit, ou alors c'est quand j'ai mes douleurs qu'a lieu une érection qui dure longtemps ; il y a certainement interaction entre les deux phénomènes. J'éprouve un sentiment de bien-être quand une grande masse de fèces passe par mon anus. Si je pense à mon homosexualité passive, telle que l'analyse me l'a fait connaître, je me demande si ces douleurs expriment que je suis prêt à subir le coït *per anum,* ou si au contraire elles sont une défense contre cela. » Moi : il y a ici une analogie avec la contraction du vagin chez la femme.

« Il y a quelques jours un chanteur de mes amis utilisa dans ma chambre le seau de mon rêve et y urina ; je m'étais énergiquement élevé contre son désir de passer la nuit chez moi, parce que je craignais que ma logeuse me tienne pour un homosexuel. Le chanteur est très aimé des femmes et a eu de nombreuses aventures. Dans le rêve, je veux probablement lui en imposer ; le coït n'est-il pas semblable au fait d'uriner dans une femme ? Ma maîtresse n'a pas été indisposée ce mois-ci ; j'en suis très fier. Bien qu'elle soit indépendante et ne dépende plus depuis longtemps de ses parents, j'ai à leur égard très mauvaise conscience. » Nous voyons ici clairement le rôle des sentiments de culpabilité latents dans la constitution d'une féminité réactive, si je peux m'exprimer ainsi. Les pensées latentes du rêve contiennent le désir de l'emporter sur un homme auquel on envie ses aventures amoureuses, des sentiments de culpabilité provoqués par la possibilité d'une grossesse et le désir de subir le coït *per anum*, c'est-à-dire d'assumer les fonctions d'une femme.

Lorsqu'on communique à une femme qui connaît bien les résultats de la recherche psychanalytique qu'il existe chez les hommes une envie du vagin aussi importante que l'envie du pénis chez les femmes, elle vous répond parfois qu'une telle chose est difficile à imaginer, puisque le pénis est un organe important et d'une grande valeur, qu'il est donc normal que la femme l'envie, mais qu'on ne comprend pas que l'homme puisse éprouver une motion correspondante. Ces propos me font penser aux mots de Freud : « Avec la reconnaissance de sa blessure narcissique se constitue — comme cicatrice en quelque sorte — un sentiment d'infériorité chez la femme. Après qu'elle a dépassé la première tentative d'expliquer le manque de pénis comme une punition personnelle et qu'elle a compris l'universalité de ce caractère sexuel, elle commence à partager le mépris de l'homme pour ce sexe diminué en un point décisif et, au moins en ce qui concerne ce jugement, elle tient à être l'égale de l'homme[28]. » Mais l'homme, qui ne porte pas en lui cette blessure narcissique, ne devrait pas avoir de difficultés à reconnaître que pour lui le vagin est un organe dispensateur de plaisir et particulièrement désirable, même s'il se sent offensé dans son narcissisme de ne pas posséder lui aussi cet organe[29].

FELIX BOEHM

Traduit de l'allemand par Luc Weibel.

*Clivage des éléments masculins et féminins chez l'homme et chez la femme**

Que les hommes et les femmes aient une « prédisposition à la bisexualité », c'est là une idée qui n'a rien de nouveau, ni dans le champ analytique, ni en dehors de celui-ci.

Je tenterai d'utiliser ici ce que m'ont appris sur la bisexualité des analyses qui ont progressé pas à pas jusqu'à un certain stade puis ont convergé sur un point particulier; mais je n'ai pas l'intention de décrire le chemin par lequel l'analyse en arrive à ce point. Disons seulement qu'un travail intensif doit être accompli avant qu'un tel matériel devienne significatif et passe au premier plan. Il est difficile de voir comment ce travail préliminaire pourrait être évité. La lenteur du processus analytique est la manifestation d'une défense que l'analyste doit respecter, comme nous respectons toutes défenses. Bien que ce soit le patient qui, continuellement, apprenne quelque chose à l'analyste, l'analyste devrait être à même de connaître, théoriquement, ce qui est en rapport avec les traits les plus profonds ou les plus centraux de la personnalité de son patient. Autre-

* Communication présentée à la *British Psycho-Analytical Society*, le 2 février 1966 et reprise dans le chapitre 5 de *Playing and Reality*, Londres, Tavistock Publications, 1971.

ment, il risque de ne pas reconnaître et, par conséquent, de ne pas saisir, dans sa compréhension et sa technique, les nouvelles demandes quand, finalement, le patient devient capable d'apporter dans le contenu du transfert des matériaux profondément enfouis, et offre ainsi à l'analyste la possibilité d'une interprétation mutative. C'est en interprétant que l'analyste révèle ce qu'il est capable de recevoir — beaucoup ou peu — de la communication de son patient.

La créativité est l'un des dénominateurs communs à l'homme et à la femme, c'est là l'idée sur quoi repose l'ensemble de cet article. Toutefois, on peut soutenir d'une certaine manière que la créativité est la prérogative des femmes, tout comme on peut, dans une autre perspective, dire que c'est un trait masculin. C'est ce dernier et troisième aspect que je retiendrai pour l'instant.

DONNÉES CLINIQUES

Un cas.

Je commencerai par un exemple clinique. Il s'agit du traitement d'un homme d'âge mûr, marié, père de famille, ayant bien réussi dans l'exercice d'une profession libérale. L'analyse s'est déroulée de façon classique. Cet homme avait déjà suivi une longue analyse et je n'étais pas, loin de là, son premier psychothérapeute. Un grand travail avait été accompli par lui-même et par chacun de ses thérapeutes ou analystes à tour de rôle ; de nombreux changements étaient intervenus dans sa personnalité. Mais il demeure toujours quelque chose qui lui prouve qu'il ne peut s'en tenir là. Il sait que ce pour quoi il est venu, il ne l'a pas encore trouvé. S'il renonçait, le sacrifice serait trop grand.

Dans la phase actuelle de son analyse, quelque chose a été atteint qui est nouveau *pour moi* : quelque chose qui est en rapport avec la manière dont j'aborde l'élément non masculin de sa personnalité.

Un vendredi, le patient était venu, me racontant beaucoup de choses comme à l'accoutumée. Ce qui me frappa ce jour-là, ce fut qu'il me parla de l'*envie du pénis*. J'utilise ces mots à dessein et je demande qu'on m'accorde que c'était bien là le terme adéquat en fonction du matériel apporté et de sa présentation. Il est rare qu'on ait recours au terme d'envie du pénis dans la description d'un homme.

Un changement marqua cette phase de l'analyse. Je lui dis : « Je suis en train d'écouter une fille. Je sais parfaitement que vous êtes un homme, mais c'est une fille que j'écoute, et c'est à une fille que je parle. Je dis à cette fille : "Vous parlez de l'envie du pénis." »

Je tiens à souligner que ceci n'a rien à voir avec l'homosexualité.

(On m'a fait remarquer que mon interprétation, dans ses deux parties, était assez proche d'un jeu et aussi éloignée que possible d'une interprétation autoritaire qui conduit à l'endoctrinement.)

Il m'apparut clairement, étant donné l'effet profond de cette interprétation, que ma remarque tombait juste ; si je rapporte l'incident, c'est que le travail commencé au cours de cette séance a réussi à nous faire sortir d'un cercle vicieux. En effet, j'avais fini par m'habituer à une sorte de routine : bon travail, bonnes interprétations, bons résultats, suivis chaque fois, au bout d'un temps, de désillusion et de destruction quand le patient était amené à reconnaître que quelque chose de fondamental restait pour lui inchangé ; c'était ce facteur inconnu qui avait conduit cet homme à poursuivre son analyse pendant un quart de siècle. Le travail qu'il faisait avec moi connaîtrait-il le même destin que celui accompli avec ses autres thérapeutes ?

Cette fois, mon interprétation eut un effet immédiat : acceptation intellectuelle et soulagement ; puis il y eut des effets plus éloignés. Après une pause, le patient dit : « Si je me mettais à parler de cette fille à quelqu'un, on me prendrait pour un fou. »

Les choses auraient pu en rester là, mais je ne regrette pas, étant donné ce qui suivit, d'être allé plus avant. La remarque que je fis ensuite me surprit moi-même ; elle confirmait ce que j'avais avancé. Je dis : « Il ne s'agissait pas de *vous* qui en parliez à quelqu'un ; c'est *moi* qui vois la fille et qui entends une fille parler alors qu'en réalité, c'est un homme qui est sur mon divan. S'il y a quelqu'un de fou, c'est *moi*. »

Je n'eus pas à élaborer l'interprétation : elle passa telle quelle. Le patient dit qu'il se sentait maintenant sain d'esprit dans un environnement fou. En d'autres termes, il était délivré d'un dilemme. Comme il le dit par la suite : « Je ne pouvais jamais dire (sachant que je suis un homme) : "Je suis une fille." Ce n'est pas ma façon d'être fou. Mais c'est vous qui l'avez dit, vous vous êtes adressé à ces deux parties de moi-même. »

Cette folie qui était la mienne lui avait permis de se voir comme une fille, mais *de ma place*. Il sait bien qu'il est un homme, il n'a jamais eu de doute à ce sujet.

Ce qui s'est passé là va-t-il de soi ? Pour ma part, il m'a fallu vivre une profonde expérience personnelle avant d'arriver à ma compréhension actuelle des choses.

Cet homme et moi, nous avions été amenés à conclure — tout en étant incapables de le prouver — que sa mère, qui n'est plus en vie, l'avait d'abord vu comme un bébé-fille avant de pouvoir penser à lui comme à un garçon. En d'autres termes, cet homme avait dû se conformer à l'idée de sa mère, à savoir que son bébé devait être et était une fille. (Il était le deuxième enfant, le premier étant un garçon.) L'analyse a confirmé que, lors des premiers soins qu'elle lui avait prodigués, sa mère le tenait et se comportait avec lui, physiquement, comme si elle n'arrivait pas à le considérer comme un garçon. C'est donc sur ce modèle qu'il avait par la suite organisé ses défenses[1]. Mais il s'agissait de la « folie » de la mère qui voyait une fille là où il y avait un garçon, ce qui se trouva actualisé quand j'eus dit : « C'est moi qui suis fou. » Ce vendredi-là, il partit, profondément ému. Il sentait que c'était le premier changement significatif qui s'opérait depuis longtemps dans son analyse, bien que, je le rappelle, le progrès, entendu comme accomplissement d'un bon travail, ait été continu.

Je donnerai de plus amples détails sur l'incident du vendredi en question. Le lundi suivant, il arriva en disant qu'il était malade. Il était clair pour moi qu'il avait la grippe et je lui dis que sa femme l'aurait, elle aussi, le lendemain, ce qui se produisit effectivement. Néanmoins, il m'invita à *interpréter* cette maladie, qui avait commencé le samedi, comme s'il s'agissait d'une maladie psychosomatique. Ce qu'il voulait me dire, c'est qu'il avait eu le vendredi soir des relations sexuelles satisfaisantes avec sa femme, qu'il aurait donc *dû* se sentir mieux le samedi, mais que, bien au contraire, il était tombé malade et s'était senti malade. Je laissai de côté les troubles physiques et lui parlai de ce qu'avait apparemment d'incongru pour lui son sentiment d'être malade après le rapport sexuel, alors qu'il avait pensé qu'il se sentirait mieux. (Effectivement, il aurait pu dire : « J'ai la grippe mais, malgré tout, je me sens mieux dans ma peau. »)

Mon interprétation se poursuivit dans le sens où elle avait débuté le vendredi précédent. Je dis : « Vous avez l'impression que vous devriez être content de l'interprétation que je vous ai donnée l'autre jour et qui a dégagé, libéré, un comportement masculin. *Mais la fille à laquelle je m'adressais, elle, ne veut pas que l'homme soit libéré*[2] et, effectivement, elle ne s'intéresse pas à lui. Ce qu'elle désire, c'est une totale reconnaissance d'elle-même et de ses propres droits sur votre corps. Son envie du pénis comporte tout spécialement l'envie qu'elle vous porte en tant que mâle. » Je continuai : « Le sentiment d'être malade est une protestation qui provient du self féminin, qui provient de cette fille, parce qu'elle a toujours espéré que l'analyse révélerait en fait que cet homme, vous, est et a toujours été une fille (et "être malade", c'est, en fait, une grossesse prégénitale). La seule fin à l'analyse que cette fille puisse rechercher, c'est la découverte qu'en réalité vous êtes une fille. » À partir de là, on commence à comprendre la certitude de ce patient que son analyse ne pourrait jamais se terminer[3].

Pendant les semaines qui suivirent, une grande partie du matériel confirma le bien-fondé de mon interprétation et de mon attitude. Le patient eut dès lors le sentiment que la menace de l'interminable ne pesait plus sur son analyse.

J'ai pu constater par la suite que la résistance du patient s'était muée en un déni de l'importance de ces mots que j'avais prononcés : « C'est moi qui suis fou. » Il tenta de passer outre en les considérant comme une façon qui m'était personnelle de dire les choses — une figure de style qu'on pouvait oublier. Mais, pour moi, il s'agissait d'un de ces exemples de transfert délirant qui déconcerte l'analyste autant que l'analysé. Le point crucial résidait justement dans cette interprétation que, je dois l'avouer, j'eus du mal à me permettre de faire.

Réfléchissant, après coup, à tout ce qui s'était passé, je demeurai perplexe ; il n'y avait là rien de nouveau, ni en fait de concept théorique, ni en fait de principe technique. En réalité, mon patient et moi-même, nous avions déjà foulé ce terrain. Et pourtant, il y avait bien quelque chose de nouveau : de nouveau dans mon attitude, de nouveau dans sa capacité à utiliser mon travail interprétatif. Je décidai de m'abandonner à tout ce que cela pouvait signifier en moi-même. On trouvera dans cet article ce qui en a résulté.

Dissociation.

Je constatai tout d'abord que jamais, jusque-là, je n'avais totalement accepté la dissociation complète entre, d'une part, l'homme (ou la femme) et, d'autre part, l'aspect de sa personnalité qui est de sexe opposé. Dans le cas de ce patient, la dissociation était presque totale.

Je me trouvais donc face à une arme usagée dont le fil est à nouveau tranchant et je me demandais dans quel sens cette découverte allait infléchir mon travail avec d'autres patients, hommes et femmes, garçons et filles. Je décidai d'étudier ce type de dissociation en laissant de côté, tout en les gardant à l'esprit, les autres types de clivage.

Éléments masculins et féminins chez l'homme et la femme[4].

Dans le cas que nous examinons, il s'agissait d'une dissociation sur le point de disparaître : la défense par la dissociation cédait la place à une acceptation de la bisexualité en tant que qualité du self total. Je constatai que j'avais affaire à ce que qu'on pourrait appeler un *élément féminin pur*. Je fus surpris tout d'abord de voir que je n'y pouvais accéder qu'en étudiant le matériel présenté par un patient homme[5].

Le cas de ce patient permet une autre observation clinique : une partie du soulagement qui suivit l'atteinte d'un nouveau palier dans notre travail en commun provenait de ce que nous étions en mesure désormais d'expliquer pourquoi mes interprétations ne furent auparavant jamais mutatives. Pourtant elles reposaient sur des bases solides : utilisation des objets, satisfactions érotiques trouvées dans le transfert, idées sadiques orales en rapport avec l'intérêt porté à l'analyste aussi bien comme objet partiel que comme personne pourvue de seins ou d'un pénis. Certes, mes interprétations furent acceptées, et après ? Mais, une fois cette nouvelle position acquise, le patient éprouva le sentiment d'avoir une relation avec moi — c'était là quelque chose d'extrêmement vif, qui était en rapport avec l'identité. L'élément purement féminin, clivé, avait trouvé avec moi en tant qu'analyste une unité primaire, ce qui donna à l'homme le sentiment d'avoir commencé à vivre. J'ai été très sensible à ce moment tournant, comme on ne manquera pas de le voir dans l'application de ce cas à la théorie.

Addendum à la partie clinique.

Il est payant de revoir le matériel clinique dont on dispose tout en gardant à l'esprit cet exemple de dissociation : l'élément clivé fille chez un patient homme. Le sujet pouvant rapidement devenir trop vaste et complexe, je m'en tiendrai à quelques observations.

a) On découvre parfois, non sans surprise, que c'est à la partie clivée que l'on a affaire et que l'on tente d'analyser, alors que le fonctionnement principal de la personne n'apparaît que sous forme projetée. C'est comme si, en traitant un enfant, on s'apercevait que l'on traite en fait l'un ou l'autre des parents par procuration. Toute variation sur ce thème peut se rencontrer.

b) L'élément de l'autre sexe peut être complètement clivé. Ainsi, un homme peut être incapable d'établir un lien quelconque avec la partie clivée — ce qui se produit surtout quand il s'agit d'une personnalité par ailleurs saine et bien intégrée. Quand la personnalité est déjà organisée avec des clivages multiples et fonctionne ainsi, l'accent mis sur le « je suis sain » est moins fort et, par conséquent, la résistance contre l'idée « je suis une fille » (dans le cas d'un homme) ou le « je suis un garçon » (dans le cas d'une fille) est moindre.

c) Sur le plan clinique, on peut constater une dissociation presque totale relative à l'autre sexe, dissociation qui s'est constituée très tôt en relation avec des facteurs extérieurs et qui s'amalgame à des dissociations ultérieures organisées en défenses s'établissant sur des identifications croisées. La réalité de cette défense qui s'organise ultérieurement peut combattre chez le patient la reviviscence dans l'analyse du clivage réactionnel antérieur.

(En règle générale, un patient cherchera toujours à tirer parti au maximum des facteurs personnels et *internes* — qui lui assurent un certain degré de contrôle omnipotent — plutôt que d'admettre qu'il réagit massivement à un facteur de l'environnement — distorsion ou défaillance. L'influence de l'environnement, bonne ou mauvaise, s'immisce dans notre travail telle une idée traumatique, intolérable parce qu'elle n'agit pas dans l'aire de l'omnipotence du patient. Que l'on songe au mélancolique revendiquant la responsabilité de *tout* le mal.)

d) La partie clivée de l'autre sexe tend à avoir toujours le même âge, ou, si elle croît, c'est très lentement. Par comparaison, les figures véritablement imaginaires de la réalité psychique intérieure mûrissent, établissent des relations les unes avec les autres, vieillissent et finissent par mourir. Par exemple, un homme qui dépend de filles plus jeunes pour maintenir vivant et perpétuer en lui son self-fille clivé pourra progressivement utiliser des filles en âge de se marier. Mais, s'il vit jusqu'à quatre-vingt-dix ans, il est peu probable que ces filles, elles, dépassent la trentaine. Toutefois, chez un patient homme, la fille (cachant le pur élément fille présent à un stade antérieur) peut avoir les caractéristiques d'une fille, être fière de ses seins, éprouver l'envie du pénis, devenir enceinte, être dépourvue d'organes génitaux masculins extérieurs et même posséder un appareil sexuel féminin et jouir d'une expérience sexuelle féminine.

e) Un aspect important de ce que j'avance est l'évaluation de tous ces facteurs en termes de santé psychiatrique. L'homme qui initie sexuellement des jeunes filles peut s'identifier dans une plus large mesure à la fille qu'à lui-même, ce qui lui donne la capacité d'éveiller la sexualité de la fille et de la satisfaire. Le prix payé par lui est qu'il ne retire qu'une mince satisfaction masculine et aussi qu'il ressent toujours le besoin de rechercher une autre fille, — le contraire de la constance de l'objet.

À l'autre extrême se situe la maladie de l'impuissance. Entre les deux se trouve toute la gamme de puissance relative, à laquelle se mêlent divers types et degrés de dépendance. La normalité dépend de l'attente sociale d'un groupe social quelconque à un moment donné. Ne pourrait-on pas dire qu'à l'extrême de la société patriarcale, la relation sexuelle est le viol, et qu'à l'extrême matriarcal, l'homme avec un élément clivé féminin qui doit satisfaire de nombreuses femmes fait prime même si, ce faisant, il s'annihile lui-même ?

Entre ces extrêmes se situent la bisexualité et l'attente d'une expérience sexuelle qui ne saurait être optimale, ce qui va de pair avec l'idée que la santé sociale est légèrement dépressive — sauf pendant les vacances.

Il est intéressant de constater que l'existence de cet élément féminin clivé empêche la pratique de l'homosexualité. C'est ainsi que mon patient avait toujours pris la fuite devant les avances homosexuelles au moment critique parce que (comme il me l'avait dit en venant me voir) pratiquer effectivement l'homosexualité eût été établir sa masculinité ;

or, du fait de l'élément clivé féminin de son self, il ne voulait jamais tenir celle-ci pour assurée.

(Chez l'individu normal où la bisexualité est un fait, les idées homosexuelles ne créent pas un conflit du même type, principalement en raison du facteur anal — élément secondaire — qui n'a pas encore pu assurer sa suprématie sur la fellatio; dans le fantasme d'union par fellatio, la question du sexe biologique de la personne n'est pas déterminante.)

f) Il semble que, dans l'évolution du mythe grec, les premiers homosexuels furent les hommes qui imitaient les femmes afin d'établir une relation aussi intime que possible avec la déesse suprême. Cette attitude était celle d'une société matriarcale d'où est issu le système religieux patriarcal avec Zeus à sa tête. Avec Zeus — symbole du système patriarcal — apparut l'idée du garçon aimé sexuellement de l'homme et, parallèlement, celle de la femme reléguée à un échelon inférieur. Si c'est là une vue juste de l'histoire du développement des idées, elle me fournit le lien nécessaire pour rapprocher mes observations cliniques sur le clivage de l'élément féminin chez les patients hommes et la théorie de la relation d'objet. (Le clivage de l'élément masculin chez la femme est dans notre travail d'une égale importance mais ce que j'ai à dire de la relation d'objet peut l'être en me servant d'un seul de ces deux exemples de dissociation.)

Résumé des observations préliminaires

Notre théorie doit tenir compte d'un élément masculin et d'un élément féminin chez le garçon et chez l'homme, chez la fille et chez la femme. La séparation de ces deux éléments peut être très importante. Une telle conception exige de nous, d'une part, l'étude des effets cliniques de ce type de dissociation, d'autre part, l'examen des éléments, masculins et féminins, « distillés ».

J'ai déjà fait quelques observations sur le premier point. J'examinerai maintenant ce que j'appelle les éléments « distillés » masculins et féminins, et non plus les personnes.

ÉLÉMENTS MASCULINS ET ÉLÉMENTS FÉMININS À L'ÉTAT PUR

Hypothèse relative au contraste existant entre divers types de relations d'objet.

Nous allons comparer et opposer les éléments masculins et féminins à l'état pur dans le contexte de la relation d'objet.

L'élément que j'appelle « masculin », je tiens à le souligner, circule dans les deux sens : se relier activement à, ou être relié passivement à — ces deux attitudes s'appuyant l'une et l'autre sur l'instinct. C'est dans ce sens que nous parlons de motion pulsionnelle[6] dans la relation du bébé au sein et au nourrissement, puis dans la relation à toutes les expériences qui intéressent les principales zones érogènes, et encore dans la relation aux pulsions et satisfactions subsidiaires. Mon hypothèse est que l'élément féminin pur, lui, est relié au sein ou à la mère dans un sens très différent : *le bébé devient le sein (ou la mère), l'objet est alors le sujet*. Je ne vois là nulle motion pulsionnelle.

(Il faut aussi se souvenir de la signification que l'éthologie donne au terme d'instinct ; toutefois, je doute fort que l'empreinte[7] puisse affecter le moins du monde le nouveau-né. Le thème de l'empreinte ne concerne pas, selon moi, l'étude des toutes premières relations d'objet chez le petit enfant. Il n'a en particulier certainement rien à voir avec le traumatisme de séparation à l'âge de deux ans — moment même où son importance a pu être évoquée.)

J'ai utilisé le terme d'objet subjectif pour décrire le premier objet, l'*objet qui n'a pas encore été répudié en tant que phénomène non-moi*. Ici, dans cette relation de l'élément purement féminin au « sein », on trouve une application pratique de l'idée de l'objet subjectif, et cette expérience ouvre la voie vers le sujet objectif — c'est-à-dire l'idée d'un self, avec le sentiment du réel qui naît de la conscience d'avoir une identité.

Si complexe que soit, au fur et à mesure de la croissance du bébé, la psychologie du sentiment du self et celle de l'établissement d'une identité, aucun sentiment du self ne peut s'édifier sans s'appuyer sur le sentiment d'*être* (*sense of* BEING). Ce sentiment d'être est quelque chose d'antérieur à *être-un-avec* parce qu'il n'y a encore rien eu d'autre que l'identité. Deux personnes séparées peuvent avoir le sentiment de n'être qu'un, mais à ce moment dont je parle, le bébé et l'objet *sont* un. Le terme d'identification primaire a peut-être été utilisé pour désigner précisément ce que je suis en train de décrire ; je voudrais montrer l'importance vitale de cette première expérience en tant qu'elle inaugure toutes les expériences d'identification qui vont suivre.

Les identifications projectives et introjectives proviennent de ce lieu où chacun est le même que l'autre.

Au cours de la croissance du bébé humain, le moi commence à s'organiser et ce que j'appelle le mode de relation objectale de l'élément purement féminin établit ce qui est peut-être la plus simple de toutes les expériences — l'expérience d'*être*. Ce qui est en jeu ici, c'est une continuité réelle de générations, à savoir ce qui est transmis d'une génération à l'autre par l'intermédiaire de l'élément féminin chez l'homme et chez la femme, chez le nouveau-né, garçon ou fille. Je pense que tout cela a déjà été dit, mais toujours en termes de filles et de femmes, ce qui obscurcit le thème. En réalité, il s'agit des éléments féminins qui sont à la fois aussi bien chez le mâle que chez la femelle.

À l'opposé, la relation objectale de l'élément masculin à l'objet présuppose la séparation. Dès que l'organisation du moi est disponible, le bébé dote l'objet de la qualité d'être « non-moi », séparé ; il éprouve alors les satisfactions du ça qui comportent la colère résultant de la frustration. La satisfaction pulsionnelle renforce la séparation entre le bébé et l'objet et conduit à l'objectivation de l'objet. Dès lors, sur le versant de l'élément masculin, l'identification s'élaborera à partir de mécanismes mentaux complexes, de mécanismes mentaux auxquels il faudra donner le temps de se développer pour trouver leur place dans le nouvel outillage mental du bébé. Toutefois, sur le versant féminin, l'identité n'exige qu'une structure mentale minime ; aussi cette identité primaire peut-elle exister très tôt. Disons que ce qui va fonder le simple fait d'être existe dès la naissance, ou même un peu avant, ou un peu après ; de toute manière, dès que l'esprit s'est libéré de ce qui handicapait son fonctionnement et était dû à l'immaturité autant qu'aux lésions cérébrales associées au processus de la naissance.

Les psychanalystes ont voué une attention particulière à l'élément masculin ou à l'aspect pulsionnel du mode de relation à l'objet, en même temps qu'ils négligeaient l'identité sujet-objet sur laquelle j'attire ici l'attention et qui est le fondement de la capacité d'être. L'élément masculin *fait* [does] alors que l'élément féminin (chez les hommes comme chez les femmes) *est* [is]. C'est ici qu'on pourrait évoquer ces mâles qui, dans le mythe grec, ont tenté de ne faire qu'un avec la déesse suprême. Nous trouvons là aussi un moyen de faire apparaître chez certains hommes l'envie, profondément enfouie, qu'ils portent aux femmes chez lesquelles, pensent-ils, à tort parfois, l'élément féminin est tenu pour allant de soi.

La frustration semble liée à la recherche de la satisfaction. Quant à l'expérience d'être, quelque chose d'autre lui est propre ; ce n'est pas la frustration qui est en cause, mais la mutilation. C'est ce point particulier que je désire maintenant étudier.

Identité : enfant et sein.

Il n'est pas possible de définir ce que j'appelle la relation de l'élément féminin au sein sans faire intervenir le concept de la mère suffisamment, ou non suffisamment, bonne.

(Cette remarque est plus vraie encore dans l'aire que nous étudions ici que dans l'aire comparable que recouvre le terme de phénomènes et d'objets transitionnels. L'objet transitionnel représente la capacité qu'a la mère de présenter le monde de telle manière que le petit enfant n'est pas tenu de savoir immédiatement que l'objet n'est pas créé par lui. Dans notre contexte immédiat, nous accorderons une pleine signification au mot adaptation, la mère offrant ou n'offrant pas au petit enfant la possibilité de sentir que le sein, c'est l'enfant. Le sein, c'est ici le symbole non du « faire » mais de l'« être ».)

Cette attitude qui favorise le développement de l'élément féminin exige une manipulation très subtile. On tirera profit à cet égard des écrits de Margaret Mead et d'Erik Erikson qui ont su décrire comment les soins maternels dans les cultures les plus variées déterminaient, à un âge très précoce, les modèles de défenses de l'individu et fournissaient l'esquisse des sublimations ultérieures. Ce qui est en jeu ici est si subtil qu'il convient de l'aborder en référence à *cette* mère-ci et à *cet* enfant-ci.

La nature du facteur de l'environnement.

Je reviendrai maintenant à ce tout premier stade où le modèle de comportement se constitue par la manière dont la mère traite son petit enfant. J'étudierai dans ses détails ce facteur très particulier de l'environnement. Ou bien la mère a un sein qui *est*, ce qui permet au bébé d'*être*, lui aussi, alors que le bébé et la mère ne sont pas encore séparés dans l'esprit rudimentaire du nourrisson ; ou bien la mère est incapable d'apporter cette contribution, auquel cas le bébé doit se développer sans la capacité d'être ou avec une capacité d'être qui demeure comme boiteuse.

(Cliniquement, il faut nous référer au cas du bébé qui doit établir une identité avec le sein qui est actif, c'est-à-dire un sein qui est un élément masculin mais qui n'est pas satisfaisant pour l'identité initiale, celle-ci réclamant un sein qui *est* et non un sein qui *fait*. Au lieu d'« être comme » [*being like*], ce bébé doit alors « faire comme » [*do like*l ou bien on doit agir sur lui [*be done to*], ce qui, pour nous, revient au même.)

La mère qui est capable d'accomplir cette chose très subtile à laquelle je me suis référé ne produira pas un enfant dont le self « purement féminin » enviera le sein ; en effet, pour un tel enfant, le sein, c'est le self et le self, c'est le sein. L'envie est un terme qui ne prend sa valeur que dans le cas où ce qui est en défaut, provoquant alors une déception toujours renouvelée, c'est le sein en tant que quelque chose qui EST.

Opposition entre les éléments masculins et les éléments féminins.

Ces considérations m'ont amené à de curieuses constatations sur les aspects purement masculins et purement féminins du petit enfant (garçon ou fille). J'en suis venu à l'idée que la relation d'objet [*object-relating*] définie en fonction de *cet élément purement féminin, n'a rien à voir avec la pulsion (ou l'instinct)*. Le mode de relation à l'objet soutenu par la motion pulsionnelle est le propre de l'élément masculin dans une personnalité qui n'est pas contaminée par l'élément féminin. Une telle hypothèse m'entraîne sur une voie difficile et pourtant c'est comme si, dans une description des premiers stades du développement affectif de l'individu, il fallait séparer non les garçons des filles, mais l'élément garçon non contaminé de l'élément fille non contaminé. Les conceptions classiques de la découverte et de l'utilisation de l'objet, celles de l'érotisme oral, du sadisme oral, du stade anal, etc., résultent des observations faites sur l'élément masculin pur. Les études sur l'identification, qui repose sur l'introjection ou l'incorporation, ont été faites à partir d'expériences où les éléments masculins et les éléments féminins sont déjà mêlés. L'étude de l'élément féminin pur nous conduit ailleurs.

L'étude de l'élément féminin non contaminé, « distillé », nous conduit à l'ÊTRE ; c'est là la seule base de la découverte du self [*self-discovery*] et du sentiment d'exister (puis, à partir de là, se constitue la capacité de développer un intérieur, d'être un contenant, d'être à même d'utiliser les mécanismes de projection et d'introjection, d'établir une relation avec le monde en termes d'introjection et de projection).

Au risque de me répéter, je dirai une nouvelle fois : quand l'élément fille chez le bébé (garçon ou fille) ou chez le patient découvre le sein, c'est le self qui a été trouvé. À la question : que fait du sein le bébé fille ? il faut répondre que cet élément fille *est* le sein et partage les qualités du sein et de la mère, qu'il est désirable. Après quelque temps, le désirable devient le comestible, ce qui signifie que le petit enfant est en danger en tant qu'il est désirable ou, dans un autre langage, excitant. Excitant implique : pouvant faire faire quelque chose à l'élément masculin d'un individu. C'est ainsi que le pénis d'un homme peut être un élément féminin excitant, engendrant un élément masculin d'activité chez la femme. Mais soyons clairs : il n'existe pas de femme ni de fille correspondant à cette description. Chez la fille aussi bien que chez le garçon en bonne santé se trouve une quantité variable d'éléments fille. Le facteur héréditaire, lui aussi, entre en jeu. Ainsi, on rencontrera aisément un garçon chez lequel l'élément fille est plus développé que chez la fille qui est à côté de lui. Il convient d'ajouter à ce qui précède la capacité variable qu'a la mère de transmettre la désirabilité du bon sein ou de cette part de la fonction maternelle symbolisée par le bon sein. Le destin de certains garçons et filles est de grandir avec une bisexualité bancale, comme chargée du mauvais côté de l'apport biologique.

Une question me revient à l'esprit : quelle est la nature de ce que Shakespeare nous communique par sa description de la personnalité de Hamlet et son caractère ?

La tragédie tourne essentiellement autour de l'affreux dilemme auquel Hamlet est confronté et auquel il n'y a aucune solution en raison de la dissociation qui fonctionne en lui, comme mécanisme de défense. On aimerait voir un acteur jouer ce rôle dans cet esprit. Il aurait une manière particulière de dire le premier vers du fameux monologue : « *To be, or not to be...* » Il dirait, comme s'il essayait d'aller au fond de quelque chose d'insondable, « *To be,... or...* » et il observerait là une pause car, en réalité, le personnage de Hamlet ne connaît pas l'alternative. Il en viendrait finalement au second terme de l'opposition, dans sa banalité : « ... *not to be* » ; il serait alors en route pour un voyage qui ne peut conduire nulle part : « *Whether 'tis nobler in the mind to suffer / The slings and arrows of outrageous fortune, / Or to take arms against a sea of troubles, / And by opposing end them ?* » (acte III, scène 1)[8]. Ici, Hamlet est passé dans l'alternative sadomasochiste, abandonnant le thème qu'il avait commencé d'aborder. Le reste de la pièce n'est qu'une longue élaboration du problème. Je veux dire par là que Hamlet paraît alors en quête d'un autre terme à opposer à l'idée *to be*. Il cherche le moyen d'exprimer la dissociation intervenue dans sa personnalité entre l'élément masculin et l'élément féminin qui, jusqu'à la mort de son père, avaient coexisté harmonieusement, n'étant que des aspects d'une personnalité richement douée. Oui, je m'aperçois bien que je parle de Hamlet comme d'une personne et non comme d'un personnage de théâtre. Mais comment faire autrement ?

Ce qui rend le soliloque de Hamlet difficile, c'est que Hamlet lui-même n'a pas trouvé de solution à son dilemme — dilemme qui tient dans le changement de son état. Shakespeare en possédait la clé mais Hamlet, lui, ne pouvait aller voir la pièce.

Si l'on envisage la pièce sous cet angle, il ne paraît pas impossible de voir dans le changement d'attitude de Hamlet à l'égard d'Ophélie et dans sa cruauté envers elle l'image de son rejet impitoyable de l'élément féminin qui était en lui, élément maintenant clivé et qu'il transmet à Ophélie. C'est maintenant l'élément masculin importun qui menace de s'emparer de sa personnalité tout entière. La cruauté envers Ophélie peut être comprise comme une mesure de sa répugnance à abandonner son élément féminin clivé.

De ce point de vue, c'est la *pièce* (si Hamlet l'avait pu lire ou la voir représentée) qui aurait pu lui indiquer la nature de son propre dilemme. La pièce à l'intérieur de la pièce n'y a pas réussi. Je dirai même que c'est lui-même qui l'a montée pour amener à la vie l'élément masculin qui était en lui et qui avait été pleinement défié par la tragédie.

On pourrait établir que c'est le même dilemme, présent dans la personne même de Shakespeare, qui alimente le problème sous-jacent à ses sonnets. Mais ce serait là faire injure à la caractéristique la plus importante des sonnets, je veux dire à la poésie. En effet, comme le professeur L. C. Knights le souligne[9], on n'a que trop tendance à oublier la poésie qui émane des pièces de théâtre quand on analyse les *dramatis personae* comme s'il s'agissait de personnages historiques.

RÉSUMÉ

1. J'ai étudié ici les incidences qu'avait eues sur mon travail le fait que je reconnaisse l'importance, chez certains hommes et femmes, de la dissociation relative aux éléments masculins ou féminins ainsi qu'aux parties de leur personnalité qui s'édifient sur ces bases.

2. En étudiant par le moyen d'une dissection artificielle les éléments masculins et féminins, j'ai reconnu qu'actuellement j'associe la motion pulsionnelle reliée aux objets (sous sa forme active ou passive) à l'élément masculin. Par contre, j'ai découvert que la caractéristique de l'élément féminin dans le contexte de la relation à l'objet est l'identité qui fournit à l'enfant la base indispensable sur laquelle il pourra être, ce qui lui permettra ultérieurement d'établir un sentiment du self. Mais c'est précisément dans cette absolue dépendance où l'enfant est à l'endroit de l'apport maternel d'une qualité particulière — la mère satisfaisant ou non le tout premier fonctionnement de l'élément féminin chez le garçon et chez la fille —, que nous pouvons chercher l'expérience de la toute-puissance qui est la base essentielle de l'expérience de l'être. C'est ainsi que j'ai pu écrire : « Il n'y a pas de sens à utiliser le mot "ça" pour des phénomènes qui ne sont pas recouverts, catalogués, expé-

rimentés et éventuellement interprétés, par le fonctionnement du moi[10]. »

Ceci encore : « *After being — doing and being done to. But first, being*[11]. »

D. W. WINNICOTT

Traduit de l'anglais par Claude Monod et J.-B. Pontalis.

Orgasme du moi dans l'amour bisexuel

L'œuvre de la vision est faite,
fais désormais œuvre du cœur
auprès des images en toi, ces images captives ; car tu les avais vaincues : mais tu restes sans les connaître.
Vois, homme intérieur, ton intérieure jeune fille conquise de haute lutte
sur mille natures,
cette créature seulement conquise, non encore aimée[1].

R. M. Rilke, « Tournant ».

Si l'on a peu traité de l'amour bisexuel dans la littérature psychanalytique, c'est parce qu'il a toujours été confondu avec l'amour homosexuel. Je me propose de montrer ici que, pour certaines personnes, l'amour bisexuel est une expérience humaine authentique et nécessaire, expérience pouvant être déformée par l'effet de refoulements et de formations réactionnelles, tout comme l'amour hétérosexuel peut l'être. Ce qui caractérise l'amour bisexuel, c'est qu'il est presque exclusivement une expérience du moi, à savoir un mode d'entrer en relation avec un objet de la même identité de genre et de le chérir. Dans de telles relations, l'énergie du ça est neutralisée et se voit utilisée dans l'*intérêt* passionné que porte le moi à l'objet. L'acmé de cet investissement de l'objet est l'orgasme du moi. Les distorsions pathologiques peuvent ici conduire à des perversités du moi [*ego perversities*] dans la relation à l'objet, tout comme, dans le domaine de l'expérience du ça, elles conduisent aux perversions [*perversions*] proprement dites.

*

Je présenterai ici un matériel tiré d'une phase du traitement en cours de deux patients. J'insisterai sur la phénoménologie des processus en cause, et non sur leur étiologie. Selon moi, il arrive que notre penchant à évaluer de nouvelles expériences chez un patient en nous référant à nos concepts étiologiques habituels nous ôte la possibilité d'apprendre quelque chose de notre matériel clinique. Le premier cas dont il s'agit est celui d'une jeune femme de trente ans. Elle est en analyse depuis deux ans, parce qu'elle n'est pas satisfaite quant à la *qualité* de son expérience d'elle-même et des autres. D'un tempérament plutôt schizoïde-dépressif, elle sentait que ses relations aux autres étaient pauvres, tant dans leur intensité que dans leur étendue, par rapport à ce qu'elle percevait en elle de possibilités. C'est quelqu'un de sensible, qui a des dons artistiques mais n'en a jamais tiré parti. Mariée à vingt ans, elle venait de se séparer de son mari quand elle commença son analyse parce qu'elle avait l'impression qu'ils se gâchaient l'un l'autre dans une relation à la fois confortable et sans échange, relation qui, socialement parlant, pouvait paraître tout à fait respectable. Elle avait le sentiment aigu que, si elle ne faisait rien, elle allait gâcher sa vie entière. Après la séparation, elle s'était trouvée très déprimée et absolument incapable de tirer parti de ses ressources propres. Elle connut une phase prolongée de promiscuité avec des hommes sans en tirer de grandes satisfactions sensuelles. Huit mois avant l'épisode qui fait le centre de cette observation, elle avait rencontré un homme qui avait une dizaine d'années de plus qu'elle et elle vivait avec lui. Elle fut capable de trouver dans cette relation une satisfaction génitale véritable : elle avait pu commencer à s'abandonner à sa sensualité de femme et trouvait du plaisir dans la virilité de son partenaire. Elle se plaignait de ne pas trouver une richesse comparable dans leur relation affective ; elle se jugeait trop attachée à son ami et trop dépendante de lui, ce qui revenait à la maintenir de nouveau comme suspendue dans un état d'indolence. Ce fut dans ce climat qu'elle décida d'essayer de tirer parti de ses dons artistiques et s'inscrivit à une école d'art pour apprendre à dessiner et à peindre. Pour elle, une telle initiative représentait vraiment un pas en avant.

Elle allait à cette école depuis deux mois environ lorsqu'elle rencontra, dans la classe de dessin, une fille qui avait posé pour le nu. La patiente avait été étrangement fascinée par le corps de la fille et par sa présence. Elle s'était donné du mal pour saisir exactement ses formes dans le plus réaliste des dessins. À l'heure du thé, elle fut surprise de constater qu'elle était allée vers le modèle et avait commencé à parler avec elle. Le modèle était une étrangère, non professionnelle, qui posait pour gagner un peu d'argent de poche pendant son séjour à Londres. Dans son pays, elle était étudiante. La patiente avait été surprise par la hardiesse dont elle avait fait preuve en s'approchant de la jeune fille. De tempérament, elle était timide et réservée ; elle parlait rarement avec quelqu'un si on ne lui avait adressé la parole. Quand le modèle reprit la pose pour la fin de la séance, la patiente constata qu'elle « était tout excitée à l'intérieur » et pleine de curiosité. Elle ne pouvait pas dessiner : « Je n'avais que des yeux et plus de mains. » Après quelques tentatives, elle avait renoncé à dessiner pendant cette séance ; elle s'était rassise et avait intensément regardé le modèle. La classe terminée, elle se surprit encore davantage, car elle alla vers la jeune fille pour l'inviter à dîner, invitation qui fut acceptée tout de suite.

Les choses en étaient là quand la patiente arriva pour sa séance. Elle était dans un état assez étrange, excitée et déroutée à la fois. Ce n'est pas une personne qui parle beaucoup pendant les séances. Cette fois-ci, cependant, ses silences étaient vibrants et tumultueux. Elle me raconta brièvement la rencontre puis me parla du repas qu'elle allait préparer, de la manière dont elle s'habillerait. Ces détails m'intéressèrent, car je ne l'avais jamais vue auparavant se préoccuper de ces questions. C'était d'ailleurs une femme élégante. Je ne fis aucun commentaire au cours de cette séance mais je décelai que l'autre fille était vivement présente en elle. Quand la patiente arriva à la séance suivante, il y avait chez elle un élan que je n'avais encore jamais constaté. Elle était plus que de bonne humeur, positivement gaie, elle parlait avec une verve et une véhémence toutes nouvelles. Elle me raconta la soirée par le menu, comme si elle savourait le fait de la revivre au cours de la séance. Le modèle était arrivé dans une longue robe du soir, elle était très belle. Quant à la patiente, elle avait décidé de porter des pantalons à cette occasion. Elle avait préparé un repas délicieux et servi du champagne. Ce fut une véritable fête. Malheureusement, son ami n'y avait pas participé avec la même ferveur et l'avait accusée de faire trop d'histoires pour cette fille. Mais ce qui me frappa, c'est qu'elle ne fut même pas démoralisée par le mécontentement de son ami. Il était allé se coucher très tôt et elle avait parlé avec la jeune fille jusqu'à une heure tardive. Tout ce matériel était sorti avec une certaine exubérance. J'avais le sentiment très net qu'elle ne me laisserait pas placer un mot.

Le modèle avait de nouveau posé pour les élèves et, de nouveau, la patiente avait esquissé quelques traits en se laissant de plus en plus imprégner par la présence corporelle de la fille. Elle me fit un tableau très vivant du modèle et me détailla son physique avec une véritable délectation. Vers la fin de la séance, elle me raconta simplement qu'au cours du déjeuner le modèle avait dit devoir quitter l'auberge de jeunesse où elle était. La patiente lui avait immédiatement proposé de venir chez elle, invitation que la jeune fille avait acceptée. Elle n'avait pas songé un instant à demander l'avis de son ami. C'était là chez elle un comportement tout à fait inhabituel.

Cela continua pendant toute la semaine. Elle était une autre personne. Toute sa lassitude s'était évanouie. La vie de la jeune fille l'intéressait vivement, elle était curieuse de ce qu'elle faisait, de ses études. Elles firent ensemble des courses dans les magasins, allèrent au cinéma, au théâtre. Cette fille l'absorbait complètement ; il y avait dans son expérience avec elle une qualité véritablement d'extase. Dans une certaine mesure, elle l'avait prise en charge et l'accompagnait en manifestant un intérêt du moi et une vigueur que je ne lui avais jamais vus auparavant dans ses relations. Son ami s'était mis à l'écart et boudait ; dans les séances, elle ne me donnait pas grand-chose à interpréter. La plénitude et le bien-être qui marquaient sa relation avec la jeune fille la comblaient. Le modèle était manifestement une fille très intelligente, réceptive, qui répondait au zèle de la patiente en rivalisant avec elle d'affection généreuse. La fille s'était engagée comme modèle pour une semaine seulement. Le dernier jour, la patiente s'appliqua vraiment à la dessiner ; elle fit un dessin très réussi — le professeur la complimenta. Quand je vis le dessin, je fus impressionné, moi aussi. Le modèle était une très belle fille, aux courbes harmonieuses, au visage gai et sympathique. La patiente l'avait dessinée avec une attention minutieuse et une sorte d'appétit. Je fus tenté d'attirer son attention sur l'intérêt homosexuel manifeste qu'elle éprouvait pour le modèle, mais je m'en abstins. La fille resta une semaine encore chez la patiente ; une amitié profonde se développa entre elles. On pouvait déceler un élément maniaque dans la relation exubérante de la patiente à cette fille, mais orienter la description en recourant au terme de maniaque, ce serait gâcher la saveur et l'authenticité de l'expérience.

Quand son amie partit — elles avaient été ensemble pendant deux semaines —, elle fut triste et ressentit l'absence de sa compagnie, mais sans y réagir par une dépression. Ce fait fut déterminant dans mon évaluation de l'ensemble de son expérience. L'analyse ayant repris son rythme, il me fut possible de lui dire que jusqu'à ce moment-là, dans sa relation avec son ami, je l'avais entendue parler de son abandon sensuel et d'orgasmes sexuels mais que ce dont elle m'avait rendu témoin, particulièrement au cours de la seconde semaine de sa relation avec le modèle, c'était de son expérience d'un orgasme du moi prolongé. Elle éprouva un vif soulagement car je n'avais pas interprété cette histoire comme une aventure lesbienne, ce que son ami avait insinué en termes acides. Elle avait senti en elle comme une libération. Son ami avait tenté de lui faire éprouver un sentiment de culpabilité, d'autant qu'ils n'avaient pas eu de relations sexuelles pendant ces quinze jours. Elle était parfaitement consciente de son absence de désir sexuel pendant cette période et dit que toute son énergie était passée dans sa relation avec la jeune fille. Elle insista sur le fait que, pas une seule fois, elle n'avait ressenti le désir de toucher ou de câliner sa compagne, que l'absorption visuelle du physique de la jeune fille lui suffisait. Parvenant à déchiffrer progressivement les détails plus subtils ou plus latents de son expérience, elle commença à prendre conscience de quelque chose : à quel point elle s'était sentie « puissante » et efficace pendant ces quinze jours. Ce qui lui avait donné une expérience toute différente de ses capacités et de ses intérêts du moi. Dans ce contexte, je fus à même de lui interpréter qu'elle avait projeté son élément femelle (son identité de genre) sur la jeune fille et avait été capable d'opérer de manière non conflictuelle à partir de son élément mâle et de personnaliser celui-ci en elle-même pour en tirer parti sans désir de compétition ni d'intention castratrice vis-à-vis des hommes. J'ignorai délibérément les taquineries et la bouderie de son ami envers elle. Il s'était senti mis à l'écart et négligé mais ce n'était pas ce qu'avait voulu la patiente. Ce qu'elle avait accompli pour elle-même, c'était l'actualisation de son élément mâle au travers de ce que l'on pourrait décrire comme une aventure amoureuse bisexuelle. Il me paraît très important, sur le plan clinique, de distinguer une énamoration bisexuelle de ce type avec l'orgasme du moi qui l'accompagne de l'homosexualité proprement dite. La patiente retira quelque chose encore de cette relation : une expérience authentique d'abandon émotionnel à une autre personne, sans qu'il y ait intimité ou exploitation sexuelle, ce qui lui avait donné confiance en ses propres émotions, en sa capacité de les contenir et de les partager.

Il ne faut cependant pas oublier, et c'est primordial, que le succès remporté fut, en grande partie, dû à la protection transférentielle que je lui offrais. Le fait qu'il s'agissait d'une expérience limitée, dans le temps et dans son étendue, trouvait presque un garant dans la relation transférentielle. J'estime que de telles expériences, si elles commencent et sont éprouvées dans la vie de tous les jours, peuvent instituer une perversité du moi qui, contrairement à la perversion sexuelle, risque de sérieusement porter atteinte à la richesse affective de la relation hétérosexuelle à l'objet. Elles sont alors maintenues par un clivage entre les expériences sexuelles et affectives.

Le second cas est celui d'un homme de quarante et un ans. Deux raisons l'ont poussé à rechercher une aide thérapeutique, voici environ trois ans. D'abord et surtout, sa femme, qui avait été en analyse pendant quelques années, le harcelait pour qu'il en fasse de même : elle le trouvait peu impliqué émotionnellement avec elle et ses enfants, leurs relations étaient plates et insipides ; ensuite, intervenait le sentiment désagréable de ne pas être une personne douée de ressources intérieures, malgré une brillante réussite professionnelle et financière. J'avais accepté de le voir une fois par semaine. Il a su utiliser ces rencontres avec moi de manière créative et positive.

Si l'on se réfère aux critères habituels de diagnostic, c'est un individu normal selon l'échelle des valeurs culturelles. Il était né dans un milieu aisé de la bourgeoisie, il avait grandi, heureux, dans le climat d'une famille chrétienne et puritaine puis fait de bonnes études à l'université avant de créer sa propre affaire, qui marche très bien. Il s'était marié à l'âge de vingt-trois ans ; sa vie de famille, avec sa femme et ses trois enfants, était plutôt heureuse. Entre lui et sa femme, les relations n'avaient jamais été très passionnées, mais il n'y avait là rien de très remarquable, étant donné son milieu et sa culture. Par tempérament, c'est quelqu'un de travailleur, de juste et d'honorable. Très rarement, dans sa vie, il s'est senti profondément ému et le plaisir qu'il prend aux choses reste toujours quelconque. Ses relations génitales avec sa femme étaient satisfaisantes, il aimait beaucoup sa famille à laquelle il était très dévoué. Il arrivait parfois à sa femme de lui reprocher de manquer de passion, ce qui n'allait pas sans le troubler. Il ne voyait vraiment pas ce qu'elle pouvait bien vouloir dire par là.

Ses relations avec ses collègues étaient amicales, réciproques et très cordiales. En fait, il éprouvait un réel plaisir à se trouver en leur compagnie. C'est un homme bien élevé, cultivé. Il fit lui-même cette remarque : « En Angleterre, quand on sort d'une *public school*, ce qu'il y a de bien, c'est qu'on est doué pour les amitiés homosexuelles sublimées avec les hommes. » C'est vrai, il avait quelques amis choisis qui lui étaient chers. Il allait avec eux à la chasse, etc. Et, bien entendu, dans l'éthos de sa culture, il lui était tout à fait possible de ramasser de temps à autre une fille et de coucher avec elle, sans pour cela éprouver un trop vif sentiment de culpabilité ni compromettre son mariage.

On sait combien il est difficile de traiter cliniquement des personnes qui ne présentent ni symptômes ni zone de stress particulière. Mais il voulait travailler avec moi, ce qui me rendait, de mon côté, curieux de travailler avec lui.

Quand on voit un patient une fois par semaine, ce n'est que lentement qu'on voit émerger la façon dont son existence est agencée. Avec le temps, il fut possible de discerner que la vie de cet homme se divisait en trois parties : sa vie avec sa femme et ses enfants, faite d'affection et de bonne entente, sa vie professionnelle, faite de travail et d'honnêteté, et enfin, sa vie avec ses amis (hommes), vie joyeuse et sans souci. Et pourtant, on sentait partout une certaine retenue, une certaine contrainte. Ce n'était pas un homme à qui quelque chose peut arriver. Il en était d'ailleurs conscient. Tout, chez lui, y compris ses plaisirs sexuels, était bien organisé. Une chose l'ennuyait, de temps en temps. C'était la vive jalousie que provoquaient chez sa femme ses amitiés masculines. Il ignorait quel remède y apporter et ne pouvait comprendre les raisons de cette jalousie.

On ne pouvait qu'être impressionné par son « égotisation » massive et réussie de tous les affects et sa capacité de décharger des tensions instinctuelles, de manière simple et brutale, par le coït avec son épouse ou d'autres femmes. C'est un bel homme, qui prend soin de son corps et de son physique. Je dois souligner un fait : bien que cet homme parlât facilement et que fort peu de choses, dans son récit, pût captiver l'imagination clinique, je dois dire que jamais je n'ai éprouvé d'ennui à l'écoute de son matériel dans ce qu'il pouvait avoir de banal. J'avais le vague sentiment qu'il était à la recherche de quelque chose qu'il finirait par trouver si seulement on pouvait lui proposer une protection thérapeutique du moi qui ne soit pas intrusive.

Le processus clinique parvenant, très lentement, à trouver son poids propre, le patient commença à se questionner sur « son absence de réponse émotionnelle » (ses propres mots) dans toutes les sphères et relations de sa vie. Il commençait à percevoir que les autres gens se comportaient différemment, que leur implication avec les autres était plus riche, et qu'à sa vie manquait ce supplément d'expérience. Il s'intéressait plus aux gens qu'il ne se sentait impliqué avec eux. Ce fut alors qu'il se posait ces questions que se situe l'épisode que je vais rapporter maintenant.

Selon son habitude, le patient était parti une semaine à l'étranger, chasser. Huit jours après, je reçus un télégramme : il avait décidé de prolonger ses vacances de deux semaines avant de rentrer. À son retour, il me fit le récit suivant :

Le groupe qui participait à la chasse était international, composé de gens de divers pays qui faisaient plus ou moins la même chose. Le deuxième jour, le patient s'était senti attiré par un homme qui, pensait-il, était un peu plus jeune que lui. Il le rechercha et commença à s'enticher de lui. Ils parlèrent beaucoup ensemble. Cet homme plus jeune était également marié et avait des enfants. C'était un aristocrate raffiné, bien éduqué, qui venait d'un autre pays. Il avait un beau visage, aux traits fermes et bien dessinés. Le patient décrivit le physique, et surtout le visage de cet homme, avec de nombreux détails. Tout en parlant, il en prit vaguement conscience et dit : « J'ai l'air d'une fille qui parle de son premier béguin. » Mais j'avais noté l'intensité de son expérience visuelle de l'objet. Elle me rappela le récit que la jeune femme m'avait fait de sa rencontre avec le modèle.

Une étroite amitié s'étant développée entre les

deux hommes pendant la semaine de chasse, un fantasme commença à l'obséder : il avait envie d'inviter cet homme à le rejoindre aux Bahamas, pour passer avec lui quinze jours au soleil et pour qu'ils se détendent tous les deux. Il éprouvait un certain malaise à ce sujet qu'il finit pourtant par aborder avec son ami. Celui-ci suggéra à mon patient de partir quinze jours avec lui au Maroc où il s'apprêtait à aller rejoindre sa femme et ses enfants. Ils avaient une maison là-bas. Le patient accepta et partit.

Il me raconta qu'il était revenu du Maroc après deux semaines d'un séjour idyllique. Il avait passé beaucoup de temps avec son ami et s'était merveilleusement entendu avec sa femme et ses enfants. Rien de semblable ne lui était jamais arrivé auparavant. Il sentait qu'il avait absolument adoré cet homme qui l'avait totalement absorbé pendant toute cette période. Ils avaient fait ensemble beaucoup de choses auxquelles ils avaient pris plaisir. Après quinze jours, il avait été content de partir, parce qu'il sentait que cette expérience était parvenue à saturation.

En quittant son ami, il n'avait pas ressenti de tristesse, ni éprouvé de nostalgie. Il se rendait compte que, pour la première fois, il s'était abandonné à une relation et avait laissé les choses arriver sans chercher à les arranger. Un élément d'extase était présent dans cette expérience. De retour à Londres, il y avait beaucoup pensé et, maintenant, il pouvait comprendre ce que sa femme voulait dire quand elle l'accusait de son manque de passion et d'implication. Depuis son retour, ses relations sexuelles avec elle avaient une qualité différente, plus profonde.

Je repris sa phrase : « comme une fille qui parle de son premier béguin ». Je suggérai qu'on aurait pu parler d'orgasme du moi à propos de l'intensité et de la saturation qui avaient caractérisé l'intérêt émotionnel éprouvé pour son ami. Cette remarque fit immédiatement sens pour lui et il ajouta qu'il voyait maintenant ce qu'était le manque dans ses expériences sexuelles. Je soulignai encore que ce qu'il avait vécu, jusque-là, c'était un abandon sensuel au cours du coït génital, mais sans ce qu'y apporte l'abandon affectif à l'objet.

Le patient était lui-même conscient du bénéfice thérapeutique qu'il avait acquis en abandonnant son contrôle et en se laissant aller à une implication affective avec son ami. Il sentait que, jusqu'ici, on aurait pu dire que ses relations avec ses collègues hommes et ses amis contenaient un élément de perversité, pour autant qu'elles le laissaient dissocié, mais cette « aventure », comme il le disait en plaisantant, avec son ami avait une valeur authentique en tant qu'elle constituait pour lui un pas en avant dans la réalisation de soi.

*

Ce sur quoi je désire attirer l'attention, c'est sur un type spécifique de dissociation qui, non seulement passe souvent inaperçu dans l'analyse, mais peut même être intensifié par le processus analytique. La dissociation se fait entre les éléments mâles et les éléments femelles de la personnalité d'un individu donné. Tant que cette dissociation n'est pas résolue, la personne peut apprendre à fonctionner de manière quasi satisfaisante en ce qui concerne l'abandon génital sensuel à l'objet de l'autre sexe, mais sans qu'il y ait abandon affectif. L'affectivité dissociée est alors mise en acte par ce que je voudrais appeler des attachements fugaces d'un « moi-promiscuité » [*ego-promiscuous*] aux objets du même sexe. Ces amitiés impulsives restreignent et appauvrissent l'abandon affectif qui caractérise les relations hétérosexuelles.

Anna Freud [1952] a traité de ce sujet en liaison avec la capacité ou l'incapacité d'établir une relation d'objet, en se référant au négativisme et à la crainte de l'abandon émotionnel. S'appuyant sur l'analyse des homosexuels et des impuissants qui, même lorsqu'ils retrouvent, grâce à l'analyse, leur puissance physique, gardent leur « impuissance émotionnelle », Anna Freud dit :

> Une analyse poussée révèle que cette crainte de la passivité mérite une explication plus profonde, non sexuelle. L'abandon passif à l'objet d'amour peut signifier un retour qui va de l'amour d'objet proprement dit à son précurseur dans le développement émotionnel du petit enfant, c'est-à-dire l'identification primaire avec l'objet d'amour. C'est là une étape régressive impliquant une menace pour l'intégrité du moi, à savoir la perte des caractéristiques personnelles confondues avec celles de l'objet d'amour. L'individu redoute cette régression qui risquerait de dissoudre sa personnalité et de lui faire perdre la raison ; il se défend là contre par un rejet total de tous les objets (négativisme).

Dans les deux cas que j'ai présentés, il y avait un blocage réel des affects ainsi qu'une circonspection empreinte de négativisme à l'égard de toute implication affective avant que n'intervienne l'expérience d'énamoration avec leurs amis.

Dans un autre article [1954], Anna Freud établit une distinction nette entre le lien à l'objet et l'intérêt du moi. À propos du transfert d'une patiente, elle écrit :

Il semblait qu'elle eût remplacé, en partie du moins, sa passion pour l'atmosphère artistique par une passion identique pour l'atmosphère analytique. Mais cette dévotion, ne s'étendait pas jusqu'à ma personne, elle l'évitait ; ce qui aurait dû être un lien à l'objet s'était mué en un intérêt du moi.

Il s'agit là pour moi d'une distorsion importante et décisive de la qualité du moi quant à la relation et à l'implication affectives avec un objet. On ne voit que trop souvent en consultation des patients qui ont eu ce qu'on appelle une analyse réussie, Ils ont effecti vement retrouvé leur fonctionnement génital, mais cette subtile distorsion qui caractérise le fonctionnement de leur moi est passée inaperçue. C'est pourquoi ils vont, passant d'un objet à l'autre, tout en maintenant une sorte de constance génitale avec un objet hétérosexuel. C'est se fourvoyer que de considérer leur problème en se référant à une inhibition de l'intérêt homosexuel.

Dans ce contexte, l'hypothèse de Winnicott [1971] sur le « Clivage des éléments mâles et des éléments femelles chez les hommes et chez les femmes » me paraît des plus instructives[2]. Après avoir rapporté l'histoire d'un cas, Winnicott dit :

> [...] Je n'avais jamais totalement accepté la dissociation complète entre l'homme (ou la femme) et l'aspect de la personnalité qui a le sexe opposé.

La conception de Winnicott est trop riche et complexe pour être examinée ici en détail. Mais c'est grâce à cette hypothèse que j'ai pu faire le type de travail dont je viens de rendre compte. Nous devons tolérer la lente émergence des schémas homosexuels et ne pas les confondre avec ce déploiement de sexualité prégénitale que nous rencontrons dans l'homosexualité.

C'est aussi à Winnicott que j'emprunte le concept de l'orgasme du moi qu'il a exposé dans *The Capacity to be Alone* (1958). Comme ce concept est mal connu et que Winnicott n'y a lui-même eu recours qu'une seule fois, je rapporterai ici, dans leur intégralité ses propres mots :

J'aimerais maintenant pousser plus loin mon étude de la relation au moi et des possibilités d'expérience dans le cadre de cette relation ; j'aimerais étudier le concept d'un orgasme du moi. Je suis conscient, bien entendu, que si une telle chose existe, ceux dont l'expérience instinctuelle est inhibée auront tendance à se spécialiser dans de tels orgasmes si bien qu'il y aurait une pathologie de la tendance à l'orgasme du moi. Pour le moment, mon dessein n'est pas d'étudier la pathologie, sans oublier cependant que le corps entier peut s'identifier avec un objet partiel (le phallus). Je voudrais seulement poser la question de savoir si l'on peut valablement assimiler l'*extase* à un orgasme du moi. Chez la personne normale, une expérience pleine de satisfaction, telle qu'on peut en vivre à un concert, au théâtre, ou dans une amitié, peut être qualifiée par les mots : orgasme du moi, termes qui attirent l'attention à la fois sur l'acmé et son importance. Dans ce contexte, l'emploi de ces termes peut être sujet à critique ; je pense cependant qu'il y a là matière à discussion et que l'on peut s'interroger sur la nature de l'acmé intervenant dans une relation au moi satisfaisante. On peut se poser la question suivante : quand un enfant joue, la totalité de son jeu est-elle une sublimation des pulsions instinctuelles ? N'y a-t-il pas lieu de penser qu'il y a une différence dans la *qualité* pulsionnelle, aussi bien que dans la *quantité*, quand on compare le jeu qui apporte une satisfaction à l'instinct brut sous-jacent ? Le concept de la sublimation est tout à fait accepté et a beaucoup de valeur. Il est cependant dommage de passer sous silence la grande différence qui existe entre le jeu heureux des enfants et le jeu d'enfants qui s'excitent de façon compulsionnelle et qui semblent sur le bord d'une expérience instinctuelle. Il est vrai que dans le jeu heureux d'un enfant, tout peut être *interprété* en termes de pulsions instinctuelles. Ceci est possible parce que nous nous référons à des symboles et sans doute notre usage du symbolisme est-il fondé, ainsi que notre compréhension du jeu en termes de relations instinctuelles. Nous laissons cependant de côté un élément vital si nous oublions que le jeu d'un enfant n'est pas heureux lorsqu'il se complique d'excitations corporelles comportant leurs instants d'orgasme physique.

L'enfant qu'on appelle normal est capable de jouer, de s'exciter pendant qu'il joue, et de trouver une *satisfaction dans le jeu* sans se sentir menacé par un orgasme physique d'excitation locale. Au contraire, un enfant carencé, avec une tendance antisociale, ou n'importe quel enfant souffrant d'une instabilité maniaco-dépressive, est incapable de trouver une satisfaction dans le jeu parce que celui-ci entraîne une excitation physique. Un acmé physique est nécessaire et la plupart des parents connaissent le moment où rien ne peut faire cesser l'excitation d'un jeu si ce n'est une fessée — qui engendre un acmé artificiel, mais très utile quand même. Je pense que si l'on compare à une expérience sexuelle le jeu heureux d'un enfant ou l'expérience d'un adulte lors d'un concert, la différence est si grande qu'il devient possible d'utiliser des mots différents pour qualifier ces deux expériences. Quelle que soit la part du symbolisme inconscient, la quantité d'excitation physique réelle est minime dans le premier type d'expérience alors qu'elle est à son maximum dans le second. Nous pouvons reconnaître l'importance de la relation au moi en tant que telle sans abandonner pour autant les idées relatives ai concept de la sublimation[3].

L'amour bisexuel est essentiellement *jeu* [*playing*]. Dans les deux cas que j'ai rapportés, on peut reconnaître dans la qualité d'intérêt du moi un jeu avec un objet. En outre, il trouve ses limites dans le temps. L'hypothèse que je suggère est la suivante : si nous ne réussissons pas à évaluer des expériences de ce type dans les termes proposés ici, alors nous donnerons naissance à un sentiment tout à fait faux de culpabilité en nous référant à des implications homosexuelles, ce qui risque de conduire à une exagération réactionnelle d'abandon génital sensuel avec des attachements de hasard, vides mais compulsionnels, à des amis du même sexe. Je ne crois pas que des personnes qui ont besoin, pour se sentir exister complètement, d'une expérience aussi intense d'orgasme du moi dans l'amour bisexuel, puissent y parvenir sans la protection que leur offre l'analyste dans le transfert, en tant que moi auxiliaire. Ce qui est largement dû à ce qu'Anna Freud a décrit justement comme la crainte de la désintégration de leur intégrité en tant que personne et que moi à partir de ce que l'expérience offre de potentialité régressive.

En dernier lieu, je voudrais revenir à ce qu'a dit Freud [1905] sur les perversions : « On ne saurait nier qu'ici, quelque horrible que soit le résultat, un travail psychique a été accompli qui est l'équivalent d'une idéalisation de la pulsion. » Je voudrais ici compléter cette affirmation et dire que, dans l'amour bisexuel, un élément instinctuel neutralisé s'ajoute à l'intérêt du moi pour l'objet qui conduit à l'*idolisation* [*idolization*] de l'objet. Les deux cas que je viens de rapporter le montrent à l'évidence.

M. MASUD R. KHAN

Traduit de l'anglais par Claude Monod et J.-B. Pontalis.

RÉFÉRENCES BIBLIOGRAPHIQUES

FREUD, A., « Notes on a connection between the States of Negativism and of Emotional Surrender » (1952), in *Indications for Child Analysis and other Papers*, Hogarth Press, London.

FREUD, A., « The Widening Scope of Indications for Psychoanalysis » (1954), in *Indications for Child Analysis and other Papers*, Hogarth Press.

FREUD, S., *Trois essais sur la théorie de la sexualité* (1905) ; trad. fr. coll. « Idées », Gallimard, 1962, p. 49.

RILKE, R. M., *Wendung* (1914) [Tournant] ; trad. fr. Pierre Klossowski, in *Nouveau Commerce* n° 9, printemps-été 1967.

WINNICOTT, D. W., « La capacité d'être seul » (1958), in *De la pédiatrie à la psychanalyse*, Payot, 1969.

WINNICOTT, D. W., « The Split-Off Male and Female Elements to be found in Men and Women » (1971) [Clivage des éléments masculins et féminins chez l'homme et chez la femme], in *Playing and Reality*, Tavistock Publications, London ; trad. fr. de cet article p. 473.

L'identité sexuelle : pour quoi faire ?

Un des passages les plus attachants de *L'Homme sans qualités*[1] est la rencontre d'Ulrich avec la « sœur oubliée » :

> Lorsqu'il pénétra dans la chambre où l'attendait sa sœur, il s'émerveilla d'être ainsi vêtu — un grand pyjama, une sorte de costume de pierrot, carrelé de gris et de noir, noué aux poignets et aux chevilles comme à la ceinture. Par une mystérieuse disposition du hasard, il se trouva en effet devant un grand pierrot blanc, enveloppé de rayures et de carreaux d'un gris et d'un rouille subtils, qui, au premier coup d'œil, paraissait tout semblable à lui [...].
>
> « Je ne savais pas que nous fussions jumeaux ! », dit Agathe, et son visage s'éclaira de gaieté.

Plus loin :

> Elle n'avait rien d'une femme émancipée ou bohème [...] plutôt quelque chose d'hermaphrodite, pensa-t-il soudain [...] le centre de cette impression ambiguë restait toujours le *visage*, qui exprimait à un très haut degré le charme de la femme avec pourtant comme une déduction ou une restriction dont il n'arrivait pas à deviner la nature.

C'est au chevet de son père mort que Musil situe cette rencontre. Ulrich se rappelle deux souvenirs. D'abord celui de son père à cheval :

> Le caractère infini, démesuré en tout cas, qu'un haut cheval musclé possède aux yeux de l'enfant qui l'admire, se reformait maintenant dans sa sensibilité telle une terrifiante montagne de conte, avec cette crinière à la crête, où passe Ie frémissement de la peau comme une risée. C'était là, observa-t-il, un de ces souvenirs qui tirent leur éclat de l'impuissance où est l'enfant d'exaucer ses désirs [...].

Cette fascination de l'impuissance devant le désir correspond à un sentiment de manque irrémédiable, lié à ce souvenir, et qui en fait émerger un autre :

> L'histoire de la petite fille [qui] n'avait que deux particularités : celle de devoir appartenir à Ulrich et celle de l'entraîner dans des combats terribles avec d'autres garçons. De ces deux particularités seuls les combats étaient réels car la petite fille n'existait pas [...] jusqu'à ce qu'un jour une exception se produisît. Ulrich se rappelait maintenant, aussi nettement que si l'image apparaissait dans l'oculaire d'un télescope rapprochant les années, un soir où Agathe s'était costumée pour une fête d'enfants. Elle portait une robe de velours et ses cheveux se répandaient dessus comme des vagues de velours clair, de sorte qu'à sa vue soudain, bien que lui-même portât un terrifiant costume de chevalier, *il désira être une fille aussi indiciblement qu'il avait désiré les animaux sur les affiches du cirque*.

Le lendemain, lorsqu'il revoit sa sœur, habillée avec des vêtements de femme, il a l'impression qu'elle est travestie,

> parce que l'apparition dans son ensemble, aujourd'hui lui ressemblait moins, il remarqua la ressemblance du visage.

C'était comme si lui-même était entré par la porte et marchait à sa rencontre, mais plus beau que lui, enfoui dans un éclat où il ne se voyait jamais. Pour la première fois, l'idée lui vint que sa sœur était une répétition, une modification irréelle de lui-même ; comme cette impression ne dura qu'un instant, il eut vite fait de l'oublier.

Musil nous introduit au cœur de l'*identité sexuelle* : un affect d'*inquiétante étrangeté* — d'inquiétante familiarité pour C. David[2] — accompagne chez Ulrich la réapparition du refoulé dans une sorte de fascination ; le rapproché suscité par le personnage composite de la sœur vient condenser les *avatars* de ses identifications et remettre momentanément son identité en question : il y a, à la fois, défaillance du contre-investissement, reviviscence de la différence et de la perte d'objet au moment où lui-même se constitue par rapport au sujet et déni de la castration par la projection de « l'ombre phallique » sur celle dont il voudrait faire son double.

Pourquoi invoquer l'identité sexuelle ? Comme dans la mésaventure du patient de C. David avec un travesti, l'accent est mis à la fois sur la *différence* et la *coexistence* des sexes, les mécanismes de déni sont débordés et des mécanismes de défense plus archaïques réactivés tels le renversement d'une pulsion en son contraire, le retournement sur la personne propre par identification centrifuge : Agathe, la sœur, substitut de l'imago phallique indifférenciée devient le sujet dont lui, Ulrich, attend la séduction active alors qu'il éprouve le désir d'être une fille. Au niveau *œdipien*, avec le renoncement à la rivalité paternelle, et l'infléchissement masochique qui lui est associé, il n'y a pas mise en cause de son identité. Dans le registre *pré-œdipien* resurgit la figure de l'étranger : le visage d'Agathe est interrogé intensément pour tenter de maîtriser l'affect déconcertant déclenché par l'image entière de la sœur.

*

Les *jumeaux bisexués* ont cette identification croisée, témoin d'une identité sexuelle composite, comme l'avait déjà observé Zazzo[3].

Claudette est une jumelle, homosexuelle active. Elle a toujours regretté d'être une fille. Elle prenait les jouets délaissés par son frère jumeau. Elle accompagnait son père à la chasse, aimait la mécanique, cherchait à protéger son frère. Elle voulait être comme lui et demandait à « faire l'échange » avec lui. Vers huit, neuf ans, elle eut un attrait fétichiste pour les jambes et les seins des femmes qu'elle regardait « comme les garçons ». Dans ses fantasmes, elle s'imaginait « être un gars ». À dix-huit ans, initiée à l'homosexualité, elle garde toujours avec ses partenaires un rôle actif. Les tendances voyeuristes ont chez elle une grande importance. Enceinte à la suite d'un rapport sexuel involontaire — elle était ivre — elle imagine qu'après son accouchement des organes sexuels lui pousseraient « comme à un homme ». Elle acceptera de garder son enfant à condition que son amie lui serve de mère, et qu'elle garde pour elle le rôle paternel.

Burlingham[4] a montré chez les jumeaux l'intensité de la rivalité; elle a mis en valeur, avant la lettre, les phénomènes d'identification projective, en rapport avec cette rivalité précoce, « acharnée », conséquence de la carence maternelle de fait; nous mettons aussi l'accent sur les difficultés de la mère par rapport à sa propre identité devant la bipartition de l'objet et ses conséquences pour l'acquisition de l'identité des jumeaux eux-mêmes.

Le phénomène de la *confusion gémellaire* entraîne

un usage plus tardif du « Je » et du « Moi » ; la réaction différenciée à l'appel n'apparaît guère avant deux ans, pour six, huit mois chez l'enfant singulier et l'emploi différencié de son nom par le jumeau lui-même avant trois ans. L'image de soi dans le miroir est troublée. Le « mirage », indistinction de sa propre réalité corporelle, ne se dissipe pas toujours, même à l'âge adulte, chez certains jumeaux monozygotes dont l'identité n'est jamais tout à fait assurée.

Si l'on suit Green[5] à propos de la fonction du *double* à la fois même et Autre, « puisque poussant la similitude jusqu'aux bornes de l'*identité* et sauvant celle-ci par quelque différence minime », si le frère aîné mis en cause par Mallet[6] dans la paranoïa masculine favorise par sa position intermédiaire l'identification narcissique et le choix homo-érotique de l'objet, il va sans dire que les jumeaux constituent l'un pour l'autre un obstacle à la constitution de leur identité et cela quel que soit leur sexe.

La quête de l'autre, donc de soi, va souvent se poursuivre au travers d'un personnage *transitionnel* qui peut être le partenaire de l'un des jumeaux, véritable *leurre* à l'aide duquel s'accomplit la relation homo-érotique.

Musil, quant à lui, avait été élevé dans le regret d'une sœur morte avant sa naissance.

*

Ces prolégomènes nous ramènent à la *bisexualité*. Freud, sous l'influence de Fliess, s'était fondé sur des considérations embryologiques et anatomiques pour l'instituer ; il a maintenu, mises à part quelques ambiguïtés, que l'on ne pouvait établir d'équivalences terme à terme entre les différents niveaux du couple masculinité-féminité, donnant ainsi toute son importance à la bisexualité psychique. Cette dialectique est reprise par Fedida[7] : l'anatomie fantastique est hors de portée du concept de la science positive.

Les éthologues ont confirmé cette intuition de Freud : le « code sociolinguistique » intervient dans une relation dialectique avec le mode d'organisation résultant du code génétique pour aboutir à la différenciation de l'homme et de la femme adultes[8]. Aussi bien l'orientation psychosexuelle des intersexués peut-elle être en contradiction avec les différentes composantes du sexe somatique, l'attitude de l'entourage étant déterminante pour l'acquisition de l'identité sexuelle qui est précoce et précède la phase phallique.

Stoller[9] a voulu radicaliser la notion d'*identité sexuelle* et lui donner un fondement théorique. Certes il a confirmé qu'un sujet intersexuel peut avoir une identité et même une orientation psychosexuelle normale pourvu que l'environnement n'ait aucun doute sur le sexe d'assignation ou qu'il choisisse celui-ci avec « continuité, authenticité, cohérence et adaptation aux besoins de l'enfant », en revanche, ses présupposés théoriques à propos de l'*identité hermaphrodite,* caractéristique selon lui, inscrite dans la personnalité « d'un sceau indélébile et inaltérable », nouvel avatar d'un troisième sexe, réintroduisent un clivage au sens psychanalytique du terme. Greenson[10], de son côté, justifie la demande de transformation d'un trans-sexualiste par une crainte de l'homosexualité analogue à celle du sujet névrotique. Un tel patient adopterait ainsi une attitude « logique », préservant une identité sexuelle qu'il affirme *autre* que celle qui lui est objectivement dévolue. Cette croyance, plus proche du rejet (forclusion lacanienne) que du déni simple de la réalité, est prise en considération par l'auteur comme une réalité psychique qu'il est prêt à partager malgré le caractère déréel dont l'auteur convient. En somme, à chacun sa vérité !

Freud dit que si généralement le paranoïaque reste fixé à un objet du même sexe, il peut y avoir changement du sexe de l'*objet*, l'objet sous-jacent restant néanmoins homosexuel. Dans le cas du trans-sexualisme, il y a changement du sexe du *sujet* qui reste homosexuel : pour donner corps à son fantasme idéalisé d'identification narcissique au personnage du sexe opposé il lui faut payer le prix : son identité et ses attributs. Ce rejet, cette forclusion de l'image de soi refusant sa réalité, peut-être pour retrouver une *identité primaire*, nécessite une organisation particulière de la structure du Moi : ne le fait pas qui veut même dans les situations familiales que Pasche[11] décrit dans la genèse de l'homosexualité. Que la conscience de l'attirance hétérosexuelle permette un renforcement de l'identité, nous en convenons; mais le trouble de l'identité du trans-sexuel n'est pas une simple méconnaissance, une illusion de l'ordre névrotique, auquel cas il pourrait apparaître comme secondaire à la menace de l'émergence de l'homosexualité. Il s'agit d'un *rejet,* au sens employé par Freud dans « Psychonévroses de défense », projection au sens de « ne pas vouloir être ».

Ainsi, la difficulté d'acquisition d'une identité sexuelle stable et individualisée est illustrée par le syndrome du *jeune garçon efféminé*[12], qui manifeste de façon précoce, habituelle et prolongée, des tendances féminines dont la particularité et l'intensité n'ont aucune mesure avec le comportement féminin épisodique observable chez tout garçon. L'intérêt pour l'image de soi dans le miroir indique un investissement narcissique du corps entier aux dépens d'un investissement objectal. La *jeune femme virile* dont la revendication phallique antithétique est aussi caricaturale, présente de même une carence dans son *organisation narcissique*. Celle-ci est, dans les deux cas, liée à la relation avec la mère. Nous nous trouvons en accord avec ceux qui ne voient pas uniquement dans l'envie du pénis chez la fille une donnée immédiate, mais déjà la représentation d'un clivage, une « fétichisation » comme tendrait à le prouver l'exemple des fortes identifications croisées chez les jumeaux bisexués.

Face à l'*empreinte* des éthologues, modelée à la fois sur la relation duelle et sur celle de la « censure de l'amante »[13], chaque enfant ne dispose-t-il pas d'un degré inégal de plasticité à l'égard des processus identificatoires, du choix des défenses précoces comme l'identification projective, de l'aptitude à la passivité ou à l'activité qui contribuent en outre à induire les attitudes parentales ou encore de la capacité d'investissement des zones érogènes, de la motricité elle aussi en relation avec l'adéquation ou non des messages maternels ?

Un certain retour à l'*identification au père*, proposée par Freud en tant qu'identification primaire, se fait jour et pourrait agir dans la constitution de l'*identité sexuelle*. Lebovici et Crémieux[14] proposent de faire intervenir plus précocement, modifiant ainsi la notion d'œdipification que l'un d'entre eux a décrite avec Diatkine, les vicissitudes de l'identification au père : comme la mère est investie avant que d'être perçue, il pourrait en être de même du père par incorporation-introjection de qualités qui ne sont pas forcément perçues comme telles. Le père pourrait jouer le rôle d'un *agent phobogène* à partir du sixième mois.

Braunschweig et Fain [15] font aussi intervenir le père dans la *relation primaire* entre l'enfant et sa mère. La mère de l'enfant et l'épouse du père n'ont guère, selon eux, de points communs ; lorsque la mère désinvestit son enfant pour réinvestir son homme, ce n'est pas ce dernier qu'elle réinvestit en premier mais elle-même :

> Elle dérobe ainsi une partie du narcissisme de son enfant pour s'en farder [...]. Plus une femme s'investit narcissiquement, plus l'homme a tendance à se dépouiller de son narcissisme à son profit. Ne revit-il pas là le désinvestissement de lui-même par sa mère, opéré par cette dernière au profit de la femme de l'homme.

Voilà l'authentique *sevrage*.

Nous retrouvons là un point commun de notre expérience et de la littérature : les femmes qui sont « plus mères qu'épouses » n'ont pas seulement des difficultés d'identification mais une incertitude dans leur identité et la transmettent. Certaines mères, en effet, incapables d'une relation d'objet génitalisée ont avec leur enfant une relation d'objet partiel ; ils sont de véritables enfants-pénis, mal identifiés psychologiquement et destinés à permettre la négation de leur propre castration. D'autres mères ont le besoin et le pouvoir d'une identification régressive à leur enfant, maintenue tant que celui-ci est à l'intérieur d'elles-mêmes : ces femmes ne se sont jamais mieux « portées » qu'enceintes et se dépriment après l'accouchement. Leurs enfants vont souffrir de troubles de l'identité inscrits dans le moi corporel.

*

L'identité sexuelle nous paraît difficile à autonomiser autrement que comme une *notion clinique*. Un trouble de l'identité peut intervenir par *clivage précoce* soit sur le versant de l'identité corporelle soit sur celui de l'identité psychique, étant entendu que l'une et l'autre sont consubstantielles. On sait l'importance que Freud a donné à l'*hypocondrie*. Ne pourrait-on pas y rattacher un ensemble de perturbations de l'image du corps, si l'on entend par hypocondrie non la seule névrose d'organe, mais l'hyperinvestissement libidinal de l'image du corps et du corps lui-même en relation avec une introjection d'un objet insatisfaisant. L'anorexie mentale est un équivalent dysmorphophobique : le rejet de l'identité corporelle rappelle en tous points, au déplacement près, celui des trans-sexuels. Il s'agit, pourrait-on dire, d'une *hypocondrie de l'apparence*.

*

Le *fétichisme* intéresse à sa façon l'identité. Freud a lié, comme on le sait, l'origine du fétichisme à la connaissance de la différence des sexes au stade phallique et à l'angoisse de castration. Le sujet a donc accédé à l'affrontement œdipien. Son identité est en principe acquise, son identité sexuelle aussi.

Le déni, le clivage ne les remettent-ils pas en question ? En outre la discordance ainsi provoquée entre le savoir et la croyance[16] vont dépasser et de loin la perversion proprement dite.

Le patient homosexuel fétichiste de Masud Khan[17] évoque un de nos patients[18] par la « dispersion de l'identité » du premier et l'angoisse dépersonnalisante du second, le rôle apparent de la perversion chez l'un comme chez l'autre est d'être le garant de l'identité et du maintien du sens de la réalité, comme l'a dit Glover. Le trouble commun de l'image du corps donnerait raison à Greenacre, mais doit-on considérer les oscillations identificatoires bisexuelles — notre patient avait désiré être une fille — comme une altération de l'identité sexuelle ?

Il s'agit plutôt d'une incertitude globale concernant le *Je* et le *Non-Je* : le trouble de l'identification sexuelle en serait déjà une réduction, la « fétichisation » une tentative de cicatrisation.

Au-delà, le sentiment d'identité est solidaire du devenir de l'objet transitionnel, « champ de l'illusion » winnicottien ; il participe donc du *leurre,* comme la culture, la réalité, la sublimation. Le hiatus demeure avec l'assujetissement au *fétiche* dans une relation magique où l'identité se clive, condamnant le pervers à la solitude tout en le préservant de la « dépersonnation »[19], c'est-à-dire de la psychose.

L'identité ne se qualifie pas, elle est ou n'est pas.

JEAN-MARC ALBY

NOTES

L'insaisissable entre-deux

1. Sur le rapport entre la beauté, sa signification « phallique », et la bisexualité, on trouvera quelques indications intéressantes *in* Fritz Wittels, « Mona Lisa and feminine Beauty : A Study on Bisexuality », *International Journal of Psycho-Analysis*, XV, 1, 1934.

2. Ce terme est avancé par Roger Lewinter à propos de Groddeck dont on sait le parti qu'il a tiré de l'étymologie. Nous lui préférerons l'étymologie qu'a su inventer Jean-Pierre Brisset et qui, d'équation en équation, le fait dériver sur l'énoncé inverse : « *Ce excès*, c'est le sexe. On voit que le sexe fut le premier *excès*. On a aucun excès à craindre de ceux qui n'ont pas de sexe. » « La formation du sexe », in *La science de Dieu* (1900), réédité par Tchou, 1970.

3. Mircea Eliade, *Méphistophélès et l'androgyne*, Gallimard, 1962, p. 133.

4. « Les vocabulaires grec et latin à tous leurs étages, du style de la tragédie à celui de la farce, assimilent l'acte sexuel à une blessure. » Marie Delcourt, *Hermaphrodite*, P.U.F., 1958, p. 54.

5. Marie Delcourt, *op. cit.*, p. 55. L'étymologie est ici précieuse dans les connexions qu'elle établit : « Quelle que fût l'étymologie véritable du nom de Kaineus, note encore Marie Delcourt, les Grecs y reconnaissaient à la fois *Kainis*, l'épée; *Kainô*, tuer; *Kainumai*, exceller; *Kainos*, nouveau. Le travestissement sexuel est un rite de passage et d'initiation. Ce renouvelé est invulnérable et reste *droit* et *vivant* sous les arbres qui l'ont accablé » (*ibid.*, p. 54).

6. On sait que le Phénix est *unique* de son espèce. Il ne peut donc que s'auto-reproduire. La version la plus connue est qu'il renaît de ses cendres après avoir mis le feu à son nid. Mais il en existe une autre qui fait apparaître le thème du père mort : « Le phénix se couche sur son nid et meurt en l'imprégnant de sa semence. Le nouveau phénix naît alors et, recueillant le cadavre

de son père, l'enferme dans un tronc de myrrhe creux qu'il emporte jusqu'à la ville d'Héliopolis » (Pierre Grimal, *Dictionnaire de la mythologie grecque et romaine*, P.U.F., 1969, p. 366). Cf. à ce propos ce qu'écrit ici même Jean Gillibert : « Le phallus doit ressusciter dans la lignée : phallus d'outre-tombe. »

7. « Le baiser, l'enlacement, les caresses, les morsures servent à effacer la limite entre le Moi des partenaires ; ainsi, par exemple, l'homme, au cours du coït, ayant proprement introjecté, sur le plan psychique, les organes de la femme, n'est pas obligé d'éprouver le sentiment d'avoir confié à un milieu étranger, donc dangereux, son organe tenu pour le plus précieux, le représentant de son Moi érotique ; il peut donc sans crainte se permettre l'érection, *l'organe bien protégé ne risque pas d'être perdu, puisqu'il se trouve confié à un être auquel son Moi s'est identifié* » [mes italiquesl. *Thalassa*, Payot, 1962, p. 42.

8. On pourra rapprocher ce comportement des Anciens face à l'enfant ou à l'adolescent de sexe ambigu des faits, actuels, rapportés ici par L. Kreisler : scotomisation parentale, angoisse du médecin devant ce pouvoir qui lui revient d'assigner un sexe, là où la Nature a failli à sa tâche...

9. Comme l'illustre l'analyse d'André Green. Cf. *infra*, p. 389.

10. R. Barthes, « Masculin, Féminin, Neutre », in *Mélanges offerts à Claude Lévi-Strauss*, Mouton, 1970.

11. Texte précisément où il évoque le mythe platonicien.

12. Cf. *Objets du fétichisme*, numéro 2 de la *Nouvelle Revue de Psychanalyse*.

13. « L'action de forces psychiques coopérantes et antagonistes » [*Zusammen und Gegeneinanderwirken*] est, Strachey l'a noté, une formule qui revient sous la plume de Freud à chaque étape de son œuvre ; on la trouve dès les premières lignes de la *Traumdeutung*. Elle est si inhérente à sa pensée qu'il ne saurait la dater, la limiter à un contexte théorique déterminé.

14. Cf. notre article « L'utopie freudienne », in *Après Freud*, 2e éd., Gallimard, 1968.

15. In *L'analyse finie et l'analyse indéfinie* (1937). Comme nous sommes loin de l'idée, complaisamment entretenue aujourd'hui, d'une indifférence aux résultats thérapeutiques ! Ce qu'il faudrait critiquer maintenant, ce n'est plus l'ambition thérapeutique en effet, mais l'ambition didactique généralisée : faire des petits, perpétuer la lignée, *se reproduire* dans l'idéalisation du processus et de la fonction analytiques.

16. Si Freud préfère cette expression à celle de « protestation masculine », ce n'est pas seulement pour « protester » contre Adler. L'homme peut accepter — et même rechercher — l'assujettissement à une femme. « Ce contre quoi il se défend, écrit Freud, ce n'est pas

contre la passivité en général, mais contre la passivité vis-à-vis d'un autre homme » (« Analyse finie », *S.E.*, XXIII, p. 252, n. 1). L'angoisse vient de ce que l'attitude passive est identifiée à une castration.

17. « Analyse finie », *S.E.*, XXIII, p. 250.

18. *Ibid.*, p. 244.

19. Il se montre en particulier extrêmement réticent pour chercher dans l'« hermaphrodisme psychique » l'explication de l'« inversion », comme de nombreux auteurs, autour de 1900, le prétendaient. On se demandera à ce propos si la théorie de la bisexualité n'est pas avant tout la « théorie sexuelle adulte » de l'homosexuel dont la théorie sexuelle infantile est, bien sûr, tout autre. Sachant, d'autre part, le rôle de Fliess dans la promotion du concept de bisexualité et le relatif refoulement du concept chez Freud, on pourra aussi s'interroger sur la part jouée par l'homosexualité latente de Freud dans cette histoire. Il n'est pas douteux que la rupture avec Fliess coïncide avec un refus du thème bisexualité-bilatéralité, thème qui paraît s'incarner dans la fameuse photographie, sur laquelle O. Mannoni a su attirer l'attention, où les deux amis ont presque l'apparence d'un couple, non d'opposés, mais de jumeaux ! Mais laissons cela aux analystes de Freud : ils se font de plus en plus nombreux, depuis quelque temps.

20. Cf. les articles de D. Anzieu et de P. Fédida.

21. In *Minutes of the Vienna Psychoanalytic Society*, vol. II, International University Press (Séance du 23 février 1910, p. 426).

22. Cf. ici même, p. 297.

23. Voir *Thalassa* ; trad. fr. Petite bibliothèque Payot, 1962.

24. L'embarras de Freud est ici manifeste : il écrit, quelques lignes plus haut, reprenant une critique toujours adressée à Fliess, qu'il s'est quant à lui refusé à expliquer le refoulement par des motifs biologiques et qu'il faut s'en tenir à des motifs purement psychologiques. Et voici qu'il fait appel au biologique pour répondre à la « grande énigme du sexe ».

25. C'est en ces termes que Freud résume, pour s'y *opposer*, la conception de Fliess (*in* « On bat un enfant » [1919] ; tr. fr. in *Revue française de Psychanalyse*, IV, 1933, n°s 3-4).

26. Faut-il rappeler aux femmes d'aujourd'hui (on n'ose plus dire : féministes) que l'équation absence de pénis = castration ne définit pas la conception freudienne de la féminité mais est le produit d'une théorie sexuelle infantile ? De même ce n'est pas aux femmes que la psychanalyse aurait révélé leur castration (elle leur aurait plutôt montré qu'elles avaient ou étaient un phallus), mais à l'homme : la psychanalyse a rencontré la castration dans le discours masculin, d'abord, sur le mode le plus direct, dans le cas du petit Hans ; puis, sous une forme inconsciente, dans celui de l'Homme aux loups.

27. Le génie de Balzac lui fait commencer son roman androgyne *Séraphita* (Séraphitus-Séraphita) par la description d'un *fiord* : « fissure », « cassure », « brèche ».

28. Mircea Eliade a justement relevé l'importance du thème de la réunion et de la conjonction des opposés dans la théorie jungienne : « Selon Jung, le processus de l'individuation consiste essentiellement en une sorte de *coincidentia oppositorum*, car le Soi comprend aussi bien la totalité de la conscience que les contenus de l'inconscient » (*op. cit.*, p. 99).

29. « Nouvelles conférences », *G.W.*, XV, p. 124. (Mes italiques.)

30. Ernest Jones, « The Phallic Phase » (1933); tr. fr. in *La psychanalyse*, vol. 7, P.U.F.

31. Cf. « Fantasmes hystériques et leur relation à la bisexualité » (1908). Freud montre dans cet article comment « ...le masturbateur tente, dans ses fantasmes conscients, de ressentir ce qu'éprouvent aussi bien l'homme que la femme dans la situation qu'il se représente; d'autres exemples sont fournis par certaines attaques hystériques dans lesquelles la malade joue en même temps les deux rôles du fantasme sexuel sous-jacent ».

32. J. Laplanche a attiré l'attention sur le fait qu'on trouve deux termes chez Freud : *Verschiedenheit* et *Unterschied*. « *Verschiedenheit* : diversité avec la possibilité de *n* ou *n* + 1, etc.; *Unterschied* : différence, impliquant le oui-non, le "ou bien, ou bien" » (in *Bulletin de Psychologie*, 1971-1972, vol. XXV, n° 13).

Le rêve du bisexuel ne serait-il pas en définitive d'être un polysexuel ? Déni de toute assignation du sexe : le sexe est partout... et nulle part.

Bisexualité et médiation en Grèce ancienne

1. Le mythe d'Aristophane pose un problème d'authenticité. En effet, le banquet, durant lequel Aristophane est censé avoir pris la parole, eut lieu le lendemain du jour où Agathon sacrifia aux dieux en reconnaissance du prix que lui avait valu sa première tragédie (*Banquet*, 173 *a* 5-7). Or, selon Athénée (*Deipnosoph.*, 217 *a*), c'était en 416.

Par ailleurs, au cours de son récit (*Banquet*, 193 *a* 2-3), Aristophane fait mention d'un « dioecisme » imposé par les Lacédémoniens aux Arcadiens. Le « dioecisme », comme l'explique L. Robin, est « l'opération punitive qui consistait, de la part d'un État suzerain, à rompre l'unité politique d'une cité, infidèle ou révoltée, en dispersant ses habitants en villages isolés, après en avoir rasé les murs » (Platon, *Œuvres complètes*, I, Paris, 1950, p. 1357,

n. 2 à sa traduction du *Banquet*, p. 721). Or, il semble que, dans ce passage, Platon fasse référence à la punition infligée par les Spartiates à Mantinée, la ville principale d'Arcadie, en 385.

Il y a donc un écart de trente et un ans entre les deux dates mentionnées. En outre, les discours qui furent prononcés lors de ce banquet sont racontés à Glaucon par Apollodore (zélateur passionné et éploré apparaissant dans le *Phédon*, en 59 *a-b*, et en 117 *d*), qui, lui-même, les tient d'Aristodème, l'un des convives.

C'est dire que le mythe d'Aristophane ne peut être considéré comme le report exact d'un discours formulé en ces termes par Aristophane. Il est l'œuvre de Platon. Est-ce un pastiche pur et simple, ou une tentative de restitution très approximative de propos tenus par l'auteur comique ? La réponse à cette question présente un intérêt secondaire.

En effet, dans un cas comme dans l'autre, il faut considérer le mythe d'Aristophane comme l'expression, *selon Platon*, des fondements et des implications de la conception qu'Aristophane se fait d'Éros et de son rôle.

2. S. Freud, *Au-delà du principe du plaisir* (tr. fr. Jankélévitch), Paris, 1963, p. 72-77.

3. S. Freud, *Abrégé de psychanalyse* (tr. fr. Berman), Paris, 1964, p. 8. Ce passage fait allusion au passage cité précédemment. Dans ces deux passages, Freud mentionne le mythe d'Aristophane pour illustrer sa théorie des pulsions qui se ramènent à l'Éros et à la pulsion de mort, ou Thanatos. Les pulsions présentent un caractère régressif qu'on peut facilement expliquer dans le cas de la pulsion de mort qui cherche à rétablir l'état antérieur de la substance vivante, en la faisant retourner à la matière inorganique et inanimée. Or, dans le cas de l'Éros, Freud se pose cette question : « Devons-nous suivre l'invitation du philosophe poète et oser l'hypothèse d'après laquelle la substance vivante, une et indivisible avant d'avoir reçu le principe de vie, se serait, une fois animée, divisée en une multitude de petites particules qui, depuis, cherchent à se réunir de nouveau, sous la poussée des tendances sexuelles ? » (*Au-delà du principe du plaisir*, p. 74). Question à laquelle il n'a jamais donné de réponse.

4. S. Freud, *Trois essais sur la théorie de la sexualité* (tr. fr. Reverchon-Jouve), Paris, 1962, p. 18. On s'entend généralement pour voir, dans ce passage, une allusion au mythe d'Aristophane : « Nous trouvons la meilleure interprétation de la notion populaire de pulsion sexuelle dans la légende pleine de poésie selon laquelle l'être humain fut divisé en deux moitiés — l'homme et la femme — qui tendent depuis à s'unir par l'amour. » C'est d'ailleurs la référence qui permet le mieux une comparaison, sur le plan de la bisexualité, entre la position d'Aristophane et celle de Freud.

5. S. Freud, *Trois essais sur la théorie de la sexualité*, p. 18.

6. Dans son livre intitulé : *Psychanalyse d'Aristophane* (Paris, 1967), N.N. Dracoulidès traite de ce mythe dans son chapitre IV intitulé : *Aberrations sexuelles* (p. 41-47). Il discerne dans le fait que l'homosexualité masculine y est célébrée par Aristophane qui, par contre, la raille dans ses comédies, une raison de plus qui permet de voir en Aristophane, « resté fixé à un complexe d'Œdipe désaxé » (p. 44), « un "féminoïde" asservi à la femme "viriloïde", mais nullement un "homosexuel" » (p. 41). Cependant, quel poids peut avoir ce diagnostic qui se fonde d'une part sur une analyse sommaire et pour le moins discutable de la vie d'Aristophane, au sujet de laquelle on ne sait rien d'absolument certain, et qui prend pour acquis l'authenticité absolue de ce mythe ? Dans ce passage du *Banquet*, Platon dégage les fondements et les implications de la conception qu'Aristophane se fait d'Éros et de son rôle, pour l'opposer à sa propre conception. Il n'est donc pas tenu de faire concorder, dans le détail, les propos qu'il prête à Aristophane, et ceux qu'Aristophane met dans la bouche des personnages comiques qu'il crée.

7. Dans son livre intitulé : *La Psychologie de Platon* (Paris, 1968), Y. Brès considère le mythe d'Aristophane (p. 240-244), qu'il déchiffre en s'aidant d'intuitions développées par Lacan dans ses séminaires, comme un élément supplémentaire de preuve montrant que le *Banquet* met en œuvre, avec le *Phèdre*, une vaste entreprise de démystification abolissant les illusions explicitées dans les dialogues précédents. Et cela, en oubliant que ce mythe est censé refléter la conception d'Aristophane sur Éros et son rôle, et que, de ce fait, il ne peut être considéré comme une étape de l'auto-analyse de Platon.

8. Seul F. Flahaut, dans un livre intitulé : *L'extrême existence* (Paris, 1972, p. 23-27 surtout), a respecté cette richesse du mythe d'Aristophane. Dans l'analyse, malheureusement trop brève qu'il en fait, il ne dissocie jamais anthropologie et cosmologie. En outre, il montre très bien comment le discours de Socrate, qui rapporte les paroles de Diotime, s'oppose symétriquement à celui d'Aristophane.

9. Tout au long de cette étude, nous nous sommes référé aux deux livres fondamentaux de M. Delcourt sur la bisexualité dans l'antiquité. Le premier, intitulé : *Hermaphrodite* (Paris, 1958), dresse le dossier des mythes et des rites de la bisexualité à cette époque. Et le second, intitulé : *Hermaphroditea* (Bruxelles, 1966), se présente comme une collection de représentations illustrant le même phénomène à la même époque.

10. *Banquet*, 189 *d*6-*e*5.

11. *Anth.*, VI, 254 ; Hipp., *Régime*, I, 28 ; Hérodote, IV, 67 ; Eschine, II, 127 ; Plutarque, *Moralia*, 219 *f*.

12. Lucien, *Am.*, 28.
13. *Banquet*, 189 *e* 5-190 *a* 4.
14. *Id.*, 189 *e* 5-6.
15. *Id.*, 190 *a* 4-5.
16. *Id.*, 190 *a* 5-8.
17. Cf. *Timée*, 38 *d*-39 *e*.
18. *Banquet*, 190 *a* 8-*b* 5
19. *Id.*, 190 *b* 2-3.
20. Diels-Kranz, fr. 47.
21. *Id.*, fr. 45.
22. *Id.*, fr. 42.
23. Artémidore, *On.*, p. 104, 14 ; scholie à Euripide, *Hipp.*, 141 ; Galien, IX, 903 (Kühn) ; Hippocrate, *Morb. sacr.*, 592 f.
24. *Phèdre*, 244 *a* 3 sq.
25. Cf., sur le sujet, M. Delcourt, *Hermaphrodite*, p. 55-66.
26. Hérodote, I, 105 ; IV, 67.
27. Sur la distinction entre l'Aphrodite Ourania, fille d'Ouranos, et l'Aphrodite Pandèmos, fille de Zeus et de Dionè, cf. *Banquet*, 180 *d* 5-*e* 1.
28. *Ion*, 533 *d* 3-556 *d* 5.
29. *République*, 364 *e* 4.
30. Cf. M. Delcourt, *Hermaphrodite*, p. 11 sq.
31. *Id.*, p. 39-43.
32. *Banquet*, 190 *b* 5-6.
33. M. Delcourt, *Hermaphrodite*, p. 53-54 ; et « La légende de Kaineus », *Revue de l'histoire des religions*, 144, 1953, p. 129-150. Par ailleurs, dans la perspective de cette relation entre puissance physique et bisexualité, on doit se rappeler les luttes de Thésée, Achille et Héraclès, qui revêtent, de façon provisoire, une apparence ou des vêtements féminins, contre les Amazones, qui, de façon permanente, endossent un équipement masculin (cf. M. Delcourt, *Hermaphrodite*, p. 17-20).
34. *Oxyrr. pap.*, t. XIII, n° 1611.
35. *Banquet*, 190 *b* 6-*c* 1.
36. *Odyssée*, XI, 305 sq.
37. Cf. F. Vian, *La Guerre des Géants*, Paris, 1952, p. 184-185.
38. *Banquet*, 190 *c* 7-*d* 3.
39. *Id.*, 190 *d* 4-7.
40. *Id.*, 190 *e* 2-191 *a* 5.
41. *Id.*, 191 *a* 5-*b* 5.
42. *Id.*, 191 *c* 2-8.
43. Cf., sur le sujet, M. Delcourt, *Héphaïstos ou la légende du magicien*, Paris, 1957. Et tout spécialement p. 15-47.
44. *Banquet*, 192 *b* 5-*e* 9.
45. *Id.*, 191 *c* 8-*d* 3.

46. Éros est un « daimon ». Or, pour les Pythagoriciens, la lune est le séjour des « daimones ». Cf. M. Detienne, *La Notion de « daimon » dans le pythagorisme ancien*, Paris, 1963, p. 37 et 105.

47. *Banquet*, 185 *e*-189 *e*.

48. Cf. M. Delcourt, *Hermaphroditea*, p. 54-59.

49. L'infirmité d'Héphaïstos, qui consiste, selon plusieurs représentations figurées, en ce que l'un de ses pieds est orienté vers l'avant, alors que l'autre l'est vers l'arrière (cf. M. Delcourt, *Héphaïstos*, p. 110-136), l'apparente aux êtres doubles de l'antique nature humaine. Ce dieu est donc tout désigné pour être celui dont l'intervention, si elle se réalisait, rétablirait cette antique nature humaine.

50. *Banquet*, 190 *a* 8-*b* 5.

51. *Id.*, 191 *b* 7-*c* 2.

52. *Id.*, 191 *c* 2-3.

53. *Id.*, 190 *d* 7-*e* 2.

54. En grec ancien, « œufs » se dit *ôià*, et « cormes », *óa*.

55. *Oiseaux*, 693-703.

56. Cf. M. Delcourt, *Hermaphrodite*, p. 107.

57. *Théogonie*, 116-132.

58. *Id.*, 132-156.

59. *Id.*, 156-160.

60. *Id.*, 160-192.

61. Cf. J. P. Vernant, « Mêtis et les mythes de souveraineté », *R.H.R.*, 1971, p. 29-76.

62. Cf. O. Kern, *Orphicorum fragmenta*, fr. 28.

63. Cf. M. Delcourt, *Hermaphrodite*, p. 43-47.

64. Cf. A. Furtwängler, *Antike Gemmen*, Leipzig und Berlin, 1890, I, pl. XIV, n° 6.

65. *Banquet*, 191 *d* 3 - 192 *b* 5. Pour expliciter la traduction de ce texte, L. Robin avait fait une note qui, toutes proportions gardées, vaut pour cette traduction : « En grec, un *symbole* (nous avons gardé le grec « symbolon »), signe de reconnaissance par *rapprochement* des deux parties d'un jeton, d'un osselet (193 *a* 7), etc. C'était comme la *tessera* des Latins, un témoignage de relations d'hospitalité, témoignage qui se transmettait dans les familles et attestait un lien de droit non seulement entre deux personnes, mais même entre deux familles. Aristophane s'amuse ensuite à considérer tous les poissons plats qui tel le carrelet (nous avons traduit « plies »), ont les deux yeux d'un même côté de la tête et un ventre blanc qui semble provenir d'un sectionnement tout récent, comme les moitiés complémentaires d'un poisson complet. On trouve la même image dans la *Lysistrata* (115 sq.) d'Aristophane. » (Platon, *Œuvres complètes*, I, Paris, 1950, p. 1356-1357, n. 7 à sa traduction du *Banquet*, p. 719.)

66. *Banquet*, 192 *e* 10-193 *b* 2.

67. P. Frutiger, *Les Mythes de Platon*, Paris, 1930, p. 196.

68. Notre texte de référence sera : *Trois essais sur la théorie de la sexualité*, I. *Les Aberrations sexuelles*, p. 17-62.

69. Le rapport que l'exégèse hébraïque a discerné entre *Gen.*, 21-24 et le mythe d'Aristophane a été mis en lumière par K. Ziegler dans un article très important intitulé : « Menschen und Weltenwerden » (*Neue Jahrbücher*, XXXI, 1913, p. 558-560). Dans le même article K. Ziegler dresse un tableau généalogique, d'après lequel dériveraient d'une genèse babylonienne, dont Bérose aurait gardé la trace (cf. Eusèbe de Césarée, *Chron.*, I, 14 sq.), et la cosmogonie hébraïque et la cosmogonie orphique. C'est d'ailleurs au contenu de cet article que Freud fait référence dans la note 1 des pages 64-65 dans *Au-delà du principe du plaisir.* Toutefois, nous estimons que la preuve apportée par K. Ziegler en vue de démontrer la validité de son tableau généalogique n'est pas convaincante. En outre, le fait de retrouver des structures de développement similaires dans plusieurs types de cosmogonies n'autorise absolument pas à les faire dériver l'une de l'autre.

Par ailleurs, Eusèbe de Césarée (*Prép. évang.*, XII, 12) pense que Platon avait lu la *Genèse,* mais l'avait mal comprise au point d'attribuer à Aristophane un mythe racontant quelque chose de similaire au sectionnement qui sépara Ève d'Adam.

L'hybride

1. « Le Moyen Âge, en Occident, a pour condition des œuvres [...] qui n'appartiennent pas au Moyen Âge proprement dit, mais qui, héritières directes de la pensée philosophique grecque et latine, constituent des réserves où viendront s'approvisionner, à mesure qu'ils en deviendront capables, les hommes qui cherchent à maintenir *la culture*. » (Émile Bréhier, *La Philosophie du Moyen Âge*, Albin Michel, 1971, p. 15.)

2. Aristote, Livre IV, chap. III, p. 258, 259. [Les noms d'auteurs ou les titres d'ouvrages cités en note renvoient à la Bibliographie, p. 82.]

3. *Idem*, chap. I, p. 232.

4. Aristote, Livre II, chap. I, p. 4.

5. Saint Thomas, *Somme naturelle*, p. 577. Traduction libre du texte latin : *Necessarium fuit femina fieri, sicut Scriptura dicit, in adjuditorium viri ; non quidem in adjuditorium alicujus operis, ut quidam dixerunt, cum ad quodlibet aliud opus convenientius juvari possit vir per alium, virum quam per mulierem, sed in adjuditorium generationis* [...] *Animalibus vero perfectis competit virtus activa*

generationis secundum sexum masculinum, virtus vero passiva secundum sexum femininum. Et quia est aliquod opus vitae nobilius in animalibus quam generatio, ad quod eorum vita principaliter ordinatur. [...] *Homo autem adhuc ordinatur ad nobilius opus vitae, quod est intelligere.*

6. Ambroise Paré, p. 24.
7. Ambroise Paré, citant les *Problèmes* d'Aristote.
8. Aristote, Livre IV, chap. III, p. 259.
9. *Idem*, p. 262.
10. *Idem*, p. 248.
11. *Idem*, p. 262.
12. Que la femme ait dedans ce que l'homme a à l'extérieur, cela ne fait pas problème non plus pour deux grands chirurgiens du XIVe :

La matrice [...] est l'appareil de la génération chez les femmes, semblable à l'appareil de la génération chez les hommes, sauf qu'il est renversé. Le col de la matrice représente la verge chez l'homme, la matrice : le scrotum, et elle se comporte par rapport à la verge, de la même manière que celle-ci par rapport au canal de l'urine. (Henri de Mondeville, p. 74.)

L'ammary est le champ de génération humaine, et par conséquent l'organe qui reçoit la semence [...] Sa forme est ronde, avec deux cornes, ou bras cellulez au chef desquelles est un petit testicule planté d'en haut ; et par-devant, elle a un simple canal. Elle est comme la verge renversée, ou mise au-dedans, au quatorzième de « L'Usage des Parties. » Car elle a au-dessus deux bras cellulez avec les testicules, comme la bourse des testicules : elle a aussi un ventre commun au milieu, comme les parties du pénil ; elle a son col en bas canulé, comme la verge ; elle a aussi la vulve comme un balane et la mitre ; elle a aussi le tentigo comme un prépuce ; elle a aussi sa longueur, comme la verge, de huit ou neuf doigts. (Guy de Chauliac.)

13. Ambroise Paré, p. 30.
14. *Idem*, p. 29, 30.
15. Les règles (« les fleurs ») proviennent d'une superfluité d'humeurs froides et humides que la femme, à cause de son manque de chaleur, ne peut résorber. L'absence de règles chez les viragines est donc en rapport direct avec la mutation de leur complexion. Si les hommes n'ont pas de règles c'est uniquement parce que, en temps normal, leur vertu naturelle, chaude et forte, digère ces superfluités.

Il est de toute nécessité que ces superfluités soient ou bien digérées ou bien évacuées : il s'agit en effet d'un sang dangereux, corrompu, formé en grande partie de résidus mélancoliques, lesquels sont la lie du corps. La présence de ce sang dans le corps est génératrice de maladies, et en particulier de la lèpre : d'où le danger que l'on fait courir à un enfant si on l'engendre à l'époque des règles.

Les hémorroïdes et les saignements de nez, que l'on provoque à l'occasion, ont chez les hommes une fonction équivalente aux règles féminines : dans les deux cas, il s'agit d'une purgation, il ne faut donc pas s'empresser de les guérir.

Voici ce que Pline l'Ancien écrit à propos du sang menstruel :

Qu'une femme en cet état s'approche, les vins nouveaux s'aigrissent, les grains qu'elle touche deviennent stériles, les jeunes greffes périssent, les plantes des jardins se dessèchent, et les fruits de l'arbre sous lequel elle s'est assise tombent ; [...] l'airain même et le fer deviennent la proie de la rouille et contractent une odeur repoussante. Les chiens qui en ont goûté deviennent enragés, et le venin de leur morsure est sans remède. Le bitume, qui est de nature à se coller fortement à tout ce qu'il touche [...], ne peut se rompre qu'avec un fil trempé dans cette liqueur puissante. (Livre VII, p. 49.)

Ce sang c'est la mort, la pourriture menaçante. Et, *enfermé depuis la génération dans les canaux des membres du fœtus* (Henri de Mondeville, p. 640), il engendre des maladies, outre la lèpre, la rougeole et la variole. On comprend mieux l'énorme importance accordée à la saignée au Moyen Âge, il est même possible d'avancer que les hommes sont les cibles toutes désignées de cette opération, car ils n'ont pas, comme les femmes, la capacité naturelle de se purger tous les mois. Ce qui est ainsi évacué, cest non seulement un sang corrompu, mais un sang maternel, et féminin.

16. Martin de Saint-Gilles, p. 108 et 128.

17. Martin de Saint-Gilles.

18. Barthélemy l'Anglois, chap. XLVIII.

19. Martin de Saint-Gilles.

Le cœur est l'organe du corps le plus important, il en est le souverain.

C'est lui qui engendre l'esprit vital nécessaire au corps.

20. Ambroise Paré, citant les *Problèmes* d'Aristote.

21. Seule l'Unicité participe de Dieu, la dualité (l'hybride) est du côté du diabolique, et du chaos. Au Moyen Âge, les nombres pairs (et donc toujours divisibles) sont impurs, et féminins ; les nombres impairs sont purs, et masculins.

22. À cette époque, le découpage anatomique est plus topographique (visuel) qu'analytique. Il s'agit ici du corps vu de l'extérieur.

23. Barthélemy l'Anglois, f. L.

24. *Idem*, f. XXIIII.

25. Laurent Joubert, p. 126.

26. Henri de Mondeville, p. 61.

27. Barthélemy l'Anglois, f. LXXV.

28. Henri de Mondeville, p. 253.

29. Guy de Chauliac, *Doctr.* I, chap. I.

30. Henri de Mondeville, p. 627

31. Barthélemy l'Anglois.

32. *Idem.*
33. Henri de Mondeville, p. 294.
34. Barthélemy l'Anglois.
35. Barthélemy l'Anglois, f. XXXVII.
36. Pline, Livre VII, p. 13.
37. Ambroise Paré, p. 26.
38. *Idem.*
39. *Idem*, p. 24.
40. *Le journal d'un bourgeois de Paris*, p. 270.
41. *Idem*, p. 268.
42. *Idem*, p. 269.
43. *Nouvelle collection pour servir à l'Histoire de France*, t. III, p. 167.
44. Il s'agit ici plus particulièrement de la seconde moitié du Moyen Âge.

Monsieur Vénus et l'ange de Sodome

1. S. Mallarmé, « L'après-midi d'un faune », *Le Parnasse contemporain*, 1875.
2. Pour ne citer que les exemples les plus éloquents : Klimt, *Salomé*, Venise, Galleria d'Arte Moderna ; *Judith I*, Vienne, Osterreichische Galerie ; *Judith II*, Vienne, Galerie d'art moderne ; Regnault, *Salomé*, New York, Metropolitan Museum ; Delville, *Orphée*, Bruxelles, coll. part. Stevens, *Salomé*, musées Royaux de Bruxelles ; Wilde, *Salomé*, illustré par Beardsley, etc.
3. Gustave Moreau, *Jeune fille thrace portant la tête d'Orphée*, Musée du Louvre.
4. Voir à ce sujet, comme pour tout ce qui concerne la sensibilité romantique et fin de siècle, le remarquable livre de Mario Praz, *The Romantic Agony*, Read-Fontana, 1962, dont le titre italien est plus explicite : *La Carne, la morte e il diavolo nelle letteretura romantica*.
5. Conférence sur Léonard en 1906, à Florence. Citée par Praz, *op. cit.*, p. 437.
6. Toute une théorisation de la malignité profonde de la femme, face à l'homme, bon et positif, devait paraître bientôt : Otto Weininger, *Sex und Character*, Vienne, 1903.
7. Cf. la gravure de Dürer, *La Mort d'Orphée* (n° 507 du catalogue de l'exposition Dürer, Nuremberg, 1971), qui porte l'inscription « Orphée, le premier pédéraste ».
8. Mircea Eliade, *Méphistophélès et l'androgyne*, Gallimard, 1962, p. 128 et sq.

9. En particulier chez Ritter, l'ami de Novalis et Schlegel. Voir Eliade, *op. cit.*, p. 124 et sq.

10. Mircea Eliade, *op. cit.*

11. Gustave Moreau, note à Henri Rupp, *Cahiers III*, p. 25.

12. Robert de Montesquiou, *Le Chef des odeurs suaves*. Ce livre faisait d'ailleurs partie des auteurs contemporains que Gustave Moreau avait dans sa bibliothèque, en compagnie de Flaubert (celui de *Salammbô* et de *La Tentation de saint Antoine*), d'Henri de Régnier, de Jean Lorrain, de Barbey d'Aurevilly. Le peintre préféré de Huysmans savait reconnaître sa famille spirituelle.

13. Cf. R. Pincus-Witten, « The iconography of symbolist painting », *Art Forum*, juin 1971, qui souligne, dans un intéressant article, en particulier la place soudain dévolue dans la peinture et la statuaire à Jeanne d'Arc (Bastien Lepage, statue de Frémiet place des Pyramides, etc.). À vrai dire Jeanne la Lorraine signifiait surtout la Revanche, après 1870.

14. Par exemple Robert Graves, dans *Les Mythes grecs*, trad. fr. Fayard, 1967, p. 65.

15. Androgynie dont les composantes homosexuelles sont analysées par Daniel Guérin, « Gauguin et les jeunes Maoris », in *Arcadie*, février 1973.

L'acteur, médian sexuel

1. Traduction personnelle.

L'enfant et l'adolescent de sexe ambigu ou l'envers du mythe

1. L. Kreisler, « Les intersexuels avec ambiguïté génitale », *La psychiatrie de l'enfant,* vol. XIII, fasc. 1, P.U.F., 1970, p. 5-127 (114 références bibliographiques).

2. Services du professeur Canlorbe et du professeur Job, hôpital Saint-Vincent-de-Paul, Paris.

3. L'abord simultané de la sexualité sous le double aspect physique et psychologique soulève des difficultés de formulation. Nous nous conformons à la terminologie en usage dans la langue française. Dans la littérature anglo-saxonne on tend à désigner sous le terme *gender* le fait sexuel d'ordre psychologique ou psychosocial (*gender role, gender identity...*), réservant au mot « sex » le sens somatique.

4. *Loc. cit.*, p. 29-34.

5. « Effraction de la psycho-sexualité différenciée », *loc. cit.*, chap. II, p. 53-69.

6. *Loc. cit.*, p. 43-47.

7. Robert J. Stoller, *Sex and Gender*, 1 vol., Science House Ed., New York, 1968 ; analysé par L. Kreisler, « L'identité sexuelle », *La psychiatrie de l'enfant*, XIII, 1, 1970.

8. « La genèse de la différenciation psycho-sexuelle », in *Les intersexuels avec ambiguïté génitale, loc. cit.*, chap. IV.

9. J. Chasseguet-Smirgel, « Tentative de réponse aux questions posées à un psychanalyste au sujet des ambiguïtés sexuelles », conférence à l'hôpital Saint-Vincent-de-Paul, février 1967 (non publiée).

10. L. Kreisler, M. Fain, M. Soulé, « La clinique psychosomatique de l'enfant », *Psychiat. Enf.*, 1967, 10, 1.

11. Dans un de nos cas, il fallut près de trois ans pour obtenir la régularisation juridique d'un enfant déclaré garçon et dont le sexe féminin fut reconnu, et rectifié quelques jours après la naissance.

12. « Le médecin en face de l'intersexuel ambigu », *loc. cit.*, chap. V.

13. *Loc. cit.*

Faits et hypothèses : un examen du concept freudien de bisexualité *

1. « Depuis que la notion de bisexualité m'est devenue familière, je l'ai considérée comme un facteur décisif car, si nous nous abstenions d'en tenir compte, j'estime qu'il serait pratiquement impossible de comprendre les manifestations sexuelles qui apparaissent à la fois chez l'homme et chez la femme » [*1*, p. 220].

2. Un tel travail a été accompli par nous ailleurs [*2*].

3. Ce fait n'est pas encore démontrable dans les chromosomes (XX chez la femelle et XY chez le mâle) mais quand les myriades de gènes qui forment les chromosomes pourront être étudiés dans un avenir très proche, les tendances bisexuelles seront probablement démontrées. À l'heure actuelle, une théorie intéressante affirme que le chromosome Y — mâle — est le produit d'un chromosome ancestral X qui aurait subi des dommages au cours des siècles et dont le résultat heureux (du point de vue de l'évolution) a été l'invention des relations sexuelles — le mélange des chromosomes [*4*].

4. La différence entre les hormones mâles et femelles peut être

* Les chiffres entre crochets renvoient aux références bibliographiques données à la fin de l'article.

très faible sur le plan biochimique. Par exemple, une étape dans le métabolisme normal de la testostérone chez le mâle est la progestine, qui est une hormone femelle [*6*].

5. Cette description est incomplète car nous avons été obligés de laisser de côté des détails importants.

6. Aujourd'hui, dans les milieux scientifiques, il est parfaitement démodé de parler de bisexualité ; d'autres mots sont utilisés : la bipotentialité sexuelle, la neutralité sexuelle, le bimorphisme sexuel [*9-11*]. Si chacun de ces termes connote un soupçon de désaccord basé sur les découvertes de laboratoire, ils n'excluent pas pour autant l'utilité du terme de « bisexualité ». Aucun de ces termes modernes ne nie que des aspects des deux sexes sont présents chez tout animal, y compris chez l'homme.

7. Les exceptions, très rares, à cette règle, sont indiquées in [*2,5*].

8. Freud parlait de « disposition bisexuelle », de « constitution bisexuelle », d'« organisation bisexuelle », d'« héritage croisé », ou du « facteur organique dans l'homosexualité ».

9. Le transsexualisme féminin diffère largement, quant à son origine, du transsexualisme masculin. Je pense qu'il s'agit là d'une forme d'homosexualité et de l'effet d'un traumatisme chronique et inconscient qui ne sera jamais résolu [*20*].

10. Ceux qui sont venus au monde sans pénis ou qui le perdent de manière traumatisante peuvent souffrir d'angoisse, mais ce n'est pas aussi catastrophique que de perdre par exemple le sens des limites de son moi, c'est-à-dire d'éprouver la perte du sentiment du soi, dans les états confusionnels et les psychoses, si l'identité sous-jacente a déjà acquis une certaine stabilité [*24*].

11. Cette discussion du cas Schreber ne signifie pas que la crainte de l'homosexualité soit la *cause* de la schizophrénie de Schreber (que Freud appelle paranoïa). Je penserais plus volontiers que la crainte n'est qu'une *manifestation* dans la psychose.

12. Voir note 7.

13. White, par exemple, écrit [*17*, p. 65] : « Les idées délirantes de Schreber quant à l'effet de l'influx nerveux féminin sur son corps provoquèrent le développement de ses seins. Il en devint ainsi l'unique possesseur, ce à quoi il lui avait tant coûté de renoncer si longtemps auparavant. On pourrait aussi considérer cette féminisation comme une réémergence de l'identification très précoce avec la mère qui intervint au moment où celle-ci négligeait le petit Daniel et se détachait de lui comme si elle lui enseignait « l'art du renoncement ».

14. Identité de genre : le mélange de la masculinité et de la féminité, le premier stade étant le noyau de l'identité de genre.

15. Voir note 7.

16. Hartmann, dans son élaboration théorique et plus encore

Winnicott qui sut mêler théorie et observations nous ont indiqué la voie vers une compréhension du développement non conflictuel de l'enfant ; personne, mieux que Winnicott, ne nous a orienté, par ses études sur la dynamique de la relation mère-nourrisson, vers l'étude de la capacité d'aimer du petit enfant. Ces travaux, cependant, n'étaient pas centrés sur la masculinité et la féminité.

17. « Silencieuses » parce qu'il peut ne pas exister de réponse visible à ces forces chez le petit enfant, et aussi parce qu'elles restent silencieuses dans la psychanalyse de l'adulte.

18. On pourrait, au nom de la théorie, objecter que l'enfant éprouve nécessairement un grave conflit à l'intérieur de cette relation et qu'il doit souffrir des expériences provoquées par ses fantasmes de bon sein-mauvais sein. Mais on n'est pas en mesure de démontrer que tel soit le cas, ni que cette situation crée l'angoisse. Toutefois, si l'on désire conceptualiser ce qui se passe à l'intérieur de l'enfant, le fait est qu'il s'agit d'un petit enfant que sa mère ne cesse de protéger des frustrations ordinaires et des traumatismes de la petite enfance indispensables à un développement normal. On ne connaît nulle autre situation — normale ou anormale — où une telle symbiose existe. Ne pas accepter que ce fait contribue à expliquer la formation du transsexualisme, ce n'est pas légitime tant qu'on n'apporte pas des faits appropriés.

19. Les femmes, que l'homosexualité effrayait ou chargeait de culpabilité, étaient soit de franches homosexuelles, soit des femmes qui vivaient principalement une vie hétérosexuelle, tout en se maintenant au bord de l'homosexualité (que la culpabilité confinait à une rare pulsion homosexuelle, un coup d'œil, une caresse, le revers de la médaille étant, à l'égard des hommes, antipathie, méfiance, et envie).

20. Si je me laissais aller à un néologisme, je réserverais le terme « bisexualité » pour l'état biologique présentant à la fois des aspects mâles et femelles (par exemple l'hermaphrodisme génital) et j'aurais recours au terme de *bigenderality* pour définir la qualité psychologique inhérente au fait d'avoir à la fois des aspects de masculinité et de féminité.

21. Nous savons que les perversions sont beaucoup plus fréquentes chez les hommes que chez les femmes.

D'une essentielle dissymétrie dans la psychanalyse

1. W. Fliess, « Sexualität und Symmetrie », in *Zeitschrift für Sexualwissenschaft*, nov. 1918, vol. 5, cahier 8.

2. Cf. Groddeck, *infra*, p. 297.

3. On peut constater le fonctionnement de l'illusion symétrique dans la psychanalyse : libre association-attention flottante ; transfert-contre-transfert ; investissement-contre-investissement, etc.

4. Cf. F. Flahault, *L'extrême existence*, Maspero, 1972, ou encore M. Destienne, *Les jardins d'Adonis*, Gallimard, 1972.

5. Nous pensons ici notamment au romantisme allemand.

6. Docteur Arduin cité par Freud.

Masculin et féminin

1. Introduction à *La naissance de la psychanalyse*, P.U.F., 1956.

2. Cité par E. Kris, *op. cit.*

3. « Sexual Reproduction in the Mucorineae » [Reproduction sexuelle chez les Mucorineae], *Proceedings of the American Academy of Arts and Sciences* vol. XI, Boston, 1905.

4. La découverte récente tendrait à infirmer ceci : toutes les cellules germinales n'auraient pas moitié moins de chromosomes. Il existe, par exemple, chez les filaires deux sortes de cellules séminales. Le premier type possède très exactement moitié moins de chromosomes. L'œuf fécondé donne des femelles. Le second type a un chromosome en moins et donne des mâles. Chez d'autres animaux, un de ces chromosomes ne manque pas complètement, mais chez le type mâle, il est tout simplement plus petit.

La bisexualité dans l'auto-analyse de Freud

1. La cicatrice est certes mentionnée dès 1899 dans l'article sur *Les souvenirs-écrans* (1899), mais Freud y déguise son propre cas en le présentant comme celui d'un de ses patients. L'accident sera décrit pour la première fois de façon complète dans l'*Introduction à la psychanalyse* (1915-1916 ; leçon XIII, *G.W.*, XI, 205-206 ; *S.E.*, XV, 201-202).

2. Passage inédit cité par Max Schur, *Freud : Living and Dying*, I.U.P., New York, 1972, p. 140.

3. *G.W.*, III, 336-337 ; *S.E.*, IV, 331-332 ; *I.R.*, 285.

4. « Freud's dream interpretation in the light of his letters to Fliess », *Yearbook Psychoanal.*, 1952, *8*, p. 56-72.

5. *La vie et l'œuvre de Sigmund Freud*, I, P.U.F., 1970, p. 345.

6. *G.W.*, II-III, 276 ; *S.E.*, IV, 269 ; *I.R.*, 234.

7. *G.W.*, II-III, 443-444 ; *S.E.*, V, 441-442 ; *I.R.*, 375-376.

8. Nous sommes redevables à Alain Besançon, Guy Cauquil, Nicole Enriquez, Michel Gribinski, Elsa Hawelka, Eva Rosenblum pour la part qu'ils ont prise dans ce travail. Nous gardons une reconnaissance particulière à Eva Rosenblum pour sa collaboration et pour sa traduction du rêve et des commentaires de Freud.

9. Freud cite là la traduction luthérienne qui est la plus courante en Allemagne. Le texte hébreu porte « Près des *fleuves* » (et non « des eaux »).

10. Elle aurait été représentée à Vienne en 1893, d'après Grinstein, ou en 1898, d'après A. Bein, *Theodor Herzl, a biography*, Cleveland and New York, 1962, p. 123-170.

11. Nous l'avons montré dans notre article « Paralysie et créativité : naissance d'un concept freudien », in *Sciences de l'art*, 1971, *8*, n° 1, p. 3-8.

12. Cf. notre article « Étude littérale d'un rêve de Freud : la mère endormie et les personnages à becs d'oiseaux », in *Nouvelle Revue de Psychanalyse*, 1972, n° 5, p. 83-99.

Le double sexe de l'être humain

1. Traduit en français in *La maladie, l'art et le symbole*, Gallimard, 1969.

Tentatives de rejet de la circoncision

1. *The Jewish Encyclopaedia*, Pirke El. IX Funk Wagnalls Co., New York and London.

2. Frazer, *The Golden Bough. The Magic Art*, vol. II, p. 195-206.

3. Frazer, *The Golden Bough. The Dying God, Taboo and Peril of the Souls*, vol. II and III. Macmillan, 1925.

4. T. Reik, *The Ritual. Couvade and the Fear of Retaliation*, London, Hogarth Press, 1931.

5. T. Reik, *op. cit.*, p. 48.

6. O. Rank, *Das Inzest Motiv in Sage und Dichtung*, Franz Deuticke, Vienna, 1926, p. 89.

7. Frazer, *Taboo and the Perils of the Souls* et *The Magic Art*. Dans l'*Énigme du Macbeth de Shakespeare*, Jekels écrit : « [...] la relation avec son fils strictement conditionnée par la relation avec son père » (*Psychoanalytic Review*, vol. XXX, 1941 p. 372).

8. Nunberg, « Homosexuality, Magic and Aggression », *Inter. J. Psycho-Anal*, vol. XIX, 1938.

9. Freud, *Totem et Tabou*, Payot, 1947. *Moïse et le monothéisme*, Gallimard, 1948.

10. Freud, « Actes obsédants et exercices religieux », dans *L'avenir d'une illusion*, Denoël et Steele, 1932, p. 157-183.

11. T. Reik, *The Ritual*, *op. cit.*, p. 63.

12. O. Rank, *Der Mythus von der Geburt des Helden* [Le mythe de la naissance du héros], *Internationaler Psychoanalytischer Verlag*, Vienne, 1924.

13. *The Jewish Encyclopaedia*, *op. cit.*

14. A. Feldman, « Freud's *Moses and Monotheism* » et « Three Stages of Israelitish Religion », *The Psychoanalytic Review*, vol. XXI, 1944.

15. T. Reik, *The Ritual*, *op. cit.*

16. *The Jewish Encyclopaedia.*

17. Cf. le chapitre I de l'ouvrage de H. Nunberg, *op. cit.* *(N.d.T.)*

18. Freud, « Medusa's Head » [La tête de Méduse], *Inter. J. Psycho-Anal.*, V, XXII, 1941, p. 69.

19. A. Feldman, *op. cit.*

20. Freud, *Totem et Tabou*, *op. cit.*

21. T. Reik, « Das Kainszeichen », *Imago*, 1917, V, p. 31-42.

22. La confession est une institution ancienne des Israélites. Selon Frazer, certains primitifs ont aussi recours à la confession comme à un moyen d'expier des péchés. Par la confession, ils semblent visualiser le crime et faire renaître la personne tuée *(Le Rameau d'Or)*. Voir aussi H. Nunberg, « Sense of Guilt and Need for Punishment », *Inter. J. Psycho-Anal.*, vol. VII, 1926.

23. T. Reik, « Der Geständniszwang und Strafbedürfnis » [La compulsion à la confession et le besoin de punition], *Internationaler Psychoanalytischer Verlag*, 1925 (Bibl., n° XVIII).

24. Nous trouvons ici de nouveau une confirmation de l'idée de Freud sur le développement du surmoi. La soumission au désir du père équivaut à l'acceptation de la punition donnée par lui. En d'autres termes, l'agressivité du fils contre le père se retourne contre lui, ce qui, conjointement avec certaines identifications, conduit à l'émergence du surmoi comme héritier du complexe d'Œdipe.

25. Un autre souvenir : les chatons étaient déjà assez grands, mais pourtant ils voulaient absolument se nourrir aux mamelons. La chatte, quant à elle, refusait de leur permettre de téter et continuait à les écarter. Le patient sentait que la chatte agissait « sans égards » et il la maintenait à terre tandis que les chatons s'emparaient des mamelons et commençaient à téter. D'abord, la chatte se démena pour s'échapper, mais finalement, épuisée, elle s'étendit, immobile, incapable de résister plus longtemps. Le patient se sentit alors plein de remords de lui avoir fait mal et renvoya les chatons.

26. Le verbe hébreu *räkham* signifie rayonner intérieurement,

avoir de la pitié, de la compassion. Le nom *räkhäm* signifie matrice, premier foyer du rayonnement. Le mot *rakham* signifie la matrice, au figuré une jeune fille, une femme (en anglais, woman = *womb* [matrice] *man*). Le pluriel *rachemim* veut dire compassion, amour tendre, pitié. (*Hebrew-English Dictionary* by Breslau, Unwin Brothers, Limited, Printers, London.)

27. L'autre patient [décrit dans le chap. I] remplaçait très facilement les organes génitaux par les seins.

28. J'aimerais attirer l'attention sur le fait qu'une des sources des sentiments de culpabilité envers sa mère était aussi la conviction qu'il lui avait fait mal à sa naissance. En se faisant mal, il répétait sa propre naissance et se punissait lui-même. Il évoqua un vieux proverbe juif selon lequel l'homme serait puni dans le monde futur pour avoir tété le sang de sa mère avec son lait.

29. *The Jewish Encyclopaedia, op. cit.*

30. Felix Bryk *Circumcision of Man and Woman*, Verlag Gustav Teller, Neubrandenburg, 1941.

31. Peut-être le sentiment de culpabilité envers la femme avec son sentiment de responsabilité et de compassion peut-il en rendre compte, comme nous l'avons déjà indiqué. Le sens de ce sacrifice spécifique pourrait être le suivant : ce que je t'ai enlevé, c'est-à-dire le pénis, je te le restitue. Si cette interprétation est juste, nous pouvons comprendre certains traits de la relation entre l'homme et la femme ; de son côté à lui, son penchant à faire des sacrifices pour elle, de sa part à elle, même chez les femmes très indépendantes, la demande de sacrifices associée au sentiment profond que tout ce que l'homme fait et lui donne n'est pas suffisant, qui peuvent être dus à son ressentiment de ne pas avoir de pénis. De même que le fils de l'homme est une réincarnation, pour lui, de son père, il est une réincarnation, pour la mère, de son père, à elle. Donc l'amour sans égal que la mère porte à son fils et son admiration pour lui semblent également dirigés vers la réincarnation de son père, à elle, avec son pénis. Il ne faut pas oublier, bien entendu, que, fondamentalement, le garçon munit la femme d'un pénis pour l'identification narcissique.

32. Freud, « Au-delà du principe de plaisir », in *Essais de psychanalyse*, Payot, 1951, p. 5-75.

33. Freud, *Moïse et le monothéisme*, Gallimard, 1948.

34. A. Feldman, *loc. cit.*

35. Le fait que la circoncision ait été déplacée de la puberté à la petite enfance est peut-être dû à un désir d'atténuer la cruauté de la coutume. Mais le choix précisément du huitième jour est peut-être motivé par d'autres facteurs. L'année juive est une année lunaire, chaque mois étant divisé en quatre semaines de sept jours. Le septième jour, le Sabbat était observé par les Israélites même avant

l'époque du monothéisme. Le terme *Shabath* est proche du *Shabattum* des Babyloniens, nom donné aux jours néfastes ou funestes. Ces jours-là, on ne travaillait pas parce qu'il n'y avait aucune bénédiction. (Voir Georg Beer, cité par M. Woolf, *Eating Prohibitions in Orthodox Jewish Law.*) On disait que le huitième jour, c'est-à-dire le premier jour de la seconde semaine était le jour de la résurrection (*The Jewish Encyclopaedia.*) La circoncision étant considérée comme une renaissance symbolique, le choix du huitième jour semble correspondre à une régression, à une croyance religieuse prémonothéiste plus ancienne, qui, sous une forme déguisée, pouvait facilement être adoptée par les partisans de la circoncision. La circoncision du Christ, le huitième jour après sa naissance, coïncide avec le jour du nouvel an, en fait, la re-naissance de l'année.

36. Freud, *Moïse et le monothéisme, op. cit.*, p. 140.

37. Freud, *loc. cit.*, p. 183.

38. Freud, *loc. cit.*, p. 134.

39. Joseph Klausner, *From Jesus to Paul*, Macmillan Co., New York, 1943.

40. Woolf, « Prohibitions against the Simultaneous Consumption of Milk and Flesh in Orthodox Jewish Law », *Inter. J. Psycho-Anal.*, vol. XXVI, 1945.

41. H. L. Ginsberg, *The Ugarit Text*, 1936.

42. Woolf, *loc. cit.*, p. 174.

43. T. Reik, « Der Fremde und eder eigen Golt », *Int. Psyoanal. Verlag*, Vienna, vol. VI, 396.

44. A. Feldman, *loc. cit.*

45. S. H. Hooke, *The Origins of early Semitic Ritual*, Publishers for the British Academy, London, 1938.

46. Edward Meyer, *Papyrus von Elephantine, Hinrichsische, Buchhandlung*, Leipzig, 1912.

47. Freud, *Totem et Tabou*, Payot, 1947, p. 177.

48. Voir Freud : *Totem et Tabou*; *Moïse et le monothéisme, op. cit.*

49. J. Klausner, *From Jesus to Paul, loc. cit.*

50. Freud, *Moïse et le monothéisme, op. cit.*

Les belles différences

1. S. Freud, *Correspondance 1873-1939*, Gallimard, 1966, lettre du 5 juin 1917.

2. Lettre du 1er août 1899, in *La naissance de la psychanalyse*, P.U.F., 1956.

3. S. Freud, *Das Interesse an der Psychoanalyse, G.W.*, IV; *The claims of Psychoanalysis to scientific interest, S.E.*, XIII

4. *Ibid.*
5. S. Freud, « Psychogenèse d'un cas d'homosexualité féminine », *Rev. Fr. de Psychanalyse*, VI, n° 2, 1933.
6. J. Laplanche, *Vie et mort en psychanalyse*, Flammarion, 1970.
7. Tel fut, par exemple, le cas de S. Rado dès 1940 (« A critical examination of the concept of bisexuality »; *Psychosomatic medicine*, 1940, n° 4), celui de E. Bergler et, tout récemment, de M. J. Sherfey (*The Nature and Evolution of Female Sexuality*, Random House, 1972).
8. S. Freud, « On bat un enfant », *Rev. Fr. de Psychanalyse*, VI, n° 3-4, 1933, p. 296.
9. André Green, « Aggression, feminity, paranoia and reality », *Inter. J. of Psycho-Anal*, vol. 53, n° 2, 1972.
10. C'est ainsi que dans un article de 1908, « Fantasmes hystériques et leur relation à la bisexualité », il peut voir dans la nature bisexuelle de nombreux symptômes hystériques « une confirmation intéressante de l'hypothèse d'une prédisposition bisexuelle particulièrement marquée chez les névrosés ».
11. Cf. *La sexualité perverse*, Payot, 1972, p. 195-227.
12. S. Freud, « Contributions à la psychologie de la vie amoureuse », in *La vie sexuelle*, P.U.F., 1969, p. 64.
13. Roger Lewinter, préface à Groddeck, *La maladie, l'art et le symbole*, Gallimard, 1969.
14. Cf. *Trois essais sur la théorie de la sexualité*, coll. « Idées », Gallimard, p. 48-49.
15. C. Luquet-Parat, « Réflexions sur le transfert homosexuel dans le cas particulier d'un homme analysé par une femme », *Rev. Fr. de Psychanalyse*, 1962, n° 5.
16. Dans la traduction du docteur Mardrus, Éd. de la Revue Blanche, 1900, t. V.
17. En particulier le récit est parsemé de poèmes dont je n'ai pas tenu compte.
18. Au détour de l'une des descriptions initiales de la Princesse, il est relevé que sur les manches de sa chemise ces vers étaient brodés : « Trois choses l'empêchent d'accorder aux hommes un regard qui dise "oui" : la crainte de l'inconnu, l'horreur du connu et sa beauté. »

Le genre neutre

1. L. Kreisler, « Les intersexuels avec ambiguïté génitale », *La Psychiatrie de l'enfant*, XIII, 1970, p. 5-127. On consultera l'importante bibliographie.
2. *Playing and Reality*, Tavistock Publications, 1971, chap. 5 et 6.

3. L'emploi alterné du masculin et du féminin pour désigner le sujet est inévitable, tant l'illusion et la réalité s'imposent tour à tour chez l'analyste qui est le témoin abusé de cette hybridation.

4. *Malaise dans la civilisation*, P.U.F., 1974, p. 58.

5. Gallimard, 1971, p. 330.

6. « Le narcissisme primaire : structure ou état » in *L'Inconscient*, n°s 1 et 2, 1967.

7. *Hermaphrodite*, P.U.F., 1958.

L'idéal hermaphrodite et ses avatars

1. Voir les recherches de Bowlby, Spitz, Goldfarb, Fain, Soulé, Kreisler.

2. Voir à ce propos notre article « Le spectateur anonyme », in *L'Inconscient*, avril-juin 1968 ; et « Scène primitive et scénario pervers », in *La sexualité perverse* (ouvrage collectif), Payot, 1972.

3. *Psychoanalytic Study of the Child*, 1949.

4. *Playing and Reality*, Londres, Tavistock Publications, 1971.

5. *Psychoanalytic Study of the Child*, vol. 6, 1951.

6. B. Draft, *Étiologie des névroses*.

Le complexe de féminité chez l'homme

1. *Gesammelte Schriften*, V, p. 95 ; tr. fr. coll. « Idées », Gallimard, 1962, p. 185. Mes italiques.

2. *Gesammelte Schriften*, VI, p. 261. Ailleurs, Freud écrit : « La compréhension est rendue difficile par le fait que même chez l'enfant le complexe d'Œdipe est constitué de façon double, active et passive, ce qui correspond à la constitution bisexuelle. Le garçon veut également remplacer la mère comme objet d'amour du père : c'est ce que nous appelons l'attitude féminine. » (« Einige psychische Folgen des anatomischen Geschlechtsunterschiedes » [Quelques conséquences psychiques de la différence anatomique entre les sexes], *Gesammelte Schriften*, XI, p. 10).

3. Cf. le travail de P. Näcke, paru en 1899, sur le narcissisme.

4. « La femme, médecin de la maison. » (*N.d.T.*)

5. « Zur Nosologie der männlichen Homosexualität (Homoerotik) » [La nosologie de l'homosexualité masculine (homoérotisme)], *Internationale Zeitschrift für Psychoanalyse*, 11, 1914, p. 135 ; repris dans « Bausteine der Psychoanalyse » (Matériaux de la psychanalyse), *Int. PsA. Verlag*.

6. On peut observer un phénomène semblable dans les dessins récemment découverts dans les grottes du Midi de la France : les

images dites « tectiformes » qu'on voit sur les corps des animaux sauvages sont interprétées comme des pièges qui expriment le souhait : Pourvu que ces animaux tombent dans nos pièges !

7. Beiträge zum Männlichkeitskomplex der Frau », *Int. Zeitschrift für Psychoanalyse*, IV, 1916-1917, p. 249.

8. Le champ sémantique de *stillen* (allaiter) est plus vaste que celui du terme français par lequel nous le traduisons. Il signifie aussi calmer, apaiser, assouvir. *(N.d.T.)*

9. *Ges. Schriften*, V, p. 54 sq.

10. Cf. les remarques de Rado sur l'« orgasme alimentaire », dans « Die psychischen Wirkungen der Rauschgifte » [Les effets psychiques des stupéfiants], *Int. Zeitschrift für Psychoanalyse*, XII, 1926, p. 552.

11. Cf. les considérations qu'Abraham a consacrées à ce sujet dans son travail sur l'« Ejaculatio praecox », *Int. Zeitschrift für Psychoanalyse*, IV, 1916, p. 175.

12. On sait que des nourrissons peuvent déjà avoir une érection. Dans mon « Beitrag zur Psychologie des Liebeslebens » [Contribution à la psychologie de la vie amoureuse], *Int. Zeitschrift für Psychoanalyse*, IX, 1923, p. 215, j'ai parlé d'un garçon de treize mois qui s'efforçait régulièrement, quand on le langeait, de conduire la main de sa mère à son pénis.

13. « Puisque tu es si grande, tu dois avoir un fait-pipi comme un cheval », dit le petit Hans à sa mère. (Freud, « Analyse der Phobie eines fünfjährigen Knaben », *Ges. Schriften*, VIII, p. 133 ; tr. fr. « Analyse d'une phobie d'un petit garçon de cinq ans : Le petit Hans », in *Cinq psychanalyses*, P.U.F.)

14. Cf. les indications de Reik sur la couvade dans son livre : « Das Ritual » [Le rituel], *Imago Bücher*, XI, p. 25 sq.

15. « Ich habe was Schönes *gebort.* » En allemand correct, il aurait dû dire *geboren* (participe passé de *gebären :* accoucher). Il y a peut-être confusion avec *gebohrt,* de *bohren :* percer. *(N.d.T.)*

16. *Ges. Schriften*, V, p. 380.

17. M. Chadwick a traité ce sujet d'une façon très claire et convaincante dans son article « Über die Wurzel der Wissbegierde » [Sur la racine du désir de savoir], *Int. Zeitschrift für Pschoanalyse*, XI, 1925, p. 54.

18. Cette sensibilité à la démangeaison m'a été rapportée par d'autres patients, dans l'analyse desquels la mise au jour de tendances féminines refoulées jouait un rôle important.

19. Cf. Eisler : « Eine unbewusste Schwangerschaftsphantasie bei einem Manne unter dem Bilde einer traumatischen Hysterie » [Un fantasme de grossesse inconscient apparaissant chez un homme sous la forme d'une hystérie traumatique], *Int. Zeitschrift für Psychoanalyse*, VI, 1920, p. 50, 123

20. Le terme allemand *gefallen* (tombé) s'applique aussi bien au soldat « mort au champ d'honneur » qu'à la jeune fille qui a « fauté ». (*N.d.T.*)

21. Cf. les considérations de Freud, dans « Le moi et le ça », sur la relève [*Ablösung*] d'un investissement d'objet par une identification, et sur l'introjection d'un objet perdu (*Ges. Schriften*, VI, p. 373).

22. Pour justifier l'emploi de *fingern* (verbe) au lieu du substantif *Finger*, le patient fait appel à l'homonymie entre *fingern* et *Fingern* (qui est la forme de *Finger* au datif pluriel). (*N.d.T.*)

23. « Ein Kind wird geschlagen », *Ges. Schriften*, V, p. 359 ; tr. fr. « On bat un enfant », in *Revue française de psychanalyse*, 1933, VI, n° 3-4, p. 286.

24. Comme tous les hommes connaissent le processus de contraction du sphincter, on retrouve toujours chez les patients masculins le fantasme d'un vagin servant d'organe de castration, et qui excite envie et terreur.

25. *Int. Zeitschrift für Psychoanalyse*, XII, 1926, n° 1.

26. Je ne peux pas m'empêcher de voir ici un parallélisme avec le combat entre les pulsions de mort et les pulsions de vie.

27. *Ges. Schriften*, XI, p. 19 ; tr. fr. in *La vie sexuelle*, P.U.F., 1969.

28. « Einige psychische Folgen des anatomischen Geschlechtsunterschiedes », *Ges. Schriften*, XI, p. 14 ; tr. fr. « Quelques conséquences psychologiques de la différence anatomique entre les sexes » in *La vie sexuelle*.

29. Dans la discussion qui suivit cette conférence, le docteur Fromm remarqua qu'on peut établir un parallèle entre les tendances exposées ici à propos de l'évolution individuelle et les débuts de l'évolution du genre humain. Aussi longtemps que l'homme vécut entièrement de ce que la nature lui donnait d'elle-même, c'est-à-dire sans intervention technique, donc dans une situation où la production naturelle était absolument la seule base de la vie, la femme a pu, en raison de la productivité naturelle qui lui était propre, occuper une position supérieure à l'homme et jouir de l'estime correspondante. Ce n'est qu'avec le développement de la technique que les choses ont dû changer et que l'importance de l'homme a passé au premier plan.

Clivage des éléments masculins et féminins chez l'homme et chez la femme

1. Le rôle de miroir que joue la mère dans le développement de l'enfant est étudié plus en détail dans mon article « Mirror-role of

Mother and Family in Child Development » [cet article constitue le chapitre 9 de *Playing and Reality*].

2. *The girl that I was talking to, however, does not want the man released.*

3. On comprendra, j'espère, que je ne suggère nullement que la maladie physique tout à fait réelle de ce patient, la grippe, avait été déclenchée par les tensions émotionnelles qui coexistaient avec les tensions physiques.

4. Je continuerai pour le moment à utiliser cette terminologie (éléments masculins et féminins), n'en connaissant pas de plus satisfaisante sur le plan descriptif. Les termes « actif » et « passif » ne sont certainement pas appropriés, il me faut donc bien poursuivre en ayant recours aux termes disponibles.

5. Il serait logique d'étudier les effets du travail que ce patient et moi-même avons accompli ensemble sur un travail analogue effectué avec une patiente. Ainsi, une jeune femme me rappelle un matériel ancien remontant au début de sa période de latence, au moment où elle désirait ardemment être un garçon. Elle avait consacré beaucoup de temps et d'énergie à vouloir un pénis. Mais son cas offrait quelque chose de particulier : elle était manifestement fille et contente de l'être ; elle savait en même temps (avec une part dissociée qu'on pourrait évaluer à 10 %) et avait toujours su qu'elle était un garçon. Elle était, avec cela, convaincue d'avoir été châtrée et ainsi privée d'un potentiel destructif. Entraient encore en ligne de compte le « meurtre » de la mère et toute une organisation masochiste qui était au centre de la structure de sa personnalité.

Mais, en donnant des exemples cliniques, je cours le risque de distraire l'attention du lecteur de mon thème principal. Si mes idées ont une portée et une vérité universelles, chaque lecteur aura des cas personnels illustrant le lieu de la dissociation, plutôt que celui du refoulement, relié aux éléments masculins et féminins chez l'homme et chez la femme.

6. *Instinct drive.*

7. *Imprinting, Prägung. (N.d.T.)*

8. « Être ou n'être pas, c'est la question. / Est-il plus noble pour une âme de souffrir / Les flèches et les coups d'une atroce fortune / Ou de prendre les armes contre une mer de troubles, / Et de leur faire front, et d'y mettre fin ? » (Tr. fr. Yves Bonnefoy, Club français du Livre.)

9. *Explorations*, Londres, Chatto & Windus, 1946 ; Harmondsworth, Penguin Books, 1964.

10. « Ego Integration in Child Development » (1962) ; tr. fr. « Intégration du moi au cours du développement de l'enfant », in *Processus de maturation chez l'enfant*, Payot, 1970.

11. « Après être — faire et accepter qu'on agisse sur vous. Mais d'abord, être. »

Orgasme du moi dans l'amour bisexuel

1. Fragment d'un poème intitulé *Wendung*, daté de Paris, 20 juin 1914, et aussitôt envoyé à Lou Andreas-Salomé dans une lettre du même jour. La traduction française par Pierre Klossowski en a paru dans le *Nouveau Commerce*, n° 9, printemps-été 1967. (*N.d.T.*)

2. On trouvera la traduction française de cet article, p. 473.

3. Traduction française de J. Kalmanovitch, in *De la pédiatrie à la psychanalyse*, Payot, 1969, p. 211-212. (*N.d.T.*)

L'identité sexuelle : pour quoi faire ?

1. Robert Musil, *L'Homme sans qualités*, aux Éditions du Seuil, 1957.

2. C. David, *L'état amoureux*, Payot, 1971.

3. R. Zazzo, *Les jumeaux, le couple et la personne*, P.U.F., 1960.

4. D. Burlingham, « Twins : a study of three pairs of identical twins », *Imago*, 1952.

5. A. Green, « La projection : de l'identification projective au projet », *Revue Fr. de Psychanalyse*, XXXV, 5-6, 1971, p. 939-960.

6. J. Mallet, « Une théorie de la paranoïa », *Revue Fr. de Psychanalyse*, XXX, 1, 1966, p. 63-69.

7. P. Fédida, « L'anatomie dans la psychanalyse », *Nouvelle Revue de Psychanalyse*, 3, 1971, p. 109-127.

8. J.-C. Czyba, J. Cosnier, « La notion de sexe dans l'espèce humaine », *C.M.L.*, 48, 16, avril 1972, p. 1693-1705.

9. R. J. Stoller, *Sex and Gender*, Science House, New York, 1968.

10. R. R. Greenson, « Homosexualité et identité sexuelle », *Revue Fr. de Psychanalyse*, 1965, 29, 4, p. 343-348.

11. F. Pasche, « Note sur la structure et l'étiologie de l'homosexualité masculine », in *À partir de Freud*, Payot, 1969, p. 207-215.

12. L. Kreisler, «Les intersexuels avec ambiguïté génitale », *La psychiatrie de l'enfant*, P.U.F., 1970, 1, p. 5-127.

13. D. Braunschweig et M. Fain, *Éros et Antéros*, Payot, 1971.

14. S. Lebovici et R. Crémieux, « À propos du rôle et de l'image du père », *La psychiatrie de l'enfant*, P.U.F., 1970, XIII, p. 331-448.

15. *Op. cit.*

16. J.-B. Pontalis, « Présentation », in « Objets du fétichisme », *Nouvelle Revue de Psychanalyse*,1970, 2, p. 5-19.

17. R. Masud Khan, « Le fétichisme comme négation de Soi », *ibid.*, p. 77-112.

18. J.-M. Alby, « L'hystérie d'angoisse chez l'homme, un cas clinique », *Revue Fr. de Psychanalyse*, 1969, 4, p. 659-664.

19. P.-C. Racamier, « Le moi, le soi et la psychose. Essai sur la personnation », *Évol. psych.*, 1963, 28, 4, p. 525-553.

Composition CMB Graphic.
Impression Bussière Camedan Imprimeries
à Saint-Amand (Cher), le 7 février 2000.
Dépôt légal : février 2000.
Numéro d'imprimeur : 000626/1.

ISBN 2-07-041186-9./Imprimé en France.

93075